EL DÍA DE 36 HORAS

Cuerpo y salud

Nancy L. Mace
Peter V. Rabins

EL DÍA DE 36 HORAS

*Una guía práctica para las familias y cuidadores
de enfermos de Alzheimer, otras demencias seniles
y pérdida de memoria*

PAIDÓS

Barcelona
Buenos Aires
México

Título original: *The 36-Hour Day* (Third edition)
Publicado en inglés, en 1999, por The Johns Hopkins University Press,
Baltimore, Maryland, EE.UU.

Traducción de Albert Figueras

Cubierta de Julio Vivas

© 1981, 1991, 1999 The Johns Hopkins University Press
© 2004 de la traducción, Albert Figueras
© 2004 de todas las ediciones en castellano
Ediciones Paidós Ibérica, S.A.,
Mariano Cubí, 92 – 08021 Barcelona
http://www.paidos.com

ISBN: 84-493-1569-7
Depósito legal: B. 17.935/2004

Impreso en Gràfiques 92, S.A.
Av. Can Sucarrats, 91 – 08191 Rubí (Barcelona)

Impreso en España – Printed in Spain

Este libro está dedicado a todos aquellos que proporcionan una atención durante «36 horas al día» a alguna persona con demencia.

Sumario

Prólogo

Recibo con entusiasmo la tercera edición de este libro para los familiares y los amigos de los pacientes con enfermedades propias de la vejez. Ha sido útil en sus versiones anteriores, y todavía puede serlo más en esta edición, puesto que en ella se incluyen los avances más recientes en el conocimiento científico y clínico sobre estas enfermedades. Como he observado con orgullo desde el servicio de psiquiatría de la Johns Hopkins, parece que cada una de las ediciones de *El día de 36 horas* haya impresionado tanto por la información como por la tranquilidad que aporta a quienes quieren ayudar a sus parientes. Pero incluso ha sido más impresionante la influencia inesperada surgida a partir de la respuesta del público. Como cualquier médico, sé lo útil que llega a ser la información sobre prevención, curación y cuidados paliativos, y he dedicado la mayor parte de mis esfuerzos a transmitirla, pero la receptividad y el uso de cualquier tipo de información depende del compromiso de utilizarla. Los lectores nos han enseñado que este libro ha reforzado su dedicación a la ayuda de sus seres queridos, apoyando tanto su decisión como la seguridad en la importancia de esta tarea.

El día de 36 horas está escrito para aquellos que saben algo sobre la vida, que odian la pérdida de una persona querida, y que buscan vías para proporcionarles atención mientras vivan. Durante el proceso de estudiar y utilizar la información vertida en estas páginas, los lectores han hallado —y lo continuarán haciendo— maneras de conseguir las recompensas interiores del cuidado de las personas: la afirmación de la dignidad de la vida plasmada en cada ser humano, joven o anciano, enfermo o sano. Por los comentarios que los lectores me han repetido una y otra vez, el cuidado de los pacientes hace emerger el profundo misterio de la vida humana —más allá de los mecanismos fisiológicos y psicológicos—. Los resultados de este servicio no se limitan a la prolongación de la vida o al alivio del dolor —ya de por sí, verdaderamente útiles—, sino que aportan los beneficios inherentes a la práctica de la atención a la salud: un respeto creciente por la vida humana en todas sus expresiones y con todas sus aflicciones. Por tanto, hemos aprendido cómo este libro estimula las virtudes tal y como las define Alasdair MacIntyre —cualidades humanas de la acción que nos permiten alcanzar beneficios internos para llevarlas a la práctica—: el sentido del deber cumplido, los retos superados y practicar y disfrutar de la fortaleza humana.

He llegado a creer que los autores de este libro han logrado algo más allá de sus propias expectativas en la tarea de informar a los lectores sobre los problemas y el manejo de los pacientes. Les han proporcionado armas para luchar contra una enfermedad que puede desanimar y agotar a cualquiera, en un momento en que muchos pueden aconsejarle que abandone. Este libro es muy apropiado para los que persistirán, independientemente de quién les haya retado. Este libro tiene un valor inestimable para quienes se cuestionan y, ocasionalmente, se preocupan por si todo lo que están haciendo es útil. Su mensaje es: en la lucha para ayudar a otra persona con este tipo de enfermedad, el conocimiento se incrementa poco a poco y cada vez se dispone de más y más medios asistenciales. En definitiva, el propio esfuerzo por ayudar a estos pacientes, con todos sus síntomas, ha dirigido la atención hacia las diferencias entre ellos. Esto ha conllevado avances clínicos y científicos que han mejorado el tratamiento y acercan la esperanza de poder llegar a prevenir todas las formas de demencia.

Personalmente, tengo una gran estima y amistad por los autores y los lectores activos de este libro que han llevado este mensaje a su hogar. Como las ediciones anteriores, ésta la lanzamos con entusiasmo por todo lo que proporciona y evoca.

PAUL R. McHUGH
Profesor de Psiquiatría de la clínica Henry Phipps
Johns Hopkins University School of Medicine

Prefacio

En los dieciocho años transcurridos desde la primera edición de *El día de 36 horas*, la enfermedad de Alzheimer ha salido a la luz pública. Los ciudadanos son conscientes de que la demencia es una enfermedad, y no una situación inevitable asociada a la vejez. La enfermedad es frecuente: hay muchas familias afectadas por ella.

En 1981 había pocas esperanzas para su tratamiento; en el momento en que esta tercera edición va a la imprenta, la situación ha cambiado. La década de los noventa, declarada como la «década del cerebro», fue escenario de investigaciones muy importantes sobre la demencia. Existe una comprensión mucho mejor del proceso patológico de las demencias y hay nuevos fármacos esperanzadores que podrían retrasar la progresión de la enfermedad. Sin embargo, la información sobre el cuidado de los pacientes y las relaciones familiares —el núcleo de *El día de 36 horas*— ha permanecido inmutable a lo largo de los años. Los principios generales y las guías que se mencionan en este libro resultan tan aplicables hoy en día como la primera vez que las pusimos sobre el papel para los familiares que iban al Price Teaching Service.

Entonces, ¿qué es lo novedoso de esta edición? Todo el texto se ha revisado y actualizado. Hay nueva información sobre la financiación y la prestación de cuidados, que refleja la situación actual de la atención a la salud. Se ha revisado la información más reciente sobre la genética del Alzheimer. Esto tiene una importancia especial para los familiares que puedan sentirse preocupados por el riesgo de desarrollar la enfermedad. Existe nueva información sobre la investigación científica y sobre las otras demencias. Por desgracia, todavía no hay curación para la enfermedad de Alzheimer ni para otros tipos de demencia relacionados con esta patología. Sin embargo, varios fármacos de reciente aparición parecen prometedores para mejorar la calidad de vida de las personas con demencia (al igual que para quienes les atienden); los describimos en el libro.

Se han actualizado los apéndices. El apéndice 1 menciona algunos libros y páginas web recientes que los familiares pueden encontrar útiles tanto desde el punto de vista formativo como emocional; también hay una lista de libros actuales para profesionales.

El apéndice 2 no sólo incluye las direcciones y los números de teléfono de las organizaciones de Alzheimer, sino que también, cuando están disponibles, se facilitan las direcciones de páginas web y de organizaciones internacionales, con sus páginas web respectivas, que pueden ser de interés para los lectores.

Puesto que antes era difícil obtener algunos accesorios médicos, en las ediciones previas de *El día de 36 horas* se incluía un apéndice que explicaba a los lectores dónde comprar o alquilar este material. En la tercera edición no se incluye esta información, porque los utensilios médicos son más fáciles de obtener. A menudo es posible encontrarlos en las grandes cadenas de farmacias y están disponibles en las tiendas de material médico. Probablemente la asociación de Alzheimer local dispondrá de una lista de tiendas cercanas.

Agradecimientos

Hay tantas personas que han contribuido con su tiempo, su experiencia y sus conocimientos, que resulta imposible citarlas a todas. Queremos dar las gracias a aquellas personas, tanto a las conocidas como a las anónimas, que han contribuido con sus ideas e información.

Sigue presente la influencia de los profesores y colegas que forjaron nuestras ideas en la primera edición. Paul R. McHugh, director del Department of Psychiatry and Behavioral Sciences en la Johns Hopkins University School of Medicine, que nos animó a escribir la primera edición, continúa ejerciendo una influencia dinámica en nuestra visión de estos temas.

En los años que siguieron a la primera edición de *El día de 36 horas*, centenares de cuidadores y de profesionales han compartido con nosotros sus ideas y soluciones de algunos problemas. Hemos utilizado muchas de estas ideas en la edición revisada. Numerosas personas mencionaron ciertas cuestiones que requerían una elaboración más detallada en la edición revisada. También personas que padecen alguna enfermedad que cursa con demencia han leído el libro y han compartido con nosotros sus comentarios. Nuestros amigos y colegas, los traductores de ediciones extranjeras, así como médicos y odontólogos han dado respuesta a nuestras preguntas y nos han aportado sugerencias. A lo largo de estos años, hemos considerado toda esta información y la hemos contrastado con la experiencia de los cuidadores y los profesionales. Este proceso de conocimiento, desarrollo, prueba y reformulación es lo que ha dado lugar a la edición revisada. Sería imposible citar todos los nombres y, además, invadiría la intimidad de algunos. Sin embargo, estamos en deuda con la generosidad de esta comunidad mundial.

La Alzheimer's Association ha distribuido innumerables copias del libro y los miembros de su equipo directivo, así como los profesionales de plantilla, han contribuido a las posteriores revisiones. Kathryn Ling, Tom Kirk, Joan Dashiell y Nancy Lombardo, aportaron generosamente su tiempo a la segunda edición. Para esta tercera edición, Patricia Pinkowski, directora de la Library and Information and Referral Services, hizo una búsqueda para conseguir información actualizada; asimismo, Paul McCarty, un ex miembro del equipo directivo, nos ayudó en la puesta al día de las cuestiones relacionadas con los centros de asistencia.

David Chavkin revisó con esmero las secciones dedicadas a la reforma de la legislación de los centros asistenciales Medicare y Medicaid. Algunos miembros de la plantilla del National Senior Law Center también nos aconsejaron sobre aspectos legales. Miembros de la plantilla de la National Citizens Coalition for Nursing Home Reform, especialmente Barbara Frank, Ruth Nee, Sarah Burger y Elma Holder, revisaron las secciones sobre centros asistenciales y la legislación sobre los mismos. Gene Vandekieft nos ayudó a comprender algunas cuestiones relacionadas con los seguros. Katie Maslow, de la Office of Technology Assessment del Congreso de Estados Unidos, y Lisa Gwyther, de la Duke University, fueron grandes colaboradoras de la primera edición y compartieron sus conocimientos en muchas áreas. Jean Marks, y sus colaboradores en la sección de Nueva York de la Alzheimer's Association nos brindaron su experiencia con personas enfermas que viven solas o en familias pequeñas. Ray Rasco también nos brindó información sobre aquellas personas que viven solas. El Internal Revenue Service Information Department y John Kenneally nos proporcionaron información sobre la ley de impuestos. Thomas Milleson y Richard Dixon nos orientaron sobre atención odontológica. Carter Williams y Mildred Simmons nos ayudaron a entender el papel de las limitaciones físicas. Mary Barringer y Jean Marks colaboraron en la parte dedicada a la atención a la incontinencia. Thomas Price nos aportó información sobre la demencia multiinfarto. Glenn Kirkland revisó todo el manuscrito y nos hizo sugerencias muy valiosas; también analizó los «utensilios» que pueden ser útiles para las familias. Laura del Genis proporcionó información sobre dietética. Para esta tercera edición, el personal de la Johns Hopkins University Press actualizó los datos de los apéndices.

Un buen editor es vital para que exista un buen libro, y *El día de 36 horas* ha tenido la fortuna de contar con dos buenos editores que prepararon su éxito. Anders Richter, encargado de la primera edición, negoció muchas de las traducciones a lenguas extranjeras. Él fue quien empezó a escribir la segunda edición. Wendy Harris ha continuado con la tradición del empeño, la habilidad y la dedicación para las tareas editoriales de *El día de 36 horas*. Estamos en deuda con ambos editores.

Prefacio a la primera edición

Aunque este libro fue escrito para los familiares de las personas con enfermedades que cursan con demencia, reconocemos que es una lectura útil para otros, incluso para los propios pacientes. Nos alegra mucho. Esperamos que el empleo de palabras como *paciente* o *persona con lesión cerebral* no desanime a quienes padecen estas enfermedades. Escogimos estas palabras porque queremos hacer énfasis en el hecho de que las personas que las padecen están enfermas y no son «sólo ancianos». Confiamos en que el tono del libro refleje que pensamos en ellos como personas y nunca como objetos.

Este libro no pretende proporcionar consejos médicos ni legales. Cuando se requieran orientaciones legales, médicas o relacionadas con otras áreas concretas, es preciso acudir a un servicio de profesionales competentes.

En la actualidad, no todos los profesionales son expertos en demencia. Con frecuencia nos referimos a aquellos profesionales formados que pueden ser de ayuda, pero reconocemos que es posible encontrar dificultades para hallar la ayuda requerida. Quienes prestan cuidados a los pacientes necesitarán utilizar tanto recursos profesionales como su propio criterio. Este libro no puede tratar de los detalles de cada situación, sino que sólo pretende ser una guía general.

Además, reconocemos que, a menudo, recursos como los centros de día, la asistencia en el hogar o los programas de seguimiento no están disponibles, o que su disponibilidad puede cambiar, y que muchos de estos recursos dependen de fondos gubernamentales y, por tanto, de la política estatal.

Utilizamos ejemplos de situaciones familiares para ilustrar la discusión. Estos ejemplos no corresponden a descripciones de familias ni de pacientes reales. Se basan en experiencias, sensaciones y soluciones que los familiares y los pacientes nos han comentado. Se han cambiado los nombres y cualquier otra información que pudiera permitir su identificación.

Capítulo 1

La demencia

Desde hacía dos o tres años, Mary sabía que su memoria le fallaba. Primero tenía problemas para recordar los nombres de los hijos de sus amigas, y un año se olvidó por completo de las fresas en conserva que había preparado. Lo compensaba escribiendo notas. Al fin y al cabo, se decía a sí misma, se estaba haciendo mayor. Pero un día se descubrió buscando una palabra que siempre había sabido, y pensó que realmente estaba en una fase senil.

Recientemente, mientras estaba hablando con un grupo de amigas, Mary se dio cuenta de que, en realidad, había olvidado algo más que un nombre: había perdido el hilo de la conversación. También lo solucionó; siempre daba una respuesta adecuada, aunque interiormente se encontrara confundida. Nadie se dio cuenta excepto su nuera, que afirmaba ser su mejor amiga. «Pienso que mamá está perdiendo.» Esto preocupaba a Mary —y, a veces, la deprimía—, pero ella siempre negó que sucediera algo extraño. No le podía confiar a nadie: «Estoy perdiendo la cabeza. Soy consciente de que se me va». Además, tampoco quería pensar en ello, no quería pensar en envejecer y, lo que es más importante, no quería que la trataran como si tuviera una demencia. Todavía disfrutaba de la vida y era capaz de salir adelante.

En invierno, Mary se puso enferma. Al principio pensó que sólo era un resfriado. La visitó un médico, le recetó unas píldoras y le preguntó qué esperaba a su edad y qué le preocupaba. Empeoró mucho, con rapidez. Se iba a la cama con miedo, débil y muy, muy cansada. La nuera de Mary recibió una llamada telefónica de la vecina de ésta. Hallaron a la mujer semiconsciente, con fiebre y mascullando frases incoherentes.

Durante los primeros días que estuvo en el hospital, Mary sólo tuvo una noción neblinosa e intermitente de lo que sucedía. Los médicos explicaron a su familia que tenía una neumonía y que los riñones le funcionaban mal. Se movilizaron todos los recursos de un hospital moderno para tratar la infección.

Mary se encontraba en un lugar extraño; nada le resultaba familiar. Personas, todas ellas extrañas, iban y venían. Le explicaban dónde estaba, pero ella se olvidaba. En un medio extraño, no podía compensar más sus olvidos, y el delirio provocado por la enfermedad aguda agravó su confusión. Pensó que su esposo había venido a verla; era un joven apuesto con uniforme militar. Entonces, cuando su hijo fue a visitarla, se sorprendió de que no hubieran ido juntos. Su hijo le respondió: «Pero mamá, hace veinte años que papá murió». Sin embargo, ella sabía que no era cierto porque acababa de estar allí. Luego, cuando se quejó a su nuera de que nunca iba a verla, se imaginó que la nuera le mentía porque le dijo: «Pero mamá, he estado aquí esta misma mañana». En realidad, no podía recordar aquella mañana.

La gente venía, la empujaba, le hurgaba y le metía y le sacaba cosas de encima. Le ponían agujas y la hacían soplar en unas botellas. No lo entendía y nadie le explicaba que soplando en las botellas la forzaban a respirar profundamente para reforzarle los pulmones y mejorar su circulación. Las botellas se convirtieron en una parte de la pesadilla. No podía recordar dónde estaba. Cuando tuvo que ir al baño, pusieron barandillas en la cama y no quisieron dejarla ir, de manera que se puso a llorar y se orinó.

Mary fue mejorando gradualmente. La infección desapareció y el mareo también. Ella sólo se imaginó cosas durante la fase aguda de la enfermedad, pero cuando le pasó la fiebre y la infección, la confusión y el olvido parecían haber empeorado. Aunque la enfermedad no había afectado probablemente el curso gradual de su pérdida de memoria, la había debilitado considerablemente y la había alejado del ambiente familiar en el que era capaz de ir funcionando. Lo más significativo es que la enfermedad había centrado la atención sobre la gravedad de su situación. Ahora su familia se había dado cuenta de que ya no podía vivir sola.

Las personas que rodeaban a Mary hablaban y hablaban. Indudablemente, le explicaron sus planes, pero ella los olvidó. Cuando finalmente tuvo el alta hospitalaria, la llevaron a la casa de su nuera. Aquel día estaban contentos por algún motivo y la dejaron en una habitación. Por fin, allí había algunas de sus cosas, pero no todas. Ella pensó que quizá le habían robado el resto de sus pertenencias mientras había estado enferma. Le explicaron una y otra vez dónde estaban sus cosas, pero ella era incapaz de recordarlo.

En ese momento le comunicaron dónde vivía —en casa de su nuera—; sin embargo, hacía mucho tiempo que ella se había dicho que nunca viviría con sus hijos. Quería vivir en su casa. En su casa podía encontrar las cosas. En su casa podría arreglárselas como siempre había hecho (o, por lo menos, eso se imaginaba). Quizás en su casa sería capaz de descubrir las que habían sido sus pertenencias de toda la vida. Ésa no era su casa: ya no tenía independencia, ya no tenía sus cosas, y Mary vivía una enorme sensación de pérdida. Mary no pudo recordar la larga y amable explicación de su hijo: que no podía valerse por sí sola y que llevarla a vivir a su casa era la mejor solución que le podía brindar.

A menudo, Mary tenía miedo, un temor abstracto y sin ningún nombre específico. Su mente alterada no podía nombrar ni dar una explicación a su miedo. Le venían recuerdos, le venían personas, pero luego las olvidaba. Era incapaz de decir qué era realidad y qué eran recuerdos de personas del pasado. El baño no estaba en el mismo lugar que el día anterior. Vestirse se había convertido en una experiencia terrible e insuperable. Sus manos se habían olvidado de abrochar botones. Inexplicablemente, le colgaban cordones por todas partes y no sabía cómo solucionarlo.

Gradualmente, Mary fue perdiendo su capacidad para comprender el sentido de lo que sus ojos y sus oídos le explicaban. Los ruidos y la confusión le hacían sentir pánico. Era incapaz de entender las cosas, nadie se lo podía explicar y, a menudo, el terror la sobrepasaba. Se preocupaba por sus cosas: una silla y una vajilla que habían pertenecido a su madre. Ellos le decían que ya se lo habían explicado una y otra vez, pero ella no alcanzaba a recordar dónde estaban esas cosas. Quizás alguien se las había robado. Había perdido mucho. Las cosas que todavía tenía, las escondió, pero luego olvidó dónde las había escondido.

«No puedo llevarla a tomarse un baño», exclamaba desesperada su nuera. «Huele mal.» «¿Cómo puedo mandarla a un centro de día para ancianos si no quiere tomar un baño?» Para Mary, el baño se había convertido en una experiencia terrorífica. La bañera era un misterio. De un día para otro no conseguía recordar cómo funcionaba el agua: a veces se iba toda; otras veces subía y subía, y era incapaz de detenerla. El baño implicaba recordar muchas cosas. Significaba recordar cómo desnudarse, cómo encontrar el cuarto de baño, como lavarse. Los dedos de Mary habían olvidado la manera de bajar cremalleras; sus pies no recordaban el modo de entrar en la bañera. Una mente enferma tenía que pensar en tantas cosas, que el pánico la desbordaba.

¿Cómo reaccionamos ante un problema cualquiera de nosotros? Podemos intentar alejarnos de la situación durante un momento y reflexionar. Una persona saldría a tomar una cerveza; otra quitaría las malas hierbas del jardín o saldría a pasear. A veces reaccionamos con irritación. Nos defendemos contra los que causan nuestra situación, o, por lo menos, contra los que participan en ella. O nos desanimamos un momento hasta que la naturaleza nos cura o el problema desaparece.

Las antiguas tácticas de Mary para enfrentarse a un problema todavía se conservaban. A menudo, cuando se ponía nerviosa, pensaba en salir a pasear. Se detendría en el porche, echaría una ojeada, se dejaría llevar y caminaría lejos; lejos del problema. Pero el problema persistía y ahora era peor, puesto que Mary se perdería; nada le sería familiar: la casa había desaparecido, la calle no era la que ella conocía. ¿O quizás era una calle de su infancia? ¿O una calle donde vivía cuando sus hijos eran pequeños? El terror la invadiría, le pondría el corazón en un puño. Y Mary caminaría más y más deprisa.

A veces, Mary reaccionaba con irritación. Era un enfado que ni ella misma acababa de entender. Pero sus cosas no estaban; parecía que su vida se había marchado. Los cajones de su mente se abrían y se cerraban, o desaparecían de golpe. ¿Quién no se enojaría? Alguien le había quitado sus cosas, los tesoros de toda su vida. ¿Habría sido su nuera? ¿O su suegra? ¿O quizás alguna hermana resentida desde la infancia? Acusó a su nuera, pero pronto olvidó la sospecha. Su nuera, que manejaba una situación delicada, no podía olvidarlo.

Muchos de nosotros recordamos el día que empezamos a ir al instituto. La noche anterior no pudimos dormir, teníamos miedo de perdernos, de no encontrar las aulas en un edificio extraño. Para Mary, cada día era así. Su familia empezó a mandarla a un centro de día. Cada mañana un autobús la acompañaba y cada tarde su nuera la recogía pero, día tras día, Mary era incapaz de recordar que la devolvería a su casa. Las habitaciones no eran fiables. A veces Mary no conseguía encontrarlas. Y a veces entraba en el baño de los hombres.

Mary conservaba muchas de sus habilidades sociales, de modo que era capaz de charlar y de reírse con otras personas del centro de día. A medida que Mary se sintió más relajada en el centro, disfrutaba del tiempo que estaba allí con otras personas, aunque nunca recordaba qué hacía allá para explicárselo a su nuera.

A Mary le gustaba la música; la música parecía estar empapada en una parte de su pensamiento que aún mantenía mucho tiempo después de que todo el resto se hubiera perdido. Le gustaba cantar antiguas canciones populares. Le gustaba cantar en el centro de día. Incluso, aunque su nuera no sabía cantar demasiado bien, Mary no lo recordaba y ambas descubrieron que les gustaba cantar juntas.

Por fin llegó el momento en que la carga física y emocional de atender a Mary fue excesiva para su familia, y se fue a vivir a una residencia. Tras los primeros días de confusión y pánico, Mary se sintió segura en su pequeña habitación soleada. Era incapaz de recordar el horario de cada día, pero la reconfortaba la confianza de la rutina. Algunos días le parecía que todavía estaba en el centro de día; a veces no estaba segura. Estaba contenta de tener el lavabo cerca porque podía verlo y no tenía que recordar dónde estaba.

Mary estaba contenta cuando su familia la visitaba. A veces recordaba sus nombres; a menudo, no. Nunca recordaba que habían ido la semana anterior, de manera que casi siempre les acusaba de tenerla abandonada. A ellos nunca se les ocurrían demasiadas cosas para decirle, pero le pasaban los brazos alrededor de su cuerpo frágil, le daban la mano y se sentaban junto a ella en silencio o cantando canciones. Ella se mostraba contenta cuando ellos no trataban de recordarle lo que acababa de decir, no le comentaban que habían estado allí la semana anterior ni le preguntaban si recordaba a tal o cual persona. Lo que más apreciaba era que estuvieran allí y que la quisieran.

Alguna persona de nuestra familia ha sido diagnosticada de demencia. Puede tratarse de enfermedad de Alzheimer, demencia vascular o cualquier otra enfermedad. Quizá no estemos seguros de qué enfermedad se trata. Sea cual sea el nombre de la enfermedad, alguna persona cercana ha perdido alguna de sus capacidades intelectuales: la capacidad de pensar y recordar. Puede haberse vuelto cada vez más olvidadizo. Quizá parece que su personalidad esté cambiando, o que se haya deprimido, esté de mal humor o parezca ido.

Muchas —aunque no todas— de las enfermedades que producen estos síntomas en personas adultas son crónicas e irreversibles. Cuando se diagnostica una demencia irreversible, el paciente y su familia se enfrentan a la tarea de aprender a vivir con esta enfermedad. Tanto si la decisión es atender a esta persona en casa o que la atiendan en una residencia, tendremos que solucionar nuevos problemas y nos enfrentaremos a nuestros sentimientos por el hecho de que algún familiar cercano esté desarrollando una enfermedad incapacitante.

La intención de este libro es ayudarnos en este proceso de adaptación y en las tareas de atender a diario a un miembro de la familia con una enfermedad crónica. Hemos observado que los familiares acostumbran a plantear algunas preguntas. Este libro puede ayudarnos a encontrar las respuestas, pero no es el sustituto del consejo que el médico y otros profesionales puedan brindarnos.

¿QUÉ ES LA DEMENCIA?

Es posible que hayamos escuchado varias palabras para designar los síntomas del olvido y la pérdida de la capacidad para razonar y pensar con claridad. Es posible que hayamos escuchado que una persona tiene «demencia» o «Alzheimer». También podemos haber oído expresiones como «síndrome cerebral orgánico», «endurecimiento de las arterias» o «síndrome cerebral crónico». Es posible que nos hayamos preguntado si todo esto es distinto de la «vejez».

Los médicos utilizan la palabra *demencia* en un sentido especial. Significa una pérdida o una alteración de las capacidades mentales. Procede de dos palabras latinas que significan *alejarse* y *mente*. *Demencia* no significa locura. Los médicos lo escogieron como el término menos ofensivo y el más preciso para describir este grupo de enfermedades. La *demencia* describe un grupo de síntomas y no es el nombre de una o varias enfermedades que producen estos síntomas.

Hay dos enfermedades que cursan con síntomas como confusión mental, pérdida de memoria, desorientación, pérdida de capacidad intelectual o problemas similares. Estas dos enfermedades pueden parecer iguales al profano (se describen con detalle en el capítulo 17). La primera, el delirio, comprende un grupo de síntomas por los que la persona muestra un estado de alerta inferior al normal. A menudo está adormilada, pero puede fluctuar entre la inquietud y el sueño. Al igual que la persona con demencia, está confundida, desorientada y olvida las cosas. Estas enfermedades también se denominan «síndromes cerebrales agudos» o «síndromes cerebrales reversibles». Enfermedades como la neumonía o una infección renal, la desnutrición o algunos efectos secundarios de ciertos medicamentos pueden producir delirio. Es posible que los síntomas del delirio mejoren cuando se trata la enfermedad de base.

Con la segunda enfermedad, la demencia, la alteración de la función intelectual aparece en una persona claramente despierta.

Varias enfermedades pueden provocar los síntomas de la demencia. Algunas de estas enfermedades se pueden tratar, otras no. La enfermedad del tiroides, por ejemplo, puede producir una demencia reversible al corregir la alteración de las hormonas tiroideas. En el capítulo 17 hemos resumido algunas de las enfermedades que pueden producir demencia.

Parece que la *enfermedad de Alzheimer* es la causa más frecuente de demencia irreversible en los adultos. La alteración intelectual evoluciona gradualmente desde el olvido hasta la incapacidad total. En las autopsias de las personas que padecen esta enfermedad se observan cambios estructurales del cerebro. Se desconoce la causa de la enfermedad y, hasta el momento, los médicos no saben cómo tratarla o cómo detenerla. Sin embargo, se puede hacer bastante para reducir los síntomas emocionales y el comportamiento del paciente, y para dar a la familia una sensación de control de la situación.

Se cree que la *demencia vascular* es la segunda causa más frecuente de demencia irreversible. Se trata de una serie de derrames en el cerebro. Algunos de estos derrames pueden ser tan pequeños que ni la persona afectada ni quienes le rodean observan ningún cambio; sin embargo, el conjunto de todos ellos puede destruir suficientes áreas de tejido cerebral para afectar a la memoria y otras funciones intelectuales. Habitualmente esta enfermedad se llama «endurecimiento de las arterias», pero los estudios hechos a partir de autopsias han demostrado que se trata más de un problema debido a lesiones causadas por los derrames cerebrales que a la mala circulación. En algunos casos, el tratamiento puede reducir la posibilidad de cambios ulteriores.

A veces, la enfermedad de Alzheimer y la demencia vascular pueden darse conjuntamente. En el capítulo 17 se describen con detalle las características de estas enfermedades y su diagnóstico.

Las personas afectadas por enfermedades que cursan con demencia también pueden padecer otras enfermedades, y su demencia les hace más vulnerables a otros problemas de salud. Ciertas enfermedades o los efectos secundarios de algunos medicamentos provocan a menudo delirio en personas con enfermedades que cursan con demencia. El delirio puede hacer que empeoren las funciones mentales o su conducta. Para su salud y para facilitar su cuidado, es vital detectar y tratar inmediatamente estas otras enfermedades. Para ello, es importante tener un médico dispuesto a pasar tiempo con nosotros y con el paciente.

La depresión es frecuente en los ancianos y puede ser la causa de pérdida de memoria, confusión u otros cambios de las funciones mentales. La demencia producida por una depresión es reversible. La memoria de la persona deprimida acostumbra a mejorar cuando se trata la depresión. Aunque la depresión también puede aparecer en una persona con demencia irreversible, siempre debe tratarse.

Otras patologías raras también producen demencia. Se describen en el capítulo 17.

Las enfermedades que cursan con demencia no saben de aspectos raciales o sociales: los ricos y los pobres, los inteligentes y los simples pueden padecerlas por igual. No existe ningún motivo para avergonzarse porque algún miembro de la familia padezca alguna de estas enfermedades. Muchas personas brillantes y famosas se han visto afectadas por una demencia. Aunque las demencias asociadas a la fase terminal de la sífilis fueron frecuentes en el pasado, actualmente son muy raras.

La pérdida grave de memoria *nunca* es un componente normal del envejecimiento. Según los resultados de los mejores estudios disponibles, un 5 % de los ancianos padece una alteración intelectual grave y un porcentaje similar puede tener alteraciones más leves. La prevalencia de estas enfermedades es mayor en las personas que viven hasta los 80 o 90 años, pero alrededor de un 80 % de los ancianos de mayor edad nunca experimenta una pérdida significativa de memoria ni otros síntomas de demencia. Al envejecer, es frecuente que haya una ligera falta de memoria, pero habitualmente no llega a interferir con la vida cotidiana. Muchos de nosotros conocemos a ancianos activos y con pleno dominio del intelecto a sus 70, 80 o 90 años. Margaret Mead, Pablo Picasso, Arturo Toscanini y Duke Ellington estaban plenamente activos en sus campos respectivos más allá de los 75 años; Picasso tenía 91 cuando murió.

A medida que en la población haya más ancianos, es más importante que tengamos un mayor conocimiento sobre la demencia. Se ha estimado que 4 millones de personas de Estados Unidos padecen algún tipo de alteración intelectual. Un estudio calculó que sólo la enfermedad de Alzheimer tuvo un coste de 100.000 millones de dólares en 1998.

La persona con demencia

La persona que padece una enfermedad que cursa con demencia tiene dificultades para recordar las cosas, aunque puede tener suficiente habilidad para disimularlo. Su capacidad de comprensión, razonamiento y juicio pueden estar alteradas. El inicio y el curso de la enfermedad dependen de qué dolencia la cause y de otros factores, algunos de los cuales todavía se desconocen. A veces, el inicio del problema es súbito. Mirando atrás es posible decir: «Hace un tiempo que papá no es el mismo». En otras ocasiones, el inicio es gradual y, al comienzo, es posible que los familiares no se den cuenta de que algo no funciona. Otras veces, la persona afectada puede ser la primera en observar que algo va mal. Frecuentemente, la persona con una demencia moderada es capaz de describir su problema con claridad: «Sencillamente, las cosas se me van de la cabeza»; «Empiezo a hablar y soy incapaz de encontrar las palabras».

Las personas responden a sus problemas de modos distintos. Algunas son muy hábiles para esconder su dificultad. Otras se hacen listas para ayudar a la memoria. Algunos niegan con vehemencia que haya algo anómalo o culpan a otros de sus problemas. Ciertas personas se deprimen o se vuelven irritables al darse cuenta de que les falla la memoria. Otras continúan mostrándose alegres. Por regla general, la persona con una demencia leve o moderada es capaz de continuar haciendo la mayor parte de las cosas que siempre ha hecho. Como una persona con cualquier otra enfermedad, es capaz de participar en su tratamiento, en las decisiones familiares y en la planificación del futuro.

A veces, los problemas de memoria precoces se confunden con estrés, depresión e incluso con una enfermedad mental. Esta confusión diagnóstica supone una carga adicional para la persona afectada y para su familia.

Una esposa recuerda el comienzo de la demencia de su marido caracterizado no por su falta de memoria, sino por su humor y su actitud: «No sabía que pasara nada malo. No quería verlo. Charles estaba más tranquilo de lo normal; parecía deprimido, pero le echaba la culpa a sus compañeros de trabajo. Entonces su jefe le comunicó que lo trasladarían —en realidad, que lo descenderían— a un departamento menor. No me dijeron nada. Sugirieron que nos tomáramos unas vacaciones. Y así lo hicimos. Nos fuimos a Escocia. Pero Charles no mejoró. Estaba deprimido e irritable. Cuando se incorporó a su nuevo trabajo, tampoco podía llevarlo; echaba las culpas al más joven. Se mostraba tan irritable, que me imaginé que algo iba mal entre nosotros, después de tantos años. Fuimos a un consejero matrimonial, y eso sólo sirvió para empeorar las cosas. Yo sabía que se le olvidaban las cosas, pero pensé que se lo causaba el estrés».

Su esposo explicó: «Yo sabía que algo no funcionaba. Me ponía nervioso por cosas pequeñas. Las personas pensaban que yo sabía cosas de la planta que, en realidad, no podía recordar. El consejero dijo que era estrés. Pensé que era algo más, algo terrible. Tenía miedo».

Algunas personas experimentan cambios de personalidad. Pueden mantenerse muchas de las cualidades que la persona siempre ha tenido: es posible que siempre haya sido dulce y agradable, y que continúe así, o que siempre haya sido una persona de convivencia difícil y que todavía lo sea más. Otras personas pueden cambiar de manera espectacular: de ser afables pasan a ser exigentes; de enérgicas, se convierten en apáticas. Pueden volverse pasivas, dependientes y lánguidas, o pueden volverse inquietas, molestarse con facilidad y ser irritables. A veces, se convierten en personas exigentes, temerosas o deprimidas.

Una hija explica: «Mamá siempre era la persona agradable y extrovertida de la familia. Creo que sabíamos que perdía la memoria, pero lo peor es que no quería hacer nada más. No quería peinarse, no tenía la casa en condiciones y no quería salir para nada».

A menudo, las personas con problemas de memoria se molestan por las cosas más insignificantes. Las tareas que antes eran sencillas, ahora pueden ser demasiado difíciles para ellas, y puede reaccionar molestándose, enojándose o deprimiéndose.

Para otra familia: «Lo peor de papá es su temperamento. Acostumbraba a ser de trato fácil. Ahora siempre está gritando por la cosa más insignificante. Anoche le dijo a nuestra hija de 10 años que Alaska no era un Estado. Se puso a gritar, a chillar y se marchó de la habitación. Luego, cuando le pedí que se bañara, tuvimos una verdadera batalla. Insistía en que ya se había bañado».

Para quienes le rodean, es importante recordar que muchas de las conductas de la persona están fuera de su control: por ejemplo, es posible que no sea capaz de mantener a raya su enojo o de dejar de andar de un lado para otro. Los cambios que se producen no son el resultado del envejecimiento de una personalidad desagradable, sino que son el resultado de una lesión cerebral y, habitualmente, están más allá del control del paciente.

En las enfermedades en las que la demencia es progresiva, la memoria de la persona va empeorando gradualmente y ya no pueden esconderse los problemas. Puede ser incapaz de recordar qué día es o dónde está. Puede ser incapaz de realizar tareas sencillas como vestirse, e incluso de ordenar las palabras de manera coherente. A medida que la demencia progresa, cada vez se ve más claro que la lesión cerebral afecta a varias funciones, incluyendo la memoria, las funciones motrices (coordinación, escribir, caminar) y el habla. Posiblemente la persona tendrá dificultades para encontrar el nombre correcto de las cosas que le son familiares y puede volverse torpe y andar arrastrando los pies. Las capacidades de la persona enferma pueden fluctuar de un día a otro; incluso de una hora a otra. Esto hace más difícil para los familiares saber qué es lo que tienen que esperar.

Algunas personas con enfermedades que cursan con demencia tienen alucinaciones (oyen, ven o huelen cosas que no son reales). Esta experiencia es real para la persona que la presenta y puede ser aterradora para los familiares. Algunas personas empiezan a sospechar de los demás; pueden esconder cosas o acusar a alguien de robárselas. A menudo, simplemente las extravían y olvidan dónde las pusieron, y durante su confusión piensan que alguien se las ha robado.

Un hijo recuerda: «Mamá es tan paranoica... Esconde su monedero. Esconde su dinero, esconde sus joyas. Entonces acusa a mi esposa de robárselos. Ahora nos acusa de robarle la vajilla de plata. Lo peor es que no parece enferma. Es difícil creer que no lo hace a propósito».

En las etapas finales de una enfermedad que cursa con demencia progresiva, hay una proporción tan grande de cerebro afectado que, a menudo, la persona queda confinada en la cama, incapaz de controlar la orina e incapaz de expresarse. Es posible que, en las fases terminales, el paciente requiera atención especializada por parte de un equipo de enfermería.

Es importante recordar que, en una persona determinada, no aparecerán todos estos síntomas. Es posible que nuestro familiar no presente nunca alguno de estos síntomas, o que experimente otros que no hemos mencionado. El curso de la enfermedad y el pronóstico varían según el tipo de alteración y dependen de cada persona.

¿Cuál es el paso siguiente?

Sabemos o sospechamos que alguien cercano padece una enfermedad que cursa con demencia. ¿Cuál es el paso siguiente? Será necesario valorar la situación concreta y, a continuación, identificar qué es necesario hacer para ayudar a la persona afectada y, a la vez, para que nuestra carga sea soportable. Debemos hacernos muchas preguntas. Este libro nos aportará algunas respuestas iniciales.

Lo primero que necesitamos saber es la causa de la enfermedad y su pronóstico. Cada enfermedad que cursa con demencia es distinta. Es posible que nos hayan dado diagnósticos distintos y explicaciones diferentes sobre la enfermedad; también es posible que no sepamos qué le sucede a la persona. Puede que nos hayan dicho que padece la enfermedad de Alzheimer sin que al paciente se le haya hecho una exploración diagnóstica exhaustiva. Sin embargo, debemos tener un diagnóstico y determinada información sobre el curso de la enfermedad antes de que nosotros o el médico podamos responder adecuadamente a los problemas cotidianos o planificar el futuro. Habitualmente es mejor saber qué se puede esperar. Nuestra comprensión de la enfermedad puede contribuir a ahuyentar temores y preocupaciones, y será útil para planificar cuál es la mejor manera de ayudar a la persona con demencia.

Es preciso un médico que quiera y sea capaz de dedicar el tiempo y el interés necesarios para atender al paciente. En el capítulo 2 se describe cómo se hace un diagnóstico y cómo se puede encontrar un médico que atienda correctamente a la persona enferma.

Incluso cuando no es posible detener la enfermedad, *se puede hacer mucho para mejorar la calidad de vida de la persona discapacitada y de su familia.* Del capítulo 3 al 9 se explican los diversos problemas a los que se enfrentan los familiares que atienden a una persona con demencia y se ofrecen algunas sugerencias para hacerles frente.

Las demencias varían según la enfermedad y la persona. Es posible que nunca tengamos que enfrentarnos a muchos de los problemas descritos en este capítulo. Es posible que podamos saltarnos aquellos capítulos que contienen apartados que no nos afectan.

La clave para hacer frente a las dificultades es el sentido común y la inventiva. A veces una familia está demasiado cerca del problema para ver con claridad una manera de solucionarlo. En otros momentos, no hay nadie más ingenioso para solucionar un problema complejo que los propios familiares. Muchas de las ideas que ofrecemos las han puesto en práctica familiares que nos han llamado o nos han escrito para compartirlas con otras personas. Estas ideas le resultarán útiles para empezar.

Es posible que en algún momento pensemos que necesitamos ayuda adicional. En el capítulo 10 se describen los tipos de ayuda disponibles y la manera de localizarlos.

Nosotros y la persona enferma formamos parte de una familia cuyos miembros tienen que trabajar juntos para hacer frente a la enfermedad. En el capítulo 11 se describe el entorno familiar y los problemas que pueden surgir en él. El capítulo 12 describe nuestros sentimientos y los efectos que esta enfermedad puede tener en nosotros. Es importante que nos cuidemos, tanto para nosotros como para la persona que depende de nosotros; esto se comenta en el capítulo 13.

Hemos escrito el capítulo 14 pensando en los jóvenes que conocen a alguien con demencia. Quizá como padres, también es necesario que leamos esta sección y que dediquemos un tiempo para discutirlo con nuestros hijos. Todo el libro se ha escrito de manera que cualquier joven pueda entender cualquiera de los apartados que desee leer.

El capítulo 15 se ocupa de los asuntos legales y financieros. Aunque planificar con antelación puede ser doloroso, es muy importante hacerlo. Quizás ahora es el momento de adentrarnos en algunos temas que hemos estado evitando.

Llegará un momento en que la persona enferma ya no podrá vivir sola. El capítulo 16 describe las residencias y otro tipo de centros. Existen pocas residencias buenas en algunos Estados, y una residencia puede ser una carga económica importante para la familia. Por ambas razones, animamos a leer el capítulo 16 sobre la atención que se brinda en las residencias; así podemos planificarlo con antelación, incluso aunque no tengamos intención de utilizar los servicios de una residencia.

El capítulo 17 enumera las enfermedades que causan demencia y explica cómo se distinguen de otras alteraciones cerebrales. Sin embargo, está escrito para proporcionar una idea general de los términos y las enfermedades, no como una herramienta para poder hacer un diagnóstico.

El capítulo 18 revisa brevemente la investigación en torno a la enfermedad de Alzheimer y la demencia multiinfarto. La bibliografía del apéndice 1 nos aportará información adicional más detallada.

Es posible que deseemos utilizar este manual para informar a otras personas sobre las enfermedades que producen demencia. Este tipo de enfermedades afectan a un gran número de personas, pero a veces los profesionales y la sociedad no comprenden muy bien sus efectos sobre las familias ni su manejo potencial. La formación no tiene por qué venir siempre de un profesional. Nosotros, los familiares, podemos informar de manera eficaz a otras personas. Compartamos lo que sepamos de la demencia con el médico o con las enfermeras de la residencia. Mediante la formación de la comunidad a partir de la propia comunidad, se está consiguiendo que la demencia salga a la luz pública. Esto ha servido para brindar un apoyo eficaz, potenciar la investigación sobre posibles causas y tratamientos y contar con unos profesionales mejor informados. Utilicemos nuestros conocimientos y utilicemos este manual. Veremos cómo mejora la comprensión de los que nos rodean y podremos llegar a familias que han estado luchando en solitario.

Atender a una persona con una enfermedad que cursa con demencia no es fácil. Esperamos que la información contenida en este libro resulte útil, pero sabemos que todavía no existen soluciones sencillas.

A menudo, este libro se centra en los problemas. Sin embargo, es importante recordar que tanto las personas con problemas de confusión como sus familiares todavía pueden sentir alegría y felicidad. Puesto que la demencia se desarrolla de manera progresiva, a menudo deja intacta la capacidad de la persona enferma para disfrutar de la vida y de las otras personas. Cuando las cosas vayan mal, recordemos que no importa lo deteriorada que esté la memoria de esta persona o lo extraña que sea su conducta; todavía es un ser humano especial y único. Podemos continuar amando a una persona incluso después de que haya cambiado drásticamente, e incluso cuando nos sintamos muy preocupados por su estado actual.

Capítulo 2

Atención médica
para la persona enferma

Hemos escrito este libro para los familiares. Partimos de la premisa de que tanto nosotros como la persona enferma ya recibimos atención médica profesional. La familia y los profesionales sanitarios son socios en la tarea del cuidado de la persona enferma. Ni hablar de atenderla sin ayuda. Este libro no pretende ser un sustituto del asesoramiento profesional. Muchos profesionales son expertos en demencia, pero todavía existen conceptos erróneos sobre las demencias. No todos los médicos ni otros profesionales tienen suficiente tiempo, interés ni capacidad para diagnosticar o atender a una persona con una enfermedad que curse con demencia.

¿Qué deberíamos esperar del médico y de otros profesionales? Lo primero es un diagnóstico preciso. Una vez realizado el diagnóstico, quizá necesitaremos la ayuda continua de un médico y de otros profesionales para manejar la demencia, para tratar las enfermedades concurrentes y para orientarnos sobre la búsqueda de los recursos que necesitemos. Este capítulo está escrito como una guía para ayudarnos a encontrar la mejor atención médica posible que haya en nuestra comunidad.

En el desarrollo de una enfermedad que cursa con demencia es posible que se requiera la ayuda de un médico, un neuropsicólogo, un trabajador social, personal de enfermería o terapeutas físicos, ocupacionales o del ocio. Cada uno de ellos es un profesional altamente cualificado con conocimientos que se complementan entre sí. Inicialmente pueden trabajar de manera conjunta para valorar al enfermo y, posteriormente, ayudarnos mediante una atención continuada.

LA VALORACIÓN DE UNA PERSONA
CON POSIBLE DEMENCIA

Cuando una persona padece dificultades para pensar, recordar o aprender, o cuando muestra cambios en la personalidad, es importante que se lleve a cabo un diagnóstico completo. Una valoración completa aporta información sobre varios aspectos:

1. La naturaleza exacta de la enfermedad.
2. Si el cuadro es reversible o no.
3. La naturaleza y la extensión de la discapacidad.
4. Las áreas en las que la persona todavía responde correctamente.
5. Si tiene otros problemas de salud que requieren tratamiento y que podrían estar empeorando sus problemas mentales.
6. Las necesidades y los recursos sociales y psicológicos de la persona enferma y de la familia o del cuidador.
7. Los cambios que podemos esperar en el futuro.

Los procedimientos varían en función del médico o del hospital. Sin embargo, una buena valoración incluye una exploración médica y neurológica, considerar el sistema de seguro social de la persona y una valoración de las facultades que le quedan. Posiblemente no podamos escoger el médico u otros servicios, pero sí podemos aprender qué es importante en una valoración e insistir para que la persona reciba una atención completa.

La valoración puede empezar con una exploración cuidadosa por parte del médico. El médico tomará una *historia detallada* de alguien que conozca bien a la persona y, siempre que sea posible, del propio enfermo. Esto incluye información sobre cómo la persona ha cambiado, qué síntomas ha tenido, el orden en que se han desarrollado los síntomas e información sobre otras manifestaciones clínicas. El médico también realizará una *exploración física*, que puede revelar otros problemas de salud. Una *exploración neurológica* (observando su equilibrio con los ojos cerrados, golpeándole los tobillos o las rodillas con el martillo de reflejos u otras pruebas) puede revelar cambios en el funcionamiento de las células nerviosas del cerebro o de la médula espinal.

El médico llevará a cabo una *exploración del estado mental*, en la que le preguntará al enfermo qué hora es, el día y el lugar. Otras preguntas pondrán a prueba su capacidad para recordar, concentrarse, el razonamiento abstracto, hacer cálculos sencillos o copiar dibujos sencillos. Cada uno de estos ejercicios sirve para revelar problemas en el funcionamiento de distintas partes del cerebro. Cuando realice estas pruebas, tendrá en cuenta la formación de la persona y el hecho de que pueda estar «nerviosa».

El médico solicitará *pruebas de laboratorio* que incluyen varios análisis de sangre. El *hemograma completo* detecta la anemia y puede poner de manifiesto alguna infección, tanto como causa o como complicación de la demencia. La *bioquímica sanguínea* comprueba el estado del hígado y del riñón, la presencia de diabetes y algunas otras enfermedades. Los *niveles de vitamina B_{12} y folatos* valoran los déficit de vitaminas que podrían causar demencia. Los *estudios tiroideos* sirven para conocer el funcionamiento de la glándula tiroides. Los problemas de la tiroides constituyen las causas más comunes de demencia reversible. La *prueba VDRL* permite indicar una infección por sífilis (la sífilis era una causa común de demencia antes del descubrimiento de la penicilina), pero un resultado positivo en la prueba VDRL no significa necesariamente que la persona haya tenido alguna vez sífilis. Habitualmente los análisis de sangre suponen la utilización de una aguja, lo que no es más molesto que un pinchazo.

La *punción lumbar* (PL), o punción espinal, se realiza para descartar una infección del sistema nervioso central (por ejemplo, la tuberculosis), y puede revelar otras anomalías. Normalmente se practica tras inyectar un anestésico local en la espalda y tiene pocas complicaciones. Es posible que no se haga si no existe ningún motivo para sospechar de la presencia de una infección.

El *EEG* (electroencefalograma) registra la actividad eléctrica presente en el cerebro. Se hace fijando unos cables en la cabeza con una pasta. Es indoloro, pero puede confundir a la persona con problemas de memoria. Ayuda al diagnóstico de delirio y puede ofrecer pruebas sobre el funcionamiento anormal del cerebro, pero ocasionalmente es normal en personas con demencia.

El TAC, la RM, los escáner de tipo PET y SPECT son técnicas radiológicas avanzadas que ayudan al médico a identificar cambios cerebrales que indican la presencia de accidentes vasculares, la enfermedad de Alzheimer y muchas otras patologías que pueden producir demencia. A menudo son importantes para realizar el diagnóstico. Puesto que son caras, el médico puede utilizarlas sólo cuando requiere esta información adicional. Estas herramientas se describen con mayor detalle en la pág. 432.

Estas pruebas suponen tumbarse sobre una mesa y colocar la cabeza en un objeto que parece un gran secador de pelo. Es indoloro, pero puede ser ruidoso. Es posible que confunda al enfermo. Si es así, se le puede prescribir un sedante suave para ayudarlo a relajarse.

Para algunas exploraciones, como la punción lumbar y las inyecciones de contraste para el TAC, es posible que soliciten firmar una hoja de consentimiento informado. En ella se mencionan todos los posibles efectos secundarios de la técnica. Leerla puede hacer que la prueba parezca alarmante y peligrosa, pero, en realidad, son técnicas seguras. Si tenemos alguna duda sobre posibles efectos secundarios podemos pedir a un médico que nos los explique.

La historia, la exploración física y neurológica y las pruebas de laboratorio identificarán o descartarán las causas conocidas de demencia. A parte de la valoración médica, se llevan a cabo otros exámenes para comprender las capacidades de la persona y para poder planificar el futuro.

La *valoración psiquiátrica y psicosocial* consiste en entrevistas con la persona y su familia. Esto proporciona la base para el desarrollo de un plan concreto de atención al enfermo. Puede hacerlo el médico, la enfermera o el asistente social que colabora con el médico. Incluye una ayuda para que la familia valore sus propias capacidades emocionales y físicas, así como los recursos financieros, la casa donde vive, la disponibilidad de recursos comunitarios y la capacidad del paciente para aceptar o participar en los planes propuestos.

Es importante que el médico determine si el paciente se encuentra deprimido. La depresión produce síntomas similares a la demencia y puede empeorar una demencia preexistente. Siempre que exista algún problema relacionado con la depresión, un psiquiatra experto en geriatría debería visitar al paciente. La depresión es bastante frecuente y suele responder bien al tratamiento.

Una *valoración de terapia ocupacional* ayuda a determinar hasta qué punto la persona es capaz de valerse por sí misma y qué podemos hacer para ayudarla a compensar sus limitaciones. La lleva a cabo un fisioterapeuta, un rehabilitador o un terapeuta ocupacional. Estos terapeutas son miembros importantes del equipo de atención a la salud de los pacientes. A veces se pasan por alto sus conocimientos porque antiguamente sólo se les consultaba en casos en los que hubiera una potencial rehabilitación física. Sin embargo, son capaces de identificar las cosas que el paciente todavía puede hacer y encontrar la manera de ayudarle a continuar viviendo de la manera más independiente posible. Parte de esta valoración son las *AD* (actividades diarias). Se observa a la persona en una situación controlada para ver si es capaz de utilizar dinero, prepararse una comida sencilla, vestirse y llevar a cabo otras tareas rutinarias. Se observa si es capaz de realizar parte de estas tareas. Estos terapeutas están familiarizados con los numerosos accesorios que pueden ayudar a las personas afectadas.

Las *pruebas neuropsicológicas* (también llamadas pruebas de la función cortical o pruebas psicométricas) pueden realizarse para determinar qué áreas del funcionalismo mental del paciente se encuentran alteradas y en cuáles todavía es independiente. Estas pruebas requieren varias horas. Valoran la memoria, el razonamiento, la coordinación, la escritura y la capacidad para expresarse y para entender instrucciones. El psicólogo que realice la prueba debe tener experiencia para hacer que las personas se relajen y valorará las diferencias en relación con la formación y con los intereses del paciente.

La parte final de la exploración es nuestra *conversación con el médico* y quizá con otros miembros del equipo. El médico nos explicará los hallazgos, a nosotros y al paciente, si todavía es capaz de entender parcialmente lo que sucede.

En este momento el médico debería proporcionarnos un diagnóstico concreto (puede decir que todavía tiene algunas dudas) y una idea general sobre el pronóstico del paciente (de nuevo, es posible que no sea capaz de explicarnos exactamente qué expectativas hay). También nos explicará los resultados de otras pruebas, como la valoración de AD, las pruebas psicológicas y la historia social. Deberíamos preguntarle nuestras dudas y, al salir, haber comprendido los resultados de la exploración. El médico puede hacernos algunas recomendaciones, como que el paciente tome algunos medicamentos o que utilice los servicios de apoyo comunitarios, o bien puede referirnos a alguien que nos informe sobre los servicios comunitarios. Nosotros, él y la persona afectada podemos identificar problemas específicos y establecer un plan para afrontarlos.

Una valoración completa puede durar más de un día. Es posible llevarla a cabo en más de una sesión, de modo que el paciente no se fatigue demasiado. El laboratorio suele tardar varios días en tener los resultados y, posiblemente, el médico requerirá varios días para organizar todos los datos del informe.

Es posible hacer la valoración hospitalizando al paciente o de forma ambulatoria. La decisión de una u otra modalidad depende de varios factores, como la cobertura del seguro médico, la salud general del paciente y nuestra conveniencia.

A veces los familiares y, ocasionalmente, los mismos profesionales aconsejan no «hacer pasar a una persona confusa por la "terrible experiencia" de una valoración diagnóstica». Creemos que toda persona con problemas de memoria y del pensamiento debería pasar por una valoración completa. Un diagnóstico no es ninguna experiencia terrible. El personal acostumbrado a trabajar con personas con demencia suele ser agradable y amable. Es importante que hagan sentir al paciente tan cómodo como sea posible de manera que se logre medir el máximo de sus capacidades.

Tal como hemos dicho, hay muchas causas por las que una persona puede desarrollar síntomas de demencia. Algunas de ellas se pueden tratar. Si no se encuentra un problema potencialmente tratable porque no se realiza una prueba, la persona afectada y su familia pueden padecer innecesariamente durante años. Algunas enfermedades pueden tratarse si se descubren a tiempo, pero pueden resultar irreversibles si no se les presta atención.

Incluso aunque se encuentre que una persona padece una demencia irreversible, la valoración diagnóstica nos dará información sobre cómo proporcionar la mejor atención al paciente y sobre la mejor manera de hacer frente a sus síntomas. Será la base sobre la que se podrá planificar el futuro y, finalmente, es importante que sepamos que hemos hecho todo lo posible por el paciente.

ENCONTRAR A ALGUIEN PARA HACER EL DIAGNÓSTICO

En la mayor parte de poblaciones se puede localizar a algún profesional que pueda hacer una valoración completa de la persona con una supuesta demencia. Puede hacerla el propio médico de familia o puede referirnos a un especialista. En el hospital local nos proporcionarán el nombre de los médicos interesados en valorar a personas con demencia. En los hospitales universitarios de la zona pueden conocer a personas especialmente interesadas en este campo. Alguna asociación de Alzheimer local puede darnos los nombres de médicos de nuestra zona. En algunos lugares se han abierto algunas «clínicas para las alteraciones de la memoria». Si hemos oído hablar de alguna de ellas, podemos preguntar al médico qué reputación tiene.

Antes de solicitar las visitas para llevar a cabo la valoración del paciente, podemos preguntar al médico que técnicas utiliza y por qué. Si, a partir de esta conversación preliminar, percibimos que no está realmente interesado en la demencia, quizá podamos escoger a otro.

¿Cómo decidimos si le han hecho un diagnóstico preciso a algún familiar? Al fin y al cabo, debemos quedarnos con el médico en quien más confiemos y que nos parezca que ha hecho todo lo posible; a partir de ahí, podemos fiarnos de su juicio. Esto es mucho más fácil cuando sabemos algo sobre las demencias. Si nos han dado diagnósticos diferentes, discutámoslo abiertamente con el médico. Es importante tener la certeza de que se ha realizado un diagnóstico correcto. Ocasionalmente, un médico puede diagnosticar enfermedad de Alzheimer sin haber realizado toda la batería de pruebas ni exploraciones. Es imposible hacer un diagnóstico exacto sin una valoración completa y sin haber realizado todas las pruebas que permiten descartar otras enfermedades. Si nos sucede esto, sugerimos buscar una segunda opinión.

Podemos haber oído hablar sobre personas con síntomas similares que se han curado «milagrosamente» e incluso podemos escuchar frases como «la senectud puede curarse». Hay bastante confusión al respecto, porque algunas de las causas de demencia son reversibles y porque a veces se confunde la demencia con el delirio (véase el capítulo 17). Hay algunas personas poco escrupulosas que ofrecen «curaciones milagrosas» para estas enfermedades trágicas. Un diagnóstico correcto y un doctor en quien confiemos pueden darnos la seguridad de que se ha hecho todo lo que se podía hacer. También podemos mantenernos informados sobre los avances de la investigación científica de calidad en alguna asociación local de Alzheimer o en algún instituto de investigación.

EL TRATAMIENTO MÉDICO Y EL MANEJO
DE LA DEMENCIA

Las enfermedades que cursan con demencia requieren atención médica continuada. La disponibilidad de servicios profesionales varía. Como cuidador, podemos tener un papel importante en la coordinación de la atención. Sin embargo, a veces necesitaremos la ayuda de profesionales.

EL MÉDICO

Requeriremos un médico que prescribirá y ajustará las dosis de los medicamentos, dará respuesta a nuestras preguntas y tratará otras enfermedades concurrentes. El médico que proporciona esta atención continuada no tiene por qué ser necesariamente el especialista que hizo la valoración inicial del paciente. Puede ser el médico de familia, puede formar parte del equipo de geriatría o puede ser cualquiera que tenga un interés especial por la medicina geriátrica. El médico no tiene por qué ser un especialista, aunque debería ser capaz de colaborar con el neurólogo o el psiquiatra si fuera necesario. El médico que escojamos para la atención continuada debería:

1. Querer y poder pasar el tiempo necesario con nosotros y con el paciente.
2. Tener conocimientos sobre enfermedades que cursan con demencia y delirio, y sobre la susceptibilidad especial de los pacientes con demencia a otras enfermedades y medicamentos.
3. Ser fácilmente accesible.
4. Si es posible, ser capaz de referir al paciente a fisioterapeutas, asistentes sociales y otros profesionales.

No todos los médicos cumplen estos requisitos. Algunos médicos que atienden a muchos pacientes no tienen tiempo para centrarse en nuestros problemas. Es imposible que una sola persona pueda estar al día de todos los avances médicos, de manera que quizás algunos médicos no tengan conocimientos profundos sobre la atención especializada a las personas con demencia. Finalmente, algunos profesionales no se encuentran cómodos atendiendo a personas con enfermedades crónicas e incurables. Sin embargo, ningún médico debería darnos un diagnóstico sin que ello vaya seguido de otras consultas a profesionales que puedan proporcionarnos la ayuda y el seguimiento que necesitamos. Es posible que tengamos que hablar con más de un médico antes de encontrar al adecuado. Discutamos sinceramente nuestras necesidades y expectativas con él y conversemos sobre la mejor manera de colaborar. Los médicos se han formado para mantener la confidencialidad de los problemas del paciente. Por este motivo, algunos médicos son reacios a hablar con otros familiares, o bien sólo hablan con el cónyuge. Puede haber buenas razones por las que necesitemos conocer detalles sobre el paciente. Los médicos que trabajan conjuntamente con varios familiares de pacientes con demencia descubren que es importante estar en contacto con toda la familia. Podemos discutir este problema abiertamente con el médico y pedirle que sea tan abierto como pueda con toda la familia.

EL PROFESIONAL DE ENFERMERÍA

Además del conocimiento y la experiencia de un médico requeriremos las habilidades de un profesional de enfermería que trabaje con el médico. La enfermera suele ser la persona que puede resultarnos más accesible y quien puede coordinar nuestro trabajo con el del médico y el de otros para proporcionar la mejor atención posible. Probablemente será la persona que entienda mejor las dificultades de cuidar a una persona enferma en casa. Puede observar al paciente para detectar cambios en su estado de salud que hay que notificar al médico y puede apoyarnos y aconsejarnos. Después de hablar con nosotros, el profesional de enfermería identificará la mayoría de los problemas a los que nos enfrentamos y nos ayudará a solucionarlos. Nos enseñará a proporcionar cuidados prácticos al enfermo (tales como hacer frente a reacciones catastróficas, bañarlo, ayudarle en sus problemas para alimentarse o manejar una silla de ruedas). Puede enseñarnos cómo y cuándo administrar un medicamento y cómo saber si tiene el efecto esperado. Una enfermera quizás esté dispuesta a venir a nuestra casa para valorar al paciente y hacernos sugerencias para simplificar el entorno del enfermo y minimizar nuestros esfuerzos.

También puede ser de mucha utilidad un auxiliar de clínica.

El médico tendría que conocer algún profesional de enfermería; si no, podemos localizar a uno llamando al departamento de sanidad o a alguna agencia de salud domiciliaria, tal como la Visiting Nurse Association.*

Medicare u otras mutuas médicas pueden cubrir los servicios de enfermería si lo decide un médico (véanse las págs. 265-267).

En algunos lugares es posible encontrar fisioterapeutas o terapeutas ocupacionales que pueden ayudar.

EL ASISTENTE SOCIAL

Los asistentes sociales tienen una combinación de habilidades especial: conocen los recursos y los servicios de la comunidad y saben valorar nuestra situación y necesidades de acuerdo con los servicios disponibles. Algunos creen que los trabajadores sociales «son sólo para pobres». Esto no es cierto. Son profesionales cuya capacidad para ayudarnos a encontrar recursos puede ser valiosísima. También nos proporcionarán consejos prácticos y nos ayudarán a planificar. Pueden ayudar a las familias a solucionar desacuerdos en cuanto al cuidado del paciente.

El médico podrá referirnos a un asistente social o, si el paciente se encuentra hospitalizado, la asistente social del hospital puede ayudarnos. Es posible que en la asociación local de la tercera edad haya un asistente social en plantilla que ayude a personas mayores de 60 años.

La mayoría de comunidades tiene oficinas para la atención familiar que cuentan con asistentes sociales en su plantilla. Para localizar las agencias de servicio social, busquemos en el listín telefónico de páginas amarillas o en los directorios de los gobiernos locales o de los ayuntamientos. En Estados Unidos, la oficina nacional de Family Service America acredita a las agencias privadas y proporciona los nombres de las más cercanas.

Los asistentes sociales trabajan en contextos muy variados, incluyendo agencias de servicio social públicas, algunas residencias,

* Fuera de Estados Unidos, su equivalente podría ser el Colegio de Diplomados en Enfermería. (*N. del t.*)

centros de la tercera edad, programas de asistencia pública y en oficinas locales de los ministerios de Sanidad. A veces estas agencias disponen de unidades especiales para atender a ancianos. También hay asistentes sociales en algunos centros privados. Algunos organizarán incluso algún servicio de apoyo a un pariente que viva lejos de la ciudad. Los asistentes sociales tienen una formación profesional. En muchos lugares también requieren un título o acreditación. Tendríamos que conocer la cualificación y la formación de la persona que escojamos.

Las tarifas de sus servicios varían en función de la agencia, de cuáles sean nuestras necesidades y de si estamos utilizando o no los servicios de otra instancia (por ejemplo, un hospital). Algunas agencias facturan según nuestra situación económica.

Es importante seleccionar un asistente social que entienda de enfermedades que cursan con demencia.

Capítulo 3

Problemas característicos de la demencia

Desde el capítulo 3 hasta el 9 describiremos muchos de los problemas que pueden encontrarse las familias con una persona afectada de demencia. Aunque por el momento no puede hacerse nada para curar algunas enfermedades que cursan con demencia, es importante recordar que *puede hacerse mucho para facilitar la vida del cuidador y de la persona enferma*. Las sugerencias que hacemos proceden de nuestra experiencia clínica y de las experiencias que los familiares han compartido con nosotros.

Cada persona y cada familia son distintas. Es posible que nunca tengamos ninguno de estos problemas. Los problemas a los que nos enfrentaremos están influidos por la naturaleza de la enfermedad, por nuestra personalidad, por la personalidad del paciente y, a menudo, por otros factores, como el lugar donde vivimos. No queremos que esta sección se lea como si fuera una lista de lo que nos espera. Es una lista amplia de grandes problemas para utilizarla como referencia cuando surja un problema concreto.

EL CEREBRO, LA CONDUCTA Y LA PERSONALIDAD: POR QUÉ LAS PERSONAS CON DEMENCIA HACEN LO QUE HACEN

La propia naturaleza de las lesiones cerebrales puede hacer difícil vivir con ellas. El cerebro es un órgano vasto, complejo y misterioso. Es la fuente de nuestros pensamientos, emociones y personalidad, así como de la capacidad de razonar. La mayoría de las enfermedades que cursan con demencia producen lesiones graduales, de manera que los efectos no se ven de manera súbita, como sucede con los efectos de un accidente vascular o de una lesión cerebral. Por tanto, la conducta de una persona con demencia a menudo parece desconcertante, en contraste con la conducta debida a otras enfermedades. No siempre es evidente que la mayoría de los síntomas visibles (los cambios en la personalidad, por ejemplo) sean el resultado de una enfermedad, porque la persona enferma a menudo tiene buen aspecto.

Es posible que nos preguntemos qué comportamientos se deben a la enfermedad y cuáles son deliberados o voluntarios; incluso puede haber desacuerdo entre los familiares en este punto. En los capítulos siguientes describiremos algunos de estos problemas de conducta y sugeriremos diversas maneras de afrontarlos. Comprender que la lesión cerebral produce estas conductas puede ayudarnos a abordarlas.

El cerebro es un órgano increíblemente complejo compuesto por miles de millones de células cerebrales microscópicas: las neuronas. Todas las tareas del cerebro, como pensar, hablar, soñar, caminar, escuchar música y centenares más, se llevan a cabo cuando estas células se comunican unas con otras. Esta comunicación tiene lugar mediante sustancias químicas producidas en el interior de la célula que saltan por la estrecha separación que hay entre una célula y su vecina. Puesto que se sabe que algunas de estas sustancias químicas escasean en el cerebro de las personas con enfermedad de Alzheimer, los científicos las estudian con la intención de poder llegar a aliviar los síntomas de dicha enfermedad.

Las distintas partes del cerebro realizan tareas diferentes. Cuando una persona tiene un derrame cerebral y no puede hablar, sabemos que el derrame ha ocurrido en el centro del habla del cerebro y que ha destruido las células necesarias para que la persona pueda hablar. A menudo, un derrame provoca una lesión extensa, pero sólo en unas cuantas zonas del cerebro. En la demencia, la lesión tiene lugar en muchas zonas y afecta a varios componentes de la función mental. Mientras que un derrame produce todo el daño de una vez, la enfermedad de Alzheimer va produciendo más y más daño de manera gradual y progresiva. Esto significa que las distintas habilidades cognitivas se lesionan *de manera desigual* y que la persona será capaz de hacer algunas cosas, pero no otras.

Por ejemplo, podrá recordar anécdotas de hace muchos años, pero no algo que ocurrió ayer.

Nuestro cerebro realiza millares de tareas y habitualmente no somos conscientes de la mayoría de ellas. Asumimos que el cerebro de los otros, al igual que el nuestro, funciona debidamente; pero en una persona con demencia, no es posible hacer esta asunción. Cuando la persona hace algo raro o inexplicable, habitualmente es porque alguna parte de su cerebro no ha conseguido llevar a cabo una función. Además de controlar la memoria y el lenguaje, el cerebro nos permite mover las distintas partes del cuerpo, filtra todo aquello a lo que no queremos prestar atención, nos proporciona información de retorno sobre lo que hacemos, nos permite reconocer los objetos familiares y coordina las actividades que lleva a cabo. *Cuando la lesión cerebral es irregular, la persona puede hacer cosas que nos parecen sin sentido.*

> John Barstow puede recordar que estaba molesto con su esposa, pero es incapaz de recordar su explicación sobre por qué hizo lo que hizo. En realidad, ni siquiera puede recordar qué hizo que le molestó tanto.

Los investigadores piensan que nuestro cerebro almacena y procesa los recuerdos de las emociones de manera distinta a los recuerdos de los hechos. Es posible que la demencia lesione una zona sin lesionar la otra. A menudo, las habilidades sociales más antiguas y la capacidad para la conversación social se conservan mejor que el juicio y la percepción. Por tanto, es posible que una persona le parezca sana al médico aunque, en realidad, sea incapaz de cuidar de sí misma.

Es posible que las células nerviosas lesionadas, igual que una bombilla fundida, a veces se conecten y otras veces no. Esto podría explicar por qué una persona puede hacer una cosa un día, pero no el siguiente. Incluso cuando hacemos algo que parece sencillo, el cerebro tiene que realizar muchas tareas. *Si la demencia impide que el cerebro realice alguno de los pasos de una tarea, será imposible llevar a cabo dicha tarea.*

> Pedí a mi hermana que nos hiciera una taza de té, pero me ignoró. Media hora más tarde se fue a la cocina y se preparó una taza de té para ella.

Obviamente, esta hermana todavía era capaz de realizar esta tarea, pero probablemente no podía entender o actuar en función del lenguaje, aunque hubiera oído la petición.

Los problemas de la conducta son producidos por la lesión cerebral, y no son algo que la persona pueda evitar o controlar. Las conductas que molestan casi nunca son deliberadas o para «fastidiar». Puesto que hay una lesión cerebral, la persona tiene gravemente limitada su capacidad para aprender cosas o para entender las explicaciones. Es inútil esperar que recuerde o aprenda, y resulta frustrante para ambas partes tratar de enseñarle. La persona no desea actuar como lo hace, *y lo intenta con todas sus fuerzas.*

La señora Robinson ayudaba a su hija mayor en la cocina, pero cuando visitaba a su hija menor, se limitaba a sentarse y criticar. La hija menor pensaba que la señora Robinson siempre había preferido a su hermana mayor, y que su negativa a ayudarla no era un recordatorio nada sutil de su preferencia. En realidad, la madre se había familiarizado con la cocina de su hija mayor antes de empezar a olvidar cosas, pero era incapaz de incorporar información nueva, incluso cosas tan sencillas como el lugar donde estaban los platos en la cocina extraña de su hija menor.

Los sentimientos de una persona también afectan a su conducta. La persona con demencia probablemente se siente perdida, preocupada, ansiosa, vulnerable e indefensa la mayor parte del tiempo. También puede ser consciente de que realiza mal algunas tareas y sentir que está haciendo tonterías. Sólo hay que imaginar lo que debe sentir al querer decir algo agradable a quien le cuida y darse cuenta de que sólo le salen maldiciones. O lo espeluznante que debe ser si unas personas familiares y una casa conocida se convierten en algo extraño y desconocido. Si podemos encontrar la manera de que una persona con demencia se encuentre más segura y confortable, probablemente se reducirán los problemas de conducta.

Hay otros aspectos que afectan al comportamiento. Cuando una persona no se siente bien, será menos capaz de pensar. En el capítulo 6 se describe de qué manera la *enfermedad*, el *dolor* y la *medicación* pueden empeorar el pensamiento, y la conducta, de una persona.

Cuando hablamos a una persona, debe oírnos: el primer paso en el proceso de comunicación es el *input sensorial*. La capacidad para repetir inmediatamente lo que se ha oído puede haberse conservado, pero las personas con demencia a menudo pierden el paso siguiente: almacenar lo que se ha dicho, por lo menos de manera temporal. Y si la persona no es capaz de almacenar temporalmente lo que se le dice, no puede responder. A menudo, sólo le es posible almacenar parte de lo que se ha dicho, y sólo responderá a esta parte. Si decimos «Sus nietos van a venir a cenar, de modo que debería tomar un baño», la persona puede retener únicamente «tomar un baño» y actuar en consecuencia. Si no retiene nada de lo dicho, puede enojarse cuando la llevemos al cuarto de baño. Al igual que debe retener lo dicho, la persona también debe comprender lo que significan las palabras y analizarlas. En este proceso puede haber varias etapas que no funcionen, lo que originará una respuesta que nos parezca inapropiada. La persona actuará de acuerdo con lo que *piense* que ha oído. Pero sólo puede actuar de acuerdo con lo que sus oídos hayan captado, lo que su cerebro haya registrado, su diccionario mental haya comprendido y su mente haya procesado. Si el cerebro confunde el mensaje, responderá de la manera apropiada a lo que haya entendido y si, en su confusión, piensa que somos extraños o que él es un joven y nosotros sus padres, su respuesta se basará en la facultad de entender la situación. Una persona que habitualmente haya sido plácida puede responder con calma y una persona irritable responderá enojada; pero sea cual sea la respuesta, ésta será la adecuada al mensaje *recibido*, y no necesariamente al mensaje que le hemos transmitido.

El paso final de la comunicación es la respuesta de la persona, y aquí las cosas también pueden ir mal. Es posible que lo que salga no sea aquello que la persona deseaba. Esto también puede parecer una evasión voluntaria, un insulto o una respuesta tonta.

Hay muchas cosas que desconocemos de este proceso. Los neuropsicólogos estudian la mente y tratan de entender estos procesos cognitivos complejos. A menudo un neuropsicólogo puede descifrar por qué una persona concreta actúa de la manera que lo hace y, a veces, puede descubrir algo sobre la discapacidad. Aunque todavía quedan muchas cosas por aprender sobre cómo funciona este proceso, cuando las personas con demencia dicen o hacen cosas que no tienen sentido o que parecen desagradables o deliberadas, casi siempre se debe a que hay una lesión cerebral en marcha. *La persona que atendemos también se encuentra a menudo abatida y trata de hacerlo lo mejor posible.* En el resto del libro mostraremos varias maneras de prestar ayuda en estos casos.

Es posible que seamos incapaces de imaginarnos lo que la persona entendió o lo que pretende. Puesto que el cerebro es tan complejo, incluso los mejores expertos se encuentran perdidos en este sentido. Además, la mayoría de las familias no tienen acceso a un neuropsicólogo. Se trata de actuar lo mejor que podamos y mirar los problemas como un producto de la lesión cerebral en acción y no como algo que hicimos o algo que la persona confundida pretende. El afecto, la seguridad y la calma son lo mejor, incluso cuando las cosas no tengan ningún sentido.

PRESTAR ATENCIÓN: ALGUNAS SUGERENCIAS GENERALES

Informarnos. Cuanto más sepamos sobre la naturaleza de las demencias, más efectivos seremos a la hora de encontrar alternativas para manejar los problemas de conducta.

Compartir las preocupaciones con el enfermo. Cuando el paciente sólo tiene una discapacidad leve o moderada, puede tomar parte en el manejo de su problema. Es posible compartir las penas y las preocupaciones con otros; quizá juntos podamos encontrar ayudas para la memoria que contribuyan a mantener su independencia. Las personas con discapacidades leves pueden beneficiarse del consejo que pueda ayudarles a aceptar y a ajustar sus limitaciones.

Tratar de solucionar los problemas más frustrantes uno a uno. Los familiares nos explican que, a menudo, los problemas del día a día parecen los más insalvables. Conseguir que la madre tome un baño o conseguir preparar la cena, que se la coma y se limpie pueden convertirse en horrores diarios. *Si ya no lo soportamos más, podemos escoger algo para cambiar y conseguir que la vida sea más sencilla; entonces trabajamos en ello.* A veces, cambiar cosas pequeñas representa una enorme diferencia.

Descansar lo suficiente. Uno de los dilemas con los que suelen enfrentarse las familias es que el cuidador no descansa lo suficiente o no puede tener la oportunidad de alejarse de sus responsabilidades. Esto puede hacer que el cuidador tenga menos paciencia o tolere menos las conductas irritantes. Si las cosas se nos van de las manos, tendríamos que preguntarnos si nos sucede esto. Si es así, quizá sea importante centrarnos en encontrar la manera de poder descansar más o de disponer de interrupciones más frecuentes de nuestras responsabilidades. Reconocemos que es difícil solucionarlo. Lo discutiremos en el capítulo 10.

Utilizar el sentido común y la imaginación, son las mejores armas. La adaptación es la clave para el éxito. Si algo no se puede hacer de una manera, podemos preguntarnos si realmente puede hacerse de otra. Por ejemplo, si una persona es capaz de comer con las manos, pero no puede utilizar correctamente un tenedor o una cuchara, no combatamos este problema; sirvamos tantos alimentos para comer con las manos como sea posible. Aceptemos los cambios. Si la persona insiste en dormir con su gorro, esto no es perjudicial; ¡adelante!

Mantener el sentido del humor es útil para superar las crisis. La persona enferma continúa siendo un ser humano. También necesita y disfruta con la risa. Compartir las experiencias con otras familias nos ayudará. Sorprendentemente, a menudo estos grupos de familias encuentran que estas experiencias compartidas son, a la vez, divertidas y tristes.

Tratar de establecer un ambiente que permita la mayor libertad posible, pero que también proporcione la estructura que requiere la persona confundida. Se trata de establecer una rutina sencilla, predecible y regular para las comidas, la medicación, el ejercicio, el momento de irse a la cama y otras actividades. O sea, hacer las cosas de la misma manera y a la misma hora cada día. Si establecemos rutinas regulares, la persona puede aprender gradualmente lo que le espera. Las rutinas sólo deberían cambiarse cuando no funcionen. Mantengamos un ambiente sencillo y seguro. Dejemos los muebles en su sitio. Evitemos el desorden.

Acordarnos de hablar a la persona enferma. Hablemos con calma y amabilidad. Propongámonos explicarle lo que hacemos y por qué. Dejémosle tomar parte en las decisiones de tantas cosas como sea posible. Evitemos hablar *sobre* él delante de él y recordemos a los demás que también lo hagan.

Hacerle una pulsera identificativa. En la pulsera debemos incluir el tipo de enfermedad (por ejemplo, «alteración de la memoria») y nuestro número de teléfono. Ésta es una de las cosas más sencillas y más importantes que podemos hacer. Muchas personas con confusión se pierden o salen a pasear y una pulsera identificativa puede ahorrarnos horas de preocupación frenética.

Mantener activa a la persona discapacitada, pero no desbordada. A menudo los familiares preguntan si el reciclaje, la orientación en la realidad o mantener la actividad retrasarán o detendrán el curso de la enfermedad. Igualmente, se preguntarán si la ociosidad acelera el curso de la enfermedad. Algunas personas con demencia se deprimen o se vuelven apáticas o indiferentes. A menudo las familias se preguntan si alentar a esta persona a hacer cosas le ayudará a desempeñarse mejor.

La relación de la actividad con el curso de las demencias no está clara. La investigación en este campo continúa. La actividad contribuye a mantener el bienestar físico y puede ayudar a prevenir otras enfermedades e infecciones. Mantenerse activo ayuda a la persona enferma a continuar sintiendo que se encuentra involucrada en la familia y que su vida tiene sentido.

Está claro que la persona con demencia no puede aprender tan bien como antes porque el tejido cerebral se ha lesionado o se ha destruido. Sería irreal esperar que pueda aprender habilidades nuevas. Sin embargo, algunas personas son capaces de aprender tareas o hechos sencillos si los repetimos suficientes veces. Algunas personas discapacitadas que se sienten perdidas en un lugar nuevo eventualmente «aprenden» cómo moverse.

Al mismo tiempo, una estimulación excesiva, demasiada actividad o un exceso de presión para aprender pueden desbordar a la persona con confusión sin conseguir nada. La clave es el equilibrio:

1. Aceptar que las habilidades perdidas se han perdido (la mujer que ya es incapaz de cocinar, no aprenderá a preparar un menú), *pero* saber que proporcionarle información que todavía sea capaz de comprender, con amabilidad y repetidamente, le ayudará a desenvolverse de una manera más confortable (por ejemplo, si el paciente acude a un centro de día, le resultará beneficioso que le vayan recordando con frecuencia dónde está).

2. Saber que incluso una emoción mínima —visitas, unas carcajadas o los cambios— puede alterar a una persona confundida, *pero* hay que planificar cosas estimulantes dentro de sus capacidades, como un paseo o visitar a un amigo.

3. Buscar la manera de simplificar las actividades, de modo que la persona pueda continuar involucrada en ellas dentro de los límites de sus capacidades (la mujer que ya es incapaz de preparar un plato, quizá todavía pueda pelar patatas).

4. Buscar cosas que la persona todavía sea capaz de hacer y centrarse en ellas. Las habilidades intelectuales no se pierden de golpe. Será beneficioso valorar cuidadosamente qué puede hacer todavía y tratar de utilizar de la mejor manera posible su capacidad. Por ejemplo:

A menudo la señora Baldwin no puede recordar las palabras para nombrar las cosas que quiere, pero puede dejar claro su significado mediante gestos. Su hija la ayuda diciéndole: «Señala lo que quieres».

5. Considerar la posibilidad de que un experto venga a visitar a la persona confundida, o de asistir a reuniones de grupos de apoyo como las que ofrecen en los centros de día (véase el capítulo 10). A menudo los centros de día proporcionan un nivel de estimulación correcto a las personas con confusión y, además, permiten un tiempo de descanso para el cuidador.

PROBLEMAS DE MEMORIA

Las personas con demencia se olvidan rápidamente de las cosas. Para la persona que padece una alteración de la memoria, la vida puede ser como entrar en el cine a media película: no tenemos ni idea de lo que ha pasado ni de lo que pasa en aquel momento. Las personas con demencia pueden decir que telefonearán a un amigo y olvidarse de hacerlo; pueden empezar a preparar una comida y olvidarse el horno encendido; pueden olvidar qué hora es o dónde están. Este olvido de las cosas recientes resulta chocante cuando la persona parece recordar claramente lo que sucedió hace años. A lo largo de este libro, proporcionaremos algunas sugerencias concretas para ayudar a la memoria; quizás haya otras que también nos resulten útiles.

La persona con problemas de memoria es capaz de recordar con mayor claridad acontecimientos del pasado que los hechos recientes; incluso es posible que recuerde unas cosas, pero olvide otras. Esto tiene que ver con la manera en que el cerebro almacena la información; *no es algo que el paciente haga de manera deliberada*. La utilidad de las ayudas para la memoria depende de la gravedad de la demencia. Una persona con demencia leve puede prepararse recordatorios ella misma, mientras que otra afectada en mayor medida todavía se frustrará más al darse cuenta de su incapacidad para utilizar el recordatorio. Las personas que todavía pueden leer pueden hacer tareas rutinarias si les escribimos las instrucciones. También resulta útil escribir los nombres y los teléfonos que utilicen más. Si vamos a salir, podemos escribir adónde vamos. Si vamos a estar fuera a la hora de almorzar, dejemos una nota para que se acuerde de comer.

Poner relojes y calendarios bien visibles ayudará a la persona confundida a recordar qué día y qué hora es. Podemos tachar los días que pasan. A menudo resulta útil colgar una lista de las actividades diarias en un lugar fácilmente visible. La rutina diaria regular confunde mucho menos que los cambios frecuentes.

También conviene dejar los objetos familiares (fotografías, revistas, el televisor, la radio) en los lugares habituales, de manera que pueda verlos con facilidad. Una casa pequeña y ordenada confundirá menos al enfermo; además podrá encontrar más rápidamente cualquier cosa que no esté en su sitio. Algunos familiares han observado que es útil poner etiquetas en las cosas o en los cajones: «Las medias de Mary», «Los camisones de Mary».

Sin embargo, hay que recordar que las personas con demencia progresiva al final son incapaces de leer o no encontrarán sentido a lo que leen. Quizá puedan leer las palabras, pero son incapaces de reaccionar ante ellas. En este caso, se pueden poner fotografías en lugar de mensajes escritos. Por ejemplo, es útil una fotografía de un cuarto de baño colgada en la puerta del lavabo si la persona se encuentra en un lugar que no le es familiar o si le cuesta recordar dónde está el cuarto de baño.

A menudo los pacientes están más confundidos por la noche y se pueden perder mientras tratan de ir al lavabo. Colocar tiras de cinta adhesiva reflectora en la pared, indicando el camino desde el lavabo hasta la habitación, es un buen recurso. Algunas lamparillas de noche les ayudarán a ver dónde están.

Las fotografías de los miembros de la familia y de los amigos cercanos ayudan a las personas más confundidas a que puedan recordar quiénes son. En caso de visitar al paciente en una residencia, es útil llevar un álbum de fotos familiares. Mirar las fotos puede despertar destellos de recuerdos agradables en la mente confundida.

REACCIONES EXAGERADAS O CATASTRÓFICAS

A pesar de que la señora Ramírez le había explicado a su hermana que hoy tenía visita con el médico, no hubo manera de que ésta entrara en el coche hasta que dos vecinos la arrastraron mientras ella gritaba. Se pasó todo el camino pidiendo ayuda y cuando llegaron, trató de escaparse.

De repente, el señor Lewis comenzó a llorar mientras intentaba anudarse los cordones de los zapatos. Tiró los zapatos a la papelera y se encerró en el cuarto de baño, sollozando.

La señora Coleman describió varios incidentes parecidos a éste, en los que su marido perdía sus gafas:

—Me has tirado las gafas —le dijo él.
—Yo no las he tocado —respondió ella.
—Eso es lo que dices siempre —respondió—. ¿Cómo se explica que ya no estén?
—Cada vez que las pierdes, me haces lo mismo.
—No las he perdido. Tú las has tirado.

Reflexionando sobre ello, la señora Coleman se dio cuenta de que su esposo había cambiado. Antes, se hubiera limitado a preguntarle si sabía dónde estaban sus gafas, en lugar de acusarla e iniciar una discusión.

A menudo las personas con enfermedades cerebrales se preocupan excesivamente y pueden experimentar cambios de humor rápidos. Las situaciones extrañas, la confusión, la presencia de un grupo de personas, los ruidos, hacerles varias preguntas a la vez o pedirles que hagan algo que les resulte difícil puede precipitar estas reacciones. Es posible que la persona llore, se sonroje, se enoje, se agite o se ponga tozuda. Incluso puede golpear a quien trate de ayudarla. También es posible que trate de disimular su angustia negando lo que está haciendo o acusando de algo a otras personas.

Cuando una situación sobrepasa la capacidad de pensamiento limitada de una persona con una lesión cerebral, puede reaccionar de manera exagerada. A veces, incluso, las personas sanas lo hacen cuando las bombardean con más cosas de las que pueden asumir. Las personas enfermas tienen la misma reacción frente a experiencias cotidianas y más simples. Por ejemplo:

> Cada tarde, la señora Hamilton se ofende y no quiere tomar un baño. Cuando su hija insiste, ella discute y grita. Esto pone en tensión al resto de la familia. A todo el mundo le horroriza la rutina.

En realidad, tomar un baño significa que la señora Hamilton debe pensar en varias cosas a la vez: desnudarse, desabrocharse la ropa, encontrar el lavabo, abrir los grifos y meterse en la bañera. Al mismo tiempo, sin ropa se siente insegura, y siente que ha perdido su intimidad y su independencia. Todo ello sobrepasa a una persona incapaz de recordar haber hecho esto con anterioridad, que no sabe cómo se hacen todas estas cosas y cuya mente no puede procesar todas estas actividades a la vez. Una manera de reaccionar ante estos problemas es negarse a tomar un baño.

Utilizamos la expresión *reacción catastrófica* para describir este comportamiento (la palabra *catastrófica* se emplea en este sentido y no significa que sean situaciones necesariamente muy dramáticas o violentas). *A menudo, una reacción catastrófica no parece una conducta producida por una enfermedad cerebral. El comportamiento puede parecer como si la persona fuera simplemente obstinada, crítica o exageradamente emocional.* Puede parecer poco proporcionado preocuparse tanto por una cosa tan insignificante.

Las reacciones catastróficas son preocupantes y cansan tanto al cuidador como al enfermo. Resultan especialmente preocupantes cuando parece como si la persona a quien tratamos de ayudar se obstina o es muy crítica. Puede llegar a angustiarse tanto que rechace el cuidado necesario. Aprender cómo evitar o minimizar las reacciones catastróficas es la clave para manejarlas con mayor facilidad.

A veces las reacciones catastróficas y el olvido son las primeras conductas que observan los familiares cuando empiezan a darse cuenta de que algo no funciona correctamente. Asegurarles que su pánico no es extraño y que podemos entender sus temores puede ser beneficioso para las personas con una alteración leve.

Las cosas que pueden ayudar a prevenir o a reducir las reacciones catastróficas dependen de nosotros, del paciente y de su grado de limitación. Gradualmente se aprende cómo evitar o reducir estas reacciones. *En primer lugar, es importante aceptar completamente que estas conductas no son sólo producto de la tozudez o de la maldad, sino también una respuesta que el enfermo no puede evitar.* La persona no está negando la realidad ni tratando de manipularnos. Aunque parezca extraño, podemos tener más control sobre la reacción del paciente que él mismo.

La mejor manera de conducir las reacciones catastróficas es evitarlas antes de que sucedan. Los estímulos de estos arrebatos varían de una persona a otra y de un momento a otro, pero en la medida en que aprendamos qué situaciones alteran al paciente seremos capaces de reducir el número de arrebatos y su frecuencia. Algunas de las causas más frecuentes de las reacciones catastróficas son:

- necesidad de pensar en varias cosas a la vez (por ejemplo, todas las tareas que supone tomar un baño);
- tratar de hacer algo que la persona ya no puede hacer;
- que le atienda una persona con prisa o preocupada;
- no querer parecer incapaz para hacer las cosas (por ejemplo, si el médico hace muchas preguntas que la persona no puede responder);
- que le hagan correr (cuando ahora piensa y se mueve lentamente);
- no entender lo que le preguntan;
- no entender lo que vio u oyó;
- estar cansado (ninguno damos lo mejor de nosotros cuando estamos cansados);
- no sentirse bien;
- ser incapaz de hacerse entender (véase también la sección siguiente);
- sentirse frustrado;
- que le traten como a un niño.

Cualquier cosa que ayude a la persona confundida a recordar qué es lo que sucede, como tener rutinas conocidas, dejar las cosas en lugares conocidos y las instrucciones escritas (para personas que puedan seguirlas), puede ser útil para reducir las reacciones catastróficas. Puesto que este tipo de reacciones las precipita el hecho de tener que pensar varias cosas a la vez, es importante simplificar lo que la persona confundida tiene que pensar. Hay que hacerlo todo paso a paso y proporcionar la información o las instrucciones una a una. Por ejemplo, cuando ayudamos a la persona a tomar un baño, le explicamos una cosa cada vez. Podemos decir: «Ahora te desabrocharé la camisa» y, a continuación, darle un mensaje de confianza: «Muy bien». Luego: «Ahora te quitaré la camisa. Perfecto. Me ayudas mucho. Vamos a entrar en la bañera. Yo te sostengo por el brazo».

Demos tiempo de responder a la persona confundida. Es posible que reaccione lentamente y que se angustie si le damos prisa. Esperémosle. Si una persona presenta reacciones catastróficas con frecuencia, tratemos de reducirle la confusión que le rodea. Esto puede significar que haya menos gente en la habitación, que haya menos ruido, que debamos apagar el televisor o disminuir el desorden. La clave está en simplificar, reducir el número de señales que debe organizar un cerebro lesionado.

Identifiquemos aquellas cosas que el paciente pueda hacer realmente. Si le angustian los lugares extraños, no le llevemos de viaje. Si se cansa o se preocupa enseguida, planifiquemos visitas a los conocidos que sean más cortas.

También es importante planificar las tareas que exigen más para su mejor momento. Evitemos pedirle que haga cosas cuando esté cansado. Conozcamos cuáles son sus límites e intentemos no empujarlo más allá.

Es posible evitar algunas reacciones catastróficas simplificando las tareas del enfermo. La familia del señor Lewis reconocía que intentar anudarse los zapatos se había convertido en una dificultad para él, pero, a la vez, el señor Lewis necesitaba continuar siendo tan independiente como fuera posible. El problema se solucionó comprándole unos mocasines. El esposo de la señora Coleman a menudo perdía cosas porque olvidaba dónde las ponía. A su esposa le resultó útil ignorar sus acusaciones y ayudarle a encontrar las gafas. Saber que su manera de reaccionar al olvido era acusarla le ayudó a aceptar los ataques.

Simplifiquémosle las tareas. Hagamos nosotros la parte que encuentre difícil. A menudo los familiares se preocupan por si hacen demasiado por una persona y aumentan su dependencia. Una buena norma consiste en dejar que la persona lo haga por ella misma hasta que muestre los *primeros signos* de frustración; entonces hay que ayudarla *antes* de que se preocupe más. Si la apresuramos, por lo general se angustiará más.

Si una persona parece más irritable que de costumbre, podemos valorar cuidadosamente la presencia de signos de enfermedad o de dolor. *Incluso una molestia menor puede empeorar el pensamiento del enfermo.* En las tres últimas semanas, ¿han cambiado los medicamentos que toma el paciente? A veces los efectos secundarios a los medicamentos producen estos arrebatos.

Reconsideremos nuestra táctica. ¿Le estamos dando prisa sin querer? ¿No le comprendemos bien? ¿Ignoramos sus quejas? Nuestra conducta o nuestra voz, ¿le están comunicando nuestra frustración? Aunque sea fácil tratar a una persona que es tan dependiente como un niño, esto puede hacerla enojar y precipitar un arrebato.

Cuando la persona se angustia o se resiste, mantengamos la calma y alejémosla de la situación de manera tranquila y sin prisa. A menudo la tormenta emocional pasará tan rápidamente como empezó y la persona confundida se sentirá aliviada porque la preocupación ya cesó. Es posible que su poca memoria juegue a favor nuestro: seguramente olvidará rápidamente el problema.

Cuando una persona con una alteración cognitiva se angustia, su capacidad para pensar y razonar se reduce temporalmente todavía más. Es inútil discutir con ella, explicarle cosas e incluso obligarla a completar una tarea cuando está en plena reacción catastrófica. Discutir, explicarle o reprimirla todavía empeoran más las cosas. Ayudémosla a tranquilizarse y a relajarse de manera que sea capaz de pensar lo mejor que pueda. Si es posible, alejémosla de lo que le preocupa.

Probablemente, perderemos la calma con una persona que presenta una reacción catastrófica o que es incapaz de hacer lo que parece una tarea sencilla. Habitualmente esto empeorará la conducta de la persona. Perder la calma de vez en cuando no es ninguna calamidad; es cuestión de respirar profundamente y tratar de enfrentarse al problema con serenidad. Probablemente la persona olvidará nuestro enojo más deprisa que nosotros.

Tratemos de no expresar nuestra frustración o enojo a la persona confundida. Nuestra frustración todavía la angustiará más si no es capaz de entender esta reacción. Hablemos tranquilamente. Hagamos las cosas paso a paso. Nos podemos mover lenta y tranquilamente. Recordemos que la persona *no* está obstinada *ni* lo hace expresamente.

Tomar con suavidad la mano del paciente o darle unas palmaditas pueden ayudar a calmarle. Algunas personas responden si se las mece con dulzura. Podemos intentar abrazarlas y mecerlas lentamente. Es posible que algunos enfermos se tranquilicen con esta maniobra, pero otros pueden pensar que los brazos les aprisionan y todavía se agitarán más. Contener físicamente a una persona añade, a menudo, una reacción de pánico. Sólo se debería agarrar a una persona si es absolutamente esencial y si no hay nada más que funcione.

Si las reacciones catastróficas son frecuentes, registrarlas puede ser útil para identificar su causa. Cuando el arrebato ha pasado, podemos escribir qué ha sucedido, cuándo, quién estaba cerca y qué había sucedido justo antes de desencadenarse. Tratemos de buscar un patrón: ¿hay algún patrón, algún momento o algunas personas que incrementen la ansiedad? Si es así, ¿es posible evitarlos?

Estas reacciones exageradas son tan angustiosas para la persona confundida como para nosotros. Cuando se haya calmado, es importante darle confianza. Expliquémosle que reconocemos su angustia y que estamos cuidando de ella.

En caso de que pensemos que las reacciones catastróficas ocurren con frecuencia y que respondemos con enojo y frustración, esto puede ser una señal de agotamiento. Probablemente hayamos entrado en un círculo vicioso que es tan malo para nosotros como para el enfermo. Es esencial que nos alejemos una temporada de la persona. El capítulo 10, «Conseguir ayuda externa», nos puede ser útil para ganar algún tiempo libre si nos sentimos cansados y si vemos que la situación nos supera.

Es posible que tengamos la sensación de que ninguna de las sugerencias funcionará y que la batalla está perdida. Puede que las sugerencias que proporcionamos no funcionen, pero si creemos que nada nos podrá ayudar, quizás esto sea un signo de depresión (véanse las págs. 310-311). En realidad, es posible hallar algunas cosas que reduzcan las reacciones catastróficas en la mayoría de las personas con demencia.

COMBATIVIDAD

La señora Frank estaba en la peluquería. El estilista estaba trabajando detrás de su cabeza y la señora Frank intentaba darse la vuelta. Cuando lo consiguió, el estilista le volvió a girar la cabeza hacia adelante. Entonces, la señora Frank empezó a golpear las manos del peluquero. Parecía como si estuviera a punto de llorar. Finalmente, la señora Frank consiguió que la silla diera la vuelta y le golpeó.

El señor Williams se encontraba cerca de un grupo de enfermeras que estaban hablando. Iba saltando. Las enfermeras le ignoraron, incluso cuando empezó a saltar más y más deprisa. Cuando empezó a gritar, una de las enfermeras le agarró por el brazo y se lo llevó. Él se soltó, pero ella lo volvió a agarrar. Al no dejarlo marcharse, él la golpeó.

Cuando una persona con demencia golpea (o muerde, pellizca o da patadas) a alguien, es algo molesto para todos. A veces, esto sucede con frecuencia y el cuidador o la residencia pueden expresar su voluntad de dejar de cuidarla.

La combatividad casi siempre es una reacción catastrófica extrema. A menudo puede evitarse estando alerta sobre las señales del enfermo que indican que su nivel de estrés está aumentando. Quizá si el peluquero hubiera explicado a la señora Frank qué le estaba haciendo y le hubiera mostrado con un espejo cómo le quedaba, ella hubiera entendido qué estaba sucediendo y se hubiera angustiado menos. Darse la vuelta y golpear las manos del estilista eran señales para indicar que se estaba sintiendo mal.

Quizás el señor Williams quería unirse a la conversación. Si las enfermeras hubieran llevado un registro de sus arrebatos, habrían podido observar que saltar era una señal de su agitación creciente. De haberlo incluido en su conversación, o si le hubieran sugerido alguna alternativa que le gustara hacer, quizá no se habría molestado. Agarrar o tirar físicamente de alguien suele ser percibido como un ataque desencadenado por una respuesta enojada.

Cuando una persona se agita, detengamos inmediatamente lo que le molesta y dejemos que se relaje. No continuemos empuján-

dola. Es importante releer el apartado sobre reacciones catastróficas de esta sección y en otros libros (véase el apéndice 1). Busquemos ideas para evitar los arrebatos y detenerlos justo cuando empiezan. A veces algún medicamento puede ayudar a las personas
que pasan la mayor parte del tiempo preocupadas; sin embargo,
los medicamentos no son ningún sustituto a modificar las cosas
que acontecen alrededor de la persona o la manera en que los cuidadores le responden.

PROBLEMAS CON EL HABLA Y LA COMUNICACIÓN

Es posible que existan problemas para entender o comunicarse
verbalmente con el enfermo. Existen dos tipos de problemas de
comunicación: los problemas que la persona con demencia tiene
para expresarse con los otros y los problemas que tiene para comprender lo que la gente le dice.

PROBLEMAS DEL ENFERMO PARA HACERSE ENTENDER

La naturaleza de los problemas de comunicación y la posibilidad de que empeoren, dependen de la enfermedad concreta. No
asumamos que empeorarán.

Algunas personas sólo tienen dificultades para encontrar las
palabras ocasionalmente. Quizá tengan problemas para recordar
los nombres de los objetos familiares o de las personas. Es posible
que sustituyan una palabra que tenga un sonido parecido, como
decir «te» en lugar de «tu», o «sol» en lugar de «sal». También es
posible que sustituyan la palabra que no encuentran por una con
un significado relacionado con ella, como «anillo» por «boda» o
«cosa de música» por «piano». Pueden describir el objeto que son
incapaces de nombrar: «Es una cosa que da la vuelta», al referirse
al «anillo», o: «Es para ponerse elegante», para una «pajarita». Habitualmente, este tipo de problemas no interfiere con nuestra capacidad para comprender lo que la persona quiere decir.

Algunas personas tienen dificultades para comunicar sus pensamientos.

El señor Zuckerman trataba de decir que nunca le habían hecho una exploración neurológica con anterioridad. Dijo: «Yo nunca, en realidad, no, nunca me lo han hecho, yo nunca…».

En algunos problemas de lenguaje la persona es incapaz de comunicar la totalidad del pensamiento, pero puede expresar unas cuantas palabras.

El señor Mason quería explicar que estaba preocupado por perder el autobús que le tenía que llevar a su casa. Sólo pudo decir: «Autobús, casa».

A veces las personas pueden hablar de manera bastante fluida y parece que estén hablando mucho. A menudo unen frases de expresión común, de manera que al principio parece que tengan sentido, pero al reflexionar, el oyente puede no estar seguro de haber entendido el pensamiento que se quería expresar.

La señora Simmons dijo: «Si te digo algo, puedo pararme a la mitad y… estaré realmente segura de lo que hago…, digamos…, a veces me detengo exactamente en el medio y no puedo continuar… a partir… de ahí. En los registros anteriores… Puedo estar muy, muy segura de… Después de estar dando vueltas, puedo continuar como si no hubiera ocurrido nada. Pensamos que era el momento de empezar a recordar. Sólo me gusta… tengo que… hablar».

En estos ejemplos, es posible entender lo que la persona dice sólo si conocemos el contexto.

Cuando la limitación en la capacidad para comunicarse frustra tanto a la persona confundida como al cuidador, esto puede conducir a una serie de reacciones catastróficas. Por ejemplo, que el enfermo se eche a llorar o empiece a patalear por la habitación cuando no le entienden.

A veces la persona es capaz de esconder los problemas del habla. Cuando un médico le pregunta si sabe la palabra para designar un reloj de pulsera (una pregunta habitual para valorar este tipo de problemas), el paciente puede responder: «Naturalmente que lo sé. ¿Por qué me lo pregunta?» o bien: «No pienso hablar de eso. ¿Por qué me está molestando?», cuando tiene dificultades para hallar la palabra.

Algunos pacientes empiezan a insultar, incluso aunque nunca hayan hablado así con anterioridad. Esta conducta incómoda parece ser una rareza de las enfermedades que alteran notablemente el habla. A menudo se observa después de padecer un derrame cerebral en el área del lenguaje. Debe ser como abrir un «diccionario mental» para decir algo y que sólo salgan los insultos. Un enfermo a quien preguntamos por qué había insultado al personal del centro de día respondió: «Son las únicas palabras que tengo». Esta conducta raramente es deliberada y, a veces, preocupa tanto al enfermo como a quienes le rodean.

En los problemas graves de lenguaje la persona sólo puede recordar unas cuantas palabras clave, como «no», y es posible que las utilice incluso sin quererlo. Eventualmente, el enfermo es incapaz de hablar. Puede repetir una frase, ir gritando de vez en cuando, o murmurar frases ininteligibles. Parece que en algunos problemas de lenguaje el embrollo de palabras que pronuncia el paciente no significa nada. Cuando esto ocurre, los familiares y los cuidadores suelen afligirse y ya no pueden comunicarse verbalmente con un ser querido. En algunas familias, la persona continúa siendo un compañero y un amigo, aunque algo olvidadizo, durante mucho tiempo, pero cuando es incapaz de comunicar nada más, los familiares sienten que han perdido este compañerismo. Puede preocuparnos el hecho de que la persona se encuentre mal o tenga dolor y sea incapaz de decírnoslo.

La manera en que ayudemos al enfermo para que se comunique dependerá del tipo de dificultad que padezca. Si le han diagnosticado un derrame cerebral que interfiere la función del lenguaje, debería ir a un centro de rehabilitación para derrames cerebrales tan pronto como se haya recuperado de la fase aguda de su enfermedad. Puede hacerse mucho para rehabilitar a las personas que han padecido una apoplejía.

Si el enfermo tiene dificultades para encontrar la palabra correcta, habitualmente suele ser menos frustrante para él si le brindamos la palabra que si le dejamos que se esfuerce para buscarla. Cuando utiliza una palabra incorrecta y sabemos qué quiere decir, puede ser útil decirle la palabra correcta. Sin embargo, si esto le molesta, lo mejor será ignorar el error. Si no sabemos a qué se refiere, es útil pedirle que lo describa o que lo señale. Por ejemplo, la enfermera no sabía lo que la señora Kealey quería decir cuando comentó: «Me gusta tu pillo». Si la enfermera hubiera respondido: «¿Cómo?», la señora Kealey se podía haber sentido frustrada al tratar de expresarlo por ella misma. En lugar de eso, la enfermera le pidió: «Descríbame un pillo». La señora Kealey dijo: «Es una cosa que da la vuelta». «Señálelo», le pidió la enfermera. La señora Kealey lo hizo y la enfermera respondió: «Ah, sí, mi anillo». Si el paciente se pierde en medio de su explicación, es útil repetir sus últimas palabras; esto le puede ayudar a volver a empezar.

Cuando alguien tiene problemas para expresar una idea, probablemente imaginemos lo que nos está intentando decir. Podemos *preguntarle* si lo que suponemos es cierto. Es posible que la suposición sea incorrecta, y si actuamos a partir de una suposición incorrecta, todavía añadiremos más frustración a la persona confundida. Podemos decir: «¿Le preocupa coger el autobús para volver a casa?», o bien: «¿Me está diciendo que nunca le habían hecho este tipo de exploración?».

Las personas con demencia se comunican mejor cuando están relajadas. Intentemos parecer tranquilos (incluso aunque tengamos que simularlo) y creemos un ambiente calmado. Nunca hay que dar prisa a una persona que trata de hacerse entender.

Si no podemos comunicarnos de otra forma, a menudo se puede adivinar lo que la persona intenta expresar. Habitualmente la suposición es correcta, aunque hay que recordar que a veces puede ser exagerada o inapropiada para una situación concreta y su explicación sobre por qué se siente de una manera determinada puede ser confusa. Si el señor Mason dice: «Autobús, casa» y le contestamos: «No irá en autobús», no estaremos dando respuesta a sus sentimientos. Si suponemos correctamente que le preocupa volver a su casa, entonces podremos tranquilizarlo diciéndole: «Su hija vendrá a las tres».

Si la persona todavía puede decir algunas palabras o si puede asentir y negar con la cabeza, tendremos que hacerle preguntas simples sobre sus necesidades: «¿Te has hecho daño?» o: «¿Duele?», señalando alguna parte del cuerpo, en lugar de nombrarla.

Cuando una persona no puede comunicarse, habría que establecer una rutina regular para comprobar su bienestar: asegurarse de que la ropa es cómoda, de que la habitación está a buena temperatura, de que su piel no tiene ni llagas ni zonas enrojecidas, de que va al lavabo regularmente y de que no tiene ni hambre ni sueño.

Cuando una persona repite lo mismo una vez y otra, se puede tratar de distraerla. Cambiar de tema, pedirle que cante una canción conocida o hablarle sobre los sentimientos que hay detrás de la frase. Por ejemplo, si está buscando a su madre, podemos tratar de decirle: «Debes echar a faltar a tu madre», o bien: «Explícame cómo era tu madre».

PROBLEMAS DEL ENFERMO PARA ENTENDER A LOS DEMÁS

A menudo, las personas con alteraciones cerebrales tienen dificultades para comprender lo que los demás les dicen. Éste es un problema que, a veces, los familiares malinterpretan como una conducta poco cooperativa. Por ejemplo, podemos decir: «Mamá, voy a la carnicería. Volveré dentro de una hora. ¿Me has entendido?». Y la madre puede responder: «Sí, te he entendido» cuando, en realidad, no ha entendido nada y empezará a preocuparse en cuanto no vea a su hija.

Las personas con demencia también olvidan rápidamente lo que han comprendido. Cuando les damos una explicación detallada, es posible que olviden la primera parte antes de que lleguemos al final.

Es posible que las personas con demencia tengan dificultades para comprender la información escrita, incluso cuando todavía son capaces de leer las letras de las palabras. Por ejemplo, para determinar exactamente lo que una persona todavía puede entender, le damos un periódico para que lea los titulares, lo que posiblemente hará correctamente. Pero cuando le damos la instrucción escrita: «Cierra los ojos», no lo hace, aunque haya leído correctamente las palabras en voz alta. Esto indica que no puede entender lo que está repitiendo.

Jan le dijo a su madre que tenía el almuerzo en la nevera y dejó una nota en la puerta de la nevera para recordárselo. Su madre pudo leer la nota, pero no fue capaz de entender lo que decía, de manera que no se comió el almuerzo. En lugar de esto, se quejó de que tenía hambre.

Esto puede ser exasperante hasta que seamos conscientes de que la lectura y la comprensión son dos habilidades distintas, y que se puede perder una de ellas sin perder la otra. No se debe asumir que una persona puede entender y actuar a partir de los mensajes que pueda oír o leer. Será necesario observarlo para saber si *realmente* actúa en consecuencia. Si no sigue las instrucciones, hay que asumir que tiene un problema de comprensión del lenguaje.

Es posible que el enfermo que puede entender lo que se le explica en persona sea incapaz de entender lo que se le dice por teléfono. Cuando una persona con demencia no entiende lo que le explicamos, no se trata de un problema de falta de atención o de mala voluntad, sino de incapacidad del cerebro lesionado para encontrar el sentido a lo que oye.

Hay varias maneras de mejorar nuestra comunicación verbal con una persona con demencia:

1. Asegurarnos de que nos ha oído. Los ancianos tienen la agudeza auditiva disminuida, por lo que muchos de ellos no oyen bien.

2. Bajar el tono de la voz. Un tono elevado es una señal no verbal de que una persona está disgustada. Además, una persona con dificultades auditivas puede escuchar con más facilidad un tono bajo.

3. Eliminar los ruidos o las actividades que distraen. Tanto por la posible pérdida auditiva como por la incapacidad del enfermo para separar las cosas, es posible que no pueda entendernos cuando hay otros ruidos u otras distracciones alrededor.

4. Utilizar palabras cortas y frases breves y simples. Evitar frases complejas. En lugar de decir: «Pienso que llevaré el coche al taller esta noche en vez de mañana por la mañana para no encontrarme tanto tráfico», limitarse a decir: «Voy a llevar el coche al taller».

5. Preguntar una sola cosa a la vez. Si repetimos la pregunta, hay que formularla exactamente igual. Evitar preguntas como: «De postre, ¿prefieres pastel o manzana? ¿O prefieres tomar el postre más tarde?». Las elecciones complejas pueden sobrepasar la capacidad de tomar decisiones del paciente.

6. Pedir al enfermo que haga una sola cosa cada vez, no varias. Es posible que no pueda recordar diversas tareas, o puede ser incapaz de captar el sentido del mensaje. La mayoría de las cosas que le pedimos que haga —tomar un baño, prepararse

para ir a la cama, ponerse un jersey para salir a la calle— involucran más de una tarea. Es probable que el enfermo no pueda realizar todas estas tareas. Le ayudaremos si dividimos cada cosa en pasos sucesivos y le vamos pidiendo que los haga uno a uno.

7. Hablar lentamente y esperar a que responda. La respuesta de una persona con demencia puede ser mucho más lenta de lo que nos parece natural. Esperemos.

Es posible mejorar la comunicación con el enfermo y nuestra comprensión de sus necesidades sin las formas habituales de conversación. Las personas se comunican tanto a partir de lo que dicen como a partir de los movimientos de la cara, los ojos, las manos y el cuerpo. Todo el mundo utiliza este sistema no verbal de comunicación sin pensarlo. Por ejemplo, decimos: «Parece loco», «Por la manera como se miran, podría decirse que están enamorados», «Por el modo de caminar, se sabe quién es el jefe», etc. Son cosas que comunicamos sin palabras. Las personas con alteraciones cerebrales pueden continuar siendo sensibles a estos mensajes no verbales, aunque no pueden comprender el habla y, a menudo, continúan siendo capaces de expresarse de manera no verbal.

Por ejemplo, si estamos cansados, podemos enviar mensajes no verbales que preocupen al enfermo. Entonces puede agitarse, lo que nos preocupará a nosotros. Las manos, el rostro o los ojos revelarán nuestro malestar y esto agitará todavía más al paciente. Si no somos conscientes del significado del lenguaje corporal, podemos preguntarnos qué ha sucedido para que se enfade así. En realidad, lo hacemos todo a la vez. Por ejemplo: «No, no estoy enfadado», le dice el marido a su esposa. «Pero yo sé que lo estás», replica ella. Por la posición de los hombros, puede adivinar que está enojado.

Si convivimos con una persona con demencia, ya habremos aprendido a identificar muchas de las señales no verbales que emite para hacer saber sus necesidades. A continuación enumeramos algunas vías de comunicación no verbal:

1. Mantenerse calmado, simpático, colaborador (incluso aunque estemos enfadados, el lenguaje corporal puede ayudar a tranquilizar a la persona confundida).

2. Sonreír, tomar su mano, pasarle el brazo por la cintura o cualquier otra manera de expresarle afecto.

3. Mirarle directamente. *Mirarle* para ver si nos presta atención. Si él utiliza el lenguaje corporal para indicar que no nos presta atención, intentémoslo más tarde.

4. Utilizar otras señales, además de las palabras: señalar, tocar, acercar los objetos al paciente. Demostrar una acción o describirla con las manos (por ejemplo, limpiarse los dientes). A veces, si le ayudamos a empezar, él podrá continuar la tarea.

5. Evitar asumir razones complejas para explicar su conducta. Como el cerebro del enfermo ya no procesa la información de manera adecuada, experimenta el mundo que le rodea de una manera distinta a cómo vemos las cosas nosotros. Puesto que la comunicación no verbal depende de un conjunto de habilidades distintas de la comunicación verbal, quizá podamos entenderle mejor si *sentimos* lo que está diciendo que si *pensamos* lo que está diciendo, ya sea mediante acciones o palabras.

Incluso cuando la persona tiene una confusión grave y es incapaz de comunicarse, todavía necesita y aprecia el afecto. Cogerle las manos, abrazarlo o, sencillamente, sentarse amigablemente juntos es una manera importante de continuar la comunicación. El cuidado físico que brindemos a una persona gravemente enferma le comunicará nuestra preocupación y la sensación de que está protegida.

PÉRDIDA DE COORDINACIÓN

Puesto que las enfermedades que cursan con demencia pueden afectar a varias partes del cerebro, el paciente puede perder la capacidad para hacer que sus manos y sus dedos realicen algunas tareas familiares. Es posible que entienda qué quiere hacer y, aunque no tenga las manos ni los dedos débiles o rígidos, el mensaje no se transmita del cerebro a las manos. Los médicos utilizan la palabra *apraxia* para describirlo. Una señal precoz de apraxia es el cambio de la caligrafía de la persona. Otra indicación tardía es un cambio en la forma en que camina. Las apraxias pueden evolucionar gradualmente o bien cambiar de manera brusca, dependiendo de la enfermedad. Por ejemplo, al principio, una persona puede parecer sólo ligeramente inestable al andar, pero gradualmente puede cambiar a una marcha lenta y arrastrar los pies.

A una persona que no esté acostumbrada a valorar las demencias le puede resultar difícil distinguir los problemas de memoria (el paciente, ¿puede recordar lo que se supone que debe hacer?) de los problemas de apraxia (el paciente, ¿no puede hacer que sus músculos se muevan como deberían?). Cuando una enfermedad lesiona el cerebro, aparecen ambos problemas. No siempre es necesario diferenciarlos entre sí para ayudar a que la persona se mantenga tan independiente como sea posible.

Cuando la apraxia empieza a afectar a la marcha, la persona puede tener problemas de equilibrio. Hay que vigilar este proceso para ponerle un pasamanos o algo para que se sostenga cuando suba o baje escaleras o cuando suba o baje de una acera.

La pérdida de las habilidades manuales y de coordinación ocasiona problemas en la vida diaria como en el baño, al utilizar botones o cremalleras, vestirse, llenar un vaso de agua y comer. Marcar un número de teléfono requiere una buena coordinación y es posible que incluso la persona que no parece tener ninguna alteración motriz en realidad sea incapaz de marcar un teléfono para pedir ayuda. Un teléfono sin disco, con números que se marcan por presión, puede ser útil, aunque a veces resulta difícil que la persona confundida aprenda la nueva habilidad de utilizar un teléfono de este tipo.

Algunas de las cosas con las que el paciente tiene dificultades habrá que abandonarlas. Otras pueden modificarse de modo que el paciente pueda mantener su independencia parcial. Cuando modifiquemos una tarea, la clave está en simplificarla, más que en cambiarla. Debido a las dificultades intelectuales, la persona con demencia puede ser incapaz de aprender una nueva tarea más sencilla. Por ejemplo, los mocasines son más simples que los zapatos de cordones. La sopa es más fácil de tomar con un tazón que con una cuchara en un plato. Los alimentos que se pueden tomar con las manos son mejores que los que se tienen que cortar con cuchillo y tenedor. ¿Es posible que el paciente haga una parte si nosotros le ayudamos en lo más difícil? Quizá ya hemos observado que el paciente puede vestirse solo si le ayudamos con los botones y los cierres.

Es posible que el enfermo se sienta tenso, avergonzado o preocupado por su torpeza. Es posible que intente ocultar su creciente incapacidad rehusando participar en algunas actividades. Por ejemplo:

> A la señora Fisher siempre le había gustado hacer calceta. Cuando abandonó su hobby de manera brusca, su hija no podía entender lo que sucedía. La señora Fisher sólo decía que ya no le gustaba hacer punto. En realidad, su apraxia creciente le imposibilitaba continuar haciéndolo, y se sentía avergonzada de su torpeza.

A menudo una atmósfera relajada ayuda a que la discapacidad del paciente sea menos aparente. No es raro que una persona tenga más dificultades para realizar una tarea cuando se siente tensa.

A veces la persona puede hacer algo en un momento determinado, pero no en otro. Esto es una característica de la lesión cerebral, y no es cuestión de pereza. Que le apresuren, que le observen, que le hagan enfadar o que esté cansado pueden afectar a la capacidad del enfermo para hacer cosas... exactamente igual que a una persona sana. Una enfermedad cerebral hace que estas fluctuaciones naturales sean más espectaculares. A veces las personas pueden realizar una tarea, como subirse la cremallera de los pantalones, sin ningún problema, y son incapaces de hacer otra tarea similar, como subirse la cremallera de una chaqueta. A primera vista puede parecer que la persona sea difícil, pero quizá la razón es que una tarea es imposible porque se diferencia en algo de otra tarea similar.

A veces el paciente puede realizar la tarea si ésta se divide en tareas sucesivas y se realizan de una en una. Por ejemplo, cepillarse los dientes supone coger el cepillo, poner el dentífrico, introducir el cepillo en la boca, cepillarse, enjuagarse, etc. Recordemos con amabilidad cada paso. Hacer una demostración puede ayudar. Es posible que haya que repetir varias veces cada paso. En ocasiones resulta útil poner un objeto familiar como una cuchara o un peine en la mano del paciente e iniciar el movimiento con lentitud. Al parecer, iniciar un movimiento ayuda al cerebro a recordar la tarea.

Un terapeuta ocupacional está formado para valorar qué actividades motrices conserva el paciente y cuál es la mejor manera de aprovecharlas. Si es posible obtener un informe de un terapeuta ocupacional, nos puede ayudar a proporcionar la atención que el paciente confundido necesita sin quitarle independencia.

En las últimas fases de algunas demencias hay una gran pérdida de control muscular y es posible que la persona golpee las cosas y que se caiga. Lo describiremos en el capítulo 5.

Quizá las personas con demencia tengan otras enfermedades que también interfieran en su capacidad para realizar las tareas diarias. Parte del problema puede estar en los músculos o las articulaciones, y otra parte, en el cerebro enfermo. Estas patologías que complican el problema son los temblores, la debilidad muscular, enfermedades óseas o articulares, como la artritis, o la rigidez producida por algunos medicamentos.

Existen muchas técnicas y utensilios para ayudar a mantener la independencia de las personas con limitaciones físicas. Al considerar estas técnicas o estas herramientas hay que recordar que muchas de ellas requieren la habilidad de aprender una nueva manera de hacer algo, o aprender a utilizar un objeto nuevo. Es posible que las personas con demencia no puedan aprender las nuevas habilidades necesarias.

Hay personas que sufren temblores. Se trata de movimientos involuntarios de las manos o del cuerpo. Es posible que los temblores dificulten algunas actividades de una persona, pero un terapeuta ocupacional o un fisioterapeuta pueden mostrarnos cómo minimizar sus efectos.

Algunas personas con alteraciones neurológicas, especialmente la enfermedad de Parkinson, tienen dificultades para iniciar un movimiento o se pueden quedar «clavadas» en la mitad del movimiento. Esto puede ser frustrante por ambas partes. En caso de que el problema sea éste, he aquí algunas consideraciones útiles:

1. Si la persona se queda «pegada al suelo» mientras camina, le pediremos que avance hacia un objetivo o que se fije en un punto del suelo situado unos cuantos pasos delante de ella. Esto puede ayudarla a continuar.
2. Quizá sea más fácil levantarse de una silla con brazos. También se puede intentar elevar el centro de gravedad de la persona levantando la silla entre cinco y diez centímetros. Es necesario que la silla sea rígida. Los cojines deben ser firmes y las sillas altas, como las de director de cine y las de comedor.

Hay que evitar las sillas bajas con cojines mullidos. También es necesario enseñar al paciente que, para levantarse, debe ponerse en la punta de la silla y separar los pies unos treinta centímetros para tener una base mayor. Luego pediremos a la persona que se apoye en los brazos de la silla y que se balancee hacia atrás y hacia adelante para ganar impulso. Al contar tres, le levantaremos deprisa. Antes de empezar a caminar, tenemos que dejarle tiempo para que se equilibre.

3. Sentarse en una silla puede resultar más sencillo si el paciente se apoya en los brazos de ésta, se inclina adelante tanto como pueda y se sienta con suavidad.

La debilidad muscular o la rigidez aparecen cuando una persona no se mueve demasiado. El ejercicio es importante para las personas con problemas de memoria.

Ocasionalmente, una persona que toma un tranquilizante o un medicamento neuroléptico puede presentar rigidez o inquietud. Es posible que sean efectos secundarios del medicamento y pueden ser muy molestos. Hay que notificarlos al médico; él cambiará la dosis o prescribirá otro medicamento para aliviarlos.

PÉRDIDA DE LA NOCIÓN DEL TIEMPO

La misteriosa habilidad de las personas sanas para juzgar el paso del tiempo es una de las primeras pérdidas en un paciente con demencia. Puede preguntar repetidamente qué hora es, pensar que le hemos dejado abandonado durante horas cuando, en realidad, sólo nos hemos alejado unos minutos o querer abandonar un lugar cuando acaba de llegar. Es fácil entender esta conducta si tenemos en cuenta que, para saber cuánto tiempo ha pasado, debemos ser capaces de recordar lo que acabamos de hacer en el pasado inmediato. La persona que olvida rápidamente no tiene ninguna manera de medir el paso del tiempo.

Además de este defecto de la memoria, parece que las demencias pueden afectar el reloj interno que nos mantiene un horario razonablemente regular para dormir, pasear y comer. Será útil reconocer que esta conducta no es deliberada (si no, sería irritante): es el resultado de la pérdida de la función cerebral.

La capacidad para leer un reloj se acostumbra a perder en las fases iniciales de la enfermedad. Incluso cuando una persona puede mirar el reloj y decir: «Son las tres y cuarto», es posible que sea incapaz de comprender el sentido de esta información.

Ser incapaz de seguir el paso del tiempo puede ser motivo de preocupación para la persona con problemas de memoria. Durante toda la vida, muchos de nosotros dependemos de unos horarios regulares. No saber qué hora es, hace que la persona se preocupe por llegar tarde, por que lo olviden, por perder el autobús, por quedarse más tiempo de lo debido, por perderse un almuerzo o por no poder volver a casa. Quizá la persona confundida no sepa por qué está preocupada, pero la sensación general de ansiedad puede hacerle preguntar la hora. Y, naturalmente, un momento después de haberle respondido olvidará la conversación y volverá a preguntar.

A veces una persona siente que la hemos abandonado cuando, en realidad, sólo nos hemos ido un momento. Esto sucede porque no tiene sentido sobre el tiempo que hace que la dejamos. Poner en marcha un cronómetro o un antiguo reloj de arena, o escribir una nota («Estoy en el jardín de atrás y volveré a las 15 h») podría ser útil para que la persona espere con paciencia a que volvamos. Debemos asegurarnos de escoger un sistema (el cronómetro o la nota) que el paciente todavía comprenda. Se nos pueden ocurrir otras maneras para minimizar esta conducta. Por ejemplo:

> Cuando el señor y la señora Jenkins iban a cenar a casa de su hijo mayor, el señor Jenkins se ponía el sombrero y el abrigo poco después de llegar e insistía en que ya era la hora de marcharse. Cuando conseguían persuadirlo para que se quedara a cenar, insistía en marcharse inmediatamente después de la cena. Su hijo pensaba que era un maleducado.

Las cosas se suavizaron cuando la familia entendió que esta conducta se debía al hecho de que la casa no le resultaba familiar; esto añadía confusión, y la pérdida de la noción del tiempo molestaba al señor Jenkins. La familia estuvo repasando la vida del señor Jenkins y juntos recordaron una costumbre antigua que le ayudó. Tiempo atrás, le gustaba ver el partido de fútbol del domingo por la noche. Ahora su hijo enciende el televisor cuando el señor Jenkins acaba de cenar. Puesto que era una costumbre antigua, el señor Jenkins se queda tranquilo más de una hora, lo que da tiempo para que su esposa esté de visita tranquilamente antes de que él vuelva a insistir para irse a casa.

SÍNTOMAS QUE A VECES EMPEORAN Y A VECES MEJORAN

A menudo, los familiares observan que el paciente puede hacer algo en un momento determinado, pero no al cabo de un rato.

> Por la mañana, mi madre no necesita tanta ayuda como por la tarde.

> En casa mi esposa puede utilizar el baño sola, pero cuando vamos a casa de nuestra hija, insiste en que necesita ayuda.

> Mi esposo no se enoja ni se preocupa en el centro de día igual que lo hace en casa. ¿Será que está enfadado conmigo?

> Ayer Bill pronunciaba una frase completa, pero hoy no puedo entender nada de lo que dice. ¿Será que ayer se esforzaba más?

Las fluctuaciones en las habilidades son frecuentes entre las personas con demencia. Las personas sanas también tienen fluctuaciones en sus habilidades, pero son menos aparentes. Las personas con demencia tienen días buenos y días malos; algunas son mejores por la mañana, cuando están descansadas; algunos pacientes tienen más problemas en los lugares desconocidos; otros responden mejor cuando están relajados. Se producen fluctuaciones en su conducta sin explicación alguna. Sea cual sea la razón probable, estas fluctuaciones son normales y no son ninguna señal de un cambio en el curso de la enfermedad.

Las personas con demencia son más vulnerables que otras a los cambios mínimos en la salud (véase el capítulo 6). Un cambio brusco en la capacidad para hacer algo o en el nivel de funcionamiento general pueden ser indicativos de un efecto secundario a un medicamento o de una nueva enfermedad. Si sospechamos que se produce este tipo de cambio, es importante contactar con el médico.

La propia lesión cerebral supone algunos cambios en las habilidades del paciente. Es posible que las células nerviosas que fallan gran parte del tiempo funcionen de manera ocasional. También es posible que las zonas menos lesionadas o las zonas sanas puedan dejar de funcionar de manera intermitente y se «fije» temporalmente un sistema por defecto.

Todas estas causas en la variabilidad de una función están más allá del control voluntario de la persona. Habitualmente, las personas con demencia suelen hacer todo lo que pueden. Es posible ayudarlas en gran medida, aprendiendo qué cosas del entorno les favorecen y cuáles empeoran su discapacidad.

Capítulo 4

Problemas en la vida independiente

Cuando una persona empieza a desarrollar una demencia, puede empezar a tener dificultades para vivir de manera independiente. Podemos sospechar que administra mal el dinero, quizá nos preocupemos porque no debería conducir o nos preguntemos si debería continuar viviendo sola. Las personas con demencia a menudo parecen apañárselas sin problemas; es posible que insistan en que están bien y que tratamos de interferir en su vida. Es difícil saber cuándo deberíamos actuar y en qué medida. También es doloroso eliminar estos símbolos externos de la independencia de una persona, especialmente si muestra una inflexibilidad manifiesta para mudarse, para dejar de conducir o para renunciar a sus responsabilidades financieras.

Parte de los motivos que dificultan estos cambios es que simbolizan el sacrificio de la independencia y la responsabilidad y, por tanto, todos los miembros de la familia pueden verse sentimentalmente involucrados (en el capítulo 11 describiremos estos cambios de rol). Realizar las adaptaciones necesarias es más fácil si entendemos los sentimientos involucrados en ellas.

El primer paso para decidir si ha llegado el momento de hacer cambios en la independencia de una persona es disponer de una valoración. Esto nos informará sobre qué es capaz de hacer el paciente y qué es lo que ya no puede realizar solo. También puede proporcionarnos la base para insistir en los cambios necesarios. Cuando no se dispone de una valoración profesional, la familia debería analizar cada tarea de la manera más completa y objetiva posible, y decidir si la persona todavía puede realizar tareas específicas de manera *completa, segura* y *sin alterarse*.

La demencia conlleva varios tipos de pérdida. Significa perder el control sobre las actividades diarias propias, perder independencia, perder facultades y perder la capacidad para hacer las cosas que nos hacen sentir útiles e importantes. La demencia limita las posibilidades que puede brindar el futuro. Mientras que otros esperan que las cosas vayan mejor, el enfermo, gradualmente, debe darse cuenta de que su futuro es limitado. Quizá la pérdida más terrible de todas sea la pérdida de memoria. Perder los recuerdos propios significa perder las conexiones cotidianas con los otros y con el pasado propio. El pasado lejano puede parecer el presente. Sin el recuerdo de hoy o sin la comprensión de que el pasado está pasado, el futuro deja de tener sentido.

A medida que en la vida de cualquiera se van acumulando pérdidas, es natural que se vaya aferrando más fuertemente a lo que le queda. Por tanto, es comprensible que la persona confundida pueda responder con resistencia, negación o enojo a estos cambios. La necesidad del paciente confundido de que le rodee un ambiente familiar y la determinación de la mayoría de las personas de no ser una carga para nadie explican por qué la persona no quiere abandonar su entorno habitual. Para aceptarlo, tendría que enfrentarse a la gravedad y al carácter irreversible de su enfermedad, y es posible que no pueda hacerlo.

Además, quizás el paciente sea incapaz de ser totalmente consciente de lo que está sucediendo. Incluso en fases precoces de la enfermedad, la persona puede olvidar por completo algunos hechos recientes. Si no tiene ningún recuerdo de que se ha olvidado el horno encendido o de que ha sufrido un accidente de automóvil, es razonable que insista en que puede cuidar de sí misma y en que todavía es capaz de conducir. No está «negando» la realidad de su situación; no puede recordar los errores que son una prueba de su alteración. Si no es capaz de valorar sus propias limitaciones, le puede parecer que la están alejando de las cosas de manera injusta y que su familia se está «entrometiendo». Reconociendo cómo debe sentirse la persona enferma podremos ser capaces de encontrar alguna manera para ayudarla a realizar los cambios necesarios y que todavía sienta que tiene control sobre su vida.

CUÁNDO DEBE ABANDONAR EL TRABAJO UNA PERSONA

El momento en el que una persona debe abandonar el trabajo depende del tipo de trabajo que haga y de si conducir forma parte de este trabajo. A veces, el encargado nos comunicará que el enfermo debe dejar de trabajar. Algunos patrones querrán mantener a la persona en un puesto que no requiera demasiado esfuerzo. Otras veces es la familia quien debe tomar esta decisión. Podemos darnos cuenta de que ha llegado el momento.

Si la persona debe dejar el trabajo, hay dos puntos que se deben tener en cuenta: los ajustes emocionales y psicológicos involucrados en este cambio tan importante, y los cambios financieros que ello supone. El trabajo de una persona es una parte clave de su percepción de quién es. Le ayuda a sentir que es un miembro valorado de la sociedad. La persona enferma puede resistirse a abandonar su trabajo o insistir en que no hay nada anómalo. La fase de adaptación a la jubilación es una época dolorosa y angustiante. Si ocurren estas cosas, un consejero o un asistente social pueden ser de enorme utilidad.

Es importante considerar el futuro financiero del paciente (esto lo describiremos en el capítulo 15). La jubilación puede crear problemas especiales. Las personas que se ven obligadas a jubilarse temprano a causa de una demencia deberían disponer de la misma remuneración y los mismos beneficios que cualquier persona con una discapacidad debida a otra *enfermedad* incapacitante. En algunos casos se han denegado estos beneficios sobre la base errónea de que la «senilidad» no es ninguna enfermedad y el paciente se ha visto forzado a aceptar una jubilación anticipada. Esto reduce considerablemente sus ingresos. Si éste es el caso, podemos buscar consejo legal.

La ley federal de Estados Unidos proporciona asistencia a las personas con invalidez. Para recibir la pensión, se deben haber trabajado veinte de los últimos cuarenta trimestres y el paciente debe ser incapaz de volver a ejercer ningún otro trabajo lucrativo a causa de una enfermedad física o mental que conduzca a la muerte o que haya supuesto una baja de, por lo menos, doce meses. El tipo de pensión depende del sueldo de la persona en el momento de producirse la baja. Por tanto, la persona que tiene problemas de confusión y trabaja durante unos meses en un empleo con menor sueldo, justo antes de solicitar una pensión, puede acabar recibiendo una mensualidad inferior a la de otra persona que solicite la pensión al cesar en su trabajo original. A menudo las personas con enfermedad de Alzheimer no tienen dificultad para obtener subsidios, pero a veces se les niegan. La Alzheimer's Association ha preparado un formulario sobre discapacidades para ayudar a obtener la información necesaria para demostrar que la persona está discapacitada.

A muchas personas se les niega la primera solicitud de invalidez y se rinden. En ocasiones, la persistencia en los procesos de apelación conduce a la revocación de la decisión inicial (véase el capítulo 15).

Cuándo ya no puede manejar dinero una persona

Es posible que el paciente sea incapaz de llevar sus cuentas, no pueda manejar el cambio o se vuelva irresponsable con el dinero. Ocasionalmente, cuando ya no pueda administrar el dinero, quizá llegue a acusar a los demás de robarle.

El señor Fried dijo: «Mi esposa siempre ha llevado los libros de cuentas de la familia. Supe que había algo que iba mal cuando mi contable vino a verme para decirme que los libros eran un desastre».

El señor Rogers explicó: «Mi esposa daba dinero a los vecinos, lo escondía en la bolsa de la basura y perdía su monedero. De modo que alejé su monedero, y su dinero, de ella. Entonces iba diciéndome que le robaba su dinero».

Puesto que, a menudo, el dinero es sinónimo de independencia, a veces las personas no quieren abandonar el control de sus finanzas.

Es posible asumir las cuentas de la casa sencillamente corrigiendo los esfuerzos que realiza la persona enferma. Si tenemos que retirarle el talonario en contra de su voluntad, puede ser útil escribir una nota del tipo: «Ahora mi hijo John tiene el talonario» y ponerla en un lugar donde sirva para refrescar la memoria de la persona con demencia.

Cuando una persona acusa a los otros de robarle, suele ser una situación muy molesta, pero es más fácil de entender si pensamos en la naturaleza humana. Durante toda la vida nos han enseñado a ser cuidadosos con el dinero, y cuando éste nos desaparece, la mayoría nos preguntamos si nos lo han robado. A medida que el cerebro de la persona se vuelve menos capaz de recordar lo que realmente está pasando, no es sorprendente que se muestre ansiosa y que sospeche que le están robando el dinero. Evitemos discutir sobre ello, porque todavía puede enojarse más.

Algunas familias han observado que es útil dar cierta cantidad de dinero al enfermo (quizás algunas monedas o billetes pequeños). Si lo pierde o lo da, sólo se trata de una cantidad menor. A menudo las personas necesitan saber que tienen dinero en efectivo, y ésta es una manera de evitar conflictos. Una peculiaridad de las demencias es que pueden hacer que la persona pierda la capacidad de cambiar antes de perder el conocimiento de que necesita dinero.

La señora Hutchinson siempre había mantenido su independencia económica, de modo que el señor Hutchinson le daba un monedero con algunas monedas. Le puso el nombre y la dirección, por si perdía el monedero. Ella insistía en pagar al peluquero con un cheque mucho después de ser incapaz de tener un talonario. De modo que el señor Hutchinson le dio unos cuantos cheques con la inscripción NULO del banco. Cada semana daba uno a su peluquero. El señor Hutchinson hizo un trato con éste para que aceptara estos cheques y, más tarde, él pagaba las facturas.

Esto puede parecer un caso extremo. También puede parecer poco noble engañar de esta manera a una persona confundida. En realidad, permite que la mujer enferma continúe sintiéndose independiente y permite que su esposo, cansado y con todo el peso de la responsabilidad sobre él, lleve las cuentas y mantenga la paz.

Las cuestiones económicas pueden producir problemas graves, especialmente cuando el paciente también sospecha o si los demás familiares están en desacuerdo (quizá sea útil leer los capítulos 8 y 11). El ingenio puede ser de gran ayuda para hacer que los asuntos de dinero sean menos preocupantes.

CUÁNDO YA NO PUEDE CONDUCIR CON SEGURIDAD UNA PERSONA

Llega un momento en el que nos damos cuenta de que nuestro pariente o nuestro cónyuge ya no puede continuar conduciendo con seguridad. Mientras que algunas personas reconocen sus limitaciones, otras pueden no querer dejar de conducir. Como colectivo, los pacientes con demencia que continúan conduciendo tienen un riesgo muy superior de tener accidentes que las demás personas de su misma edad.

Para la mayoría de los conductores experimentados, conducir es una habilidad tan bien aprendida que es parcialmente «automática». Es posible que una persona vaya y vuelva del trabajo cada día con la mente en otras cosas —quizás escuchando música o dictando una carta—. Conducir no requiere mucha concentración, pero si de repente cambia el ritmo del tráfico, la persona puede confiar en que su mente se centrará en la carretera de manera inmediata y responderá a cualquier crisis. Puesto que conducir es una habilidad bien aprendida, la persona confundida todavía puede *parecer* buen conductor cuando, en realidad, ya no es un conductor seguro. Conducir requiere una interacción altamente compleja de los ojos, el cerebro y los músculos, además de la capacidad para resolver rápidamente problemas complejos. Una persona que, aparentemente, todavía conduzca con seguridad puede haber perdido la capacidad para responder de manera adecuada a un problema inesperado en la carretera. Puede confiar completamente en el hábito de conducir, pero probablemente será incapaz de cambiar con agilidad de una respuesta habitual a una nueva respuesta si la situación lo requiere.

A menudo las personas toman la decisión de dejar de conducir por ellas mismas, cuando notan que «no tienen la agudeza que acostumbraban a tener». Pero si no lo hacen, tenemos la responsabilidad, para ellos y para los demás, de valorar cuidadosamente si su conducción es peligrosa, e intervenir en caso afirmativo. Ésta puede ser una de las primeras situaciones en las que tomemos una decisión en lugar de la persona enferma. Podemos dudar, pero probablemente nos quedaremos tranquilos una vez que hayamos conseguido que la persona con demencia deje de conducir.

Existe cierta controversia sobre si una persona discapacitada puede continuar conduciendo durante las etapas precoces de la enfermedad. No existe ninguna escala de puntuación para esto, pero los fisioterapeutas y los terapeutas ocupacionales saben valorar las habilidades de conducción. Para decidir si ha llegado el momento, es importante conocer las habilidades que necesita una persona para conducir con seguridad y valorar si la persona confundida todavía posee estas habilidades, tanto en el coche como en otras situaciones:

1. *Buena visión*: una persona debe tener buena visión —o la visión corregida con gafas— y ser capaz de ver claramente, tanto de frente como por los lados de los ojos (visión periférica), de manera que vea lo que le viene de frente y por el lateral.

2. *Buen oído*: debe poder oír bien —o tener la audición corregida con un audífono—, de modo que esté alerta a los ruidos de los coches que se aproximan, las bocinas, etc.

3. *Tiempo de reacción breve*: un conductor debe ser capaz de reaccionar rápidamente —girar, frenar y evitar accidentes—. El tiempo de reacción de los ancianos, cuando se valora de manera fiable, es ligeramente más lento que el de los jóvenes, pero en los ancianos sanos no suele ser lo suficientemente lento como para interferir con la conducción. Sin embargo, si observamos que una persona parece lenta o que reacciona con lentitud o de manera inapropiada a los cambios súbitos en la casa, esto debería ser una señal de alerta sobre limitaciones similares cuando conduce.

4. *Capacidad para tomar decisiones*: un conductor debe ser capaz de tomar las decisiones *apropiadas* con rapidez y *tranquilidad*. La capacidad para tomar la decisión correcta cuando un niño aparece enfrente del coche, suena una bocina y se acerca un camión en sentido contrario, todo al mismo tiempo, requiere ser capaz de resolver problemas complicados, poco familiares y sin pánico. A menudo las personas con demencia confían en las respuestas habituales, que pueden no corresponderse con las respuestas correctas en estas situaciones excepcionales. Además, algunas personas se confunden y se agitan cuando suceden varias cosas al mismo tiempo. Si eso ocurre, observaremos este tipo de problemas tanto en la casa como en el coche.

5. *Buena coordinación*: para manejar con seguridad un coche, los ojos, las manos y los pies todavía deben poder funcionar

de manera coordinada. Si una persona empieza a padecer rigidez o si ha cambiado su manera de andar, esto debería hacernos sospechar que también puede tener problemas para poner el pie en el freno.

6. *Alerta sobre lo que sucede a su alrededor*: un conductor debe estar alerta sobre todo lo que sucede a su alrededor sin angustiarse ni confundirse. Si «se le pasan» cosas que suceden cerca de él, es posible que ya no pueda conducir de manera segura.

A veces los comportamientos durante la conducción nos alertan de algunos problemas. Es posible que las personas con problemas de memoria se pierdan en caminos que antes no les habrían confundido. Perderse puede distraer al conductor e interferir más en su capacidad para reaccionar rápidamente. A veces conducir demasiado despacio es una señal de que el conductor no está seguro de sus habilidades —aunque no significa que todos los conductores prudentes sean conductores con problemas.

Las personas confundidas pueden volverse agresivas o iracundas cuando conducen o si creen que otros conductores «van a por ellos». Esto resulta peligroso. Ocasionalmente, las personas con demencia también beben demasiado. Incluso cantidades pequeñas de alcohol pueden reducir la capacidad de conducción de las personas con una lesión cerebral. Ésta es una combinación peligrosa y deberíamos intervenir en ello.

Si estamos preocupados por la capacidad de conducción de la persona, podríamos empezar a aproximarnos al problema comentándolo con franqueza. Incluso aunque la persona padezca alguna alteración cognitiva, todavía será capaz de participar en las decisiones que le conciernen. La manera de iniciar esta conversación puede influir en su respuesta. A veces las personas con alteraciones cerebrales tienen menor capacidad para tolerar las críticas que cuando estaban bien, de modo que deberemos tener tacto. Si decimos: «Conduces muy mal, te pierdes y ya no lo haces con seguridad», la persona sentirá que tiene que defenderse y discutirá. Por el contrario, si comentamos con amabilidad: «Te distraes en los semáforos», le estamos ofreciendo una «salida sencilla». Abandonar el coche puede significar admitir que las limitaciones propias aumentan. Hay que buscar maneras de ayudar a mantener la autoestima de la persona, a la vez que reaccionamos ante un problema de seguridad. Tratemos de ofrecer alternativas: «Hoy conduciré yo, así tú podrás mirar el paisaje». Como último recurso, algunas familias han vendido el coche y han dicho al enfermo que ya no se podía reparar.

A veces los familiares tienen sorpresas agradables.

Walt era un hombre independiente y decidido. Su familia sabía que su capacidad para conducir había disminuido, pero perder su independencia lo habría destrozado. Además preveían una discusión terrible sobre el tema de la conducción. Sin embargo, un vecino puso una denuncia al servicio de tráfico. Cuando Walt regresó de su examen de conducir, tiró su permiso sobre la mesa y comunicó que ya no podía conducir más. Después de esto, y a pesar de los miedos de su familia, nunca pareció angustiado ni molesto. Probablemente, el servicio de tráfico lo simplificó todo, diciéndole que era un examen de rutina para las personas de su edad.

A veces un enfermo rehusará del todo dejar de conducir, a pesar de haber utilizado el mayor tacto por nuestra parte. Puede ser útil contar con el apoyo del médico o del abogado. Algunos médicos escribirán una nota en una receta que diga: «No conducir». Las familias comentan que hacer que el médico sea «el chico malo» quita mucha presión al cuidador. En algunos Estados es obligatorio que los médicos notifiquen el nombre de los conductores con demencia; otros Estados son mucho más laxos. Con frecuencia, una persona coopera con las instrucciones de una autoridad, aún cuando considere que nuestra opinión es errónea. Como último recurso, quizá tendremos que esconder las llaves del coche. Si no es posible hacerlo, también se puede quitar la tapa o el cable del delco para impedir que el coche se ponga en marcha. Es pequeño y fácil de colocar cuando queramos conducir. Un operario de gasolinera puede mostrarnos cómo hacerlo.

En Estados Unidos, los diferentes Estados varían en sus políticas referentes a los permisos de conducción. En algunos Estados, el servicio de tráfico expide una identificación como no-conductor que puede utilizarse para hacer efectivos los cheques y otros trámites con mayor comodidad. También pueden investigar y, a veces, retirar un permiso si reciben el dictamen escrito de un médico diciendo que la salud de la persona le convierte en un conductor inseguro. Algunos Estados emiten licencias limitadas que sólo permiten la conducción en determinadas circunstancias, como sólo de día. Llamando al servicio de tráfico nos informarán sobre la situación local. Si un médico ha aconsejado que el paciente no conduzca, si tiene un accidente se puede acusar de negligencia al cuidador. Y si alguien queda herido en el accidente, la indemnización económica puede ser muy cuantiosa. Una esposa que no conducía vendió el coche y puso el dinero en una caja de galletas. Cada semana añadía la cantidad que gastaba en gasolina, mantenimiento y seguros. Dijo que resultaba más fácil gastarse el dinero en un taxi cuando sabías lo que gastabas yendo en coche.

CUÁNDO YA NO PUEDE VIVIR SOLA UNA PERSONA

Cuando una persona ha vivido sola pero ya no puede hacerlo más, la mudanza para irse a vivir con alguien puede ser difícil para todos. Algunos pacientes celebran la sensación de seguridad que proporciona vivir acompañado. Otros se resisten enormemente a abandonar su independencia.

A menudo los pacientes pasan por una serie de etapas, que van desde la independencia total hasta llegar a vivir con otras personas. Cuando es posible realizar esta transición gradual desde la independencia, a la persona le resulta más fácil adaptarse, e incluso retrasa el momento en que debe vivir con alguien. Por ejemplo, al principio, la ayuda de los vecinos puede ser suficiente; más adelante, un pariente o un cuidador profesional puede pasar parte del día con la persona confundida. Algunas personas sólo requieren que alguien les administre los medicamentos y les eche una mano con la comida, pero no necesitan supervisión constante.

CUANDO SOSPECHAMOS QUE ALGUIEN QUE VIVE SOLO TIENE CONFUSIÓN

Debemos prestar atención a la posibilidad de que la capacidad de la persona para desenvolverse cambie de repente; cualquier pequeño problema o, incluso, un resfriado sin importancia pueden empeorar la situación. También es posible que observemos una reducción insidiosa y gradual de sus capacidades hasta que sucede algo. A menudo las familias esperan demasiado antes de actuar.

Cuando las cosas empeoran, la persona puede reaccionar intentando «esconderlo». Algunas personas confundidas no se dan cuenta de que tienen problemas; otras pueden culpar a la familia de tenerlos abandonados. Los parientes cercanos también pueden negar la existencia de problemas. Por tanto, puede ser difícil saber con certeza qué está sucediendo. A continuación se plantean algunas cuestiones que hay que tener en cuenta para tomar la decisión de si una persona que vive sola requiere o no ayuda.

Cambios en la personalidad o los hábitos

El paciente ¿se encuentra extrañamente apático, negativo, pesimista, desconfiado o temeroso de algún acto criminal?

¿Insiste en que todo está bien, o no admite que tiene problemas cuando nosotros sabemos que sí existen?

¿Es capaz de tener cuidado de él mismo y de su aseo? Algunas personas con demencia llevan ropa sucia, se olvidan (o rehúsan) tomar un baño o cepillarse los dientes, o muestran otros signos de negligencia con ellos mismos.

¿Se ha aislado? ¿Dice que sale, cuando en realidad no sale?

Llamadas telefónicas

Sus conversaciones ¿se han vuelto más vagas? (Los detalles requieren una memoria mejor.)

En las conversaciones, ¿pierde el hilo o parece que se olvida de lo que estaba diciendo? ¿Se repite?

Cuando habla por teléfono, ¿parece más «crispado» de lo habitual? ¿Es menos tolerante a las frustraciones?

¿Llama menos por teléfono? ¿Llama demasiado? ¿Lo hace tarde, por la noche?

¿Repite la misma historia en cada llamada, como si fuera algo nuevo?

Cartas

¿Ha dejado de escribir cartas y notas? ¿Sus cartas se han vuelto extrañamente vagas? ¿Ha cambiado su caligrafía?

Comidas y medicamentos

El paciente ¿come y toma sus medicamentos de manera correcta? Es probable que una persona con problemas de memoria no coma, o sólo coma caramelos, incluso a pesar de haberle dejado comida preparada. Es posible que se tome demasiados medicamentos o que se olvide de tomarlos. Esto puede empeorar su enfermedad mental y puede poner en peligro su salud física. Si el paciente está seguro en otras esferas, puede continuar viviendo solo si alguien le ayuda con la comida y los medicamentos; sin embargo, según nuestra experiencia, las personas que se olvidan de comer de manera apropiada tienen una afectación cognitiva suficientemente notable como para impedirles vivir solas.

¿Se olvida de apagar el fuego? La gente que aparentemente se desenvuelve bien a menudo se olvida de apagar el fuego. ¿Ha dejado de cocinar? Las cazuelas ¿están quemadas? El enfermo ¿utiliza cerillas o velas? Puede ser difícil creer que una persona se encuentre realmente en peligro cuando parece estar tan bien, pero el fuego es un peligro grave y real. Los casos de incendios y quemaduras accidentales graves e incluso mortales, no son raros. Si sospechamos que la persona se olvida de apagar el fuego, tenemos que intervenir.

Otros problemas

El paciente ¿sale a pasear? Puede perderse o pueden robarle. ¿Sale de noche? Este hábito es peligroso. ¿Algún vecino o algún amigo nos ha telefoneado para quejarse de su conducta o para alertarnos sobre su seguridad? ¿Ha dejado de acudir a una cita o no va a las reuniones familiares? ¿Nos ha explicado de manera confusa algún contratiempo, como un accidente con el coche? ¿Sale pronto del trabajo o se va de manera brusca?

El enfermo ¿mantiene la casa ordenada, razonablemente limpia y sin peligros? Las personas con problemas de memoria pueden derramar agua en la cocina o el baño y olvidarse de recogerla. Pueden resbalar y caerse sobre el suelo húmedo. A veces se olvidan de lavar los platos o de tirar de la cadena del inodoro, y las condiciones sanitarias pueden empeorar. Si la casa no está bien ordenada también pueden caerse. Una persona con confusión amontona periódicos y papeles que suponen un peligro de incendio. La casa ¿huele a orina? Ésta es una señal de que la persona no puede estar sola o de que está enferma.

¿Se abriga? Una persona olvidadiza quizá no mantiene la casa a la temperatura adecuada o no lleva la ropa necesaria. Su temperatura corporal puede bajar de manera peligrosa. En épocas de calor, puede que el enfermo confundido se abrigue demasiado o quizá tenga miedo de abrir las ventanas para tener una ventilación adecuada. Esto puede provocarle un golpe de calor.

¿Actúa en respuesta a ideas «paranoicas» o sospechas irreales? Este tipo de conducta puede acarrearle problemas en la comunidad de vecinos. A veces hay personas que avisan a la policía porque tienen miedo, y esto molesta a los vecinos. Además, algunas veces los ancianos confundidos son víctimas del vandalismo de algunos adolescentes. Estos problemas pueden ocurrir tanto en los suburbios como en el centro de la ciudad.

¿Tiene buen juicio? Algunas personas con confusión dejan entrar a cualquiera a su casa y pueden ser víctimas de un robo por parte de sus invitados; también es posible que malgasten el dinero o que hagan cualquier otra cosa poco apropiada.

¿Quién paga las facturas? A menudo, la primera señal que perciben los familiares de que algo va mal es cuando cortan el agua o el gas porque no pagan la factura o porque no han dejado entrar al empleado que lee los contadores. Quizás el enfermo deja de controlar sus gastos o modifica sus hábitos en cuanto a gastos.

Estas señales indican que *algo* anda mal, pero no necesariamente que la persona tenga una demencia. Una vez estamos alerta de que puede haber un problema, es esencial realizar un diagnóstico. Estos cambios pueden ser indicativos de muchas otras enfermedades tratables.

LO QUE PODEMOS HACER

Ponerse en contacto con la asociación de Alzheimer local. La mayoría de delegaciones tienen experiencia en ayudar a las familias que viven lejos, y pueden proporcionarnos información valiosa. Hablar con los vecinos y los demás parientes para obtener una historia tan completa como sea posible. Si la persona vive en una ciudad, hablar con algún amigo íntimo, un vecino de escalera o el portero. Si vive en una zona rural, hablar con el cartero, el delegado del banco, el cura o un vecino. Es posible que tengan más información. Tendríamos que dar nuestro número de teléfono y pedirles que nos avisen si hay problemas.

Es importante hacer la visita en persona para valorar la situación y pedir hora para realizar el diagnóstico. También es aconsejable hablar con la asociación de Alzheimer y las residencias de ancianos de la localidad del paciente. Ellos tendrán información sobre los recursos locales.

A veces el enfermo puede continuar viviendo solo durante un tiempo, especialmente si es posible supervisarlo. Quizá su médico pueda darnos una idea sobre su capacidad para vivir solo. En muchas localidades hay asistentes sociales que pueden encargarse de acompañarle a las visitas médicas, ayudarle con las cuentas y echar un vistazo a sus cosas por un módico precio. Es importante verificar las credenciales de cualquier persona que se ofrezca para proporcionar estos servicios y pedirle referencias. Asimismo, es importante contactar con las referencias y preguntarles sobre su honestidad, su eficacia, cuánto tiempo hace que le conocen y qué es lo que hizo por ellos. Se puede preguntar si hay alguna oficina estatal que regule este servicio y pedir si han recibido quejas de esta persona. Es aconsejable explicarle que estamos preocupados por el enfermo y realizar un seguimiento regular.

MUDARSE A UNA NUEVA VIVIENDA

Si creemos que el enfermo ya no puede vivir solo durante más tiempo, debemos hacer otro tipo de gestiones. Podemos considerar la posibilidad de contratar a una persona durante todo el día o hacer que el paciente se traslade a la casa de algún pariente o a una residencia (en el capítulo 16 se describirán con detalle este tipo de alojamientos).

El señor Sawyer explica: «Mamá ya no puede vivir sola. Teníamos una empleada del hogar, pero mamá la despidió; entonces llamé a la agencia, pero se limitaron a decirme que no podían mandar a nadie más. De modo que hablé con mamá, le expliqué que queríamos que viniera a vivir con nosotros. Pero no quiso de ninguna manera. Dice que no le pasa nada y que trato de robarle su dinero. No admitirá que no come. Dice que se ha cambiado la ropa, pero no lo ha hecho. No sé qué hacer».

Si una persona confundida rehúsa abandonar su independencia y trasladarse a vivir a un lugar más seguro, tratar de comprender algo sobre lo que puede estar pensando y sintiendo ayudará a facilitar la mudanza. Pasar de vivir solo a vivir con alguien puede significar abandonar la independencia y admitir la incapacidad. Trasladarse significa más pérdidas. Significa abandonar un lugar familiar y, a menudo, muchas pertenencias familiares. Este lugar y estas pertenencias son símbolos tangibles del pasado propio y, cuando falla la memoria, sirven de recordatorio.

La persona confundida depende de un ambiente familiar que le proporcione las claves para permitirle manejarse de manera independiente. Aprender cómo moverse en un lugar nuevo no es difícil, sino imposible. La persona se siente dependiente de un entorno familiar para sobrevivir. Los enfermos con demencia pueden olvidar lo que se ha discutido sobre su futuro o quizá no lo hayan entendido. Podemos tranquilizar a nuestra madre diciéndole que va a venir a vivir a nuestra casa —que le es muy familiar—, pero quizá su mente enferma le haga percibir que se va a perder muchas cosas.

Al hacer planes para que el paciente vaya a vivir con alguien, tenemos que considerar varios aspectos:

1. *Considerar cuidadosamente los cambios que supone este traslado en nuestra vida y planificar, antes de hacerlo efectivo, los recursos financieros, posibles válvulas de escape y apoyos emocionales para nosotros mismos.* Si el enfermo va a trasladarse a vivir con nosotros, ¿qué efecto tendrá sobre sus ingresos? En algunos lugares se consideran la vivienda y la alimentación como ingresos, y reducen las pensiones de las personas que viven con alguien. Tam-

bién deberíamos saber si podemos incluir a la persona como dependiente en nuestra declaración de la renta.

Si el enfermo va a venir a vivir con nosotros, ¿cómo se lo tomará el resto de la familia? Si hay niños o adolescentes, ¿sus actividades molestarán a la persona confundida o el comportamiento «raro» del enfermo les molestará a ellos? ¿Qué opina nuestra pareja? Nuestro matrimonio, ¿sufre tensiones? En el mejor de los casos, tener a una persona con demencia en casa supone cargas y tensiones. Si se van a trasladar el enfermo y su esposa, también debemos considerar de qué manera la esposa intervendrá en las tareas de la casa. Es fundamental que todas las personas afectadas se involucren en la decisión y tengan la oportunidad de expresar sus opiniones.

Asumir el cuidado de una persona con problemas de memoria puede significar otro tipo de cambios: tiempo de ocio (quizá no podamos salir de casa porque no hay nadie que se pueda sentar con nuestra madre), tranquilidad (quizá ya no podremos leer el periódico o hablar con nuestra pareja porque mamá está dando patadas en el suelo), dinero (las facturas médicas aumentarán o habrá gastos por tener que arreglar su dormitorio), descanso (el enfermo puede despertarse por la noche), visitas (algunas personas pueden dejar de visitarnos porque la conducta del enfermo es embarazosa). Éstas son las cosas que hacen la vida tolerable y que ayudan a reducir el estrés. Es importante planificar la manera en que nosotros y nuestros familiares podamos relajarnos y alejarnos de los problemas derivados de cuidar a una persona enferma. Recordemos, también, que los demás problemas no se resolverán: tendremos que continuar preocupándonos de los niños, llegaremos cansados del trabajo, el coche se nos estropeará, etc.

¿Podemos vivir con la persona que vamos a traer a casa? Si nunca nos hemos entendido con nuestra madre y si su enfermedad ha empeorado su conducta, en lugar de mejorarla, traerla a casa puede ser desastroso. Si desde hace tiempo tenemos mala relación con la persona que ahora está enferma, esta mala relación es una realidad que puede dificultarnos más las cosas.

2. *Involucrarle tanto como sea posible en la planificación del traslado, aunque no quiera trasladarse.* El enfermo continúa siendo una persona, y su participación en los planes y las decisiones que le conciernen, es importante, a no ser que se encuentre dema-

siado discapacitado para comprender lo que está sucediendo. Si se ha engañado a una persona confundida en relación con su traslado, puede volverse todavía más recelosa y enojarse más; su ajuste a la nueva situación puede ser extremadamente difícil. En realidad, el grado y la naturaleza de la participación del paciente dependen de la fase de su enfermedad y de su actitud con relación al traslado.

Recordemos que hay una diferencia clave entre tomar la decisión, algo que deberemos hacer nosotros, y participar en la planificación, en la que puede involucrarse al paciente. Quizá la historia del señor Sawyer continuaría así:

> Después de hablarlo con mamá, ella continuaba negándose a trasladarse, de manera que seguí adelante con los preparativos. Le expliqué tranquilamente a mamá que tenía que mudarse porque tenía problemas de memoria.
>
> Sabía que demasiadas decisiones a la vez podían despistarla, así que le preguntaríamos las cosas de una en una: «Mamá, ¿te gustaría llevarte todas las fotografías?», «Mamá, vamos a llevarnos tu cama y aquel cubrecamas que tanto te gusta al nuevo dormitorio».
>
> Naturalmente, tomamos muchas decisiones sin ella: la estufa, la lavadora y los trastos de la buhardilla. Y, naturalmente, continuó diciendo que no iba a moverse y que le quería robar. A pesar de todo, creo que sirvió de algo, que trataba de «ayudarnos» a preparar el traslado. A veces cogía un jarrón y decía: «Quiero que esto sea para Carol». Tratamos de cumplir sus deseos. Luego, después del traslado, le pudimos explicar que no nos robaron el jarrón, sino que ella misma se lo había regalado a Carol.

Cuando una persona está demasiado discapacitada para entender lo que sucede a su alrededor, puede ser mejor organizar el traslado sin el estrés añadido de involucrarla.

3. *Prepararnos para un período de ajustes*. Con frecuencia, los cambios alteran a las personas con demencia. No importa cuán cuidadosamente y con cuánto cariño planifiquemos el traslado: es un cambio importante y la persona se alterará durante un tiempo. Es fácil entender que lleva tiempo aceptar las pérdidas que supone un traslado. Además, una persona con problemas de memoria necesita un tiempo adicional para aprender cómo moverse en un lugar nuevo.

Cuando se traslada al paciente con demencia antes de que su enfermedad sea demasiado grave, a menudo tiene mayor capacidad para adaptarse y aprender las novedades. Esperar hasta que «ya no pueda oponerse» puede significar que no será capaz de aprender una manera nueva de organizarse y reconocer que se encuentra en un lugar nuevo.

Lo seguro es que, después del período de ajuste, habitualmente la persona aceptará su nuevo entorno. Las indicaciones en las puertas pueden ayudarla a no perderse en una casa que no le resulta familiar. Añadir un sedante durante un tiempo breve podría ayudarla a dormir por la noche. Tratemos de posponer otras actividades o cambios hasta que se haya adaptado al traslado.

Ocasionalmente, las personas discapacitadas no se adaptan al cambio de domicilio. No nos culpemos por eso. Hemos hecho lo mejor y hemos actuado para conseguir su bienestar. Quizá deberemos aceptar su incapacidad para adaptarse como resultado de la enfermedad.

Capítulo 5

Problemas cotidianos

RIESGOS QUE TENER EN CUENTA

Una persona con demencia no es tan capaz de ser responsable de su propia seguridad. Ya no puede valorar las consecuencias tal como lo hacemos los demás y, puesto que se olvida tan rápidamente, es fácil que ocurran accidentes. Puede intentar hacer tareas familiares sin darse cuenta de que ya no puede realizarlas. Por ejemplo, la enfermedad puede afectar a las áreas del cerebro que nos recuerdan cómo hacer las cosas simples (abrocharnos un botón o cortar carne). A menudo esta incapacidad para las tareas manuales no suele reconocerse y es causa de accidentes. Puesto que la persona tampoco puede aprender, tendremos que tomar precauciones especiales para evitar los accidentes. Como parece que la persona se las arregla bien, es posible que no nos demos cuenta de que ha perdido el juicio y necesita evitar accidentes. Probablemente, los familiares tendrán que tomar la responsabilidad de velar por su seguridad, incluso de las personas con una discapacidad leve.

Es más probable que ocurran accidentes cuando estemos enfadados o agotados, cuando tengamos más prisa, en medio de una discusión o cuando alguien esté enfermo. En cualquiera de estas situaciones estamos menos alerta sobre la posibilidad de que ocurra un accidente y el paciente puede entender mal o reaccionar de manera exagerada frente al más mínimo contratiempo con una reacción catastrófica.

Tendríamos que hacer todo lo posible por reducir la tensión cuando surja. Esto es difícil cuando estamos luchando por cuidar a una persona con demencia. Si le estamos dando prisa para acudir a una cita o para terminar algo, *detengámonos*, incluso si esto significa llegar tarde o dejar de hacer algo. Respiremos profundamente, descansemos un momento y dejemos que el enfermo se calme.

Hay que tener en cuenta que los contratiempos pueden ser signos de alerta de accidentes inminentes: nos hemos dado un golpe en la espinilla con la cama o se nos ha caído una taza y se ha roto, y el enfermo ha reaccionado con excesiva preocupación. Éste es el momento de cambiar la actitud antes de que ocurra un accidente grave. Es importante alertar a los demás miembros de la familia sobre la relación que existe entre el aumento de tensión y la mayor probabilidad de que tenga un accidente. En este momento, cualquiera puede vigilar al enfermo.

Es importante asegurarnos de conocer los límites de la capacidad del paciente. No creamos en su palabra de que puede calentarse la sopa o bañarse solo. Un terapeuta ocupacional puede proporcionarnos un esquema excelente de lo que puede hacer de manera segura. Si no disponemos de este recurso, observémosle de cerca mientras realiza cada tarea.

Deberíamos disponer de un plan de emergencia a punto por si sucede algo. ¿A quién llamaremos si se hace una herida? ¿Cómo le evacuaremos en caso de incendio? Recordemos que puede interpretar mal lo que está sucediendo y oponer resistencia a cualquier esfuerzo para ayudarle.

Cambiar las cosas para hacer el entorno más seguro. Ésta es una de las maneras más seguras para evitar accidentes. Los hospitales y otras instituciones cuentan con expertos en seguridad que pueden hacer inspecciones para valorar los riesgos. Podemos y deberíamos hacer lo mismo. Inspeccionemos cuidadosamente toda la casa, el jardín, el vecindario y el coche en busca de cosas que una persona con demencia podría utilizar incorrectamente o interpretar de manera errónea hasta llegar incluso a provocar un accidente.

EN CASA

Una casa ordenada es más segura que una casa desordenada. Hay menos cosas con las que resbalar o golpearse, y los peligros se ven más fácilmente. Las chucherías y el desorden pueden distraer o confundir al enfermo.

Quitemos los objetos que causan problemas. Si intenta utilizar la plancha y la deja enchufada, con el consiguiente riesgo de incendio, escondámosla donde no pueda encontrarla. Siempre que sea posible, procuremos seguir el camino más fácil para aumentar la seguridad, evitando los conflictos. El enfermo ¿puede coger instrumentos eléctricos, el cortacésped, cuchillos, el secador, la máquina de coser o las llaves del coche, cuando ya no puede utilizarlos con seguridad? Deben estar guardados en un armario cerrado.

Los medicamentos ¿están fuera del alcance de una persona que puede haber olvidado que ya se los tomó? Se puede comprar una caja metálica y ponerle un candado sencillo para mantener los medicamentos alejados tanto de la persona con problemas de memoria como de los nietos que le visiten.

¿Hay cosas almacenadas en estantes? El desorden siempre es peligroso, especialmente cuando la persona padece confusión, tiene problemas de deambulación o interpreta incorrectamente lo que ve. ¿Hay cables eléctricos por el suelo, donde alguien pueda tropezar?

Bajemos la temperatura del calentador de agua para evitar que el agua demasiado caliente queme a la persona que accidentalmente lo ponga en marcha. Las personas con demencia pueden perder la capacidad para darse cuenta de que el agua está demasiado caliente y que pueden quemarse. Si hay tubos de agua caliente expuestos, hay que recubrirlos con un aislante.

Si la persona confundida reajusta el horno o el calentador de agua, quizá sea necesario poner un candado en la puerta.

En caso de que haya escaleras, habrá que poner una puerta en la parte de arriba. La persona confundida puede «darse la vuelta» y caerse por la escalera, especialmente por la noche. Echemos un vistazo a los pasamanos; debemos comprobar que son fuertes. Las barandillas deberían estar fijadas en el cemento, no en el yeso. Si no están bien ancladas, no soportarán el peso de una persona. En caso de que no haya barandillas, tendremos que colocar un pasamanos. A medida que la persona va perdiendo equilibrio, cada vez lo necesitará más. Eliminemos las alfombras que puedan hacer resbalar. Si las escaleras tienen alfombra, hay que comprobar que está perfectamente fijada.

También hay que eliminar todos los muebles con esquinas puntiagudas. Y conviene quitar o proteger las grandes superficies de cristal: el enfermo puede caer sobre una vitrina con una vajilla de loza y malherirse. Asimismo, deberíamos eliminar los balancines que se vuelquen con facilidad. Lo mismo sucede con las mesillas de café y las antigüedades frágiles.

Conviene utilizar sillas estables de las que sea fácil levantarse (véanse las págs. 80-81). Debemos comprobar si los dedos o los pies pueden quedar atrapados en algunas partes reclinables. La tapicería debería ser fácil de limpiar; tendremos que quitar las manchas de lo que se derrame. Los tejidos, las cortinas y los cojines tendrían que ser resistentes a las llamas.

Una persona con confusión puede asomarse demasiado por una ventana o un balcón y caerse; este peligro es especialmente importante en los edificios altos. Será necesario colocar cerraduras de seguridad en las ventanas y en las puertas de los balcones. Existen dispositivos baratos que permiten fijar una ventana un poco abierta.

Hay que proteger los radiadores calientes con una silla robusta. Enfrente del hogar, se puede poner una protección metálica.

El enfermo ¿puede encerrarse en la habitación, de manera que no podamos entrar? Podemos quitar la cerradura, quitar los pomos o bloquear el pestillo.

No debemos poner nunca insecticidas, gasolina, pinturas, disolventes, productos de limpieza, etc. en recipientes distintos a los originales, y deben estar correctamente etiquetados. Hay que almacenarlos fuera del alcance del enfermo. En algunas tiendas venden armarios a prueba de niños (y de pacientes). Las personas con confusión moderada pueden tratar de utilizar estos productos de manera inapropiada.

Los enfermos se olvidan de lo que es comestible y de lo que no lo es; pueden beber disolventes por error. Estas personas también pueden comer cualquier otra cosa. Por este motivo hay que colocar los objetos pequeños, como agujas y botones, lejos de su alcance. También debemos eliminar las plantas venenosas. Algunos enfermos se comen trozos de pintura que caen de las paredes o de los muebles; tenemos que vigilar qué se ponen en la boca.

La mayoría de los accidentes ocurren en la cocina y en el baño. A menudo las personas confundidas tratan de encender el horno, pero se olvidan de que lo han hecho, o intentan cocinar, pero ponen una cazuela vacía sobre el fuego. *Esto representa un gran peligro.* Debemos vigilar este tipo de actos e intervenir inmediatamente. Las personas que se quedan solas en casa o quienes se levantan por la noche corren un riesgo especialmente elevado.

Quizá sea posible quitar los mandos del horno, para que el enfermo no pueda ponerlo en marcha. En caso de que se trate de un horno eléctrico, es posible instalar un interruptor detrás, de modo que si no está conectado, los quemadores no se encienden. Otra solución consiste en quitar el fusible cuando no lo tengamos que utilizar.

Si tenemos una cocina de gas, podemos pedir a la compañía que nos aconseje sobre cómo podemos incrementar la seguridad. Dependiendo del horno y de la casa, existen soluciones distintas. A veces tendremos que insistir y hablar con varias personas antes de llegar a un operario que se muestre comprensivo y colaborador.

A menudo las personas confundidas derraman agua en el suelo de la cocina o del baño y se olvidan de recogerla. Es fácil resbalar sobre un suelo mojado, de manera que tendríamos que vigilar para mantener el suelo seco. Quizá también tengamos que dejar de encerar el suelo. Encerar supone un trabajo adicional y, además, hace el suelo más resbaladizo.

En el baño tendrían que instalarse barandillas y barras de sujeción (véase la pág. 137). Se pueden encontrar en tiendas de material médico. En el suelo de la bañera o de la ducha habría que colocar alfombrillas antideslizantes o adhesivos. A veces puede ser útil reemplazar la alfombra de baño por un suelo de baño: se limpia fácilmente, no resbala y evita los charcos.

Si vivimos en un apartamento o en un piso con portero o guardias de seguridad, es importante que les expliquemos que un miembro de la familia sufre una pérdida de memoria y que puede tener problemas para encontrar la puerta. Además, ellos estarán en alerta si el enfermo trata de salir.

En el exterior

Tanto los adultos como los niños pueden pasar fácilmente una mano por el cristal de una contrapuerta. Las contrapuertas pueden cubrirse con tela metálica protectora. Las puertas correderas de cristal de los patios deberían estar bien señalizadas con adhesivos llamativos.

Hay que comprobar si una persona confundida podría caerse desde algún porche o algún cobertizo. Si hay escaleras, lo mejor es pintarlas de colores brillantes y contrastados, fijar cinta antideslizante para exterior en los escalones y colocar una barandilla.

También hay que buscar desigualdades en el terreno, roturas en el pavimento, agujeros en el césped, ramas caídas, arbustos con espinas o toperas que puedan hacer tropezar al enfermo.

Es importante quitar el tendedero, para que no se quede enredado ahí.

Si hay una barbacoa exterior, recordemos que no podemos dejarlo solo mientras el carbón esté caliente. Tenemos que asegurarnos de que no hay carbón o de que está frío. Si la barbacoa es de gas, entonces tendremos que comprobar que el paciente no pueda manipularla.

Echemos un vistazo a las herramientas del jardín.

Comprobemos el mobiliario del jardín para tener la certeza de que es estable, de que no se plegará y de que no tiene astillas ni se le cae la pintura.

Las flores venenosas hay que ponerlas dentro de un cerco o bien arrancarlas.

Las piscinas exteriores son muy peligrosas. Debemos asegurarnos de que la piscina del vecino tiene una verja segura y de que está cerrada, de manera que la persona confundida no pueda entrar. Tendremos que explicar con detalle la naturaleza de la alteración del paciente al dueño de la piscina y asegurarle que no puede andar alrededor de ella. Aunque siempre haya sido un buen nadador, una persona con demencia puede perder el criterio o la habilidad para moverse en el agua.

EN EL COCHE

En el capítulo 4 ya se han descrito los problemas relacionados con la conducción. No hay que dejar sola en el coche a una persona confundida; nunca. Puede salir a pasear, puede poner el coche en marcha, quitar el freno de mano o encender los faros y descargar la batería. Algunas ventanas automáticas son peligrosas tanto para las personas confundidas como para los niños, que pueden cerrar la ventana y pillarse un brazo o el cuello.

Ocasionalmente, una persona confundida puede abrir la puerta y tratar de salir mientras el coche está en marcha. Es útil cerrar las puertas. Si esto continúa siendo un problema, quizá será necesario que conduzca una tercera persona, mientras tratamos de calmar al enfermo.

FUMAR

Si la persona fuma, llegará un momento en que dejará el cigarrillo encendido y se olvidará de él. *Esto representa un peligro grave*. Si sucede, debemos intervenir. Tratemos de disuadirlo para que no fume. Muchas familias han eliminado totalmente este hábito del paciente. Puede ser una situación difícil durante unos días o semanas, pero a largo plazo facilita mucho las cosas. Sin embargo, algunos pacientes se olvidan de que antes fumaban, y si les quitamos los cigarrillos no se quejan. Otras familias permiten que el paciente fume, aunque sólo bajo su supervisión. Todos los utensilios para fumar y las cerillas de la cocina o del hogar deben esconderse de su vista (la persona que tenga cigarrillos, pero no cerillas, puede utilizar el horno para encenderlos y olvidarse el horno encendido).

CAZAR

El uso de armas de fuego requiere unas habilidades mentales complejas que suelen perderse en las primeras fases de la demencia. Hay que guardar las armas en un lugar seguro. Si es necesario, podemos pedir al médico o al cura que expliquen al paciente confundido que cazar es demasiado peligroso para él. También se puede pedir a la policía local que nos ayude a deshacernos de la escopeta o del rifle, si no sabemos cómo hacerlo.

Vías rápidas y estacionamientos

Las autopistas y las vías rápidas son peligrosas. Si pensamos que la persona confundida pueda estar caminando por ellas, hay que notificarlo inmediatamente a la policía. No les importa que les avisen innecesariamente. Esto es mucho mejor a que ocurra una tragedia por no avisarlos.

A menudo las personas que conducen en los estacionamientos asumen que los peatones irán por donde deben ir. Las personas con demencia no pueden anticipar los coches que van a venir y caminan lentamente. Hay que prestar especial atención a las entradas de los garajes subterráneos. A menudo salen directamente por la acera de los peatones.

ALIMENTACIÓN Y HORARIOS DE COMIDA

Una buena nutrición es importante tanto para nosotros como para el enfermo crónico. Si no comemos bien, estaremos más tensos y nos alteraremos con mayor facilidad. No se sabe hasta qué punto una dieta adecuada afecta en la evolución de las demencias, pero sí sabemos que las personas con problemas de memoria a menudo no comen apropiadamente y pueden padecer déficit nutritivos.

Una dieta diaria equilibrada, según las recomendaciones del Council on Foods and Nutrition de la American Medical Association, incluye: dos o más vasos de leche (o raciones de queso o helados), dos o más raciones de carne, pescado, pollo, huevos, queso, o alubias, guisantes, o nueces; cuatro o más raciones de vegetales y frutas, incluyendo vegetales verdes o amarillos, cítricos o tomates; y cuatro o más raciones de pan integral y cereales. Tanto nosotros como la persona con demencia requerimos esta dieta equilibrada para evitar otras enfermedades y hacer frente al estrés de una enfermedad crónica. Si el médico le ha recomendado dietas especiales para otras enfermedades como la diabetes o una enfermedad cardíaca, es importante que nos indique qué es lo que deberíamos comer nosotros para mantener una dieta equilibrada. Es posible que nos refiera a un experto en dietas o a una enfermera que nos ayude a preparar una dieta especial.

No existe ninguna relación conocida entre la dieta y la enfermedad de Alzheimer, y no existen dietas especiales que hayan demostrado ser eficaces para mejorar los problemas de memoria.

PREPARACIÓN DE LAS COMIDAS

Cuando debemos preparar la comida, además de todas las demás responsabilidades, es posible que acabemos preparando un café y una tostada para nosotros y para el enfermo. Si preparar comida es una tarea a la que debemos enfrentarnos por primera vez cuando nuestra esposa se enferma, es posible que no sepamos cómo preparar alimentos nutritivos de manera rápida y fácil, y quizá tampoco queramos aprender a cocinar. Existen varias alternativas. Sugerimos planificar varias maneras para preparar buenos alimentos con el mínimo esfuerzo.

En Estados Unidos existe el programa «Eating Together» para personas mayores de 60 años y los programas «Meals-on-Wheels». Ambos proporcionan un servicio diario de comida caliente y nutritiva. El asistente social o cualquier centro de la tercera edad puede indicarnos qué servicios hay disponibles en nuestra área. El programa «Meals-on-Wheels» lleva la comida a domicilio. El programa «Eating Together», financiado por la Older Americans Act, proporciona alimentos y, a menudo, tiene un programa de entretenimiento en compañía de otras personas jubiladas en un centro del barrio. Acostumbran a ofrecer un servicio de transporte.

Hay muchos restaurantes que pueden preparar comidas para llevar. Esta alternativa es útil cuando el enfermo ya no puede comer en público.

Existen muchos libros de cocina en el mercado que explican los pasos básicos para la preparación de una comida sencilla. Algunos los han escrito «solterones». Otros están editados en letra grande. Una persona con experiencia puede enseñarnos la manera de preparar comidas rápidas y sencillas. Una enfermera también puede proporcionarnos recetas sencillas para dos personas. Además, también nos proporcionará información útil sobre dónde comprar barato, cómo planificar la compra y sobre nutrición; también puede ayudarnos a entender y a planificar los menús de las dietas especiales.

Algunas cenas congeladas están bien equilibradas, pero suelen ser caras. Sin embargo, en muchos casos son pobres en vitaminas y ricas en sal; además también son pobres en la fibra que los ancianos necesitan para prevenir el estreñimiento.

HÁBITOS ALIMENTICIOS PROBLEMÁTICOS

Las personas con problemas de memoria que todavía comen algunos alimentos solos pueden olvidarse de comer, incluso aunque les dejemos la comida a la vista. Es posible que la escondan, que la tiren o que se la coman cuando ya esté pasada. Esto son señales de que la persona ya no puede comer sola y de que, por tanto, debemos pensar en algunas soluciones. Durante un tiempo, podemos solucionarlo llamándola por teléfono al mediodía para recordarle que almuerce ahora, pero esto sólo es una solución temporal. Las personas confundidas que viven solas suelen estar desnutridas. Incluso aunque parezca que tienen sobrepeso, es posible que no coman los alimentos apropiados. Una mala dieta puede empeorar su confusión.

Muchos de los problemas que aparecen a la hora de comer son reacciones catastróficas. Tenemos que procurar que los horarios de las comidas sean una rutina regular y con la menor confusión posible. Esto ayudará a evitar reacciones catastróficas. Los comedores quisquillosos o los que lo ensucian todo funcionan mejor cuando las cosas están calmadas.

Si el enfermo utiliza dentadura, hay que comprobar que esté bien sujeta. Si está suelta, es mejor quitársela hasta que puedan ajustársela.

También hay que comprobar la temperatura de los alimentos, especialmente de la comida calentada en el microondas. A menudo a las personas confundidas les falta criterio para no quemarse.

Las personas con demencia pueden desarrollar gustos rígidos y rechazar determinados alimentos. Es posible que les apetezca más comer platos que les resulten familiares y preparados al estilo casero. Si nunca le gustó una comida determinada, ahora tampoco le gustará. Los platos nuevos pueden confundirle. Si insiste en comer sólo una o dos cosas y si fallan todos los esfuerzos para persuadirle de comer otros alimentos, será necesario pedir vitaminas y suplementos dietéticos al médico.

HORARIOS DE COMIDA

Sentemos a la persona en una posición cómoda, lo más parecida posible a la posición normal para comer. Tenemos que asegurarnos de que no hay distracciones posibles (el televisor está desconectado, no tendrá que ir al baño, etc.). Hay personas que se manejan mejor si hay otra persona sentada a la mesa; en cambio, a algunos enfermos esto les distrae.

La mesa debe estar despejada, de manera que pueda ver fácilmente la comida. Resulta útil poner un plato que contraste con el mantel y con la comida (por ejemplo, sobre un mantel azul, es más fácil ver un plato blanco) y evitar el cristal, si tiene dificultades para verlo, así como los platos con dibujos, si esto le confunde. Si tiene problemas al utilizar los condimentos en la mesa, es mejor quitarlos; igualmente, si le confunde tener varios cubiertos, pongamos sólo uno. Hay pacientes a quienes les va mejor comer en un comedor o en la cocina, donde hay muchas señales sutiles relacionadas con la alimentación, como los aromas, que le recuerdan la comida. Dejemos que la persona coma por sí sola hasta donde sea posible.

Hay personas incapaces de decidir entre los alimentos del plato. Si esto es así, limitemos el número de alimentos que ponemos simultáneamente delante de la persona confundida. Por ejemplo, empecemos sirviéndole sólo su ensalada y, más tarde, sólo su carne. A veces, tener que escoger es la causa de que juegue con los alimentos. No le pongamos la sal ni el bote de ketchup u otras salsas cerca si las utiliza mal; es mejor que le sazonemos la comida. También tenemos que asegurarnos de que la comida está cortada en pedazos pequeños y tiernos, para que los pueda comer de forma segura; es posible que las personas con demencia se olviden de masticar o que no puedan cortar correctamente la comida porque las manos y el cerebro ya no pueden coordinarse.

Suciedad

A medida que la persona vaya presentando más problemas de coordinación, puede empezar a ensuciarlo todo y utilizar las manos en lugar de los cubiertos. Casi siempre resulta más fácil adaptarse a la situación que luchar contra ella. Se puede utilizar un mantel de plástico y servir la comida en una habitación que pueda limpiarse fácilmente. No hay que preocuparse por que coma con las manos; al dejarle hacerlo así pasará más tiempo sin que tengamos que darle la comida nosotros. Hay que servir alimentos fáciles de coger y cortados a pedazos que pueda ponerse directamente en la boca.

Si el enfermo continúa utilizando el tenedor y la cuchara, podrá comer mejor en una bandeja con espacios separados. También existen protectores para platos en tiendas de material médico. En cualquier caso, hay que utilizar platos pesados, porque resbalan menos.

En algunos almacenes hay dispositivos para evitar que el plato resbale (en Estados Unidos existe la marca Dycem®). También existen tazas de succión. Un trapo húmedo colocado debajo del plato puede evitar que resbale. Los cubiertos con mango grueso resultan de manejo más sencillo para personas con artritis o con problemas de coordinación. Es posible comprarlos o prepararlos con fundas de goma (si lo probamos con un bolígrafo, nos daremos cuenta de cómo llega a ser de cómodo escribir con él).

Hay pacientes que utilizan una bata sobre la ropa; sin embargo, otros pueden sentirse ofendidos o les puede confundir. Si optamos por esta solución, es mejor una bata o un delantal grande, más que un babero. Es posible comprar las batas grandes que utilizan los estilistas; permiten doblarlas hacia arriba para hacer una especie de gran bolsillo donde queda la comida que se cae.

Hay personas que pierden su capacidad para juzgar la cantidad de líquido que puede caber en un vaso, de manera que derraman el agua. Necesitarán que les ayudemos. Si el paciente babea o si se le cae el agua, podemos probar las tazas de convalecientes, que tienen una tapa de plástico con un pitorro. Se utilizan recipientes similares para los niños. Para evitar que se derrame el agua, no hay que llenar demasiado los vasos.

Almacenamiento de comida

Algunas personas se guardan comida y la esconden en su habitación. Esto puede ser un problema si atrae ratones e insectos. Es posible que abandonen este hábito si les aseguramos periódicamente que tendrán algún tentempié en el momento en que lo deseen. También se puede dejar un bote con galletas en un lugar donde puedan encontrarlo fácilmente y les podemos recordar dónde está. Hay algunas familias que le dan al paciente una caja con una tapa para que guarde sus tentempiés; otras le persuaden para «cambiar» su comida estropeada por alimentos frescos.

Si el paciente padece alguna otra enfermedad, como diabetes, que requiere una dieta especial, es necesario esconder los alimentos que no pueda comer en lugares donde no pueda encontrarlos y dejarle al alcance sólo lo que pueda comer. No tenemos que olvidar que le puede faltar criterio para decidir de manera responsable entre sus anhelos y su bienestar. Puesto que una dieta apropiada es esencial para su salud, tenemos la responsabilidad de evitar que tome los alimentos que no puede consumir, incluso a pesar de sus objeciones. Un cerrajero puede poner un candado en la puerta de la nevera, si es necesario. Las cerraduras a prueba de niños permiten cerrar armarios y despensas. Pero antes de invertir en candados y cerraduras, quizá tengamos que preguntarnos si realmente necesitamos tener todos estos dulces en casa.

Picar

A veces parece que los enfermos se olvidan de que ya comieron y piden más comida justo al terminar. Es como si quisieran estar comiendo todo el rato. Se puede tratar de preparar una bandeja con algo nutritivo «para picar», como galletitas o dados de queso. En ocasiones, el paciente sólo comerá uno cada vez y ya se sentirá satisfecho. Si el aumento de peso representa un problema, se pueden poner pedazos de zanahoria o de apio.

Comer cosas que no debería comer

Es posible que las personas con demencia sean incapaces de reconocer que algunas cosas no se pueden comer. Quizá tengamos que esconder la sal, el vinagre, el aceite o las salsas de tipo Worcestershire que, en grandes cantidades, pueden ser perniciosas. Hay pacientes que comen otras cosas, como jabón, tierra de las plantas o esponjas. Esta conducta suele ser consecuencia de la lesión conjunta de la percepción y la memoria. Si sucede esto, tendremos que esconder estos objetos. Sin embargo, hay muchos pacientes que no presentan este problema, de manera que no recomendamos esconderlos a no ser que exista.

Líquidos

Tenemos que asegurarnos de que el enfermo bebe diariamente una cantidad de líquido suficiente. Incluso las personas con alteraciones leves pueden olvidarse de beber, y una ingestión inadecuada de líquido puede conllevar otros problemas físicos (véase la pág. 161).

Hay que comprobar siempre la temperatura de las bebidas calientes. El paciente puede haber perdido la capacidad para juzgar la temperatura y se podría quemar.

Si no le gusta el agua, podemos ofrecerle zumos y recordarle con frecuencia que beba unos sorbos. Tendríamos que evitar darle más de una taza de café, té o bebidas de cola con cafeína. La cafeína es diurética, o sea, elimina líquidos del organismo.

Dieta basada en purés

En caso de que el paciente siga una dieta de purés, tendremos que utilizar una licuadora o una picadora. Estos utensilios permiten convertir en puré la comida preparada de manera normal. Ahorran tiempo y dinero. Las comidas caseras son más atractivas que las papillas.

Dar de comer con cuchara

Si damos de comer a una persona, tenemos que poner poca cantidad en la cuchara y hay que esperar a que se haya tragado lo que tiene en la boca antes de darle otra cucharada. Es posible que tengamos que decirle que se lo trague.

No comer o escupir la comida

Algunos de los medicamentos que toman los pacientes con demencia producen sequedad en la boca o en la garganta; por este motivo, muchos alimentos pueden carecer de gusto o son de deglución difícil. El farmacéutico nos orientará sobre qué fármacos tienen estos efectos. Podemos mezclar la comida con zumos o agua, o bien decirle al paciente que beba un sorbo de agua después de cada mordisco.

A veces la boca y la garganta pueden estar tan secas que duelen y el paciente puede estar malhumorado; le tendríamos que ofrecer líquidos con frecuencia.

No tragar

A veces una persona puede llevarse la comida a la boca, pero no puede tragarla. Esto se debe a que olvida cómo masticar o cómo tragar. Se trata de una apraxia (véase la pág. 77) y la mejor manera de manejarla consiste en darle comida blanda que no tenga que masticarse demasiado, como carne picada, gelatina y líquidos espesos.

Si el paciente no se traga los medicamentos, tendremos que triturarlos y mezclarlos con la comida.

DESNUTRICIÓN

Las personas con demencia pueden quedar desnutridas muy fácilmente, incluso cuando aquellos que les atienden hacen todo lo posible para evitarlo. La desnutrición y la deshidratación contribuyen a la mala salud de la persona, aumentan su sufrimiento y le acortan la vida. La desnutrición afecta al funcionamiento de todo el organismo; por ejemplo, la velocidad de recuperación de una enfermedad o la rapidez con que se cura una herida. Hay personas que pueden tener sobrepeso y, a la vez, no ingerir la cantidad de proteínas y de vitaminas que necesitan. Las personas que tienen dificultad para tragar o las que han sufrido un derrame cerebral tienen un riesgo especialmente elevado de desnutrición.

Muchos de los pacientes internos en residencias sufren desnutrición y algunos no beben suficiente líquido. Hay que insistir para que valoren el estado nutritivo del paciente en la residencia y traten cualquier problema.

PÉRDIDA DE PESO

Las personas con demencia pierden peso por las mismas razones que cualquier otra persona. Por tanto, si pierden peso el primer paso es consultar al médico. A menudo la pérdida de peso indica la existencia de un problema o cualquier enfermedad no relacionada con la demencia. No hay que asumir que es una señal de empeoramiento. Es importante que el médico busque cuidadosamente cualquier enfermedad concomitante. El paciente ¿tiene estreñimiento? ¿Ha sufrido algún derrame cerebral pequeño? ¿Está deprimido? La depresión puede ser causa de pérdida de peso, incluso en una persona con demencia. Las dentaduras que ajustan mal, unos dientes mal cuidados o la presencia de úlceras en las encías pueden contribuir a la pérdida de peso. La pérdida de peso en fases muy tardías de la enfermedad puede formar parte del propio proceso patológico. Naturalmente, hay que descartar cualquier otra causa posible.

Cuando una persona todavía come y, a pesar de ello, continúa perdiendo peso, es posible que esté ansiosa, agitada o tan activa que esté quemando más calorías de las que ingiere. Tendríamos que ofrecerle algo nutritivo para picar entre las comidas y antes de irse a dormir. Algunos clínicos piensan que incluir varias comidas y tentempiés entre las comidas principales puede ser útil para evitar este tipo de pérdida de peso.

A veces lo único que se necesita para que la persona coma mejor es un ambiente tranquilo y acogedor. Quizá tengamos que experimentar varias cosas antes de encontrar la mejor solución para animar a la persona a comer. Tenemos que estar seguros de que la comida sabe bien, ofrecerle sus platos favoritos, darle sólo una cosa cada vez y no apresurarlo; a menudo, las personas con demencia comen despacio. También podemos ofrecerle cosas para picar con frecuencia y recordarle amablemente que tiene que comer.

A menudo los problemas relacionados con la comida aparecen en las residencias. La mayoría de las personas comen mejor en un grupo pequeño o en una mesa con otra persona en una habitación tranquila. Quizá la residencia tiene habilitado un espacio separado para algunas personas confundidas, en lugar del comedor común, grande y ruidoso. A veces el personal de la residencia tiene demasiada prisa y no puede mimar a alguien para que coma; un familiar tendría más éxito. Las comidas caseras pueden ser más atractivas que el menú institucional. Tuvimos a una paciente que respondía bien si la reclinábamos un poco hacia atrás mientras le dábamos la comida. Otro enfermo respondía a una dosis baja de un medicamento una hora antes de las comidas.

A las personas que no comen bien se les puede dar un suplemento dietético líquido de alto contenido en calorías; en Estados Unidos se llaman Ensure, Mariteme o Sustacal. Si éste es el caso, se pueden comprar en la mayoría de farmacias. Contienen las vitaminas, las proteínas y los minerales necesarios. Tienen sabores distintos; es posible que el paciente prefiera uno u otro sabor. Podemos ofrecerlo como bebida durante la comida, o como un «batido de leche» entre comidas. Hay que consultar al médico sobre la conveniencia de utilizarlos.

AHOGO

A veces las personas con problemas de coordinación empiezan teniendo problemas con la deglución. Si el paciente tiene dificultad para cambiar la expresión facial, o si ha padecido un derrame cerebral, también puede tener problemas para masticar o para tragar. Cuando ocurra esto, es importante evitar el ahogo. No hay que darle comidas que pueda olvidarse de masticar correctamente, como caramelos duros, frutos secos, zanahorias, chicles o palomitas. Los alimentos blandos tienen menos probabilidad de provocar ahogos. Entre las comidas fáciles de tragar, destacan la carne picada, los huevos hervidos, la fruta enlatada y el yogur. Es posible triturar los alimentos. Aliñarlos los hace también más atractivos. Incluso es posible mezclar sólido con líquido (por ejemplo, caldo y patatas chafadas) para facilitar la deglución.

Si el paciente tiene problemas para tragar, tenemos que asegurarnos de que está bien sentado, con la cabeza ligeramente hacia adelante —nunca hacia atrás, mientras come—. Debería estar sentado en la misma posición en que come cualquier persona sana sentada a la mesa. Y debería permanecer sentado quince minutos después de comer.

No debemos dar de comer a una persona agitada o adormilada.

Alimentos como la leche con cereales pueden facilitar el ahogo. Las dos texturas —sólido y líquido— impiden que el paciente sepa cuándo tiene que masticar y cuándo tiene que tragar.

Algunos líquidos resultan más sencillos de tragar que otros. Si el paciente tiene tendencia a ahogarse con el agua, podemos probar con algunos líquidos más espesos, como el de albaricoque o de tomate. Una enfermera nos puede ayudar a solucionar este problema.

Primeros auxilios para el ahogo

Una enfermera puede enseñarnos una técnica simple que puede salvar la vida de un paciente que se está ahogando. Aprender esta sencilla maniobra sólo toma unos minutos. Y todo el mundo debería saber cómo hacerlo.

Si el paciente puede hablar, toser o respirar, *no interfiramos*. Si la persona no puede hablar, toser o respirar (pero es capaz de señalarse la garganta o si se pone morada), *debemos ayudarle*. Si está sentado o de pie, nos ponemos detrás de él, le pasamos los brazos alrededor y nos agarramos las dos manos sobre el centro de su abdomen (barriga), por debajo de las costillas. Apretamos con fuerza hacia atrás y hacia arriba (hacia nosotros). Si está tumbado boca abajo, debemos darle la vuelta, apoyar las dos manos en el centro de su barriga y apretar. Esta maniobra forzará a salir el aire por la garganta y hará que la comida salga disparada como el tapón de una botella (podemos practicar el lugar en el que colocar las manos, pero no debemos apretar con fuerza si la persona respira normalmente).

CUÁNDO HAY QUE CONSIDERAR LA ALIMENTACIÓN POR SONDA

Las personas con demencia dejan de comer por varios motivos. Pueden tener dificultades para tragar debido a una apraxia, úlceras en el esófago, obstrucción (estrechamiento) esofágica o exceso de medicación. Quizá no les guste la comida que les ofrecemos, no reconozcan los alimentos, hayan perdido la sensación de notar hambre o sed o estén sentadas en una posición incómoda. Las personas con demencia suelen dejar de comer cuando presentan una enfermedad concomitante; *pueden* volver a comer cuando se recuperan. Además, las personas con enfermedades graves pueden sufrir una depresión que les obligue a dejar de comer. Sin embargo, algunas personas llegan a un punto en el curso de su enfermedad en el que ya no son capaces de comer ni de tragar. Una buena atención, incluso en las fases finales, requiere que el médico revise cuidadosamente el estado médico del paciente. Entonces, si no se puede detener la pérdida de peso, estamos frente a un dilema ético. ¿Deberíamos permitir la inserción de una sonda nasogástrica (NG) —un tubo que pasa por la nariz y llega al estómago— para alimentar al paciente o un tubo directamente al estómago —gastrostomía—? ¿O deberíamos dejar que el paciente muriera? Es una decisión personal.

Es útil poder hablar sobre este problema antes de que aparezca. En las págs. 180-183 nos referiremos a este problema. Aquí comentaremos las opciones que existen para mantener con vida al paciente.

Muchos médicos opinan que una sonda de gastrostomía (un tubo fijado en la pared abdominal que va directamente al estómago) es más cómoda para el paciente que la sonda nasogástrica (un tubo que entra por la nariz, baja por el esófago y llega al estómago). Es menos probable que los pacientes se arranquen un tubo de gastrostomía, y no tienen que cambiarse tan a menudo. Las nuevas técnicas quirúrgicas hacen que colocarlas sea seguro y sencillo. Sin embargo, estos tubos requieren que se practique una abertura quirúrgica en la pared del abdomen, y esto puede suponer un riesgo ligeramente mayor para el enfermo. Si padece demencia, alguien tendrá que firmar el consentimiento para que se realice esta intervención. Actualmente, las sondas nasogástricas son bastante delgadas y menos incómodas que hace unos años. Existen nuevos aparatos que pueden alimentar a la persona de manera continua a través de estas sondas. También comportan ciertos riesgos. Es posible que la sonda se desplace, o que produzca irritación y hemorragia en la nariz, la garganta o el esófago.

A menudo las personas con demencia intentan quitarse la sonda nasogástrica, y a veces lo consiguen. No sabemos si esto significa que la sonda les incomoda o si piensan que no tiene que estar ahí. También pude ser debido a su inquietud. A las personas que se arrancan la sonda, probablemente habrá que atarles las manos, lo que todavía añade mayor incomodidad.

Es importante discutir todos los aspectos de la decisión de colocar una sonda con un médico que conozca bien al paciente. Una enfermera puede mostrarnos cómo manejar cualquiera de los dos dispositivos.

Sabemos muy poco sobre la experiencia de una persona con demencia que no recibe alimentación por sonda. No disponemos de suficiente información para contraponer el malestar de una sonda al malestar de no utilizarla. Mientras que algunos piensan que una persona gravemente enferma se encuentra cómoda sin alimentos ni agua, otros están en total desacuerdo. Si los riñones y otros órganos dejan de funcionar, es posible que la persona se encuentre incómoda cuando se fuerza la administración de agua y alimentos. Además, es muy probable que lo que sabemos a partir de personas que mueren por otras causas no sea válido para las personas con demencia. Al final, deberemos tomar la decisión con la que nosotros y nuestra familia nos sintamos más cómodos. Si la persona ha dejado escritas sus preferencias, esto puede ayudar a tomar una decisión, pero, en realidad, quien toma la decisión final es el miembro de la familia que le está atendiendo.

EJERCICIO

Un aspecto importante para tener buena salud es mantenerse en buena forma física. No sabemos exactamente cuál es el papel del ejercicio físico en la buena salud, pero sí sabemos que es importante hacer suficiente ejercicio tanto para nosotros como para el enfermo confundido. Quizás el ejercicio nos sirva para refrescarnos después de la carga diaria de tener que cuidar de una persona con una enfermedad crónica. No sabemos la relación que existe entre la tensión y el ejercicio, pero muchas personas que llevan una vida intensa y agotadora están convencidas de que el ejercicio físico les permite soportar la presión de una manera más eficaz.

La demencia no la produce una mala circulación. Por tanto, mejorar la circulación mediante el ejercicio ni evita ni revierte los problemas de memoria, pero tiene otros efectos beneficiosos.

Algunos médicos han observado que las personas con demencia que practican ejercicio regularmente parecen estar más calmadas y tienen un ritmo menos agitado. Otros han observado que las actividades motrices parecen mantenerse durante más tiempo si se ejercitan regularmente. El ejercicio es una buena manera de mantener la actividad de una persona enferma, puesto que le puede resultar más fácil utilizar el cuerpo que pensar y recordar. Quizá lo más importante para nosotros es el hecho de que practicar suficiente ejercicio parece ayudar a las personas confundidas a dormir por la noche y ayuda a mantener los movimientos intestinales regulares.

Es posible que tengamos que hacer ejercicio junto con el paciente. El tipo de ejercicio que hagamos depende de lo que nos guste, a nosotros y al paciente. No sirve de nada añadir un programa de ejercicios odioso a nuestras vidas. Debemos tener en cuenta qué es lo que hizo la persona antes de enfermar y buscar la manera de modificar esa actividad de modo que pueda continuar con ella. A veces una tabla de ejercicios también puede ser un momento para tratar de encontrar cercanía y afecto físico con el paciente, sin tener que hablar.

¿Cuánto ejercicio puede hacer un anciano sin que resulte contraproducente? Si nosotros o el paciente tenemos la tensión arterial alta o padecemos alguna enfermedad cardíaca, tenemos que pedir una revisión médica antes de hacer nada. Si ambos podemos andar alrededor de la casa a paso normal, subir escaleras e ir a comprar, entonces podremos realizar una tabla de ejercicios moderados. Siempre hay que empezar una nueva actividad de manera gradual e ir incrementando el esfuerzo paulatinamente. Si un ejercicio produce rigidez, dolor o hinchazón, tenemos que reducirlo o cambiar a una actividad más suave. Si empezamos a andar, no deberíamos olvidarnos de comprobar que el paciente no tiene ampollas o rozaduras en los pies.

Caminar es un ejercicio excelente. Tratemos que la persona camine por el exterior cada día, excepto cuando haga mal tiempo. El movimiento y el aire puro pueden ayudarle a dormir mejor. Si el clima es demasiado lluvioso o frío, podemos ir en coche hasta una gran superficie o unas galerías; allí es posible practicar la «compra de aparador». Debemos asegurarnos de que ambos llevamos zapatos planos y cómodos, con calcetines de algodón suave y absorbente. Gradualmente es posible aumentar la distancia, pero tendríamos que evitar las cuestas. A una persona con problemas de memoria le puede resultar más sencillo andar cada día por el mismo camino. Le podemos ayudar si, mientras paseamos, le vamos señalando el escenario, las personas o los olores.

Bailar es un ejercicio muy bueno. Si al paciente le gustaba bailar antes de enfermar, podemos animarle a hacer algún tipo de movimiento escuchando música.

Si jugaba a golf o a tenis, quizá le guste lanzar pelotas durante mucho tiempo, aunque ya no sea capaz de practicar el deporte real.

A los pacientes confundidos les suele gustar hacer calistenia como parte de un grupo, por ejemplo del centro de día. Si hace ejercicio en grupo o en casa, tratemos de que nos imite. Si tuviera dificultad con alguno de los movimientos, podemos intentar ayudarle.

Si es capaz de mantener el equilibrio, los ejercicios de pie son mejores que los que se realizan sentado en una silla. Sin embargo, si el equilibrio es un problema, puede hacer los mismos ejercicios en una silla.

Incluso las personas confinadas en una cama pueden hacer ejercicio. Sin embargo, los ejercicios para las personas gravemente enfermas debe planificarlos un fisioterapeuta, para que no empeoren otras patologías y para que no resulten peligrosos para quien tenga mala coordinación o mal equilibrio.

Debería hacerse el ejercicio cada día a la misma hora, y de una manera tranquila y ordenada, de modo que no creen confusión, lo que aumentaría su agitación. Es importante seguir la misma secuencia de ejercicios, empezando por la cabeza y descendiendo hasta los pies. Es recomendable hacer los ejercicios de manera divertida y animar al paciente a recordarlos. Si tuviera una reacción catastrófica, tendríamos que detenernos e intentarlo más tarde.

Cuando una persona se ha encontrado mal o ha estado inactiva, es posible que se muestre débil o que se canse con mayor facilidad. Es posible que tenga las articulaciones entumecidas. El ejercicio regular y suave puede ayudarle a mantener las articulaciones y los músculos en forma. Cuando el entumecimiento o la debilidad están producidas por otras enfermedades, como la artritis o una lesión, un fisioterapeuta o un terapeuta ocupacional pueden planificar una tabla de ejercicios para ayudar a prevenir un mayor entumecimiento o debilidad.

Si el enfermo tiene cualquier otro problema de salud, o si hemos preparado una tabla de ejercicios demasiado intensa, tendríamos que comentarlo con el médico antes de empezar. También deberíamos comunicar al médico cualquier problema físico nuevo y los cambios que se puedan añadir a los ya existentes.

Ocio

El ocio, divertirse y disfrutar de la vida son actividades importantes para cualquiera. Tener una demencia no significa terminar de disfrutar la vida. Puede significar que tendremos que realizar un esfuerzo especial para encontrar cosas placenteras para el paciente.

A medida que la enfermedad evoluciona, puede ser más difícil encontrar cosas que todavía puedan gustarle. En realidad, es posible que ya estemos haciendo todo lo que podamos, y añadir un programa de «actividades» puede cansarnos más y sumarse al estrés de la familia. En lugar de eso, es posible buscar cosas que todavía pueda hacer y que sean del agrado de ambos. Quizás algo tan sencillo como dar un paseo o jugar con el perro pueda ser muy relajante.

También podemos considerar la posibilidad de integrarse en un programa de algún centro de día o alguna residencia. El entorno social vigilado de un centro de día puede proporcionar el equilibrio correcto entre estimulación y seguridad. Si son capaces de adaptarse al nuevo ambiente, las personas con demencia disfrutan de la camaradería con otras personas que también padecen confusión. Algunos programas para externos de las residencias ofrecen servicios de terapia ocupacional o terapia del ocio para los enfermos. Estos profesionales pueden ayudarnos a planificar ejercicios o actividades que le gustarán al paciente. Tanto los centros de día como las residencias ofrecen actividades y oportunidades de pasárselo bien. Siempre que fuera posible, habría que involucrar al enfermo en estos programas.

A menudo las personas con demencia pierden la capacidad para entretenerse a sí mismas. Para algunas, la inactividad supone empezar a dar vueltas, nerviosas, o cualquier otra conducta repetitiva. Es posible que el paciente se resista a nuestras sugerencias de cosas para hacer. Con frecuencia esto se debe a que no entiende qué le sugerimos. Podemos intentar empezar una actividad y, posteriormente, invitarle a que se una a nosotros. Es preferible seleccionar actividades simples para adultos que juegos infantiles. Seleccionemos una actividad divertida en lugar de una supuestamente «terapéutica». Busquemos cosas agradables para la persona y en las que pueda sentirse bien (como lijar madera, jugar con niños o dar vueltas a la manivela de una heladera).

Varía mucho la cantidad de actividad que las personas pueden tolerar. Es mejor planificar la actividad cuando el paciente se encuentre descansado, y hay que vigilar si se angustia o se irrita, para frenar la actividad y hacerla paso a paso.

Probablemente, incluso en las personas muy enfermas, las actividades que antes les gustaban continuarán siendo importantes y les continuarán gustando. Sin embargo, puede suceder que las cosas que les gustaba hacer —como algunas aficiones, atender a invitados, asistir a conciertos o salir a cenar— se hayan vuelto demasiado complicadas para una persona que se confunde fácilmente. En este caso, tienen que reemplazarse por cosas más sencillas, aunque a veces a los familiares nos cueste entender que, en la situación actual, las cosas sencillas puedan proporcionarles tanto placer.

La música es un recurso agradable para muchas personas con confusión. A veces un paciente gravemente enfermo parece retener la capacidad de disfrutar con canciones antiguas. Hay personas que solamente cantan si tienen alguien sentado a su lado que les anime. Otros pueden ser capaces de utilizar una radio o un aparato de música sencillo con mandos suficientemente grandes. A veces incluso los más enfermos pueden tocar el piano o cantar, si aprendieron estas habilidades cuando eran muy jóvenes.

Hay personas con problemas de memoria a quienes les gusta ver la televisión. Otros se molestan si ya no pueden entender las historias. Algunas personas pueden presentar reacciones catastróficas ante el cambio rápido de escenas.

A la mayoría de los enfermos les gusta ver a viejos amigos, aunque a veces las visitas les atolondran. Si éste es el caso, podemos intentar que sólo vengan una o dos personas al mismo tiempo, en lugar de invitar a un grupo. A menudo, lo que realmente despista es la confusión creada por muchas personas a la vez. Podemos pedir a los visitantes que no se queden demasiado tiempo y explicarles la razón de los problemas de memoria y otras conductas del paciente.

Hay familias a las que les gusta salir a cenar, y muchas personas con demencia mantienen la mayor parte de sus comportamientos sociales. En cambio, algunos ponen a sus familias en un compromiso por su manera descuidada de comer. En estos casos resulta útil que pidamos por el paciente y que escojamos platos sencillos que puedan comerse fácilmente. Quitemos los vasos y cubiertos innecesarios. También suele ser útil explicar discretamente al camarero que la persona tiene problemas de confusión.

Tendríamos que valorar las aficiones y los intereses que la persona había tenido antes de enfermar y considerar las posibilidades de que todavía pueda disfrutar de ellos. Por ejemplo, no es raro que a las personas a quienes les gustara leer les continúe gustando hojear revistas, aunque ya no encuentren sentido al texto. A veces una persona abandona una afición o un interés y rehúsa retomarlo. Esto sucede a menudo cuando al paciente se le daba bien algo, y ya no puede hacerlo igual que antes. Y le puede parecer degradante que le animen para hacer una versión simplificada de lo que fue una habilidad elaborada que le gustaba especialmente. Quizá lo mejor sea buscar nuevas distracciones.

Nos gusta experimentar cosas con los sentidos. Probablemente disfrutemos contemplando una puesta de sol bonita, oliendo una flor o degustando nuestro alimento preferido. A menudo las personas con demencia están más aisladas y pueden ser incapaces de encontrar experiencias que les estimulen los sentidos. Podemos intentar mostrarles una fotografía bonita, un pájaro cantando, o un olor o un gusto familiares. No olvidemos el sentido del tacto: es posible que les guste acariciar la piel de un animal, tocar un pedazo de madera o poner la mano bajo el grifo. Incluso hay pacientes a quienes les gusta llevar un delantal o tener una manta sobre las rodillas hechos de retazos con texturas distintas: piel, pana, satén o vinilo. Como a cualquiera de nosotros, es posible que a la persona le gusten unas sensaciones más que otras.

Muchos familiares se han dado cuenta de que a las personas confundidas les gusta ir en coche.

Si al paciente siempre le han gustado los animales, quizá pueda responder positivamente a un animal de compañía. Hay algunos gatos y perros que parecen encontrarse especialmente bien con las personas con problemas cerebrales.

A algunas personas les gusta tener un animal o una muñeca de peluche. Un peluche puede resultar tan infantil y degradante como reconfortante; depende mucho de la actitud de la gente que rodea al paciente.

Como la demencia continúa y la persona desarrolla problemas con el lenguaje y la coordinación, se puede olvidar fácilmente la necesidad de experimentar cosas agradables y de disfrutar.

No tenemos que olvidar nunca la importancia de tomarle la mano, de tocarla, de abrazarla y de darle cariño. A menudo, cuando no existe otra manera para comunicarnos con una persona, responderá al tacto. Tocarse es una parte importante de la comunicación humana. Unas friegas en la espalda o un masaje en las manos o en los pies pueden calmarla. Podemos pasar un buen rato, sentados con las manos cogidas; es una buena manera de compartir un tiempo cuando hablar ya se ha convertido en algo difícil o imposible.

ACTIVIDADES CON SENTIDO

Gran parte de lo que una persona sana hace durante el día tiene un propósito que da sentido e importancia a la vida. Trabajamos para ganar dinero, para servir a los demás o para sentirnos importantes. Podemos tejer un jersey para un nieto o hacer un pastel para un amigo. Nos lavamos el pelo o la ropa para tener un aspecto limpio y aseado. Estas actividades tienen un significado y son importantes para nosotros: nos hacen sentir útiles y queridos.

Cuando la persona con una demencia es incapaz de continuar sus actividades habituales, tendremos que ayudarle a encontrar cosas que todavía pueda hacer y que tengan sentido, aunque a nosotros no nos lo parezca. Por ejemplo, doblar y volver a doblar toallas podría tener significado para algunas personas, pero no para otras. Para algunas personas es importante verse como «voluntarios» más que como «pacientes». Esto confiere el sentido de valor y tiene el beneficio de la participación. La persona puede ser capaz de barrer nuestro jardín y el de los vecinos, poner la mesa, limpiar las verduras o preparar toda una comida. Los enfermos con confusión pueden hacer madejas de hilo, quitar el polvo o amontonar revistas, mientras limpiamos la casa. Tenemos que animar al paciente para que haga todo lo que pueda, aunque le simplifiquemos algunas tareas.

HIGIENE PERSONAL

La ayuda que requiere un enfermo con demencia para su cuidado personal depende de la gravedad de su lesión. Un paciente con Alzheimer se podrá cuidar de sí mismo en las primeras fases de la enfermedad, pero gradualmente empezará a mostrar negligencia y, eventualmente, requerirá una ayuda total.

A menudo surgen problemas para conseguir cambiarle la ropa o que tome un baño. «Ya me he cambiado», nos dirá, o puede dar la vuelta a la discusión y querernos hacer ver que estamos equivocados por sugerir una cosa así.

Una hija dice: «No consigo que se cambie el vestido. Hace una semana que lleva la misma ropa. Duerme con ella. Cuando le pido que se cambie, dice que ya lo ha hecho o me grita: "¿Quién te has creído que eres para decirme que me cambie la ropa?"».

Un marido explica: «Mientras me baño con ella, no deja de gritar pidiendo ayuda. Abre la ventana y grita: "¡Socorro, me están robando!"».

Una persona con demencia puede estar deprimida o apática y perder cualquier deseo de lavarse. Es posible que esté perdiendo la capacidad para recordar cuánto tiempo ha pasado: no *parece* que haya transcurrido una semana desde que se cambió la ropa. Que alguien le esté diciendo que tiene que cambiarse puede avergonzarlo (si alguien se nos acerca para decirnos que tendríamos que cambiarnos la camisa, es muy probable que nos indignemos).

Vestirse y bañarse son actividades personales. Todos tenemos nuestra propia manera de hacer las cosas. A algunos nos gusta ducharnos; a otros, les gusta bañarse. Algunos lo hacemos por la mañana y otros prefieren hacerlo por la noche. Hay quien se cambia de ropa dos veces cada día y hay quien lo hace una sola vez; es nuestra manera particular de hacer las cosas. A veces, cuando un miembro de la familia empieza a ayudar a un paciente con confusión, no se da cuenta de que pasa por alto estos hábitos establecidos. El cambio en la rutina puede ser molesto. Hace una generación, las personas no se lavaban ni se cambiaban con tanta frecuencia como hoy en día. Es posible que, en su infancia, el paciente lo hubiera hecho sólo una vez por semana.

Nos empezamos a bañar y a vestirnos nosotros solos cuando somos niños. Es una señal básica de nuestra independencia. Además, bañarse y vestirse son actividades esencialmente privadas. Muchas personas nunca se han bañado o se han vestido completamente delante de nadie. Tener las manos o los ojos de otros sobre un cuerpo desnudo, envejecido y «no tan bonito» es una experiencia muy incómoda. Cuando nos ofrecemos para ayudar en algo que una persona siempre ha hecho por sí misma —algo que todos hacemos solos y en la intimidad—, es una prueba indiscutible de que esta persona ya no podrá hacerlo más por ella misma; que, de hecho, se ha convertido en un niño a quien debemos decir cuándo tiene que vestirse y a quien tenemos que ayudar.

Cambiarse la ropa y bañarse son actividades que obligan a tomar decisiones. Un hombre debe seleccionar entre varios calcetines, camisas y corbatas para ir conjuntado. Cuando empieza a darse cuenta de que no puede hacerlo —cuando, al mirar dentro de un cajón lleno de calcetines azules, verdes y negros empieza a confundirse de manera preocupante—, quizá lo más sencillo sea no cambiarse.

Este tipo de factores precipita a menudo reacciones catastróficas en relación con el baño y con vestirse. Además, nos enfrentamos al problema de mantener limpia a la persona. Empecemos por intentar comprender los sentimientos de ésta y su necesidad de independencia e intimidad. O por saber que este comportamiento es producto de su lesión cerebral y que no es deliberadamente ofensivo. Busquemos la manera de simplificar el número de decisiones en relación con bañarse y vestirse sin quitarle su independencia.

BAÑARSE

Cuando un paciente rehúsa tomar un baño, parte del problema puede residir en que el baño se ha convertido en una actividad complicada que produce confusión; para otros, es la ansiedad o el hecho de que el cuidador se introduzca en su espacio privado. Tenemos que buscar la manera de reducir estos factores. Tomémoslo con calma y tranquilidad; simplifiquemos las cosas. Se puede cubrir a la persona con ropa o con una toalla y lavarla por debajo. Habría que seguir tantas rutinas antiguas de la persona como fuera posible, al tiempo que le animamos a que se bañe y le simplificamos la tarea. Si un hombre siempre se ha afeitado primero, luego se ha duchado y finalmente ha desayunado, es más fácil que coopere con nuestra petición si le programamos estas actividades antes del desayuno. Entonces, le preparamos la ropa y las toallas y abrimos el grifo.

Cuando le ayudemos a tomar un baño, tendríamos que estar tranquilos y ser amables. Es importante evitar discusiones sobre la necesidad de tomar un baño. En lugar de eso, pidámosle *de una en una* las cosas que tiene que hacer para preparar el baño.

> Habría que evitar decir: «Papá, quiero que te bañes cuando termines de desayunar». («Cuando termines de desayunar» significa que tiene que recordar algo.)
>
> Habría que evitar discusiones como: «No necesito bañarme». «Claro que sí. Hace una semana que no te bañas.» (No nos gustaría que nos dijeran eso, especialmente si no podemos acordarnos de cuándo nos bañamos por última vez.)
>
> Se puede intentar así: «Papá, ya tienes el agua para el baño a punto». «No necesito bañarme.» «Aquí tienes tu toalla. Ahora, desabróchate la camisa.» (Probablemente, su mente se centrará en los botones, en lugar de centrarse en la discusión. Y, si vemos que tiene alguna dificultad, podemos ayudarle). «Ahora, levántate. Desabróchate los pantalones, papá.» «No necesito bañarme.» «Ahora, entra en la bañera.»

La hija de un paciente le preparó el baño a su padre, lo puso todo a punto y, mientras él estaba paseando por el salón, le dijo: «Mira qué agua para el baño tan linda. Mientras está aquí, ¿por qué no te bañas? Sería una lástima echarla a perder». Su padre, que siempre había sido muy ahorrador, obedeció. Una esposa le dijo a su marido: «Tan pronto como te hayas bañado, vamos a comer juntos esas galletas tan buenas que trajo Janie».

Algunas familias han observado que las personas confundidas permiten que les ayude a bañarse un ayudante en uniforme u otro miembro de la familia. Pensemos en los hábitos de la persona durante toda su vida: ¿se bañaba o se duchaba? ¿Por la mañana o por la noche?

Si todo esto fracasa, se le pueden hacer baños parciales o lavarle con una esponja. Es importante observar la piel del enfermo, para ver si tiene alguna zona enrojecida o con erupciones.

Tomar un baño debería ser una rutina regular: hacerlo siempre de la misma manera y a la misma hora. La persona llegará a esperarlo y esto puede reducir la resistencia. Si tomar un baño continúa siendo difícil, no es necesario que lo haga a diario. Durante el baño ocurren muchos accidentes. Antes de empezar, tengámoslo todo preparado y *no nos apartemos nunca de la persona, ni la dejemos sola*. Tenemos que comprobar la temperatura del agua, incluso aunque siempre lo haya hecho. La capacidad para calibrar la temperatura correcta puede perderse de manera bastante súbita. Es recomendable evitar baños de espuma y aceites de baño que hacen más resbaladiza la bañera. Además, en las mujeres pueden favorecer las infecciones vaginales.

Quizá sea difícil que el paciente entre y salga de la bañera, especialmente si tiene cierta rigidez o exceso de peso. Una persona con poco equilibrio puede resbalar y caerse mientras levanta la pierna para salir. Una persona con problemas de equilibrio también puede caer mientras está de pie en la bañera. Se pueden alquilar o comprar varios accesorios que hacen mucho más fácil el baño (véase la pág. 137). Muchos familiares nos han explicado que un asiento para la bañera y una ducha de teléfono reducen considerablemente las crisis durante el baño. Nosotros controlamos el agua (y la suciedad). El asiento es más seguro y un flujo de agua controlado resulta menos estresante para el paciente confundido.

No podemos dejar nunca solo a un paciente en la bañera. No utilicemos más de diez centímetros de agua. Esto contribuye a que el paciente se sienta más tranquilo y, además, es más seguro si llegara a resbalar. Es importante poner una alfombra de goma o adhesivos en el suelo de la ducha. A menudo, los pacientes pueden continuar lavándose ellos mismos si les vamos recordando una a una todas las zonas que tienen que lavarse.

A veces a algún miembro de la familia le resulta algo embarazoso ver si se lava por completo la zona genital, pero es posible que aparezcan erupciones cutáneas, de modo que hay que comprobar que lo hace. Asegurémonos de que la persona con confusión se ha lavado los repliegues cutáneos y debajo de los pechos.

Una alfombra de baño evitará que el paciente resbale al salir y que se formen charcos en el suelo. A veces es útil reemplazar la alfombra de baño por un suelo especial para baños fácilmente lavable, que no resbale y que no forme charcos. Si el paciente todavía se seca él mismo, tenemos que comprobar que no se olvida ninguna zona. Si somos nosotros quienes le secamos, tenemos que asegurarnos de que está completamente seco. Podemos utilizar polvos corporales o harina de trigo debajo de los pechos de las mujeres y en los pliegues cutáneos. La harina de trigo no es cara, carece de olor y es un sustituto del talco que no produce alergia. El bicarbonato para cocinar también es un sustituto eficaz si el paciente no quiere utilizar un desodorante.

Mientras la persona está desnuda, tenemos que comprobar si en la piel hay alguna zona enrojecida, si hay erupciones cutáneas o úlceras. Si aparece cualquier enrojecimiento o una úlcera, debemos pedir al médico que nos ayude a tratarla. Las úlceras de presión (úlceras de decúbito) aparecen con rapidez en las personas que están mucho rato sentadas o encamadas. Podemos utilizar alguna loción corporal para secar la piel. Existen lociones sin perfume para hombres.

Vestirse

Si todos los calcetines del paciente van junto con sus pantalones, no tendrá que decidir cuál es correcto llevar con cuál.

Colguemos las corbatas, los pañuelos u otros accesorios en el colgador de la camisa o del vestido con el que combinan. Eliminemos los cinturones, pañuelos, jerseys, corbatas y otros complementos que pueden ponerse mal.

Podemos preparar una muda completa para la persona confundida; suele ser útil dejarle las piezas en el orden en que se las pondrá.

Apartemos las ropas que no son de temporada o las que use raramente, de modo que no interfieran con las decisiones que debe tomar el paciente. Si rechaza cambiarse de ropa, evitemos discutir. Es posible sugerírselo de nuevo más tarde.

A medida que la enfermedad evoluciona, cada vez es más difícil que se vista en la secuencia correcta. Los botones, las cremalleras, los cordones de los zapatos y los cinturones se vuelven imposibles de manejar. Si el paciente ya no puede abrocharse los botones, podemos reemplazarlos por velcro. A menudo, las personas pueden utilizarlo mucho después de que ya no puedan abrocharse los botones. Una esposa, sensible a la necesidad de su marido de continuar vistiéndose él mismo, de manera independiente, le compró ropa reversible. Le compró camisas atractivas sin botones que no quedaban mal si las llevaba del revés, pantalones con cintura elástica y calcetines de tubo (los calcetines de tubo no tienen talón, de manera que es más sencillo ponerlos). Los mocasines son más accesibles que los zapatos con cordones.

Las mujeres pueden quedar bien con blusas reversibles y faldas o pantalones con cintura elástica. La ropa holgada es más fácil de poner.

Es útil escoger ropa lavable que no necesite plancharse; no hay ninguna razón para aumentar el trabajo.

A veces, los estampados «abigarrados» confunden y distraen a las personas enfermas. Hay que seleccionar colores contrastados; resultan más sencillos de distinguir para los ancianos.

La ropa interior femenina es complicada para las personas confundidas y es un misterio para algunos maridos. Deberíamos comprar bragas suaves y holgadas. No importa si están del derecho o del revés. Olvidemos la combinación; no es necesaria. Si tenemos que poner un sujetador, le debemos pedir que se incline hacia adelante para colocarle los pechos en las copas. Los pantis resultan difíciles de colocar y las medias hasta la rodilla o las ligas no son recomendables para personas con mala circulación sanguínea. Lo mejor para estar en casa son los calcetines cortos de algodón.

Podemos explicarle paso a paso al paciente lo que tiene que hacer o lo que estamos haciendo. Veamos lo que funciona y hagámoslo. Si el paciente viste de manera rara, no importa.

PEINARSE

Es recomendable que el paciente tenga el pelo corto y arreglado, de manera que sea fácil de lavar y de peinar. Es preferible evitar cortes que requieran una atención excesiva. Probablemente, a las personas que siempre han ido a la peluquería o al barbero todavía les gustará hacerlo. Si es una experiencia demasiado molesta, existe la opción de ponernos de acuerdo para que venga a nuestro hogar.

Quizá sea más fácil (y preferible para nuestra espalda) lavarle el pelo en el fregadero de la cocina que en la bañera, a no ser que dispongamos de una ducha de teléfono. Vale la pena comprar un accesorio para el lavabo. Debemos asegurarnos de que aclaramos bien el pelo; al pasarle los dedos, tendría que notarse suelto.

También deberemos cortarle las uñas de las manos y de los pies, o bien comprobar que todavía puede hacerlo. Las uñas de los pies pueden curvarse hacia el dedo, y eso es bastante doloroso.

Tenemos que animar al paciente para que se vista y tenga buen aspecto. Pasearse en bata no ayudará mucho a su moral. Si una mujer siempre se ha maquillado, puede ser bueno para ella continuar llevando un maquillaje sencillo. Al marido no le resultará demasiado difícil ponerle unos polvos o pasarle el lápiz de labios. Para las mujeres ancianas, es mejor utilizar colores pastel y toques claros. Evitemos pintar los ojos.

Al terminar el baño y después de vestirse, tendríamos que mostrarle su buen aspecto en el espejo (incluso aunque estemos exhaustos y desesperados). Es bueno que toda la familia elogie el aspecto del paciente. Animarle así es importante para ayudarle a continuar sintiéndose bien consigo mismo, incluso cuando algo que siempre ha hecho, como vestirse, ya le sobrepase.

HIGIENE ORAL

Con todas las tareas que implica cuidar a un paciente con una enfermedad crónica, es fácil olvidarse de lo que no podemos ver, pero una buena higiene bucal es importante para la comodidad de la persona y para su salud. Una persona que, en otros aspectos, parezca capaz de cuidar de sí misma puede estar olvidando su higiene dental o la limpieza de su dentadura.

Las dentaduras son particularmente problemáticas. Si no se ajustan bien o si el paciente no se coloca correctamente el adhesivo fijador de la dentadura, interfieren con la masticación. La respuesta natural consiste en dejar de comer las cosas que no pueden masticarse. Esto puede provocar desnutrición o estreñimiento. Mientras la persona come, la dentadura tendría que estar en su lugar. Si no se ajusta correctamente, o si molesta, tenemos que insistir al dentista para que la fije. Si una persona se olvida de sacarse la dentadura y limpiarla, o si no quiere que se lo hagamos, puede desarrollar úlceras gingivales dolorosas que también interferirán con una dieta apropiada.

Puesto que queremos que la persona sea lo más independiente posible, debemos asumir la responsabilidad de recordárselo, aunque dejemos que tenga tanto cuidado de ella misma como sea posible. Un motivo por el que las personas dejan de tener cuidado de sus dientes o dentaduras es que son tareas complicadas con múltiples pasos, y se sienten confundidas sobre cuál es el paso siguiente. Podemos ayudarles desglosando la tarea en pasos sencillos y recordándoselos uno tras otro. Si nos encargamos del cuidado de la dentadura del paciente, tenemos que quitársela a diario, limpiarla y verificar que no haya úlceras gingivales. El dentista puede mostrarnos cómo hacerlo. Si el enfermo conserva sus dientes, tendremos que cepillárselos y mirar si tiene úlceras orales.

Algunos dentistas recomiendan aplicadores de espuma en lugar de cepillos. Permiten una limpieza más suave de los dientes. Si el enfermo no cede, como mínimo habría que cepillarle la parte exterior de los dientes.

La higiene dental tiene que formar parte de la rutina regular esperada y hay que hacerla con calma; así encontraremos menor resistencia. Podemos escoger la hora del día en la que el paciente coopere más y, si se altera, detengámonos e intentémoslo más tarde. Quizás otra persona pueda conseguir mayor cooperación.

Unos dientes limpios y una dentadura bien ajustada son muy importantes. Las personas con demencia tienden a no masticar bien y se atragantan fácilmente. Los problemas dentales pueden empeorar esta situación. Incluso los problemas nutritivos ligeros producidos por unos dientes en mal estado pueden incrementar la confusión o producir estreñimiento. Las úlceras bucales pueden causar problemas adicionales y aumentar el malestar del enfermo (véanse las págs. 167-168).

ACCESORIOS DE BAÑO

Las tiendas de artículos médicos disponen de numerosos accesorios para hacer más seguro y accesible el cuarto de baño.

La elevación del inodoro mediante asientos especiales facilita que el paciente pueda levantarse de él, o permite transferir al enfermo desde la silla de ruedas hasta el inodoro. Es importante que el asiento esté bien fijado, de modo que no resbale cuando el paciente esté sentado sobre él. Los asientos acolchados (blandos) son más cómodos cuando el paciente tiene que estar mucho rato. Esto es especialmente importante para aquellos enfermos que presentan fácilmente úlceras de presión.

Es posible alquilar orinales portátiles que pueden colocarse cerca de la cama, o en la planta baja para que el enfermo no tenga que subir escaleras. Hay gran variedad de orinales y cuñas. Si explicamos el problema concreto, en la tienda especializada nos ayudarán a escoger el accesorio mejor.

Las barras de seguridad también son importantes. Existen barras que ayudan a levantarse del inodoro y barras para entrar y salir de la bañera. Es posible alquilarlas o comprarlas. Se fijan a la pared (la misma tienda se encarga de instalarlas) o bien se adaptan a la bañera. Estas últimas son útiles para quienes viven en pisos alquilados y no pueden clavarlas en la pared.

En muchas casas y apartamentos, los toalleros y la jabonera no están clavados en la pared, sino sólo sujetos a ella. Esto puede ser peligroso si el paciente se agarra a ellos para no perder el equilibrio o para levantarse. Es importante que pidamos a algún técnico que compruebe si están firmemente anclados en el cemento y si soportan peso. También puede comprarse o alquilarse un asiento para la bañera o la ducha; hace que la persona se sienta más segura y la eleva, de modo que queda a nuestro alcance y no tenemos que agacharnos ni estirarnos demasiado. Las duchas de teléfono son útiles para enjuagar completamente al paciente y facilitan mucho la tarea de aclararle el pelo.

Las barras de seguridad, los asientos de baño y las duchas de teléfono se venden en tiendas de material médico y ortopédico y en galerías comerciales. Existen muchos diseños que se pueden adaptar a los distintos modelos de baño para satisfacer todas las necesidades. Es posible que las principales compañías de seguros sanitarios cubran parte o la totalidad del coste del equipo si se acompaña de un informe médico.

INCONTINENCIA (URINARIA O FECAL)

Las personas con demencia pueden empezar a orinarse o a defecarse encima. Esto se llama, respectivamente, incontinencia urinaria e incontinencia fecal. Ambos son problemas diferentes, y, a menudo, uno aparece independientemente del otro. Existen múltiples causas de incontinencia, de modo que es importante empezar haciendo una valoración del problema.

Orinar y defecar son funciones humanas naturales. Sin embargo, en la infancia aprendemos que se trata de actividades privadas. A muchos de nosotros también nos han enseñado que es algo sucio, desagradable o socialmente inaceptable. Además, asociamos el cuidado de nuestras funciones corporales en privado con la independencia y la dignidad personal. Cuando otra persona tiene que ayudarnos, resulta embarazoso para ambos, para quien ayuda y para el enfermo. A menudo, las personas consideran la orina o las heces algo desagradable y pueden provocarles náuseas cuando tienen que limpiarlas. Es importante que tanto los familiares como los cuidadores profesionales conozcan sus propios sentimientos en ambos casos.

INCONTINENCIA URINARIA

La incontinencia urinaria tiene varias causas, algunas de las cuales responden bien al tratamiento.

Si es una mujer, ¿tiene «pérdidas» en lugar de vaciar por completo la vejiga, especialmente cuando se ríe, tose, levanta algún peso o hace algún ejercicio súbito? Los accidentes, ¿ocurren sólo a ciertas horas del día, o durante la noche? (Resulta útil llevar un diario durante algunas semanas para ver el momento en el que suceden los accidentes, cuándo el paciente utiliza correctamente el baño y cuándo bebe o come.) ¿Con qué frecuencia orina? ¿Siente dolor al orinar? Su incontinencia ¿empieza de repente? La confusión del paciente ¿ha empeorado de manera súbita? La incontinencia ¿ocurre de manera ocasional o intermitente? ¿Ha cambiado su lugar de residencia? ¿Orina en lugares inapropiados, tales como armarios o jarrones? (Esto es distinto de la persona que se moja y moja su ropa en cualquier lugar.) Los accidentes ¿ocurren cuando el paciente no puede llegar a tiempo al lavabo? ¿Ocurren de camino al lavabo?

Empiece cuando empiece, es importante que el médico valore la incontinencia. Podemos ayudarle a diagnosticar los problemas si tenemos la respuesta a estas preguntas. Si el paciente tiene fiebre, hay que consultar rápidamente al médico. Tenemos que impedir que el médico pase por alto la incontinencia sin una exploración cuidadosa en busca de causas que se pueden tratar.

La incontinencia puede ser debida a infecciones de la vejiga agudas o crónicas, diabetes no controlada, impactación fecal, agrandamiento de la próstata, deshidratación, medicamentos o muchos otros problemas médicos (véase el capítulo 6, «Problemas médicos»). El hecho de «mojarse» puede estar causado por un debilitamiento muscular u otras alteraciones potencialmente curables.

Podría parecer que administrando menos líquido tendríamos que reducir la incontinencia, pero esta práctica es peligrosa porque puede conducir a una deshidratación. Un primer paso para tratar la incontinencia consiste en asegurarnos de que el paciente está recibiendo suficiente líquido para estimular la vejiga para que funcione de manera adecuada. Ambos extremos, poco líquido y mucho líquido, pueden ser dañinos. Si no estamos seguros de la cantidad de líquido que debería ingerir una persona, podemos preguntarlo al médico o a la enfermera; ellos saben determinar si el paciente se encuentra deshidratado.

Si el problema es que la persona se desplaza lentamente o usa un andador, o bien si se mueve con dificultad y no puede llegar a tiempo al lavabo, podemos acercar el lavabo a la persona. Por ejemplo, si un paciente tiene que subir escaleras para ir al baño, una solución puede ser alquilar un urinario portátil para la planta baja. También es posible improvisar un orinal para los viajes y simplificar la ropa de manera que el paciente con problemas manuales pueda manipularla con mayor rapidez; por ejemplo, intentar utilizar velcro en lugar de cremalleras o botones. El paciente ¿puede levantarse fácilmente de la silla? Si está hundido en una butaca baja, quizá no le dé tiempo de levantarse.

A veces las personas no saben encontrar el cuarto de baño. Esto sucede a menudo en los lugares nuevos. Una señal clara o la puerta pintada con un color vivo pueden resultar útiles. Las personas que orinan en las papeleras, los armarios y los jarrones quizá sean incapaces de encontrar el cuarto de baño o de recordar cuál es el lugar apropiado. Algunas familias han comprobado que en estos casos resulta útil colocar una tapa en la papelera, cerrar el armario con llave y acompañar al paciente hasta el lavabo con regularidad. Recordemos que quizás a algunos ancianos, cuando eran niños, les enseñaron a orinar en el exterior o en una lata junto a la cama. Si es así, probablemente es mejor proporcionarles una lata que tener que limpiar la papelera.

Tendremos que comprar cobertores lavables para los cojines de las sillas y ponerlos sobre cojines envueltos en bolsas de basura para hacerlos impermeables. Si tenemos una silla o una alfombra favoritas, lo mejor será ponerlas donde la persona no las utilice.

A veces las personas necesitan ayuda y, o bien son incapaces de pedirla, o les da vergüenza. Es posible que el paciente siempre haya utilizado palabras infantiles como *pipí*, *mear* o *echar una meada*, o incluso algunos eufemismos como *ir a dar un garbeo*. Un enfermo con problemas de lenguaje puede decir «quiero cenar» o «echar una ojeada». Si el cuidador (especialmente si es alguien que no está familiarizado con el paciente) no comprende lo que le está pidiendo, pueden ocurrir los accidentes. Tenemos que aprender qué quiere decir el paciente y asegurarnos de que los asistentes y cuidadores también lo saben.

Si el enfermo padece incontinencia nocturna, tenemos que limitar la cantidad de líquido que bebe después de cenar, a no ser que haya alguna razón médica por la que necesite una cantidad extra de líquido (aunque tenemos que asegurarnos de que el resto del día recibe mucho líquido). Levantémosle una vez por la noche. Puede ser útil tener un lavabo junto a la cama que pueda utilizar cómodamente, en especial si tiene problemas de movilidad. Las luces nocturnas en el lavabo y el dormitorio también resultan muy útiles.

A menudo ocurren caídas nocturnas en el camino entre el dormitorio y el cuarto de baño. Tenemos que asegurarnos de que hay una iluminación adecuada, que no hay alfombras, que el paciente puede salir de la cama y que tiene unas zapatillas que no resbalan.

Un diario resulta útil para registrar la información que requerimos para evitar muchos accidentes. Si sabemos cuándo suele
orinar (inmediatamente después de levantarse, sobre las 10 de la mañana, una hora después de tomar su zumo, etc.), podemos acompañarlo al lavabo justo antes de que se orine. En definitiva, se trata
de que nos acostumbremos al ritmo natural del paciente con demencia. Muchas familias se dan cuenta de que pueden saber cuándo
tiene que orinar: es posible que se inquiete, o que se toque la ropa.
Si el enfermo no nos proporciona las claves, es cuestión de acompañarlo al lavabo de manera rutinaria cada dos o tres horas. Un
horario regular evitará muchos accidentes, reducirá irritaciones
cutáneas y hará más fácil la vida de ambos. Aunque puede ser en-
gorroso pedir al paciente que vaya al baño, esta rutina le evitará la
humillación de orinarse encima.

Algunas señales no verbales que nos indican si es tiempo de orinar o no pueden influir sobre el paciente. Bajarle los pantalones,
abrirle la cremallera o sentarlo en el inodoro pueden ser la clave del
«vamos». La ropa seca y quedarse en la cama o estar en público son
señales de «no vamos». (Algunas personas son incapaces de orinar
cuando hay señales de «no vamos», tales como la presencia de otros
o una cuña.) Bajarle las bragas cuando se desnuda a una mujer puede
hacerle orinar. Podemos utilizar estas señales no verbales para ayudarle a llegar a tiempo.

Un hombre orinaba cada mañana en el momento en que ponía
el pie en el suelo. Si sucede algo así, podemos estar preparados
para recoger la orina en un orinal. Existen tanto orinales para mujeres como para hombres, pero quizá sean difíciles de encontrar.
Para una mujer que esté de pie, podemos utilizar un cuenco de
plástico. A veces, algunas personas se inhiben y son incapaces
de orinar si estamos en el baño con ellos o si les pedimos que utilicen un inodoro en la habitación, fuera del cuarto de baño. A menudo es esta respuesta «no vamos» involuntaria la que lleva a afirmar: «Cuando le llevo no va, y luego se lo hace encima. Lo está
poniendo difícil».

A veces, si el paciente tiene un problema para orinar, puede ser
útil darle un vaso de agua con una caña y pedirle que haga burbujas.
Esto parece que ayuda a que empiece a orinar. También podemos
solicitar a una enfermera que nos muestre la manera de presionar
con suavidad la vejiga para provocar la micción.

En algunas ocasiones, el enfermo pide para ir al baño a cada rato. Si esto se convierte en un problema, lo mejor es consultar al urólogo para determinar si existe algún problema médico que explique por qué necesita orinar con tanta frecuencia. Una infección urinaria o bien determinados medicamentos pueden producir esta sensación, o impiden el vaciado completo de la vejiga (entonces es cuando enseguida vuelve a sentir la necesidad de volver a orinar). Si hemos descartado las causas médicas y estamos seguros de que el paciente vacía su vejiga por completo cuando orina, tratemos de acompañarlo al baño cada dos o tres horas e intentemos distraerle en el ínterin.

Algunos médicos y enfermeras todavía consideran que la incontinencia es algo inevitable. Es cierto que algunas personas con demencia al final perderán el control de sus funciones, pero muchas de ellas no lo hacen y, además, numerosas causas de la incontinencia pueden tratarse. Incluso cuando el paciente ha perdido sus funciones podemos hacer mucho para reducir tanto nuestra carga de trabajo como las situaciones embarazosas para él. Si tenemos problemas con esta situación, podemos buscar el consejo de un médico o una enfermera con experiencia en tratar la incontinencia en personas con demencia.

INCONTINENCIA FECAL

La incontinencia fecal, igual que la urinaria, debería tratarla un médico. La incontinencia temporal y la que se inicia bruscamente pueden ser el resultado de una infección, o de diarrea, estreñimiento o impactación fecal (véase el capítulo 6, «Problemas médicos»).

Tendríamos que asegurarnos de que el cuarto de baño es cómodo y que el enfermo puede sentarse de manera confortable y con estabilidad durante el tiempo suficiente para que sus intestinos se pongan en movimiento. Los pies tienen que apoyarse en el suelo y debería tener algo donde agarrarse. Una barra hecha con un palo de escoba fijado entre dos soportes bien sujetos en la pared le permitirá cogerse a ella y alentará al enfermo inquieto a permanecer sentado. Intentemos darle algo para hacer, o ponerle música.

También es útil tratar de descubrir cuándo suele defecar para acompañarle al baño a tiempo.

Evitemos reñir al paciente cuando tenga incontinencia.

Si pensamos que puede padecer estreñimiento o tener una impactación fecal, debemos consultar a su médico. Véanse también las págs. 162-164.

LIMPIARSE

Una persona con la ropa sucia o mojada enseguida presenta irritaciones cutáneas y úlceras. Es importante evitarlo. La mejor protección frente a los problemas cutáneos es mantener la piel limpia y seca. La piel tiene que lavarse después de cada episodio de incontinencia; ponerle polvos ayudará a mantener la piel seca. Siempre que sea posible, tendríamos que evitar utilizar un catéter de manera continuada para manejar la incontinencia urinaria.

El cuidado personal de un paciente con incontinencia puede parecerle degradante a él y puede ser desagradable para quien le cuida. Por tanto, algunas familias hacen un esfuerzo deliberado para convertir los momentos en los que le están limpiando en la hora de expresarle su afecto. Esto puede contribuir a hacer que una tarea necesaria sea menos desagradable.

Existen accesorios para personas con incontinencia. ¿Los deberíamos utilizar? Los profesionales no están de acuerdo con el uso de ropa para incontinentes. Algunos piensan que los «pañales» desmoralizan y alientan a desarrollar conductas infantiles. Otros consideran que es mejor acompañarles regularmente al baño que estar pendientes de los accesorios que se utilizan para la incontinencia. La respuesta depende de nuestra visión del tema y de la reacción del paciente. Los pañales pueden facilitarnos las cosas y dar comodidad a la persona confundida. Sin embargo, los centros de día no utilizan pañales de manera rutinaria como medida de ahorro, sin valorar el impacto de esta medida sobre el paciente. Creemos que acompañarle al baño con regularidad es la situación ideal cuando funciona, pero también reconocemos que algunas personas se resisten a esta rutina y que otras padecen incontinencia incluso cuando se intenta seguir esta pauta. El médico o la enfermera pueden ayudar a tomar la decisión correcta sobre lo que más nos conviene.

Los pañales desechables para adultos o la ropa interior de plástico se venden en supermercados o farmacias, y también pueden comprarse por catálogo. Algunas marcas son más cómodas y se fijan mejor si se lleva ropa interior por encima. Debido a la connotación negativa de la palabra *pañal*, estos productos suelen anunciarse como «compresas de adultos». Algunos están fabricados de manera que una sola talla se adapta completamente; para otros, se toma la medida de la cadera o de la cintura. El tipo de relleno que contengan determina la cantidad de orina que absorberán. Los productos que se «gelifican» o los polímeros superabsorbentes suelen absorber más que los que están hechos de fibra.

Existen prendas lavables y prendas desechables. Algunas prendas lavables no están recubiertas de material suave, de modo que la capa protectora entra en contacto con la piel y resultan incómodas. Muchas familias consideran que las prendas desechables son mejores porque pueden absorber un volumen de orina mayor. Las prendas con «gel» absorben más orina y ocupan menos que los materiales rellenos de fibra.

Algunos modelos consisten en un calzón externo lavable que sujeta una compresa desechable. Lo ideal es un material suave y fresco en el que la compresa absorbente aleja la orina de la entrepierna de modo que la piel del paciente se mantiene seca. Es útil que la prenda esté diseñada de tal manera que pueda cambiarse la compresa sin tener que quitarla y ponerla; sólo se quita para limpiar al paciente.

La pernera del calzón debería quedar ceñida para evitar pérdidas, pero no tendría que apretar. En las personas delgadas, es posible que se produzcan fugas por la pierna. En ocasiones, resulta útil usar un pañal de niño junto con la sección absorbente de uno de adulto. Para contener la defecación, puede colocarse una aguja imperdible para sujetar el pañal a la camiseta de una persona postrada en la cama. Algunos pañales tienen mayor absorción en la parte delantera y otros en la trasera. Tenemos que probar cuál es mejor.

Las prendas que no son ajustables o las que están demasiado saturadas pueden presentar fugas. Tampoco tenemos que esperar que la prenda retenga más de una micción. Es posible que los protectores indiquen la cantidad de líquido que absorben. Una vejiga llena puede contener entre 250 y 300 cm^3 de orina (el equivalente a una taza).

Los protectores desechables están hechos para proteger la ropa de la cama; también hay protectores de franela y plástico para niños. Son mucho menos desagradables que los antiguos hules de nuestra infancia.

En la cama, se pueden utilizar sábanas protectoras. Se trata de sábanas dobladas por la mitad que se fijan a la cama. Mantienen en su lugar a los protectores de plástico. En caso de accidente, sólo tenemos que tirar de la sábana y cambiar el protector. Los protectores de cama y los absorbentes nocturnos contribuyen a mantener la cama seca. Es importante buscar compresas fabricadas con un polímero (efecto gelificante) y que incorporen un sistema para que no se desplacen. Hay que seguir las instrucciones de uso del fabricante para lavarlas y secarlas.

No es recomendable utilizar ropa interior de plástico, bolsas de plástico o hules que no tengan una capa de tejido en contacto con la piel. Mantienen la humedad cutánea y esto produce irritaciones y excoriaciones.

PROBLEMAS AL ANDAR
Y CON EL EQUILIBRIO: CAÍDAS

A medida que evoluciona la enfermedad, el paciente se vuelve más rígido y torpe; cada vez le cuesta más salir de la cama o levantarse de la silla. Puede adoptar una postura encorvada o inclinada, o caminar arrastrando los pies. Cuando corra peligro de caerse, requerirá una supervisión constante.

Un familiar escribe: «Ahora sus pasos son muy lentos. Mientras camina, a menudo levanta mucho los pies porque tiene poco sentido del espacio. Se agarra de los marcos de las puertas y de las sillas. A veces parece que se quiera agarrar en el aire. Tiene una mirada desenfocada, como la de un ciego. Se para ante los espejos y habla y se ríe con las imágenes que ve».

Una esposa comenta: «A veces se cae. Tropieza con sus pies o simplemente se desploma. Pero cuando trato de levantarlo —es un hombre robusto—, grita y forcejea conmigo».

Cualquiera de estos síntomas *pueden* producirlo los medicamentos. Tenemos que comentar con el médico cualquier cambio relacionado con la marcha, la posición, la rigidez, con movimientos repetitivos o caídas. Tiene que asegurarse de que no se deben a ninguna causa tratable, como el uso de medicamentos, delirios o un accidente vascular cerebral menor. Estos mismos síntomas aparecen cuando el proceso de la demencia ha lesionado las áreas del cerebro que controlan los movimientos musculares. Pero no hay que asumir que ésta es la causa hasta que el médico haya eliminado todas las demás.

Tenemos que estar atentos cuando el paciente ya no pueda subir o bajar escaleras con seguridad, cuando tropiece o tenga dificultad para andar. Si se muestra inestable cuando está de pie, tenemos que pedirle que nos coja del brazo —es mejor que cogerle nosotros—. Pongamos el brazo cerca de nuestro cuerpo; esto mejorará nuestro equilibrio. También podemos ayudarle a mantener el equilibrio caminando detrás de él y sujetándolo por el cinturón.

Hay que eliminar las alfombras, que pueden resbalar cuando el enfermo las pise. Es importante instalar barras de sujeción, sobre todo en el cuarto de baño. Podemos forrar los escalones con tejido acolchado y debemos eliminar las esquinas de los muebles cubriéndolas con pedazos de espuma. También debemos asegurarnos de que las sillas o los muebles en los que la persona suele apoyarse son robustos. Apartemos los muebles antiguos y simplifiquemos el camino: quitemos las cosas de en medio, en los lugares por donde suele pasar. En muchas casas, los pasamanos están mal fijados y se desprenderán si alguien se apoya con fuerza sobre ellos; es importante que un profesional verifique el estado de los pasamanos.

Hay personas que se caen cuando se levantan de la cama. En estos casos, es importante que el enfermo se siente en la cama durante un rato antes de empezar a caminar. Muchas zapatillas y zapatos tienen suelas lisas que pueden producir caídas. Algunos pacientes tropiezan más con los zapatos con suela de crepé. A otros la sujeción del crepé les va muy bien. Es posible que los pacientes aprendan a utilizar bastón o andadores; sin embargo, hay quien es incapaz de aprender esta nueva habilidad. Si el enfermo no puede aprender a usar un aparato correctamente, es más seguro que no lo utilice.

Cuando ayudemos a una persona, es importante que esto no sea contraproducente para nosotros ni nos desequilibre. Un fisioterapeuta puede mostrarnos la manera de ayudar a una persona sin sobrecargarnos. Cuando levantemos un peso, tenemos que evitar inclinarnos hacia adelante o curvarnos. Si necesitamos inclinarnos para levantar algo, es mejor doblar las rodillas que la cintura. Tomémoslo con calma; los accidentes ocurren cuando queremos apresurarnos o si damos prisa al enfermo confundido. Si tenemos que levantar a una persona, cojámosla por debajo de los brazos. Hay que evitar levantarlo de la cama tirándole de los brazos. También hay que evitar poner a una persona delicada o pesada en el asiento trasero de un automóvil con dos puertas.

Cuando una persona se cae debemos:

1. Mantener la calma.
2. Mirar si tiene alguna lesión visible o averiguar si le duele algo.
3. Evitar precipitar una reacción catastrófica.
4. Observar si muestra signos de dolor, edemas, magulladuras, agitación o aumento del malestar. Si aparece cualquiera de estos síntomas o si pensamos que es probable que se haya golpeado en la cabeza o se haya hecho algún otro tipo de lesión, tenemos que llamar al médico.

En lugar de intentar levantar a su marido, una esposa aprendió a sentarse en el suelo junto a él (naturalmente, esto requería un esfuerzo para calmarse ella misma). Le daba algunas palmadas en la espalda y le hablaba con amabilidad hasta que él se tranquilizaba. Cuando estaba relajado, ya podía animarle para que se levantara poco a poco; eso era mejor que tratar de levantarlo a peso.

Quedarse en cama o en una silla

A medida que la enfermedad va evolucionando, muchas personas van perdiendo la capacidad para caminar. Empieza con tropiezos y caídas, continúa andando a pasos cada vez más y más cortos y, habitualmente al cabo de unos años, termina con la incapacidad de permanecer de pie. Al final, la persona no es capaz ni de estirar las piernas aunque otros le sostengan. A veces esto se llama apraxia de la marcha (véanse las págs. 77-78).

En contraste con esta evolución gradual, una pérdida brusca de la capacidad para estar de pie o para andar, o bien caídas de inicio brusco, indican que el paciente puede tener otras enfermedades o que presenta un efecto secundario a un medicamento. Deberíamos consultar rápidamente con un médico.

La pérdida gradual de la capacidad de andar o de permanecer de pie es el resultado de la lesión cerebral progresiva; la persona se ha olvidado de la manera de andar. Mantenerla tan activa como sea posible ayudará a conservar su fuerza muscular y la salud en general, pero no hay pruebas de que el ejercicio o la actividad retrasen o eviten la pérdida de la capacidad de andar.

Aunque una persona no pueda andar, es posible que sea capaz de estar sentada. Sentarse en una silla la mayor parte del día le permitirá continuar formando parte de la familia o de la vida institucional. Si la persona tiene tendencia a echarse hacia adelante o a inclinarse hacia los lados, es posible sostenerla con cojines o ponerle un cinto. El cinto de sujeción puede comprarse o podemos hacerlo. Consiste en un cinturón acolchado de varios centímetros de anchura que puede ajustarse de modo que no apriete. Debería ser fácil de desabrochar desde la espalda en caso de emergencia.

Una buena alternativa es una silla reclinable. Cuando una de estas sillas se coloca en posición reclinada, evita que el paciente se eche hacia adelante. Es posible apuntalarle con cojines para que esté cómodo. Probablemente querremos mover al paciente de la silla a la cama para que cambie de posición. Se pueden utilizar trozos de espuma tipo «caja de huevos» (de venta en las tiendas de ortopedia) para protegerle.

Eventualmente, algunos enfermos no pueden sentarse. Suelen tener contracturas —tendones rígidos que no permiten extender por completo sus articulaciones—. Es posible reducir o retrasar la aparición de contracturas manteniendo a los pacientes físicamente activos mediante fisioterapia, pero pueden aparecer de manera tardía en la enfermedad de Alzheimer o después de un derrame cerebral, incluso a pesar de que se le movilicen las articulaciones y se les haga hacer ejercicio.

Cuando los enfermos ya no son capaces de moverse de manera voluntaria y se quedan confinados en la cama, requieren atención física prácticamente constante. Tienen un riesgo elevado de sufrir úlceras de presión (véanse las págs. 160-161) y de que los alimentos, la saliva y otras sustancias les lleguen a los pulmones porque no son capaces de tragar o porque están acostados.

Los pacientes encamados deberían moverse cuidadosamente de un lado a otro cada dos horas. El médico nos puede recomendar una frecuencia mayor. Debemos tener cuidado para no ejercer demasiada presión o no colocar demasiado peso sobre una parte del cuerpo, porque estos pacientes tienden a tener los huesos quebradizos y la piel frágil. Las sábanas y los pijamas de seda o de satén pueden facilitar la movilización de una persona incapaz de moverse independientemente. Cuando el paciente está tumbado de costado, debería estar sostenido con un cojín. Es necesario un cojín o un protector entre las rodillas para evitar la formación de úlceras. Debe mantenerse la piel limpia y seca.

Movilizar a una persona encamada requiere habilidad y entrenamiento. Las enfermeras y los fisioterapeutas pueden enseñarnos cómo mover y cómo girar al paciente.

SILLAS DE RUEDAS

Si llega el momento en que el paciente requiere una silla de ruedas, un médico o una enfermera pueden orientarnos para seleccionarla y utilizarla. Probablemente en alguna biblioteca cercana habrá varios libros con información sobre cómo manejar las sillas de ruedas. Las sillas de ruedas pueden ser incómodas para las personas que se sientan en ellas durante mucho tiempo. Los asientos de muchas sillas son duros y pueden producir úlceras de presión. Las sillas que no aguantan el cuerpo de manera apropiada también pueden producir lesiones nerviosas y musculares. A veces las personas se hunden en la silla o se las deja sentadas con un brazo colgando, de manera que los dedos se entumecen. El tipo adecuado de silla puede ayudar a evitar estos problemas. Existen distintos modelos de sillas de ruedas. Un profesional cualificado puede ayudarnos a seleccionar una silla cómoda y que aguante bien al paciente. También necesitaremos una silla que cumpla nuestras necesidades en cuanto a peso (¿podemos levantarla?), transporte (¿tendremos que cargarla en el coche?) y anchura (¿pasará por las puertas?). Podemos pedir al fisioterapeuta o a la enfermera que nos muestren cómo ayudar a una persona para entrar y salir de la silla de ruedas y cómo agarrarla correctamente.

La aseguradora norteamericana Medicare, por ejemplo, paga una silla de ruedas (por persona) que se ajusta correctamente a la prescripción del fisioterapeuta. Una silla de ruedas bien ajustada puede reducir el dolor, las úlceras de presión y otros problemas. Los familiares nos explican que han tenido que luchar mucho para conseguir que se financien las sillas de ruedas.

CAMBIOS QUE PODEMOS HACER EN CASA

En casa podemos hacer muchos cambios para facilitar la vida del cuidador y del paciente confundido. Aunque pueden resultar útiles, los accesorios no son la solución definitiva. Cuando consideremos la posibilidad de hacer cambios, tenemos que preguntarnos si podremos vivir cómodamente con ellos. También debemos recordar que las personas con demencia quizá no sean capaces de aprender cosas nuevas sencillas y que, a veces, no pueden ajustarse a cambios menores. Podemos comprar un teléfono nuevo que resulte sencillo de manejar, pero probablemente descubriremos que el paciente no puede aprender a utilizarlo; o quizá pensemos en redistribuir el mobiliario pero, una vez realizados los cambios, resulta que todavía confunden más al paciente.

Algunos de los productos que mencionaremos aquí se venden para otros fines. Se necesita un poco de imaginación para aplicarlos al cuidado de las personas con demencia. Es importante recordar que no existe ninguna sugerencia que sea útil en todas las situaciones. Sin embargo, la mayoría sirven y son baratas. Algunos de estos productos y algunos accesorios médicos, como los andadores y las sillas de ruedas, pueden comprarse de segunda mano:

Productos para favorecer la seguridad: incluyen las esterillas antideslizantes (para la bañera, para poner debajo de las alfombras y en otras partes), las barras de seguridad (para el baño, el pasillo o la habitación), el control de temperatura en el calentador de agua, las alarmas de fuego y de humo y los asientos para la bañera. Los describiremos en alguna otra parte de este libro. Tenemos que buscarlos en ferreterías, tiendas de electrónica o de accesorios médicos.

Los encendedores largos funcionan como los encendedores de cigarrillos, pero tienen una boquilla larga. Permiten encender una estufa de gas de manera más segura y evitan tener que utilizar fósforos. Algunas personas con demencia serán incapaces de aprender a manejarlos, lo cual representa otra ventaja desde el punto de vista de la seguridad. Los interruptores de luz activados por sonido permiten encender una luz cuando el paciente se levanta por la noche. En las estufas eléctricas pueden colocarse temporizadores de manera que sólo funcionen en determinadas horas y se desconecten automáticamente.

Accesorios que facilitan la vida de los ancianos: incluyen los asientos reclinables, los cojines especiales para personas delgadas o para quienes tienen la piel sensible, todo tipo de luces (para facilitar la visión, lámparas de clip para aumentar la iluminación en la bañera o en el dormitorio), protectores para calentarse, lupas para personas con problemas de visión, amplificadores y luces que alertan a las personas con déficit auditivos sobre sonidos como los del teléfono o el timbre de la puerta. Los catálogos anunciados en revistas que tratan sobre ancianos, incluyen muchos de estos productos.

Utensilios para personas con artrosis: se dispone de muchos artículos para aumentar el tamaño de los mangos de los cubiertos, de lápices y bolígrafos, y de cualquier otro utensilio que deba cogerse. También existen artículos para alcanzar cosas del suelo o para bajarlas de un estante elevado. Hay múltiples herramientas para abrir botes. Habitualmente se promocionan en revistas dirigidas a personas de edad avanzada.

Aparatos que permiten grabar las llamadas telefónicas: conectados a un aparato grabador, un «adaptador de grabación», o un «control de grabación» ponen en marcha el grabador al descolgar el teléfono y lo desconectan al colgarlo. Nos permiten conocer las llamadas que recibe o que hace la persona confundida. También hay teléfonos con números grandes para personas con problemas de coordinación o de visión, y teléfonos activados mediante la voz para personas que no pueden levantar el receptor. Es posible que los pacientes con demencia no sepan utilizarlos. Los adaptadores se venden en tiendas de electrónica. Los teléfonos especiales se venden a través de los catálogos mencionados anteriormente. Las compañías telefónicas ofrecen un servicio de identificación de llamadas que registra los números de teléfono de las llamadas entrantes; nos da información sobre quién ha llamado recientemente en caso de que el paciente se olvide de las llamadas.

Utensilios que nos avisan si la persona se levanta por la noche o si sale por la puerta: existen numerosas maneras poco costosas para saber si el paciente está abriendo una puerta o si se está desplazando. Puede instalar estos dispositivos un electricista. (Raramente se necesitan los carísimos «dispositivos de deambulación».) La mayoría se venden como alarmas para ladrones en las tiendas de electrónica o por catálogo; además, en las tiendas, a menudo conocen a alguien que puede instalarlos.

Estos dispositivos son sensibles al movimiento o al ruido (cuando una persona se aproxima a ellos, o cuando se produce un sonido); también hay algunos sensibles a la presión (una alfombra de presión al lado de la cama, que nos avisará si el paciente se pone de pie; una alfombra en la puerta de entrada nos alertará si pretende salir). Otros consisten en un circuito abierto o cerrado (un par de interruptores magnéticos pequeños en la puerta o en las ventanas activan un timbre) o un interruptor oculto en la puerta, que también activa un timbre si ésta se abre; también están los que se activan mediante la luz (si la persona cruza un rayo de luz, se activa un timbre).

Aparatos que encienden las luces: estos utensilios pueden conectarse para encender las luces exteriores (y ahuyentar a los ladrones) o las interiores (una luz encendida en el cuarto de baño puede ayudar al paciente a encontrar el camino sin que tengamos que levantarnos).

Aparatos que hacen ruido para nosotros o para él: unos auriculares nos permitirán escuchar música mientras el enfermo mira la televisión (o viceversa). Un radio-reloj puede hacer música suave a la hora de acostarse y apagarse automáticamente. Algunos accesorios producen «sonidos neutros» o ruidos de fondo que ayudan a que el paciente se duerma. Es importante probarlos antes de comprarlos.

Accesorios de seguridad: podemos considerar la utilidad de algunos de estos aparatos de bajo coste que se venden para la seguridad del hogar. En las tiendas de electrónica y las ferreterías se encuentran pequeños interruptores que permiten encender las luces de la casa desde el exterior, cuando alguien se aproxima.

Aparatos que registran ruidos: aunque, originariamente, fueron diseñados para que los padres pudieran vigilar a los niños pequeños, estos aparatos permiten escuchar lo que sucede en otra habitación o en el jardín. Colocamos un pequeño transmisor en el bolsillo del paciente y nosotros llevamos un receptor que transmite los ruidos de todo lo que está haciendo el enfermo.

Vídeos domésticos: la única limitación de la utilidad del vídeo doméstico es nuestra imaginación. Hay pacientes con demencia a quienes les gusta ver películas (especialmente las de su época); los centros de día utilizan los vídeos para formar al personal; a veces los miembros de la plantilla se filman mientras prestan atención a los enfermos para mejorar los cuidados a los pacientes; es posible copiar los vídeos domésticos en cintas de vídeo para que los familiares puedan verlos juntos. Por ejemplo, es posible grabarnos y dar un mensaje al enfermo: «Juan, soy María, tu esposa. He ido a trabajar. La señora Lambe estará contigo hasta que yo vuelva, a las 18 h. Ella preparará tu almuerzo y luego saldrás a pasear. Me gustaría que te quedaras con ella. Te quiero. Nos veremos a las 18 h».

EL ENTORNO ¿DEBERÍA ESTAR DESPEJADO O CARGADO?

¿Cuán cargado debería estar el entorno? A menudo las personas con demencia tienen dificultades para centrarse en una cosa cuando se encuentran en una habitación muy cargada. El orden, la rutina y la simplicidad ayudan a la persona con problemas de concentración o del pensamiento. Sin embargo, algunos ambientes están tan desnudos que todavía añaden privación sensorial y desorientación. Algunas personas urgen a los familiares a eliminar muchas cosas; otros dicen que los pacientes necesitan estimulación. Hay quienes argumentan que los cuadros o las paredes empapeladas pueden producir alucinaciones o desorientación. ¿Cómo saber quién tiene razón? La respuesta depende de cada persona y del tipo de decoración o el interés de la habitación.

Observemos al paciente: ¿tiende a agarrarse a cualquier cosa en el cuarto de baño? ¿Pone las manos en las bandejas o juega con los condimentos del centro de la mesa? ¿Parece incapaz de decidir qué comer primero o qué cubierto utilizar? Si observamos estas conductas, tratemos de simplificar. Eliminemos los elementos innece-

sarios del cuarto de baño; dejemos las bandejas para servir en la cocina o bien pongamos solamente un alimento en el plato cada vez.
Ocasionalmente, algún enfermo hablará con los cuadros o tratará
de coger las flores del papel de la pared. Sin embargo, la mayor
parte de las personas no lo hacen. Una mujer de un centro de día
estaba orgullosa del empapelado «que había colocado su esposo».
Si un cuadro o un espejo resultan desconcertantes para el enfermo,
quitémoslo, pero no hay ningún motivo para eliminarlo si sólo le
habla y no le angustia.

Por regla general, las personas, los animales, el ruido, las luces
y la actividad de una habitación distraen más que la decoración.
Si el paciente está inquieto, se muestra irritable o tiene dificultades
para prestarnos atención, entonces podemos considerar la posibilidad de reducir los elementos que distraen, pero debemos asegurarnos de que, en su lugar, hay otras interacciones concretas y positivas.

Cuando hay que escoger entre varias cosas (distintos frascos de
champú en la bañera o diversos alimentos en el plato), la situación
es más problemática que para las cosas que, sencillamente, «están
allí», como los cojines de un sofá. Si el paciente amontona los cojines o los lleva de un lugar a otro, no hay ninguna necesidad de esconderlos. Quitemos sólo lo que causa problemas.

Al contrario de lo que sucede en casa, los centros de día pueden
no ofrecer suficiente estimulación ambiental ni interés. Sea cual sea
el entorno, observemos la respuesta del paciente. Las personas que
caminan de un lado para otro, que juguetean con algo o que repiten una misma cosa sin cesar pueden interrumpir esta conducta si
les ayudamos a realizar una actividad que esté a su alcance.

Hay varias maneras de ayudar a una persona confundida mo-
dificando el entorno. También podemos utilizarlo para alejarla de
determinados ambientes. Por ejemplo, a medida que envejecemos,
necesitamos más luz para ver; por tanto, estemos seguros de que
hay suficiente luz. Los enfermos con demencia tienen una incapacidad doble, porque es posible que no piensen en encender la lám-
para ni acercarse a la ventana para tener más luz. Los colores con
un buen contraste son más fáciles de ver que los tonos pastel o los
colores con intensidad similar. Al paciente con algún déficit visual
puede resultarle imposible ver un alimento poco coloreado sobre
un plato blanco. Si la alfombra del baño es azul marino, es más

probable que el paciente vea el inodoro que si la alfombra también es blanca.

Igual que el color puede utilizarse para ayudar al enfermo a distinguir las cosas, también puede utilizarse para esconderlas. Si queremos que ignore una puerta, podemos pintarla del mismo color que la pared contigua y que el marco. O poner una cortina delante.

Los accesorios utilizados para mejorar la audición amplifican el ruido de fondo y las personas con demencia a menudo no pueden aprender a compensarlo. Habría que eliminar el ruido de fondo siempre que fuera posible, a no ser que al paciente le guste y sienta interés por él.

Capítulo 6

Problemas médicos

Las personas con demencia también pueden padecer otras enfermedades, que van desde problemas relativamente menores, como un resfriado, hasta enfermedades graves. Es posible que no puedan explicarnos que se sienten mal (incluso aunque puedan hablar perfectamente) o que descuiden su cuerpo. Cortes, magulladuras, e incluso un hueso fracturado pueden pasar desapercibidos. Las personas que permanecen sentadas o tumbadas durante largos períodos de tiempo pueden presentar úlceras de presión. Su salud física puede empeorar gradualmente. *La corrección de los problemas físicos, incluso los banales, puede ayudar enormemente a las personas que padecen demencia.*

Es posible que todos hayamos tenido una sensación de «pesadez» mental cuando hemos estado enfermos. Este fenómeno puede empeorar en las personas con demencia, ya que parecen especialmente vulnerables a los problemas adicionales. Otras enfermedades (como gripe, resfriados, neumonías, problemas cardíacos, efectos secundarios de los medicamentos y muchas otras) pueden desencadenar un delirio, que puede parecer un empeoramiento súbito de la demencia. Sin embargo, el delirio (y los síntomas) habitualmente desaparecen cuando se trata la enfermedad. Deberíamos comprobar rutinariamente los signos que indican la presencia de otras enfermedades o lesiones y ponerlos en conocimiento del médico.

Las personas que no pueden expresarse bien por sí mismas es posible que no sean capaces de responder sí o no cuando les hagamos preguntas específicas como: «¿Te duele la cabeza?». Incluso los pacientes que todavía se expresan bien es posible que no reconozcan el dolor o que sean incapaces de comunicarlo.

Tenemos que tomarnos seriamente cualquier señal de dolor o de enfermedad. Es importante encontrar un médico amable que entienda la situación del paciente y que sea experto en medicina general o atención primaria. No dejemos de hacer caso al paciente con la excusa de que está «senil» o es «viejo». Hay que insistir para que se trate la infección o se diagnostique y se trate el dolor. A causa de la vulnerabilidad del paciente al delirio, es fundamental consultar al médico cualquier pequeño problema.

Las señales de enfermedad son:

- empeoramiento súbito de la conducta (por ejemplo, rechazar hacer cosas que antes quería hacer);
- fiebre (temperatura superior a 38 °C). Para tomar la temperatura, podemos utilizar los nuevos termómetros de cristal líquido que se colocan sobre la piel o termómetros protegidos por plástico. Se encuentran en las farmacias. Las personas con confusión pueden morder un termómetro de cristal. Es posible que los ancianos no tengan fiebre alta, incluso a pesar de estar gravemente enfermos. *La falta de fiebre no significa que la persona esté bien*;
- enrojecimiento o palidez cutánea;
- pulso rápido (superior a 100) no asociado al ejercicio. Para la mayoría de las personas, el pulso normal oscila entre 60 y 100 latidos por minuto. Podemos pedir a una enfermera que nos muestre cómo encontrar el pulso en la muñeca. Se cuenta durante 20 segundos y se multiplica por tres. Es útil conocer cuál es el pulso normal de la persona;
- vómitos o diarrea;
- cambios cutáneos (puede perder su elasticidad o volverse seca o pálida);
- encías secas o pálidas, o llagas en la boca;
- sed o rechazo de alimentos o bebida;
- cambio de personalidad, aumento de la irritabilidad o incremento de la lasitud o la somnolencia;
- dolor de cabeza;
- gemidos o gritos;
- inicio brusco de convulsiones, alucinaciones o caídas;

- incontinencia súbita;
- hinchazón de alguna parte del cuerpo (hay que buscar especialmente en las manos y los pies);
- tos, estornudos, signos de congestión o dificultad respiratoria.

Tenemos que hacernos las preguntas siguientes: el paciente ¿se ha caído? ¿Ha hecho alguna deposición en las últimas 72 horas? Recientemente (en el último mes), ¿ha cambiado su medicación? ¿Ha dejado de mover un brazo o una pierna? ¿Hace muecas de dolor? ¿Tiene otros problemas de salud, como una enfermedad cardíaca, artritis o un resfriado?

Si una persona empieza a perder peso, este signo puede indicar la presencia de una enfermedad grave. Es importante que el médico determine la causa de la pérdida de peso. A una persona que haya perdido un 10 % de su peso la tiene que visitar rápidamente un médico.

DOLOR

Muchos familiares preguntan si los enfermos sufren dolor como parte de la demencia. Por lo que se sabe, la enfermedad de Alzheimer no produce dolor y la demencia multiinfarto sólo produce dolor de manera ocasional. Las personas con demencia sufren dolor por otras causas, como calambres gástricos o abdominales, estreñimiento, torceduras o fracturas ocultas, estar sentados demasiado tiempo en la misma posición, gripe, artritis, úlceras de presión, magulladuras, cortes, úlceras o heridas a causa de la mala higiene, aftas gingivales o dientes en mal estado, zapatos o ropas que les rozan o aprietan demasiado y hormigueos.

Algunas señales de dolor son: empeoramiento súbito del comportamiento, gemidos o gritos, rechazo a hacer determinadas cosas y aumento de la inquietud. Todas las indicaciones de dolor deberían tomarse en serio. Si el enfermo no puede explicarnos dónde o cuándo siente dolor, el médico tendrá que buscar un foco específico de dolor y la causa del mismo.

CAÍDAS Y LESIONES

Las personas con demencia pueden volverse torpes; es posible que se caigan de la cama, que choquen con las cosas, tropiecen o se corten. Es fácil pasar por alto lesiones graves por diversos motivos: a) los ancianos son más vulnerables a fracturarse los huesos en accidentes aparentemente banales, b) pueden continuar utilizando la extremidad fracturada, y c) es posible que las personas con demencia no digan que sienten dolor o pueden olvidar que se han caído. Las magulladuras pueden aparecer algunos días más tarde. Además, incluso lesiones menores en la cabeza pueden producir hemorragia craneal, que debe tratarse inmediatamente para evitar una lesión cerebral mayor.

Tenemos que revisar de manera rutinaria al paciente para buscar cortes, magulladuras y ampollas que puedan haberse originado por accidentes, caídas, paseos o el uso de ropa incómoda. Con frecuencia se olvidan los pies y la boca como lugares donde puede originarse el dolor. Los cambios de comportamiento pueden ser el único indicio de una lesión.

ÚLCERAS POR PRESIÓN

Las úlceras por presión (úlceras de decúbito) aparecen cuando una persona pasa largos períodos sentada o encamada. Pueden causarlas la ropa ajustada, los edemas o una mala nutrición. La piel de los ancianos puede ser bastante vulnerable a las úlceras por presión. Estas úlceras empiezan como zonas enrojecidas y pueden evolucionar hacia úlceras abiertas. Son más frecuentes sobre las áreas óseas, como los talones, las caderas, los hombros, los omóplatos, la columna vertebral, los codos, las rodillas, las nalgas y los tobillos. La piel frágil puede desgarrarse y magullarse fácilmente, incluso durante el lavado cotidiano. Debemos buscar manchas rojas o cardenales, especialmente en la cadera, el sacro, los talones y los codos. Si aparece cualquier desgarro, tenemos que asegurarnos de que el paciente no se apoye sobre esa zona. Es importante irlo girando, de modo que no se formen otras úlceras, y ponerse en contacto con un médico o una enfermera. La atención inmediata puede evitar que un rasguño menor evolucione hacia algo más grave.

Tenemos que alentar al paciente para que cambie de posición; le podemos pedir que cambie el canal del televisor, que se vaya a dar una vuelta o que ponga la mesa. Podemos pedirle que vaya a la cocina para ver si el pastel está subiendo bien o que se acerque a la ventana para observar alguna cosa.

Las úlceras por presión siempre representan un riesgo para las personas que ya no son capaces de moverse o las que están en cama o postradas en una silla. Podemos programarnos cambiarle de posición o de lado cada dos horas.

Si el paciente no cambia de posición con suficiente frecuencia, es posible proteger sus zonas vulnerables. Algunas empresas de material médico venden cojines de «flotación» sobre los que se puede sentar o acostar al paciente. Si el paciente se encuentra hospitalizado, tratemos de evitar los colchones de espuma del hospital. Existen cojines de aire, de agua, protectores de gel, protectores de espuma y combinaciones de todos ellos. Debemos seleccionar uno que tenga fundas suaves y lavables y protectores contra la humedad y los olores. En las tiendas es posible encontrar protectores para los talones y los codos (están hechos de material sintético similar a la lana) que protegen estas zonas óseas. Estos accesorios se utilizan *además de* ir cambiando de posición al paciente.

DESHIDRATACIÓN

Incluso los pacientes que pueden andar y parecen capaces de cuidar de sí mismos pueden deshidratarse. Al asumir que se cuidan, es posible que no prestemos atención a los signos de deshidratación. Es importante vigilar esta complicación, sobre todo en pacientes que vomitan, en los que tienen diarrea, son diabéticos o están tomando diuréticos (pastillas para orinar) o medicamentos para el corazón. Los síntomas incluyen: sed o rechazo de la bebida, fiebre, enrojecimiento facial, pulso rápido, boca seca y pálida o piel seca y poco elástica, mareos o vértigo, y confusión o alucinaciones.

La cantidad de líquido que necesita una persona depende de su constitución y de la estación del año. Las personas requieren más líquido durante los meses de verano. Si no estamos seguros de si el enfermo recibe suficiente líquido, podemos preguntar al médico la cantidad que el paciente debería ingerir.

NEUMONÍA

La neumonía es una infección de los pulmones producida por bacterias o virus. Es una complicación frecuente de la demencia, pero puede ser difícil de diagnosticar porque algunos síntomas, como la fiebre o la tos, pueden estar ausentes. Es posible que el delirio sea el síntoma más precoz, de manera que debería sospecharse la presencia de una neumonía siempre que una persona con demencia empeore de manera súbita. Las personas que se atragantan a menudo o las que están encamadas son especialmente vulnerables a la neumonía.

ESTREÑIMIENTO

Cuando un paciente tiene problemas de memoria, es posible que sea incapaz de recordar cuándo fue la última vez que evacuó y quizá no se dé cuenta del motivo del malestar originado por el estreñimiento. Hay personas que evacuan con menor frecuencia que otras; sin embargo, deberían hacerlo cada dos o tres días.

El estreñimiento puede producir malestar o dolor, que empeora el estado de confusión del paciente. El estreñimiento puede desembocar en una impactación fecal, en la que el intestino se bloquea total o parcialmente y el organismo es incapaz de eliminar los desechos. Si sospechamos que éste puede ser el problema, tendríamos que consultarlo con el médico o la enfermera. (Es posible que una persona presente diarrea acompañada de impactación parcial.)

Hay muchos factores que contribuyen al desarrollo del estreñimiento. Entre los norteamericanos, un factor importante es que las personas comen una dieta con alto contenido en alimentos refinados de preparación rápida y pocos alimentos con fibra que estimulan el movimiento intestinal. A menudo, cuando un paciente tiene una demencia, si su dentadura ajusta mal o si tiene problemas dentales, modifica la dieta y agrava el problema del estreñimiento. Se cree que, con la edad, los músculos del intestino que desplazan las heces por su interior son menos activos. Algunos fármacos y algunos suplementos dietéticos (que se administran a las personas que no comen) tienden a aumentar el estreñimiento. Deberíamos preguntar al farmacéutico si los medicamentos que el paciente está tomando pueden favorecer el estreñimiento.

Si una persona tiene una demencia, no podemos asumir que sea capaz de saber cuándo evacuó por última vez, incluso a pesar de que sólo tenga una alteración moderada o si nos comenta que ya cuida de sí mismo. Si una persona confundida vive sola, es posible que haya dejado de comer alimentos que requieran cierta habilidad para prepararlos y, en cambio, esté comiendo muchos pasteles, galletas y otros alimentos muy refinados y con poca fibra. A veces es imposible descubrir la frecuencia con que evacua. Si sospechamos que puede estar estreñida, tendremos que vigilarla de cerca. Sin embargo, tendríamos que hacerlo de la manera más discreta y lejana posible, para que, inadvertidamente, no le hagamos sentir que «le estamos encima».

La mayoría de las personas mantienen su intimidad sobre sus funciones corporales, y una persona confundida puede reaccionar de manera violenta a lo que puede parecer una invasión de su intimidad por nuestra parte. Además, vigilar las evacuaciones de otro es una actividad desagradable para muchos de nosotros y tendemos a evitarlo. Ambos sentimientos pueden confabularse hasta hacer que se pase por alto un problema potencialmente grave.

Cuando un paciente con demencia parece tener dolor, o si presenta cefalea, no debemos pasar por alto que la causa de todo ello puede ser el estreñimiento. La hinchazón o los «gases» también señalan la presencia de problemas. En el contexto de la atención a una persona con otras incapacidades importantes, es fácil olvidarse de vigilar sus movimientos intestinales. Si pensamos que el paciente puede estar estreñido, quizá tendríamos que comentarlo con el médico. Él puede determinar rápidamente si el intestino del enfermo funciona de manera apropiada y, en caso negativo, puede ayudarnos a solucionar el problema.

No es recomendable el uso regular o frecuente de laxantes. En lugar de esto, se puede aumentar la cantidad de fibra y agua en la dieta, y alentarle para que haga más ejercicio (quizás un paseo diario). La mayoría de personas deberían beber como mínimo ocho vasos de agua o de zumo al día. Habría que incrementar la cantidad de verduras (tratemos de ponerlas como comida para picar), frutas (incluyendo ciruelas y manzanas, a trozos, para picar o con los cereales), cereales en grano (salvado, pan integral, cereales con fibra para desayunar) y ensaladas, legumbres y frutos secos. Los cereales constituyen un buen aperitivo. El trigo o la avena pueden mezclarse con zumo.

Podemos preguntar al médico si deberíamos añadir más fibra a base de preparados con *Psyllium* (hay numerosas marcas comerciales, como Metamucil). Este producto no hay que utilizarlo sin supervisión médica.

MEDICAMENTOS

Los medicamentos son un arma de doble filo. Pueden tener un papel vital para ayudar al paciente a dormir, a controlar su agitación o en el tratamiento de otras enfermedades. Al mismo tiempo, las personas que padecen demencia (y los ancianos en general) son susceptibles al exceso de medicación y a las reacciones debidas a la combinación de fármacos. Esto incluye los medicamentos de venta libre, los ungüentos, las cremas y los supositorios. Un aumento súbito de la agitación, una marcha lenta, caídas, mareos, incontinencia, apatía, somnolencia, aumento de la confusión, rigidez o movimientos involuntarios de la boca o de la mano pueden ser manifestaciones de los efectos secundarios (reacciones adversas) de los medicamentos y deberían llamar la atención del médico. Los médicos no siempre pueden eliminar todas las reacciones adversas y, al mismo tiempo, obtener los efectos beneficiosos de los medicamentos. Debemos colaborar con ellos para conseguir el mejor equilibrio posible. Muchas personas necesitarán medicamentos para controlar la conducta en algunas fases de la enfermedad. Sin embargo, puesto que estos medicamentos pueden producir graves efectos secundarios, incluyendo confusión, deben utilizarse con cuidado. Es mejor utilizar los fármacos que regulan la conducta cuando existen síntomas específicos, como insomnio, alucinaciones, desconfianza e irritabilidad grave. No funcionan tan bien para controlar la inquietud o la deambulación sin rumbo. Siempre que el médico aumente la dosis de algún medicamento para controlar la conducta, deberíamos preguntarnos si no existe ninguna opción no farmacológica que también pudiera ser útil (véanse las págs. 58-61 y 186-187). Quizá si tenemos más tiempo para nosotros mismos, seremos más capaces de tolerar la inquietud del enfermo. ¿Podríamos responder con mayor tranquilidad a su conducta o distraerlo antes de que aparezcan los problemas? Deberíamos preguntarnos si el fármaco puede administrarse de modo que tenga su mayor efecto durante los peores momentos del día para el paciente.

El farmacéutico tiene conocimientos sobre los efectos y las interacciones entre los medicamentos. Actualmente, algunos farmacéuticos poseen una formación específica en farmacología geriátrica. Sin embargo, gran parte de la responsabilidad relacionada con la toma de medicamentos recaerá sobre el cuidador. A continuación incluimos algunos comentarios que pueden ser útiles.

Tenemos que asegurarnos de que todos los médicos involucrados en la atención del paciente saben qué medicamentos está tomando. La combinación de determinados medicamentos puede empeorar la confusión. Podemos llevar al farmacéutico todos los medicamentos que recibe el paciente, incluidos los que toma por su cuenta, y pedirle que nos haga una tabla. También podemos preguntarle si es necesario que algunos de estos fármacos figuren en el brazalete del enfermo. Siempre que un médico le prescriba un medicamento nuevo, deberíamos pedirle que revise todos los fármacos que administramos al paciente para ver si es posible dejar alguno de ellos. Esto ayudaría a reducir las interacciones. Tendríamos que pedirle que inicie el nuevo tratamiento a la dosis más baja posible para poder incrementar la dosis más adelante si fuera necesario. Las personas con lesiones cerebrales como la demencia a menudo presentan efectos indeseables a dosis bajas o a las dosis habituales para los adultos. Podemos preguntar si éste es el fármaco que permanece menos tiempo en el organismo y si existe otro similar, pero que produzca menos efectos secundarios.

También es importante saber qué reacciones adversas tenemos que esperar. Las reacciones adversas pueden aparecer incluso tres semanas o un mes después de que el paciente empiece a tomar el fármaco. En ese momento es posible que ni el médico ni nosotros atribuyamos la aparición de un nuevo síntoma a la medicación. Preguntemos si hay algún posible efecto secundario que deberíamos comunicar inmediatamente al médico.

Algunos fármacos tienen que tomarse antes de las comidas; otros, después. Algunos tienen un efecto acumulativo en el organismo (o sea, que su eficacia aumenta gradualmente), otros no. Los ancianos y las personas con demencia son especialmente sensibles a las dosis incorrectas, de manera que es imperativo que vigilemos que el paciente toma su medicación a las dosis correctas y en el momento indicado. Si un medicamento produce somnolencia al paciente, deberíamos preguntar si es posible administrarlo por la noche, porque le ayudará a dormir, en lugar de administrárselo por la mañana, cuando debería estar activo.

Hay que saber cómo debemos actuar si omitimos una dosis o si, accidentalmente, suministramos una dosis doble. El farmacéutico puede proporcionarnos información sobre los efectos indeseables y las interacciones entre los medicamentos.

Algunos enfermos no entienden por qué queremos que se tomen los medicamentos y pueden presentar una reacción catastrófica. Tenemos que evitar discutir sobre ello. La próxima vez, digámosle al paciente paso a paso lo que está sucediendo: «Ésta es tu pastilla. Te la ha dado el doctor Brown. Póntela en la boca. Bebe un poco de agua. Bien». Si el paciente se agita, intentémoslo más tarde. Algunas personas tomarán sus comprimidos con mayor facilidad si colocamos cada dosis en una taza o en un sobre de manera rutinaria, en lugar de darle todo el frasco.

Es posible que los enfermos no consigan o no quieran tragarse los medicamentos. Pueden ponerse la cápsula en la boca y escupirla más tarde. Es probable que luego encontremos los medicamentos en el suelo; resulta útil hacer beber algo al paciente al darle la medicación. Si esto continúa siendo un problema, debemos preguntar al médico si los medicamentos están disponibles en otra presentación. Los comprimidos o el jarabe pueden ser menos problemáticos que las cápsulas. A veces, los comprimidos pueden trocearse y mezclarse con la comida (la compota de manzana es especialmente útil). En caso de no estar seguros de si el paciente se ha tomado el medicamento o no, tenemos que averiguar lo que debemos hacer. Cuando los medicamentos van a parar al suelo, es importante asegurarnos de que los niños o algún animal doméstico no los encuentren.

No debemos asumir *nunca* que una persona con problemas de memoria es capaz de controlar su propia medicación. Si tenemos que dejarla sola, hay que apartarle una dosis y llevarnos el frasco. Incluso las personas con alteraciones leves de la memoria y las personas sanas pueden olvidar si han tomado o no su medicación.

Cuando estemos cansados o preocupados, es posible que nos olvidemos de los medicamentos del enfermo. Las farmacias venden recipientes de plástico con compartimentos etiquetados por días: «lunes», «martes», «miércoles», etc. Con un simple vistazo, podemos comprobar si se ha tomado los medicamentos del día. (Este accesorio es útil para *nosotros*; no confiemos en que el paciente pueda utilizarlo.) Podemos pedir al farmacéutico frascos de abertura fácil si los frascos a prueba de niños resultan difíciles de manejar. Sin embargo, los frascos a prueba de niños pueden evitar que el paciente tome medicamentos cuando no debe.

Hay que almacenar los medicamentos en lugares donde la persona confundida no pueda alcanzarlos.

Esta sección está dirigida al cuidado domiciliario del paciente. En una residencia hay menos razones para utilizar los potentes, y a veces peligrosos, medicamentos que modifican la conducta.

PROBLEMAS DENTALES

Es importante hacer revisiones dentales frecuentes a los enfermos. Las cavidades dolorosas, los abscesos y las úlceras en la boca pueden resultar difíciles de encontrar y es posible que el paciente no sea capaz de explicarnos sus molestias. También puede que no permita que le examinemos la boca. Incluso las personas con problemas leves de memoria pueden descuidar su higiene dental o su dentadura y presentar infecciones orales, porque los problemas de la cavidad oral pueden incrementar la confusión o empeorar la conducta. Los dientes del enfermo no deben doler y su dentadura tiene que ajustar correctamente. Los dientes mal cuidados o las dentaduras mal ajustadas pueden conducir a una mala nutrición, lo que aumenta los problemas del paciente. Si ingresa en una residencia, debemos estar seguros de que se presta atención a su cuidado dental.

Las personas con demencia tienden a perder las dentaduras postizas. Tenemos que pedir al dentista si existe alguna alternativa que no pueda quitarse y perderse. Puesto que las personas con demencia tienen una expectativa de vida más corta, los tratamientos duraderos pueden tener menos importancia que los de fácil de manejo (por ejemplo, una corona fija en vez de un puente).

Muchas personas se resisten a ir al dentista. Tenemos que buscar un dentista amable que entienda a estos pacientes y que trabaje sin prisas. Algunos dentistas afirman que raramente tienen problemas con los pacientes confundidos. Si el dentista recomienda el empleo de un anestésico general durante el tratamiento, hay que valorar cuidadosamente la necesidad de la intervención frente a los riesgos del anestésico.

Antes de que el paciente ingrese en una residencia, tendríamos que pedir al dentista que grabara su nombre en la dentadura (no debemos hacerlo nosotros). A veces las dentaduras se mezclan, y esto facilita su identificación.

PROBLEMAS VISUALES

En ocasiones parece que la persona no puede ver bien o se está volviendo ciega. Quizá choque con las cosas, levante mucho los pies, sea incapaz de coger la comida del tenedor o se confunda o se pierda cuando hay poca luz. Esto puede ser debido a varias cosas. Es posible que tenga un problema ocular, como cataratas o hipermetropía. Llevémosle al oftalmólogo. Cualquier problema visual que pueda corregirse tendría que tratarse, de manera que el cerebro afectado pueda obtener la mejor información posible de los ojos. Si no ve bien ni piensa correctamente, el paciente todavía será más incapaz de valorar su entorno y se desenvolverá peor. No podemos permitir que el médico pase por alto los problemas de visión del paciente porque es «viejo». Incluso aunque no pueda solucionarlos, tendría que explicarnos cuál es el problema.

Puede que las personas con alteraciones cerebrales tengan menor capacidad para distinguir entre colores de intensidad similar. Así, el azul celeste, el verde claro y el amarillo claro pueden parecer semejantes. Un pasamanos blanco sobre una pared blanca es difícil de distinguir. A algunas personas les resultará difícil precisar dónde se junta la pared azul celeste con la alfombra verde claro. Esto puede hacer que el paciente choque contra las paredes.

Algunos enfermos tienen dificultades con la percepción de la profundidad. Las fotografías y los estampados pueden confundir. Un suelo de baño blanco y negro puede parecer como si estuviera lleno de agujeros. Es posible que le resulte difícil saber si se encuentra suficientemente cerca de una silla para sentarse. Cuesta precisar cuál es la altura de un escalón. Quizá sea difícil ver dónde poner el pie en una escalera. El resplandor de una ventana tiende a obliterar el detalle de los objetos cercanos a ella. El ojo senil se ajusta con mayor lentitud a los cambios bruscos entre la luz brillante y la oscuridad, o viceversa.

Cuando el cerebro no funciona correctamente, el paciente será menos capaz de compensar estos problemas visuales, pero podemos ayudarle. Necesita ver tan bien como sea posible de manera que su respuesta sea la más óptima. Si la pared es clara, pintemos el pasamanos de color oscuro. Si las paredes y el suelo son de tonos claros, entonces pintemos el rodapié con tonos oscuros; esta línea contrastada permitirá que el paciente perciba el cambio entre la pared y el suelo. Tendríamos que cubrir el suelo del cuarto de baño con una alfombra lavable fija, para que no resbale. Se pueden delimitar los bordes y el fondo de la bañera con cinta adhesiva de colores resistente al agua. También podemos pintar las escaleras y los rellanos de colores contrastados. El contraste ayuda.

Es importante aumentar la iluminación de los espacios durante el día y dejar luces encendidas durante la noche. Tendremos que colocar puntos de luz en los armarios oscuros. Las sillas tendrán que cubrirse con fundas de colores llamativos y sin estampado; y, si no queremos ponerles una funda, bastará con poner una toalla sobre las sillas y no moverlas de su lugar habitual.

Las personas con demencia también pueden perder la capacidad para *saber* lo que ven. En ese momento, los ojos están funcionando correctamente, pero el cerebro ya no usa la información que le proporcionan los ojos. Por ejemplo, el paciente puede chocar contra un mueble no porque tenga un problema visual, sino porque el cerebro no procesa correctamente la información. Lo que parecen problemas de visión, en realidad puede formar parte del mismo proceso de la demencia. Esta situación se llama agnosia, y el oftalmólogo no podrá hacer nada por el paciente. En realidad, le puede resultar difícil comprobar el estado de la visión de una persona con problemas de lenguaje o de pensamiento. Naturalmente, cuando existe un problema, no es buena idea decirle al enfermo que vigile por dónde va. Lo que necesita es una mayor atención para protegerlo de lesiones que él no puede evitar, y tendremos que comprobar más a menudo si tiene golpes o heridas.

Si el enfermo se quita las gafas y las olvida, suele ser útil colgárselas de una cadena. Tendríamos que guardar sus gafas viejas o comprarle otras de repuesto por si las pierde y, en caso de salir de la ciudad, es útil llevar su graduación anotada. Con la graduación, se pueden reemplazar las gafas rotas más rápidamente y a un precio más económico.

Si el paciente lleva lentes de contacto, probablemente tendremos que sustituirlas por gafas antes de que llegue el momento en que sea incapaz de manipular las lentillas. Si continúa utilizándolas, tendremos que vigilar la aparición de irritaciones oculares y asegurarnos de que están bien limpias.

PROBLEMAS AUDITIVOS

No oír impide que el cerebro confundido reciba la información necesaria para que el entorno tenga sentido, y la pérdida auditiva puede provocar o empeorar los recelos en el paciente o su aislamiento (véase el capítulo 8). Es importante corregir cualquier pérdida auditiva, siempre que sea posible. Un médico puede determinar la causa de la disminución auditiva y ayudarnos a seleccionar el audífono apropiado. Igual como sucede con los problemas visuales, a una persona lega le puede resultar difícil separar el déficit auditivo de un problema en la transmisión del pensamiento. Las personas con enfermedad de Alzheimer presentan problemas de comprensión o para entender lo que les estamos diciendo (véanse las págs. 74-77). Un otorrino o un médico pueden distinguir entre esta situación y un tipo de pérdida auditiva susceptible de ser corregida.

Puesto que el paciente no es capaz de aprender con facilidad, es posible que no pueda adaptarse al audífono. Los audífonos amplifican los ruidos de fondo. Esto puede resultar molesto para el usuario. Quizá sea posible comprar un audífono con el compromiso de que lo devolveremos si no resulta útil para el paciente.

Si el enfermo utiliza un audífono, tendremos que hacernos responsables de él y comprobar periódicamente que las baterías no se han gastado.

Además de corregir la pérdida auditiva con un audífono, es posible adoptar otras medidas:

1. Reducir el ruido de fondo (de los electrodomésticos, del televisor o de varias personas hablando al mismo tiempo). Es difícil que el paciente incapacitado pueda distinguir entre este ruido y lo que quiere escuchar.
2. Bajar el tono de voz; los ruidos de frecuencia elevada son más difíciles de oír.
3. Orientar al paciente sobre el lugar de donde proceden los sonidos. Puede resultar difícil localizar e identificar los sonidos, y esto puede confundir al paciente. Podemos recordarle: «Éste es el ruido del camión de la basura».
4. Utilizar varios tipos de indicaciones a la vez: señalar, hablar y guiar al paciente, por ejemplo.

LA VISITA AL MÉDICO

Las visitas al médico o al dentista pueden convertirse en una verdadera hazaña tanto para nosotros como para el paciente. A continuación exponemos algunas indicaciones para facilitarlas.

Es posible que el paciente confundido no pueda entender dónde va o por qué. Esto, combinado con el ajetreo de prepararse para salir, puede precipitar una reacción catastrófica. Busquemos la manera de simplificarle las cosas.

Hay enfermos que responden mejor si saben con anticipación que van a ir al médico. Otros responden mejor si evitamos discutir y no les decimos que estamos yendo al médico hasta que lleguemos allí. En lugar de decir: «Hoy nos tenemos que levantar temprano. Apresúrate con el desayuno porque hoy tenemos que ir a visitar al doctor Brown y tiene que cambiarte el tratamiento», limitémonos a levantar al paciente sin ningún comentario, sirvámosle el desayuno y ayudémosle a vestirse. Casi cuando estemos llegando, podemos decirle: «Hoy tenemos visita con el doctor Brown».

En lugar de discutir, ignoremos las objeciones o quitémosles importancia. Si el enfermo dice: «No pienso ir al médico», en lugar de responder: «Tienes que ir al médico», tratemos de cambiar de tema y comentar algo así como: «Pasaremos por el centro de la ciudad y compraremos un helado».

Hay que planificar la visita con antelación. Saber dónde vamos, dónde aparcaremos, cuánto tiempo estaremos y dónde están las escaleras o los ascensores. Salgamos con tiempo para no tener que correr, pero no demasiado pronto, porque luego tendremos que esperarnos mucho. Es importante pedir cita a la hora en que el paciente se sienta mejor y llevar algún acompañante durante el viaje.

Hablemos con el recepcionista o la enfermera. Es posible que pueda decirnos si todavía tendremos que esperarnos mucho tiempo. Si la sala de espera está llena o hay mucho ruido, quizá podamos esperar en un lugar más tranquilo. Llevemos algunas galletitas, un sobre de sopa instantánea (la recepcionista puede facilitarnos agua caliente) o alguna actividad que le guste hacer. Si sabemos que todavía nos queda bastante rato, quizá lo mejor sea salir a pasear. Nunca debemos dejar a un paciente con problemas de memoria solo en una sala de espera. El lugar extraño quizá lo agite, o incluso puede que se marche.

Si todos estos métodos fallan, el médico puede prescribir un sedante. Sin embargo, por regla general lo que se necesita es estar tranquilo, tratar de ser práctico y proporcionar seguridad e información sencilla al paciente.

SI EL PACIENTE TIENE QUE INGRESAR EN EL HOSPITAL

A menudo los pacientes con demencia padecen otras enfermedades y tienen que hospitalizarse. Pueden ser unos momentos difíciles tanto para nosotros como para el paciente confundido. La enfermedad que ha provocado la hospitalización también puede producir una disminución temporal de sus funciones cognitivas. El entorno poco familiar, la confusión creada por un hospital concurrido y los nuevos tratamientos también pueden precipitar una reducción de sus funciones. No es raro que, en estas circunstancias, las personas con demencia se agiten, griten o golpeen. Es posible que se requieran medicamentos adicionales para controlar la conducta, pero éstos pueden empeorarla o alterarla todavía más. Tras la hospitalización, el paciente puede volver gradualmente a su estado previo.

Se pueden adoptar algunas medidas para facilitar la hospitalización, pero es importante reconocer que no podemos solventar los problemas por completo. *Es importante que nosotros mismos no nos quedemos exhaustos.*

Antes de la admisión del paciente tendríamos que hablar con el médico sobre la manera en que se puede complicar la demencia en el hospital. Hay que preguntar si se puede realizar el tratamiento posterior de manera ambulatoria. Esto puede ser difícil, pero acorta el período en que el paciente confundido tiene que permanecer en un lugar extraño. En caso de que así sea, podemos dejar al paciente en una residencia durante los primeros días después de iniciar el tratamiento.

En el momento de la admisión tendríamos que conversar con el personal de enfermería para hacerle saber que el paciente sufre de demencia. Debemos pedirles que vayan repitiendo al paciente en qué lugar se encuentra, que lo calmen y le den confianza. Es útil escribir lo que las enfermeras necesitan saber y pedir que adjunten nuestras notas al historial clínico. Hay que mencionar aquellos aspectos que les ayudarán a tratar al paciente, como los apodos, los familiares por quienes puede preguntar, las cosas que habrá que hacer por él (como rellenar el menú o abrir una botella de leche) y cómo llevamos a cabo la higiene personal.

A menudo los hospitales tienen poco personal y las enfermeras suelen trabajar bajo presión. Es posible que no puedan pasar tanto tiempo como quisieran con el paciente confundido, y quizá no se han formado para atender a pacientes con demencia.

Para el paciente, suele ser reconfortante tener a alguna persona conocida que esté junto a él tanto tiempo como sea posible y que le acompañe en el momento de hacerle pruebas y de aplicarle tratamientos. Un familiar puede darle la comida, controlar que tome suficiente cantidad de líquido y darle confianza continuamente. Algunos hospitales permiten que un familiar pase la noche con el paciente confundido. *Pero*, algunas veces, la propia ansiedad y el nerviosismo del familiar alteran al paciente o interfieren en el trabajo del personal sanitario. La calma, igual que el nerviosismo, es contagiosa. El paciente confundido se verá influido por nuestro estado. Quizá podamos pedir a alguna otra persona que pase un tiempo con el paciente para darnos un respiro. Si no podemos acompañar al paciente durante las pruebas, tendríamos que explicar al personal la importancia de reconfortarlo.

Recomendamos considerar la posibilidad de contratar a una persona que haga compañía al paciente durante todo el día, si no es posible que un familiar esté con él. Sin embargo, habría que programar algunas visitas de los niños, los familiares o los amigos más próximos y comprensivos con el estado del paciente.

La ropa conocida, las sábanas familiares y unas fotografías de la familia pueden ayudar a dar confianza al enfermo. Algunas familias escriben una carta y las enfermeras la utilizan para tranquilizarle cuando se muestra ansioso. Podría ser algo así:

> Querida mamá: estás en el hospital porque te rompiste la cadera. Regresarás pronto a casa. Ted o yo vendremos a verte cada noche, cuando estés cenando. Las enfermeras saben que tienes algún problema para recordar ciertas cosas, y ellas te ayudarán. Te quiero. Tu hija, Ann.

Si hay que sujetar al enfermo, podemos pedir que la sujeción sea lo más leve posible. Por ejemplo, pueden utilizarse manoplas para evitar que se arranque los tubos. Esto suele atemorizar menos que tratar de atarle las manos.

No debemos alarmarnos si la confusión empeora durante la hospitalización. En la mayoría de los casos, el nivel de alteración del paciente volverá al estado previo a la hospitalización.

CRISIS, ATAQUES EPILÉPTICOS O CONVULSIONES

La mayoría de personas con demencia no presentan crisis epilépticas. Puesto que son tan raras, es muy posible que no tengamos que enfrentarnos a este problema. Sin embargo, las convulsiones atemorizan si no estamos preparados para hacerles frente. Hay varias enfermedades que pueden provocar convulsiones. Por tanto, si el paciente tiene una crisis epiléptica, es posible que no esté relacionada con la demencia.

Hay varios tipos de convulsiones. En las convulsiones generalizadas tónico-clónicas (la variedad que suele asociarse a las crisis epilépticas), el paciente se pone rígido, cae y pierde la consciencia. Es posible que la respiración se vuelva irregular e, incluso, que se detenga momentáneamente. A continuación, sus músculos se ponen rígidos y quizás apriete los dientes con fuerza. Unos segundos más tarde, la rigidez desaparece y lentamente vuelve la consciencia. Entonces el paciente puede estar confundido, adormilado o tener dolor de cabeza. Quizá le cueste hablar.

Otros tipos de convulsiones son menos espectaculares. Por ejemplo, sólo se mueve una mano o un brazo de manera repetitiva.

Una crisis única no pone en peligro la vida. Lo más importante es mantener la calma. No tratemos de sujetar al paciente. Sí tenemos que tratar de protegerle de caídas o evitar que se golpee la cabeza contra algún objeto duro. Si ya está en el suelo, debemos apartar las cosas cercanas. Si está sentado, o bien podemos acostarle suavemente en el suelo, o bien podemos acercarle un cojín para amortiguar la caída si llegara a caerse de la silla.

No intentemos moverlo ni detener la convulsión. Quedémonos junto a él y dejemos que la convulsión siga su curso. No tratemos de agarrarle la lengua ni de ponerle una cuchara en la boca. No hay que forzarle nunca para que abra la boca cuando tiene las mandíbulas apretadas; podemos hacerle daño en las encías o en los dientes. Sí podemos desabrocharle la ropa. Por ejemplo, desabrochar el cinturón, la corbata o los botones del cuello.

Cuando hayan cesado las sacudidas, asegurémonos de que el paciente respira correctamente. Si tiene más saliva de la habitual, le debemos girar la cabeza hacia un lado y secarle la boca. Si lo desea, dejémosle descansar o dormir. Después del episodio convulsivo, es probable que el paciente se muestre irritable, confundido o, incluso, combativo. Quizá sepa que algo anda mal, pero no recordará la convulsión. Mantengamos la calma, seamos amables y démosle confianza. Tenemos que evitar reprimirle, sujetarle o insistir en lo que debería hacer.

Después de la convulsión, tendríamos que poder tomarnos unos minutos para relajarnos y restablecernos.

Si el paciente sufre una epilepsia parcial, no hay que hacer nada. Si se pone a deambular, le tenemos que seguir para evitar que se lesione. Cuando este tipo de convulsión finaliza, es posible que se encuentre momentáneamente confundido, irritable o con problemas de expresión. Quizá seamos capaces de identificar las señales de alerta que indican el comienzo de una convulsión, tales como movimientos repetitivos concretos. Si es así, podremos asegurarnos de que el enfermo se encuentra en un lugar seguro (sin tráfico, lejos de escaleras y de estufas, etc.).

El médico puede ser útil en las convulsiones. Deberíamos avisarle la primera vez que el paciente presente algún tipo de convulsión, de modo que pueda valorarlo y determinar la causa de la misma. Tenemos que quedarnos junto al enfermo hasta que la convulsión haya cedido y nosotros nos hayamos tranquilizado. Entonces podemos llamar al médico. Quizá pueda prescribir medicamentos para reducir la probabilidad de que vuelvan a aparecer movimientos epilépticos.

Si el enfermo ya recibe tratamiento anticonvulsivo, debería llamarse al médico si presenta muchas convulsiones en un corto período de tiempo, si los síntomas no desaparecen en algunas horas o si sospechamos que el paciente se ha golpeado la cabeza o se ha hecho algún tipo de herida.

Las convulsiones asustan y son desagradables de ver, pero no suelen poner en peligro la vida ni constituyen ningún tipo de peligro para los demás. A medida que aprendamos la manera de responder ante ellas, nos asustarán menos. Es útil encontrar una enfermera u otro familiar con experiencia con quien podamos comentar nuestras preocupaciones y encontrar apoyo.

MOVIMIENTOS DE CONTRACCIÓN (MIOCLONOS)

Ocasionalmente, los pacientes con enfermedad de Alzheimer presentan movimientos rápidos y localizados en los brazos o las piernas, o bien generalizados en todo el organismo. Se llaman movimientos mioclónicos. No se trata de convulsiones; las convulsiones son movimientos repetidos de los mismos músculos, mientras que las contracciones mioclónicas son sacudidas simples de un brazo o de la cabeza.

Los movimientos mioclónicos no son motivo de alarma. No evolucionan hasta convertirse en convulsiones. El único peligro que presentan son los golpes inadvertidos y las posibles heridas accidentales. Por el momento, no se conocen buenos tratamientos para el mioclono asociado a la enfermedad de Alzheimer. Puede intentarse la administración de fármacos, pero habitualmente tienen efectos secundarios notables y ofrecen poca mejoría.

LA MUERTE DEL PACIENTE

Siempre que seamos responsables de una persona anciana o enferma, nos enfrentamos a la posibilidad de que esta persona se muera. Quizá tengamos preguntas o dudas que temamos plantear al médico. A menudo, pensar sobre estas cosas con anticipación puede ayudarnos a aliviar nuestros pensamientos y puede facilitar las cosas cuando tengamos que enfrentarnos a una crisis.

LA CAUSA DE LA MUERTE

En las fases finales de una demencia progresiva, falla una proporción tan grande del sistema nervioso que el resto del organismo se ve profundamente afectado. El paciente morirá a causa de la demencia. La causa *inmediata* de la muerte suele ser una complicación, como la neumonía, la deshidratación, las infecciones o la desnutrición, pero la causa *real* de la muerte es la demencia. Tiempo atrás, los certificados de defunción a menudo sólo mencionaban las causas inmediatas de la muerte. Esto dificultaba a los epidemiólogos determinar con exactitud la prevalencia de las demencias. Los hábitos de notificación están cambiando, a medida que los médicos han ido adquiriendo más conocimientos sobre la demencia.

Algunas personas morirán de un derrame cerebral, de un ataque cardíaco, de cáncer o de otras causas, aunque, además, también padezcan la enfermedad de Alzheimer. La muerte puede sobrevenir en cualquier momento, de modo que el seguimiento de los pacientes se puede realizar desde el ambulatorio y quizá se mantengan bastante funcionales hasta la muerte.

MORIR EN CASA

A veces los familiares se preocupan por la posibilidad de que el anciano o el enfermo fallezca en su casa, quizá mientras duerme, y temen que se lo encontrarán muerto. Por este motivo, el cuidador puede tener miedo de dormirse profundamente o puede levantarse a menudo para ir a ver al paciente varias veces cada noche.

Una hija comentaba: «No sé qué haría. ¿Y si lo encuentran los niños?».

Quizás hayamos escuchado a alguien que encontró muerto a su esposo o a su esposa y nos preguntamos cómo reaccionaríamos en una situación parecida. La mayoría de las familias encuentra útil planificar con anticipación qué es lo primero que harán, y lo segundo, y lo tercero...

- Cuando el paciente muera, podemos llamar al número de urgencias local. En pocos minutos llegará el personal de urgencias, que iniciará de manera rutinaria las maniobras de reanimación. Si no queremos que las haga, quizá no tendríamos que llamarle inmediatamente.
- Podemos escoger una funeraria con anticipación. Cuando acontezca la defunción, sólo tendremos que llamarles.
- Podemos llamar al cura o al médico de familia. Hay que saber con anticipación si acudirán por la noche o no.
- Algunas personas quieren disponer de un tiempo para despedirse; otras, no. Si lo hacemos, lo primero sería sentarse un rato junto a la persona, o llorar, y luego llamar a alguien más.

Algunas familias valoran la tranquilidad y la intimidad que permite la muerte en el domicilio propio, mientras que otras a menudo se preocupan sobre lo que es la muerte y sobre lo que hay que hacer. Si deseamos que el paciente pueda morir en casa, una enfermera puede mostrarnos los cuidados que se requieren y nos orientará sobre cómo mantener las fuerzas. Además, existen varios libros que tratan sobre estos temas.

HOSPICIOS

Los programas de hospicios permiten que los pacientes mueran en su domicilio o en lugares especiales que ofrecen comodidad sin llevar a cabo intervenciones agresivas. El personal se esfuerza para que el paciente se encuentre cómodo, pero sin intentar mantenerlo con vida de una manera invasiva. Estos programas son muy útiles.

En Estados Unidos, los programas de los hospicios están cubiertos por seguros médicos como Medicare o Medicaid, pero *hay que pagarlos en determinadas circunstancias*. Medicare, por ejemplo, requiere que los pacientes que ingresen en el hospicio sean enfermos terminales (o sea, que su esperanza de vida sea inferior a los seis meses). La National Hospice Organization ha publicado unas guías de tratamiento para ayudar a los médicos a hacer esta determinación. El programa de hospicios de la comunidad nos puede ayudar en este sentido.

MORIR EN EL HOSPITAL O EN LA RESIDENCIA

Algunas familias se sienten más cómodas si saben que, en estos momentos, hay unos profesionales que se hacen cargo del paciente, y por eso escogen una residencia o un hospital. Además, el cuidado de una persona totalmente dependiente es una tarea dura y emocionalmente agotadora. No nos sintamos mal si esto no es lo nuestro. Quizá podamos brindar al enfermo mayor confianza y apoyo si otra persona le proporciona los cuidados físicos.

Sea cual sea la decisión, ésta será la correcta para nosotros; pero sea cual sea el contexto, lo importante es planificarlo con antelación. Los familiares nos han comentado que, si no se planifica con antelación, lo más probable es que tengamos poco control sobre lo que suceda y las cosas se acaben haciendo de manera bastante distinta a como lo hubiéramos deseado, nosotros y el paciente. La mayoría de estos problemas giran en torno a cuestiones como cuántas y qué tipo de intervenciones para mantener la vida deberían llevarse a cabo. Deberíamos tener poderes en vigor para estas circunstancias (véase la pág. 360). Esto ayuda, pero no garantiza que se cumplan nuestros deseos.

¿CUÁNDO DEBE FINALIZAR EL TRATAMIENTO?

Cuando el paciente tiene una enfermedad crónica y terminal, su familia se enfrenta a la cuestión de si sería mejor permitir que la vida terminara o bien prolongar el sufrimiento. Es una cuestión difícil, motivo de discusión y enfrentamiento entre médicos, jueces y teólogos, al igual que entre los pacientes gravemente enfermos y sus familiares. Cada uno de nosotros deberíamos tomar una decisión partiendo de los antecedentes, las creencias y la experiencia.

No existen elecciones «mejores» ni «peores», mientras la persona esté bien cuidada y tenga comodidad. Describimos algunas de las opciones como ayuda para la selección del tipo de cuidado que parezca más correcto a cada familiar. Algunos quieren asegurarse de que se ha hecho todo lo posible, otros se sienten molestos o afectados por intervenciones médicas que no deseaban.

Finalmente, un médico, un asistente social o una residencia defenderán fuertemente su posición en defensa de la vida y las maniobras de reanimación, y seguirán estas directrices a pesar de nuestros deseos. Algunos actúan por miedo a los juicios y otros continúan actuando de determinada manera porque es «la manera como lo han hecho siempre». Tenemos que preguntar al médico y a la enfermera cómo actuarán. ¿Remiten a los pacientes al hospital por rutina? ¿Los intubarán o les darán un tratamiento paliativo? ¿Qué maniobras consideran «rutinarias» y llevarán a cabo sin consentimiento explícito? ¿Preferirán que no estemos presentes en la habitación del enfermo? Si se requiere una ambulancia, ¿el personal sanitario tratará de reanimar al paciente? ¿Están abiertos y se muestran sensibles a nuestras preguntas o bien se cierran y defienden opiniones dogmáticas?

Es posible pedir a un amigo o a un cura que nos ayude a hacer las llamadas telefónicas necesarias para responder a estas preguntas. Si existen centros de atención locales, probablemente podrán explicarnos cuáles son las prácticas habituales de la comunidad.

Si no nos sentimos cómodos con la rutina del hospital o de la residencia, deberíamos escribir las instrucciones para que proporcionen al paciente el cuidado que deseamos. Además, podemos solicitar que incluyan estas instrucciones en el historial clínico del hospital o de la residencia. Es útil hacer una copia para el médico y otra para la residencia, y firmar ambas. Deberíamos preguntar de manera específica al médico y a los responsables de la residencia si seguirán estas instrucciones. Si es posible, acompañemos al paciente al hospital.

Ocasionalmente, algunas familias se sienten tan contrarias al cuidado que presta el hospital o la residencia que prefieren trasladar al paciente a otra residencia o llevárselo a su casa para que muera allí.

¿QUÉ TIPO DE ATENCIÓN PUEDE PROPORCIONARSE AL FINAL DE LA VIDA?

Cuando un paciente tiene una enfermedad crónica y terminal, a menudo los familiares deben tomar decisiones sobre cuándo deben permitir el tratamiento y cuándo conviene aceptar la evolución de la enfermedad. Hay pocas respuestas correctas o erróneas, y hay muchas cosas todavía incomprensibles sobre las últimas etapas de la vida. Las preguntas a las que se enfrentan a menudo los familiares suelen ser si intubar a un paciente para alimentarlo cuando ha dejado de comer o si tratar las enfermedades concurrentes con antibióticos o cirugía. (Es posible que nos hayamos enfrentado a cuestiones similares con anterioridad; por ejemplo, si tenemos que sujetar a un paciente que puede caerse.)

Al tomar estas decisiones, deberíamos evitar aceptar opiniones dogmáticas de «expertos». Como el resto de humanos, los profesionales pueden confundir con facilidad los valores personales con los hechos en este ámbito emocional.

Cuando consideramos cuestiones sobre las intervenciones paliativas para los enfermos terminales —como por ejemplo el uso de sondas para la alimentación, la utilización de oxígeno, tratar enfermedades como la neumonía con antibióticos o utilizar la cirugía para problemas agudos—, debemos reconocer que hay mucho desconocimiento sobre estas cuestiones difíciles y, a veces, todavía entendemos menos los efectos de las intervenciones paliativas sobre los pacientes con demencia. Resulta difícil saber si un empeoramiento brusco forma parte de la demencia o si, en caso de tratarlo, el paciente podría continuar viviendo con cierta comodidad durante un tiempo. Es tan difícil determinar cuándo un paciente con demencia está en «fase terminal» como predecir cuándo un enfermo con demencia evolucionada morirá. Estas incertidumbres se suman a la carga familiar. Ni nosotros ni los médicos podremos decir si una intervención ayudará o será molesta para el paciente que se encuentra cerca de la muerte.

A menudo no sabemos cómo experimenta el paciente estos tratamientos: si la persona muy enferma tiene miedo de los tubos, de que deban bañarlo y movilizarlo, y de que lo aten; o si la falta de líquido o de alimento es dolorosa. Ignoramos si un paciente que intenta arrancarse los tubos lo hace porque son molestos o porque le atemorizan. Resulta arriesgado generalizar sobre los pacientes con demencia a partir de lo que sabemos acerca de los pacientes que fallecen por otras causas.

Las demencias tienen una evolución gradual y podemos tener que tomar estas decisiones difíciles en varias ocasiones durante el curso de la enfermedad. Es conveniente tomar las decisiones por separado. Por ejemplo, si una neumonía hace que un paciente ambulatorio y aparentemente satisfecho deje de comer, podemos decidir si le alimentamos mediante una sonda. Más adelante, cuando padezca una alteración grave, podemos decidir no intubarle si deja de comer.

Los medicamentos para el dolor pueden administrarse incluso a pesar de haber decidido no utilizar antibióticos, forzar la alimentación o realizar cualquier otro tratamiento físico; pero los medicamentos para el dolor a veces conllevan un riesgo —pueden empeorar la capacidad del paciente para respirar, por ejemplo—. Sin embargo, podemos decidir que el beneficio de paliar el dolor es superior al riesgo que conlleva. Es útil discutir explícitamente estas cuestiones con el médico y las enfermeras.

Las decisiones serán más sencillas si sopesamos las condiciones éticas *después* de haber obtenido la mejor información médica disponible.

Los hijos de la señora Allen discutían entre ellos si iba en contra de su religión no alimentarla mediante un tubo. Ella trataba de arrancarse el tubo y parecía tener miedo. Cuando el médico les explicó que, incluso intubada, sólo viviría unos pocos días, fue más sencillo decidir no intubarla y darle cucharaditas de helado de vez en cuando para humedecerle la boca.

Podemos preguntar al médico la probabilidad de que el paciente vuelva al estado anterior (el de hace una semana o un mes, por ejemplo). ¿Es probable que mediante la intervención propuesta retrasemos la muerte unas horas, unos días o unos meses? ¿Existen otras alternativas? ¿Hay otras intervenciones menos molestas?

¿Quién toma la decisión? A veces el paciente ha dejado instrucciones escritas con sus deseos sobre la prolongación de la vida. Otras personas han explicado a sus familiares cómo desean que les traten o han expresado cosas como: «No quiero que me mantengan con vida tal como le pasó a Mabel».

Si es posible, tendríamos que llegar a un acuerdo con el resto de la familia sobre el tipo de cuidado que prestaremos al enfermo. Habitualmente, quienes atienden al paciente tienen que hacer caso de los deseos de éste o hablar con la persona que tenga la responsabilidad legal de cuidar de él. A menudo se muestran reticentes a administrar un tratamiento paliativo cuando hay desacuerdo entre los familiares.

A los familiares puede resultarles difícil discutir sobre estos temas delicados. Algunas personas rehúsan hablar de ello; otras se enojan. Hay personas convencidas de que es incorrecto «planificar» la muerte. Sin embargo, hablar de estos temas con frecuencia reduce la sensación de ansiedad y de terror a medida que se aproxima la muerte y, tal como hemos dicho, a no ser que se planifique, es posible que la familia tenga poco control en los últimos días de la vida de una persona.

Podemos mostrar este capítulo del libro a los demás familiares y pedir al médico, al asistente social o a un cura que nos ayuden a conducir las discusiones familiares. Podemos sugerir que no deben sacar a relucir antiguos desacuerdos, sino centrarse en este tema.

La muerte de una persona enferma, incluso después de una enfermedad prolongada, puede resultar dolorosa, y las cuestiones prácticas que rodean a la muerte son desagradables para todos. A pesar de ello, preparar una muerte tranquila y digna es una manera de proporcionar amor y cuidado al paciente; además, nos permitirá afligirnos de la manera más apropiada, de acuerdo con nuestra manera de ser y sin la intrusión de extraños.

Capítulo 7

Problemas de conducta

Las cosas que hacen las personas con demencia, su conducta, pueden constituir la parte más angustiante de su enfermedad. En el capítulo 3 se describen algunos de los problemas más frecuentes, como la irritabilidad, la ira y la agitación. En él también se explica por qué las personas se comportan de esta manera: *la demencia lesiona el cerebro, de modo que el paciente no es capaz de discernir lo que ve y lo que oye.* Esta confusión puede hacer que la persona manifieste temor y ansiedad. Esto también explica por qué a veces el paciente insiste en «irse a casa», por qué lo golpea todo, se enoja con nosotros o muestra resistencia. La mayoría de estos patrones de conducta no puede controlarlos, aunque habitualmente trata de hacerlo.

A continuación se proporcionan algunas indicaciones para hacer frente a las conductas difíciles. Debemos preguntarnos si la conducta podría provocar lesiones, a nosotros mismos o al paciente. Y también tenemos que preguntarnos si, a pesar de no ser peligrosa, la conducta del paciente hace la vida insoportable (para nosotros, para los demás residentes o para el personal).

Si la conducta es potencialmente peligrosa, probablemente tendremos que encontrar la manera de detenerla, incluso aunque sea necesario utilizar medicamentos con efectos indeseables. Si no es peligrosa, deberíamos considerar la posibilidad de permitirle que siga así. Quizá sea más fácil tolerarlo si podemos dejar al enfermo de vez en cuando.

LAS SEIS R DEL MANEJO DE LA CONDUCTA

Algunos familiares nos explican que el paciente hace cosas que crean problemas graves. No asumamos que nos tendremos que enfrentar a todos o a la mayoría de los problemas descritos en este capítulo. Pero si nos encontramos frente a un problema, uno de los primeros lugares donde buscar información es alguna asociación local de Alzheimer. Muchas de las cosas que comentamos a continuación las hemos aprendido de los familiares. La mayoría de asociaciones locales de Alzheimer publican boletines. Podemos suscribirnos a varios de ellos. Contienen ideas excelentes.

Un marido no los llama «problemas»; cada dificultad es un «reto». Esto le ayuda a adoptar una actitud positiva. Nos daremos cuenta de que resolvemos mejor los problemas cuando no estamos extenuados; por tanto, deberíamos buscar tiempo para nosotros mismos. Los comportamientos tienen causas distintas en cada persona, y en cada hogar funcionará una solución determinada. Algunas familias encuentran que estas seis R son útiles para enfrentarse a los problemas:

Restringir. Lo primero que solemos intentar es detener al paciente. Eso es especialmente importante cuando el enfermo puede hacer daño a alguien o hacérselo a sí mismo. Pero tratar de detener al paciente puede alterarle todavía más.

Reanalizar. Hagámonos algunas preguntas: ¿es posible que el problema se deba a una enfermedad o que sea la reacción adversa a un medicamento? ¿Es posible que tenga dificultades para ver o para oír? ¿Le preocupa algo? ¿Es posible alejar a la persona o al objeto que le altera? ¿Es posible que una manera distinta de hacer las cosas le altere menos?

Reconsiderar. Preguntémonos cómo se deben ver las cosas desde el punto de vista del paciente. A menudo las personas con demencia no son conscientes de la dimensión de su discapacidad. Cuando tratamos de bañar o de vestir a alguien que no comprende por qué necesita ayuda, es posible que se incomode. La ansiedad del paciente es comprensible cuando se producen situaciones que es incapaz de entender.

Recanalizar. Busquemos la manera de que la conducta pueda continuar con seguridad y de modo constructivo. Es posible que la conducta sea importante para el paciente por alguna razón que no podemos entender. Un hombre que había sido mecánico, continuaba desmontando las cosas de su casa, pero era incapaz de recomponerlas de nuevo. Su esposa tenía un carburador viejo y se lo dio. Le gustaba desmontarlo y eso le entretuvo unos meses; mientras tanto, dejó de desmontar otras cosas de la casa.

Reponernos. Cuando un paciente se ha alterado, se ha asustado o está enfadado, puede llevar un tiempo que confíe en que las cosas están tranquilas y en que cuidamos de él. Aunque es posible que el paciente no recuerde esta confianza, sí puede retener la sensación de que se la hemos dado y que le estamos cuidando. Una manera de darle confianza es abrazándolo.

Tomémonos el tiempo necesario para reponernos nosotros mismos también. Estamos haciendo todo lo que podemos y es una tarea solícita y difícil. Démonos una palmadita en la espalda para sobrevivir a un nuevo desafío. Si es posible, tratemos de encontrar un tiempo para alejarnos del paciente y recuperar las energías.

Revisar. Al final, pensemos en todo lo que ha sucedido y cómo lo hemos llevando. Es posible que volvamos a enfrentarnos con este problema. ¿Qué podemos aprender de esta experiencia que pueda sernos útil la próxima vez? ¿Qué originó esta conducta? ¿Cómo hemos respondido a ella? ¿Cuál ha sido la parte positiva de nuestra respuesta? ¿Qué podríamos intentar la próxima vez?

OCULTACIÓN DE LA PÉRDIDA DE MEMORIA

Las personas con una demencia progresiva pueden ser hábiles para esconder su pérdida de facultades y de memoria. Esto es comprensible: nadie quiere admitir que se está haciendo «viejo».

Esta tendencia a esconder las limitaciones puede ser preocupante para los familiares. Quizá la persona que vive con alguien que padece una demencia sabe que está enferma y, a pesar de ello, no consigue apoyo ni comprensión por parte de otros que no se dan cuenta del problema. Los amigos pueden decir: «Tiene buen aspecto y se le ve perfectamente bien. Nada parece estar mal y no entiendo por qué no puede recordarme». Es posible que los familiares sean incapaces de distinguir entre la pérdida de memoria real y la simple terquedad.

Cuando una persona ha estado viviendo sola, es posible que los familiares, los vecinos y los amigos no se den cuenta de que algo va mal durante mucho tiempo. Cuando el paciente no sabe que tiene problemas de memoria, es posible que pueda dominarlos durante años, hasta que aparezca una crisis. Y, a menudo, cuando finalmente surge el problema, los familiares se muestran desconcertados o sorprendidos ante su gravedad.

Quizá nos preguntemos qué es capaz de hacer el paciente y qué tenemos que hacer por él. Si todavía trabaja, si maneja dinero o si conduce, es posible que no se dé cuenta de que ya no puede continuar haciendo estas tareas igual que las hacía anteriormente o puede que no quiera admitirlo. Algunas personas reconocen que les falla la memoria. Frente a esta situación, cada uno responde a su manera. Mientras que algunas personas no quieren admitir que sucede algo, otras encuentran consuelo y seguridad hablando sobre lo que les está sucediendo. Escuchemos sus pensamientos, sus sensaciones y sus temores. Esto les reconfortará y, además, nos dará la oportunidad de corregir malas interpretaciones.

Otros enfermos pueden esconder con éxito su discapacidad haciendo listas. Es posible que utilicen recursos propios de la conversación, como afirmar «¡Claro que lo sé!» para ocultar su mala memoria. Algunas personas se enfadan y culpan a los otros cuando se olvidan de las cosas. Hay quienes dejan de participar en actividades que siempre les han gustado. Una mujer decía: «Tengo demencia. Mi memoria es malísima». Pero cuando su familia descubrió que había mandado un cheque incorrecto, ella insistía en que nunca habría cometido un error así. Su familia no entendía cómo podía aceptar su mala memoria y, en cambio, «mentir» sobre el cheque. A menudo, los familiares se preguntan por qué una persona se olvida de una cosa y recuerda otra. Puede ser difícil entender los caprichos de la memoria, pero es probable que esta paciente estuviera haciendo honestamente todo lo que estaba en su mano. La memoria es compleja, y contradicciones como ésta suelen ser habituales. El enfermo no puede ayudarse a sí mismo.

Una característica frecuente de las demencias es que la personalidad y las habilidades sociales parecen casi intactas, mientras que se pierden la memoria y la capacidad de aprender. Esta premisa permite que la persona esconda su enfermedad durante mucho tiempo. Uno puede hablar con el enfermo sobre temas cotidianos sin conseguir identificar que su memoria o su pensamiento están alterados. En estas situaciones, las pruebas psicológicas y la terapia ocupacional resultan útiles porque proporcionan una medida realista sobre lo que podemos esperar de la persona enferma y qué cosas puede hacer todavía. Puesto que las demencias pueden ser engañosas, incluso para los más cercanos al paciente, la valoración por parte de estos profesionales resulta enormemente útil para ayudarnos a planificar de manera realista. Estos profesionales también le comentarán el diagnóstico al paciente y le mostrarán la manera de continuar siendo lo más independiente posible.

DEAMBULAR

Deambular es un problema habitual y frecuente que requiere algunas consideraciones detalladas. La conducta de deambulación dificulta la atención al paciente en el hogar. Puede imposibilitar su estancia en los centros de día o su cuidado en las residencias. Cuando el enfermo deambula por calles con mucho tráfico o por barrios extraños, corre peligro. Cuando una persona confundida se desorienta y se pierde, puede asustarse. Teniendo en cuenta que algunas personas no entienden la demencia, los desconocidos que traten de ayudarle quizá piensen que está borracha o que padece una enfermedad mental. Cuando la deambulación ocurre durante la noche, puede impedir el descanso de los familiares. Sin embargo, a menudo es posible detenerla o, como mínimo, reducirla.

Puesto que parece haber distintos tipos de deambulación y diferentes motivos por los que las personas con alteraciones cerebrales pasean, el hecho de identificar la causa de la conducta ayuda a planificar una estrategia para afrontarla.

MOTIVOS POR LOS QUE LAS PERSONAS DEAMBULAN

Deambular puede ser el resultado de sentirse perdido. A veces una persona sale para hacer un recado —por ejemplo, ir al supermercado—, gira por el lugar equivocado, se desorienta y se pierde por completo mientras trata de volver. También es posible que salga con nosotros a comprar, nos pierda de vista y se desoriente mientras intenta encontrarnos.

La deambulación suele incrementarse cuando el paciente se traslada a una casa nueva, empieza a ir a un centro de día o, por cualquier motivo, se halla en un medio nuevo.

Hay pacientes que deambulan de manera intermitente, sin ningún motivo aparente. Algunas conductas de deambulación aparecen sin ningún motivo y pueden durar horas. Esto es distinto de la deambulación asociada al hecho de perderse o de encontrarse en un lugar nuevo. Ciertos pacientes caminan arriba y abajo con una marcha agitada y determinada. Cuando esto se prolonga, pone nervioso a todo el mundo. Si el paciente está decidido a escaparse, puede ser peligroso. Esta marcha arriba y abajo aparentemente incomprensible puede asociarse a algunas lesiones cerebrales. Finalmente, la marcha continuada y la deambulación pueden llegar a hincharle los pies.

A veces la deambulación ocurre durante la noche. Esto resulta peligroso para el enfermo y agotador para quien le cuida.

Muchos de nosotros podemos comprender la experiencia del paciente confundido cuando se desorienta. Probablemente alguna vez hemos perdido el coche en un aparcamiento o nos hemos «desorientado» en un lugar desconocido. Nos ponemos nerviosos durante unos minutos, hasta que logramos calmarnos y poner en marcha el pensamiento lógico para descubrir dónde estamos. La persona con problemas de memoria es más propensa a las reacciones de pánico, es menos capaz de «calmarse» y quizá tenga la sensación de que debe mantener en secreto su desorientación.

Cuando la deambulación empeora debido al traslado a un nuevo hogar u otro cambio de ambiente, puede deberse al hecho de que al paciente confundido con problemas de memoria le resulta difícil aprender el camino de vuelta. Es posible que sea incapaz de comprender que se ha trasladado y está decidido a volver a «casa». El estrés asociado a este cambio puede empeorar las habilidades que le quedan y ello todavía le dificulta más aprender el camino de vuelta.

La deambulación sin objetivo puede ser la manera que el enfermo tiene para decir: «Me *siento* perdido». A veces, la conducta de deambulación es la manera de intentar comunicar algunas sensaciones.

El señor Griffith era un hombre corpulento de 60 años que vivía en el centro de día. La policía le recogió unos cuantos kilómetros más allá, en la autopista. El señor Griffith siempre explicaba que se iba a Florida. Para el señor Griffith, Florida representaba su hogar, los amigos, la seguridad y la familia.

Deambular puede ser la manera que el paciente tiene para expresar inquietud, aburrimiento o la necesidad de hacer ejercicio. Puede ser útil satisfacer la necesidad de «hacer algo» que tiene una persona activa. Puede ser también una señal para indicar la necesidad de ir al baño.

La marcha constante o agitada o la determinación de irse pueden ser difíciles de manejar. A veces, se trata de una reacción catastrófica. Es posible que algo preocupe al paciente. Quizá no sea capaz de comprender el sentido de su entorno o quizás interprete mal lo que ve o lo que oye. A veces estos paseos agitados parecen ser el resultado directo de la lesión cerebral. Es difícil saber exactamente qué es lo que sucede en el cerebro, pero sí sabemos que el funcionamiento cerebral puede alterarse de manera grave. Recordemos que no se trata de una conducta que la persona pueda controlar.

Los paseos nocturnos también pueden tener varias causas, desde una simple desorientación hasta una manifestación aparentemente incomprensible de la lesión cerebral (véanse las págs. 198-201).

MANEJO DE LA DEAMBULACIÓN

El manejo de la conducta de deambulación depende de su causa. Si el paciente se pierde y estamos seguros de que todavía puede leer y seguir instrucciones, una tarjeta en el bolsillo puede ayudarle. Debemos escribir instrucciones *sencillas* en la tarjeta que llevará en el bolsillo; si se pierde, puede leerla. En la parte superior de la tarjeta podemos escribir el recordatorio: «Tranquilízate y no camines más». También podemos escribir: «Llama a casa» junto al número de teléfono, o bien escribir: «Pregunta al vendedor dónde está la sección de ropa de hombre y quédate allí. Yo vendré a buscarte». Probablemente necesitará tarjetas distintas en función del lugar adonde vaya. Esto posibilitará que una persona con confusión moderada pueda ayudarse a sí misma.

Es esencial que le coloquemos un brazalete con su nombre, nuestro número de teléfono y la frase: «Pérdida de memoria». Un brazalete bien sujeto (para que no pueda quitárselo) y suficientemente pequeño para que no le resbale suele ser más seguro que un collar. Esta información será útil para cualquiera que le encuentre, si el enfermo se pierde. Es posible obtener brazaletes grabados baratos en cualquier tienda donde rotulen tazas, anillos, etc. Hagámosle un brazalete de «pérdida de memoria» *ahora*, si existe la más mínima posibilidad de que el paciente empiece a deambular y se pierda. Eso es tan importante que algunos clínicos requieren que sus pacientes lleven esta identificación. Una persona confundida y perdida se asustará y se angustiará, y esto hace que se resista a recibir ayuda. Las personas que le rodeen pueden ignorarle o tomarle por loco. Además, en situación de estrés, posiblemente sus funciones mentales trabajarán peor que en condiciones normales.

En las farmacias existen brazaletes con información médica. Es importante que el paciente lleve uno, especialmente si padece algún problema cardíaco o alguna otra enfermedad grave. En Estados Unidos es posible comprar un brazalete de Medic Alert donde diga: «Alzheimer-pérdida de memoria». Estos brazaletes también muestran un número de teléfono al que es posible llamar para solicitar más información sobre el paciente. Medic Alert tiene fondos para financiar los brazaletes de las personas con ingresos bajos. En otros lugares se dispone de productos similares.

Algunas personas con pérdida de memoria llevan una tarjeta en su bolsillo o en su cartera, con su nombre, su dirección y el número de teléfono. Otras la perderán o la tirarán. Sin embargo, vale la pena que lleven una tarjeta de identificación.

Para reducir la deambulación cuando la persona se traslada a un entorno nuevo, quizá podamos planificar el traslado con antelación, con la finalidad de hacérselo tan fácil como sea posible. Cuando un paciente todavía es capaz de entender y de participar en lo que sucede a su alrededor, puede ser útil introducirlo gradualmente en la situación nueva. Si se traslada a una vivienda nueva, podemos involucrarle en la planificación del traslado (véanse las págs. 98-102) y visitar a menudo el domicilio nuevo antes de su traslado definitivo. Cuando el grado de afectación del enfermo le imposibilita para entender lo que sucede, en lugar de introducirlo gradualmente quizá sea más fácil hacer el traslado lo más tranquilamente posible, con el menor alboroto. Cada persona es distinta. Tratemos de equilibrar su necesidad de participar en la toma de decisiones con su capacidad para comprender la situación. Si tenemos la oportunidad, lo mejor es realizar el traslado en las primeras fases de la enfermedad; probablemente será más fácil que el enfermo se ajuste y aprenda a moverse por el nuevo entorno.

Si consideramos la posibilidad de llevarlo a un centro de día, también conviene hacerlo en fases precoces de la enfermedad (véase el capítulo 10). En los centros de día y las residencias saben que el ajuste de las personas es mejor cuando: 1) en las primeras visitas no están mucho tiempo, 2) el cuidador está con ellos las primeras veces, y 3) alguien del programa les visita en casa antes de la transición. Dejar que un paciente confundido se ajuste solo, o pedir a la familia que no le visite al principio, puede incrementar su pánico.

Cuando un paciente confundido está en un lugar nuevo, es posible que se sienta perdido, que no podamos encontrarle o que esté donde se supone que no debe estar. Hay que tranquilizar al paciente a menudo, diciéndole dónde se encuentra y por qué está allí. «Has venido a vivir conmigo, papá. Ésta es tu habitación, con tus cosas», o bien: «Estás en el centro de día. A las 3 de la tarde irás a casa».

A veces, cuando damos este consejo, los familiares nos dicen: «¡No funciona!». No funciona en el sentido de que el paciente puede continuar insistiendo en que él no vive allí y continúa intentando marcharse. Esto ocurre porque tiene problemas de memoria y no recuerda lo que le explicamos. Todavía necesita que le tranquilicen con frecuencia sobre su paradero. Lleva tiempo y paciencia conseguir que acepte el traslado y, gradualmente, se vaya sintiendo seguro. También necesita la tranquilidad periódica de que nosotros sabemos dónde está. Tanto la calma como nuestra comprensión de su estado, ayudan a reducir este miedo y el número de reacciones catastróficas que presente. La experiencia con pacientes hospitalizados por causa de su demencia es que, incluso con las personas difíciles, la tranquilidad frecuente de decirles dónde están a veces ayuda a reconfortarlos (y facilita su manejo). Sin embargo, este proceso requiere algunas semanas.

A menudo un traslado altera al enfermo con demencia e incrementa su necesidad de deambular o empeora su conducta durante un tiempo. Resulta útil saber que suele tratarse de crisis temporales.

Puesto que los cambios pueden hacer que la conducta o la actitud de deambular empeoren, es importante considerarlos cuidadosamente. Por lo tanto, podemos decidir que unas vacaciones o una visita prolongada no valen la pena porque alteran al paciente confundido.

En los casos de deambulación aparentemente sin objetivo, algunos profesionales sugieren el ejercicio para ayudar a reducir la inquietud. Tratemos de llevar al paciente a dar un paseo largo y vigoroso cada día. Es posible que tengamos que continuar un plan de actividades durante varias semanas antes de valorar si hay alguna diferencia (si el paciente es físicamente activo, tenemos que asegurarnos de que come lo necesario para cubrir sus necesidades energéticas. No alimentarse suficientemente puede incrementar su confusión).

Cuando la deambulación parece ser la manera de que el paciente diga: «Me *siento* perdido» o bien: «Estoy buscando las cosas que creo haber perdido», podemos ayudarle rodeándole de objetos familiares como, por ejemplo, fotografías de su familia. También podemos hacer que se sienta bienvenido hablándole, o bien tomándonos tiempo para beber un café con él.

A veces el hecho de caminar arriba y abajo de manera agitada o determinados esfuerzos para deambular están causados por reacciones catastróficas frecuentes o casi constantes. Deberíamos preguntarnos qué puede estar sucediendo, qué precipita las reacciones catastróficas (véanse las págs. 63-68). Esta conducta ¿aparece cada día? ¿Aparece cada vez que le pedimos al paciente que haga alguna cosa determinada (como tomar un baño)? Tendríamos que revisar la manera en que las personas que le rodean responden a la deambulación. Su respuesta, ¿aumenta la inquietud o la deambulación? Si nos vemos obligados a sujetar al enfermo o a ir tras él, intentemos distraerle en lugar de enfrentarnos directamente. Expliquémosle que iremos a pasear con él. Entonces, hagámosle dar un rodeo. Habitualmente nos acompañará hacia adentro de casa. Hablando tranquilamente, podemos calmarle y evitar una reacción catastrófica que cambiará la deambulación sin motivo por la determinación de marcharse. A menudo es posible reducir la deambulación creando un entorno que le calme.

Cuando la señora Dollinger vino al hospital, había estado haciendo esfuerzos constantes y serios para abandonar la residencia. En el hospital, que también resultaba un lugar extraño, las enfermeras tuvieron muchas menos dificultades con ella.

En ambos lugares, la señora Dollinger se sentía perdida. Sabía que no era el lugar donde vivía y quería marcharse a su casa. Además, estaba sola; quería volver a su trabajo, donde su mente neblinosa recordaba a los amigos y una vaga sensación de pertenencia. De manera que caminó hacia la puerta. El personal demasiado ocupado de la residencia le gritó: «¡Vuelve acá!». Algunos días más tarde, una de las residentes del centro empezó a «ayudar».

—¡La señora Dollinger se ha vuelto a escapar! —gritó.

El ruido confundió a la señora Dollinger, que dobló los esfuerzos para huir. Esto hizo que la enfermera empezara a correr; la señora Dollinger tuvo una crisis de pánico y corrió tan deprisa como pudo, directamente hacia la calle concurrida. Cuando un asistente la agarró por el brazo y la detuvo, la señora Dollinger le mordió. Esto ocurrió varias veces, lo que dejaba agotado al personal y precipitaba reacciones catastróficas casi constantes. Dijeron a la familia que la señora Dollinger tenía un trato imposible.

En el hospital, la señora Dollinger fue hacia la puerta casi enseguida. Una enfermera se le acercó tranquilamente y le sugirió que tomaran una taza de té juntas (distracción antes que confrontación). La señora Dollinger nunca dejó de caminar hacia la puerta, pero sus esfuerzos para escaparse y su comportamiento agresivo se terminaron.

Si pensamos que el paciente deambula porque está inquieto, podemos intentar que realice alguna tarea activa, como quitar el polvo o colocar libros. Los centros de día para ancianos les proponen estas cosas y, además, les proporcionan compañía, lo que puede ser útil para quienes deambulan.

Hay algunos medicamentos que reducen la inquietud del paciente. Sin embargo, algunos fármacos producen inquietud como efecto secundario. Un médico debe supervisar de cerca la medicación. Ocasionalmente, el uso comedido de tranquilizantes bajo estrecha supervisión médica puede reducir significativamente la deambulación. *Tendrían que utilizarse sólo después de intentar todas las intervenciones no farmacológicas* posibles.

Si la deambulación constante produce hinchazón en los pies, podemos intentar sentarnos con el paciente y levantárselos. Es posible que permanezca sentado mientras nosotros lo estemos. Pueden requerirse también otras medidas (véase la pág. 197) si no podemos conseguir que se siente. Hay que asegurarse que el médico valora la hinchazón o de que busca lesiones en los pies. Las propias molestias pueden empeorar la conducta.

Una parte importante para tratar la deambulación consiste en cambiar el entorno para proteger al paciente. Una familia descubrió que el paciente confundido no salía si no tenía puestos los zapatos. El hecho de quitarle los zapatos y darle unas zapatillas lo mantuvo en casa.

A menudo resulta útil instalar candados de abertura difícil o que el paciente confundido no conozca, de modo que no pueda salir solo. A veces basta con mecanismos económicos, como pestillos con muelles, para que el enfermo no pueda aprender la nueva tarea de abrirlos. Hay menos probabilidad de que un paciente confundido encuentre un candado en la parte inferior de la puerta. Tenemos que asegurarnos de que podemos abrir los candados con rapidez en caso de incendio. En algunas tiendas venden unos objetos de plástico llamados tiradores a prueba de niños. Se ajustan a los tiradores de la puerta. Nosotros podremos abrir la puerta, pero una persona confundida no se imagina cómo hacerlo.

También tenemos que comprobar otras vías de salida, además de las puertas. En las casas de dos pisos, los pacientes confundidos pueden salir por las ventanas superiores. También hay que poner candados para asegurarlas. En la comisaría de policía nos aconsejarán sobre algunas maneras económicas de asegurar las ventanas y las puertas de los patios.

Si el paciente sale, es importante que conozcamos los peligros del vecindario, tales como calles concurridas, piscinas o la presencia de perros. Es posible que el enfermo ya no tenga suficiente *juicio* para protegerse de estas cosas. Resulta útil que demos una vuelta por el vecindario para identificar cuidadosamente los peligros potenciales para una persona que ya no tiene la capacidad de valorar su entorno de manera adecuada. Al mismo tiempo, podemos aprovechar para alertar del problema a los vecinos y tranquilizarlos explicándoles que no se trata de un paciente que esté loco ni que sea peligroso, sino que sólo está desorientado.

El propio paciente puede ser el mayor riesgo. Cuando parece sano y actúa de manera razonable, las personas tienden a olvidar que ha perdido el sentido común que le apartaría de caminar junto a la piscina o ante un automóvil.

Otras personas también son un peligro potencial para el enfermo que deambula. Además de los que no le comprenden, hay quien busca a los ancianos y a personas frágiles para acosarlos, atormentarlos o robarles. Por desgracia, existen incluso en los barrios más «tranquilos»; tendríamos que reconocer este riesgo y proteger al paciente confundido.

Existen accesorios para sujetar al paciente en la cama o en una silla. La decisión de utilizar la sujeción debería tomarse conjuntamente con un profesional sanitario que conozca bien al enfermo y, en cualquier caso, la decisión debería tomarse *solamente después de haber intentado todas las demás posibilidades* (aquí sólo nos referimos al uso de sujeción en el hogar; su uso en residencias se describe en el capítulo 16). La sujeción más conocida es de la marca Posey. El paciente puede darse la vuelta, puede cambiar de posición o puede ponerse de lado. Es posible alquilar este tipo de sujeción en tiendas de material médico. Es muy importante que este tipo de sujeción se coloque correctamente; una enfermera tendría que mostrarnos cómo utilizarlo.

Gerichair es una especie de reclinatorio con una bandeja que impide que el paciente se levante. Eleva los pies del enfermo. En la Gerichair se puede comer, dormir o ver la televisión. Se compran o se alquilan.

Las enfermeras comentan que, a veces, una sujeción, especialmente durante la noche, proporciona a la persona confundida la tranquilidad de que tiene que quedarse donde está. Sin embargo, las ataduras agitan a otros enfermos.

Tanto una silla como una sujeción de tipo Posey pueden ayudar a mantener quieto y seguro al paciente durante el tiempo suficiente para que podamos tomar un baño o preparar la cena. La utilización de ataduras o una Gerichair permite que los pies del enfermo reposen.

Las personas muy agitadas pueden lesionarse a sí mismas mientras se mueven en la cama cuando están atadas o bien pueden tumbar la silla en la que se sientan. No hay que dejar a los pacientes solos durante mucho tiempo mientras están sujetos con alguno de los dos dispositivos descritos. *Nunca* debemos dejar sola en casa a una persona mientras está atada, por la posibilidad de que haya un incendio. Deberíamos ser capaces de liberar cualquier sujeción con rapidez en caso de emergencia.

Las personas con demencia pueden ser difíciles de tratar, y la deambulación es un problema grave. Las respuestas varían de una persona a otra. Una mujer confundida sólo buscaba el cuarto de baño cuando deambulaba. El problema se pudo solucionar con un indicador. Otro hombre cogió un destornillador y quitó la puerta al darse cuenta de que no podía abrir un candado.

Tenemos que encontrar el punto en el que la deambulación sobrepasa el límite del control, o cuando ya no es seguro tener al paciente en casa. Llegado este momento, habremos hecho todo lo posible y tendremos que planificar de manera realista su institucionalización. Hay muchos lugares donde no aceptarán pacientes agitados, combativos o que deambulen. En el capítulo 16 se hacen algunos comentarios al respecto.

ALTERACIONES DEL SUEÑO Y DEAMBULACIÓN NOCTURNA

Muchas personas con demencia tienen inquietud nocturna. Es posible que se levanten, que vayan al lavabo y que, en la oscuridad, se confundan o se desorienten. Pueden vagar por la casa, vestirse, intentar cocinar o, incluso, salir al exterior. Pueden «ver cosas» o bien «oír cosas» inexistentes. Hay pocas situaciones más molestas que el hecho de que nos interrumpan el sueño noche tras noche. Afortunadamente, existen varias maneras de reducir esta conducta.

Parece que los ancianos necesitan dormir menos que los jóvenes. Es posible que las personas con demencia no realicen el suficiente ejercicio para sentirse cansados por la noche o quizá dan algunas cabezadas durante el día. A menudo da la impresión de que la demencia ha estropeado el «reloj» interno del cerebro. Algunos problemas de esta conducta nocturna pueden ser la respuesta a la incapacidad del paciente para separar los sueños de la realidad.

Si el paciente se hecha algunas siestas durante el día, estará menos cansado durante la noche. Podemos intentar mantenerlo ocupado, activo y despierto durante el día. Si está tomando tranquilizantes para controlar la conducta, quizá le produzcan somnolencia diurna. Hay que discutir con el médico la posibilidad de darle la dosis del tranquilizante por la tarde, en lugar de dividirla durante el día. Si debe dormir durante el día, podemos tratar de descansar al mismo tiempo que él.

A menudo las personas con demencia no se muestran muy activas y no realizan demasiado ejercicio. Es útil planificar un programa de actividades regulares —una caminata prolongada, por ejemplo— al atardecer. Esto cansará suficientemente al enfermo para que duerma mejor por la noche. Ir en coche adormece a algunas personas. Los centros de día son una de las mejores maneras de mantener activo al paciente durante el día.

Tenemos que comprobar que el paciente haya ido al lavabo antes de acostarse.

Es posible que los ancianos no vean tan bien en la oscuridad, y esto aumenta su confusión. A medida que el ojo envejece, resulta más difícil distinguir las formas tenues con poca luz. El paciente confundido puede interpretar mal lo que ve, de modo que piensa que ve personas o que se encuentra en otro lugar. Esto suele producir reacciones catastróficas. Podemos dejar una luz nocturna en el dormitorio y en el cuarto de baño. Las luces nocturnas en otras habitaciones pueden ayudarle a orientarse por la noche. También es útil la cinta adhesiva reflectora alrededor del cuarto de baño. Otra posibilidad consiste en alquilar un inodoro para colocarlo al lado de la cama.

Muchos de nosotros hemos tenido la experiencia de despertarnos de un sueño profundo y, momentáneamente, no saber dónde estamos. En el paciente confundido, la sensación se magnifica. Lo único que necesita es que le tranquilicemos.

Tenemos que estar seguros de que el dormitorio es cómodo: que la habitación no esté demasiado caliente ni demasiado fría, y que la ropa sea agradable. Las sábanas y las mantas se enredan; los edredones es menos probable que lo hagan. Las barandillas ayudan a algunos pacientes a recordar que están en la cama. Otras personas se alteran y tratan de montarse encima, lo que resulta peligroso. Podemos alquilar unas barandillas y ver si son útiles. Se pueden acoplar a la mayoría de las camas.

Si el paciente confundido se levanta por la noche, podemos hablarle lenta y tranquilamente. Es posible que si nos despiertan bruscamente durante la noche respondamos con irritación o brusquedad. Esto puede precipitar una reacción catastrófica en el paciente, que despertará a toda la familia a media noche. A menudo, lo único que se requiere es recordar al paciente que todavía es de noche y que debería volver a la cama. Normalmente, volverá a dormirse después de ir al baño o de tomar una taza de leche tibia. Tenemos que animarlo a volver a la cama y sentarnos junto a él mientras se bebe la leche. Algunos pacientes se tranquilizan con una radio. Podemos intentar utilizar persianas para oscurecer el dormitorio y recordarle que, como está oscuro y las persianas están bajadas, hay que volver a la cama.

A veces un paciente que no duerma en la cama dormirá en una silla del salón o en un sofá. Si el paciente se levanta durante la noche y se viste, puede volverse a sentar y dormirse con la ropa, si no intervenimos. Quizá sea mejor aceptar esta situación que pasarse buena parte de la noche levantado y discutiendo sobre el tema.

Si el paciente deambula por la noche, podemos valorar los peligros de la casa. Habrá que arreglar el dormitorio para que se pueda mover por él con seguridad y poner un candado en la ventana. ¿Puede encender la estufa o la chimenea mientras estamos durmiendo? ¿Puede abrir las puertas y salir a pasear por el exterior? Mientras intenta llegar al cuarto de baño, ¿puede caerse por la escalera? Una barrera en la escalera es fundamental en los hogares donde duerme un paciente con demencia.

Finalmente, si estas medidas fallan los hipnosedantes suelen ser útiles. Sin embargo, no podemos darle al paciente una píldora para dormir como si nada y solucionar el problema. Los sedantes alteran el equilibrio químico del cerebro, que es complejo y sensible. El médico se enfrenta a una serie de problemas difíciles e interrelacionados cuando empieza a prescribir sedantes.

Los ancianos, incluso aquellos que están sanos, tienen más probabilidad de presentar efectos indeseables que los jóvenes. Los efectos indeseables de los sedantes son numerosos, y algunos de ellos son graves. Los pacientes con lesiones cerebrales son más sensibles a los fármacos que las personas sanas. Es más probable que los ancianos estén tomando otros fármacos que puedan interaccionar con un sedante o que padezcan otras enfermedades agravadas por el sedante.

Es posible que el hecho de sedar a una persona le haga dormir durante el día en lugar de hacerlo por la noche, o bien es posible que un efecto de resaca empeore su función cognitiva durante el día. Puede confundirle todavía más, hacerle más vulnerable a las caídas, o incontinente. Paradójicamente, incluso puede hacer que duerma peor. Cada persona es diferente; lo que funciona para una quizá no funcione para otra.

El efecto de un sedante suele cambiar —por muchos motivos— después de haberlo utilizado durante un tiempo. Es posible que el médico tenga que probar primero un fármaco y luego otro, que tenga que ajustar cuidadosamente la dosis y el momento en que se administra. Probablemente, los medicamentos no harán que el paciente duerma toda la noche. Por tanto, es importante que hagamos todo lo posible para ayudar al paciente a dormir con otros métodos. Esto no significa que desaconsejemos el uso de sedantes; resultan muy útiles, pero sólo son uno de los múltiples métodos que hay para solventar un problema difícil. Cuando una persona vive en casa, el médico puede prescribirle medicamentos para que podamos descansar un poco. Sin embargo, esto no debería ocurrir en las residencias, donde hay un equipo de profesionales apropiado que puede utilizar otro tipo de intervenciones.

La señora Huang estaba de pie la mayor parte de la noche. Pensaba que todavía regentaba la carnicería y tenía que ir a buscar la mercancía a las 3 de la mañana. Su hija, que trabajaba todo el día en la carnicería, estaba exhausta. El médico le comentó que las alteraciones del sueño en general, y este hábito tan antiguo, eran difíciles de cambiar.

Nadie ayudaba demasiado, pero combinando varias intervenciones pequeñas los familiares pudieron solucionarlo. Mantenían despierta a la señora Huang hasta tarde y la involucraban en más actividades durante el día. Le hacían cuidar del niño, incluso a pesar de que tenía que haber otro adulto presente. Utilizaron un sedante de acción corta y pusieron cortinas negras, que el señor Huang recordaba de la guerra. Muchos cambios pequeños y un trabajo en equipo permitieron que la familia saliese adelante durante este período difícil, hasta que la señora Huang se olvidó de ir a buscar la mercancía y empezó a dormir más.

EMPEORAMIENTO DURANTE LA TARDE

A menudo las personas con demencia parecen presentar más problemas de conducta durante la tarde. No sabemos cuál es la causa de esto. Es posible que el paciente no pueda ver claramente con la luz tenue e interprete incorrectamente lo que ve, y esto le provoque reacciones catastróficas. A menudo es útil dejar las luces encendidas. También puede ayudar el hecho de explicarle dónde está y qué está sucediendo.

Un día completo tratando de adaptarse a percepciones confusas del entorno puede ser extenuante, de modo que la tolerancia del paciente al estrés se reduce al finalizar la jornada. Nosotros también estamos más cansados y quizá comuniquemos nuestra fatiga al paciente, lo que le desencadena reacciones catastróficas.

Podemos planificar el día del enfermo de manera que se esperen menos cosas de él por la tarde. El baño (que suele ser un momento difícil) podría programarse para la mañana o a media tarde; suele haber una mejor respuesta.

A veces, en la casa hay muchas cosas en marcha al mismo tiempo. Esta situación puede estimular excesivamente a una persona que ya está bastante confundida y cansada. Por ejemplo, ¿encendemos el televisor? Por la tarde, ¿hay más gente en la casa? Hacer la cena, ¿nos lleva mucho trabajo? ¿Llegan los niños? El hecho de estar cansado puede dificultar la comprensión del paciente de lo que está sucediendo y causarle reacciones catastróficas.

Si es posible, tratemos de reducir el número de acontecimientos que suceden alrededor del enfermo en sus peores horas o tratemos de confinar la actividad de la familia a un lugar lejos de él. También es importante intentar planificar nuestra jornada de manera que estemos razonablemente descansados y no demasiado presionados por el tiempo en los peores momentos del paciente confundido. Por ejemplo, si se angustia mientras estamos preparando la cena, tratemos de planificar comidas rápidas y fáciles de hacer, que podamos dejar preparadas a la hora de almorzar, o que podamos preparar con antelación. Podríamos hacer la comida principal al mediodía.

El suegro de Edna Johnson tenía su peor momento justo cuando sus hijos llegaban de la escuela y su marido regresaba de trabajar. La familia contaba con pocos recursos para disponer de un cuidador adicional, y parecía un gasto inútil cuando todos estaban en casa, pero decidieron que era importante tener un tiempo de tranquilidad en la familia. Contrataron a un cuidador que se llevaba al señor Johnson al parque cada tarde, justo antes de que la familia regresara a casa, permanecía con él mientras preparaban la cena y lo acompañaba de nuevo antes de cenar.

A veces el problema es que el paciente requiere toda nuestra atención constantemente y se vuelve más solícito cuando estamos ocupados con otras cosas. Quizá podamos mantenerlo ocupado cantando en el coro del barrio y, mientras tanto, aprovechemos para trabajar; tal vez algún otro miembro de la familia podría pasar algún rato con él.

Otra posibilidad es hablar con el médico para que le cambie la pauta de medicación, si los demás métodos no han dado resultado.

Es posible que los períodos de inquietud o de insomnio sean una parte inevitable de la lesión cerebral. Tenemos que tranquilizarnos pensando que el enfermo no lo hace deliberadamente, incluso aunque parezca que actúa justo en los momentos del día que resultan peores para nosotros.

PERDER COSAS, ACUMULARLAS O ESCONDERLAS

La mayoría de las personas con demencia guardan las cosas y se olvidan de dónde las pusieron. Otros esconden o recogen cosas y se olvidan de que lo hicieron. En cualquier caso, el resultado es el mismo; justo cuando las necesitas más —la dentadura del enfermo o las llaves del coche—, han desaparecido y resulta imposible encontrarlas.

En primer lugar, recordemos que probablemente será imposible preguntarle al enfermo dónde las puso. No lo recordará y quizá precipitaremos una reacción catastrófica si le interrogamos.

Podemos hacer varias cosas para minimizar el problema. En una casa ordenada es más fácil localizar las cosas que están fuera de su lugar. Resulta casi imposible encontrar alguna cosa escondida en un armario o en un cajón repletos. Podemos limitar el número de lugares para esconder cosas poniendo candados en algunos armarios o en algunas habitaciones.

Es aconsejable guardar bien los objetos de valor, como los anillos o las cosas de plata, para que no pueda esconderlas o perderlas. Tampoco debemos tener una gran cantidad de dinero en efectivo en la casa. Es útil hacer que los objetos pequeños sean mayores o más visibles; por ejemplo, poniendo un gran colgante en las llaves. De algunos objetos necesarios (como las llaves, las gafas, las baterías de los audífonos) es recomendable tener un duplicado.

Tendríamos que acostumbrarnos a mirar la basura antes de sacarla de casa. También deberemos acostumbrarnos a buscar los objetos perdidos debajo de los colchones, de los cojines del sofá, en las papeleras, en los zapatos y en todos los cajones. Una buena pregunta en estos casos es el lugar donde el paciente acostumbraba a esconder sus cosas para que estuvieran seguras. ¿Dónde escondía los regalos de Navidad o el dinero? Son buenos lugares para buscar las dentaduras.

Algunas personas acumulan comida, ropa sucia u otras posesiones (véanse las págs. 114-115). Hay quien acumula cosas porque siempre ha sido coleccionista. Otros parecen tener la necesidad de «agarrarse» a alguna cosa o «tener cosas a salvo». Si esto sucede de manera ocasional, lo mejor es ignorarlo. Si es posible, cada vez que limpiemos podemos retirar parte del «alijo» del paciente. Es posible que no sienta tanto la necesidad de incrementar la colección como si se lo vaciáramos de golpe.

Una hija explicó: «Solucioné el problema al decidir que estaba bien tener los objetos de plata en el cesto de la ropa sucia. Ahora voy a buscarlos allí, en lugar de devolverlos al comedor varias veces al día».

REVOLVER CAJONES Y ARMARIOS

Hay pacientes que revuelven los cajones del tocador o que vacían los armarios. Esto complica la limpieza. Puede ser especialmente angustiante cuando revuelven las cosas de otras personas. En algunos cajones o armarios podemos poner mecanismos de abertura difícil. Quizá resulte útil poner un candado en algún cajón donde guardemos los objetos de valor o las cosas peligrosas; si no, tendremos que guardarlas en un lugar más seguro. Si en la casa hay jóvenes, es probable que necesiten un espacio privado al que el enfermo no pueda acceder. Quizá resulte útil poner cosas interesantes para que el paciente las revuelva en el cajón superior de la cómoda o en una caja colocada encima de la misma; tendríamos que seleccionar objetos que llamen la atención del paciente; así, por ejemplo, las pequeñas herramientas o las piezas de alguna máquina pueden ser atractivas para un enfermo, mientras que los hilos de costura pueden serlo para otros.

CONDUCTA SEXUAL INAPROPIADA

A veces los pacientes confundidos se quitan la ropa o se pasean desnudos por el comedor o por la calle. Por ejemplo:

> Un adolescente llegó a casa y se encontró a su padre sentado en la puerta trasera leyendo el periódico. Estaba completamente desnudo; sólo llevaba el sombrero.

A veces las personas confundidas se exponen en público. En otras ocasiones, se tocan los genitales. O juguetean, de manera que su movimiento recuerda una conducta sexual que puede molestar a los demás.

> Un hombre se desabrochaba el cinturón y se bajaba la cremallera de manera repetida.

> Una mujer jugueteaba con los botones de su blusa.

A veces la lesión cerebral hace que el paciente solicite actividad sexual con frecuencia o de manera inapropiada. Pero mucho más habitual que una conducta sexual realmente inapropiada es el mito de que las personas «seniles» muestran conductas sexuales inapropiadas.

> Una esposa que llevó a su marido al hospital para que le atendieran confesó que no tenía problemas para atenderlo, pero que le habían explicado que, cuando empeorara, entraría en su «segunda infancia» y que empezaría a desnudarse ante las niñas.

Este mito *no* tiene ningún fundamento. Las conductas sexuales inapropiadas en las personas con demencia son raras. Un estudio realizado con nuestros pacientes no encontró ningún caso de este tipo.

A veces se dan casos de exhibicionismo accidental y masturbación sin ningún propósito. Es posible que las personas confundidas se paseen en público desnudas o casi desnudas simplemente porque se han olvidado de que lo están, o de cómo vestirse, o de la importancia de vestirse. Es posible que se desabrochen la ropa o que se levanten la falda porque necesitan orinar o se han olvidado de dónde está el baño. Quizá se desnuden porque quieren acostarse o porque la ropa les incomoda. Las infecciones urinarias, el escozor o el malestar pueden llevarles a tocarse los genitales. El médico puede valorar estas situaciones.

Es importante que no reaccionemos con excesiva vehemencia ante estas conductas. Deberíamos limitarnos a acompañar tranquilamente al enfermo a su habitación o al baño. Si encontramos al paciente desnudo, le podemos llevar tranquilamente la ropa y ayudarle a ponérsela. El hombre que se sentaba desnudo en el porche se había quitado la ropa porque tenía calor. Era incapaz de reconocer que se encontraba fuera, a la vista de cualquiera, en lugar de estar en el interior de la casa. La mayoría de los pacientes con confusión nunca mostrarán este tipo de conducta, porque retienen los hábitos de discreción que han tenido durante toda su vida.

A menudo es posible evitar que se desnuden o jueguen con la ropa sólo cambiando el tipo de ropa. Por ejemplo, pueden utilizar calzoncillos sin bragueta, o blusas cerradas o con la cremallera en la espalda, en lugar de las que van abrochadas delante.

En nuestra cultura, tenemos fuertes sentimientos negativos hacia la masturbación, y estas acciones molestan a la mayoría de las familias. Recordemos que esta conducta, cuando ocurre, forma parte de las lesiones cerebrales. El enfermo sólo hace lo que cree que es correcto. Ha olvidado las normas sociales. Esto no significa que vaya a cometer ningún delito sexual. Si muestra esta actitud, tratemos de no responder como si estuviéramos molestos, porque entonces podríamos provocar una reacción catastrófica. Llevémosle tranquilamente hasta un lugar privado. Tratemos de distraerle dándole algo para hacer. Si los toqueteos del paciente son sugerentes o embarazosos, también podemos intentar darle algo para hacer o alguna cosa para manipular.

No conocemos ningún caso en el que un paciente con demencia se haya exhibido ante un niño, y no queremos contribuir al mito del «viejo verde» insistiendo sobre esta conducta. Sin embargo, si ocurriera un incidente de este tipo, deberíamos reaccionar de acuerdo con los hechos y sin crear más escándalo del que sea estrictamente necesario. Nuestra reacción puede tener mucho más impacto sobre el niño que el mismo incidente. Apartemos al enfermo con tranquilidad y expliquémosle al niño que «este anciano se olvida del lugar en el que está».

Algunas personas con demencia tienen una conducta sexual reducida y otras sienten más interés por el sexo del que tenían anteriormente. Si un enfermo muestra un aumento de su sexualidad, recordemos que, por muy molesto que sea, es un factor determinado por la lesión cerebral. No está relacionado con su personalidad ni con una conducta reflexiva sobre nosotros o sobre nuestra pareja (véanse las págs. 53-54 y 316-319).

Ocasionalmente, un padre podría insinuarse a su hija. *Esto no constituye una conducta incestuosa.* Mientras que esta situación puede ser terriblemente molesta para todos, sólo suele significar que está desorientado. Probablemente ha confundido a su hija con su esposa. A menudo las hijas se parecen mucho a las esposas cuando eran jóvenes. El paciente confundido puede recordar aquel tiempo de manera mucho más clara que el presente. Este tipo de gestos indican que recuerda a su esposa y su matrimonio. Cuando esto ocurra, podemos distraerlo y tratar de no angustiarnos.

No dudemos en comentar este tipo de conductas molestas al médico, a un consejero o incluso a otras familias. Pueden ayudarnos a entenderlas y a adaptarnos a ellas. La persona que escojamos debería ser experta en demencias y sentirse cómoda hablando sobre temas sexuales. Puede hacernos sugerencias específicas para reducir este comportamiento. Hay más información sobre el tema en el capítulo 12 bajo el epígrafe «Sexualidad» y en el capítulo 16, bajo el epígrafe «Problemas sexuales en las residencias» (pág. 399).

REPETIR PREGUNTAS

Muchos familiares comentan que las personas confundidas repiten la misma pregunta una y otra vez, y lo encuentran extremadamente molesto. En parte esto puede ser un síntoma del miedo y la inseguridad de una persona que ya no puede percibir su entorno. Es posible que el enfermo no recuerde las cosas ni durante un período breve, de modo que no recuerda habernos preguntado algo, ni que le hayamos respondido.

Un marido estaba especialmente preocupado cuando, cada noche, su esposa le preguntaba: «¿Quién eres? ¿Qué haces en mi cama?». Dejó de intentar explicárselo y comenzó a ignorar las preguntas. Giraba la cabeza o se daba la vuelta como si ella no hubiera dicho nada. A veces dejaba de hacer preguntas.

Esto funcionará con algunas personas, pero puede irritar a otras, que se enojarán porque no les damos una respuesta. En cada caso tenemos que utilizar lo que funcione.

A veces, en lugar de volver a responderle, es útil tranquilizarlo explicándole que todo está bien y que nos ocuparemos de todo. En otras ocasiones el paciente está preocupado por alguna otra cosa que es incapaz de expresar. Si podemos dilucidar correctamente lo que es y tranquilizarlo, es posible que se relaje. Por ejemplo:

La madre del señor Rockwell siempre preguntaba: «¿Cuándo va a venir a buscarme mi madre?». Cuando el señor Rockwell le explicaba que su madre se había muerto hacía muchos años, ella o bien se quedaba preocupada, o bien volvía a hacer la pregunta al cabo de un rato. El señor Rockwell percibió que, en realidad, la pregunta expresaba su sensación de que estaba perdida, y entonces empezó a decirle: «Yo cuidaré de ti». Naturalmente, esta respuesta calmaba a su madre.

El señor Rockwell también podría haber intentado decir: «Explícame algo sobre tu madre», o bien: «¿Te acuerdas de cuando tu madre nos llevó al teatro?».

ACCIONES REPETITIVAS

Una conducta ocasional y angustiante que pueden mostrar las personas con lesiones cerebrales es la tendencia a repetir la misma acción una y otra vez.

La suegra de la señora Weber siempre estaba doblando la ropa. La señora Weber estaba contenta de que la anciana estuviera ocupada, pero esta misma actividad preocupaba a su marido. Él le hubiera gritado: «¡Mamá, ya has doblado esa toalla cinco veces!».

La señora Andrews tenía un problema con los baños. Sólo se lavaba un lado de la cara. «Límpiate el otro lado», le hubiera dicho su hija, pero ella continuaba igual.

El señor Barnes da vueltas en la cocina, siempre igual, como si fuera un oso en una jaula.

Parece como si la mente lesionada tuviera la tendencia a hacer una actividad «a piñón fijo» y fuera incapaz de «cambiar de chip». Cuando suceda esto, podemos sugerir una nueva tarea al paciente, pero sin intentar presionarle ni parecer molestos, porque sería muy fácil precipitar una reacción catastrófica.

En el caso de la suegra de la señora Weber, daba resultado ignorar el problema. Cuando el señor Weber aceptó la enfermedad de su madre, esta conducta dejó de preocuparle.

La hija de la señora Andrews descubrió que acariciarle la mejilla que debía lavarse interrumpía la repetición. En este ejemplo, un derrame cerebral había reducido la conciencia de la mitad del cuerpo de su madre. El tacto es una buena manera de lanzar un mensaje al cerebro que las palabras nunca hubieran conseguido. Toquemos el brazo que queremos que el paciente introduzca en la manga; toquemos el lugar que queremos que se lave a continuación; toquémosle la mano con la cuchara para que la coja.

La esposa del señor Barnes encontró la manera de distraerle para que no continuara andando de arriba abajo dándole alguna cosa para hacer. «Toma, Joe, agarra eso», le diría mientras le daba una cuchara. «Ahora coge esto», y le cambiaba la cuchara por una cacerola. «Ayúdame» también le hubiera hecho detener sus pasos. Le mantenía ocupado y quizá también le hacía sentirse útil.

DISTRACCIONES

Las personas con demencia «se quedan clavadas» o se distraen con facilidad. Es posible que miren hacia otra parte o que cojan otras cosas mientras tratamos de ponerles la ropa; quizá coman la comida del plato de otro; o se marchen mientras les estamos hablando. Una parte de nuestro cerebro filtra las cosas a las que no queremos prestar atención; así es como «desconectamos» de los ruidos que no son importantes, por ejemplo. Cuando la demencia lesiona esta capacidad, a la persona la atraen por igual todas las cosas que suceden, independientemente de su poca importancia.

Si podemos identificar las cosas que distraen al paciente —personas, animales y ruidos repentinos son distracciones habituales— y es posible reducirlas, quizás el enfermo sea capaz de prestar más atención a una sola actividad, como vestirse. Pongamos su plato algo más lejos de los otros platos; no invitemos a tantos visitantes a la vez; recibamos a las visitas en un lugar tranquilo. Si le distrae la televisión o la radio, tendremos que apagarlas. Y comamos y hagamos otras tareas en lugares donde los demás no se vayan moviendo y estén hablando.

AFERRARSE O SEGUIRNOS PERSISTENTEMENTE

Los familiares nos explican que, a veces, las personas con problemas de memoria les siguen de una habitación a la otra, y se inquietan si el cuidador desaparece en el baño o en el sótano, o bien interrumpen constantemente al cuidador si trata de descansar un poco o si quiere terminar alguna cosa. Hay pocas cosas que puedan irritar más que alguien que nos siga todo el tiempo.

Esta conducta puede entenderse cuando consideramos lo extraño que debe parecer el mundo para una persona que olvida constantemente. El cuidador en quien confía se convierte en la única seguridad que tiene en un mundo de confusión. Cuando alguien no puede depender de sí mismo para recordar las cosas necesarias de la vida, una forma de seguridad consiste en acercarse a alguien que las recuerde.

La persona con problemas de memoria no es capaz de recordar que si uno entra al baño, saldrá al cabo de poco tiempo. Para su mente, con su sentido del tiempo confuso, puede parecer que nos hemos evaporado. Las cerraduras a prueba de niños en la puerta del lavabo pueden contribuir a proporcionarnos unos minutos de privacidad. A veces es útil poner un cronómetro en marcha y decirle: «Regresaré cuando el cronómetro se apague». Un esposo se compró unos auriculares, de manera que podía escuchar música mientras su esposa continuaba hablando (finalmente tuvo que comprar otros, porque descubrió que a su esposa le gustaba la música).

Es muy importante que tratemos de impedir que conductas molestas como éstas nos lleguen a desgastar. Tenemos que encontrar a otras personas que nos ayuden con el paciente, de manera que tengamos la oportunidad de alejarnos de ese ambiente y de hacer cosas que nos relajen —pasear, ir de compras, visitar a alguien, echar una siesta o disfrutar de un buen baño sin interrupciones.

A menudo utilizar medicamentos para detener este tipo de conductas es totalmente inútil y los efectos secundarios pueden ser muy perjudiciales. A no ser que la conducta ponga al paciente o a otra persona en peligro, sólo deberían utilizarse medicamentos después de que hayan fallado todas las demás soluciones.

Podemos encontrar tareas sencillas o repetitivas que el paciente pueda realizar, incluso aunque sean tareas que nosotros podamos realizar mejor que él. Hacer ovillos, quitar el polvo o amontonar revistas son tareas que pueden hacer sentirse útil al paciente y le mantendrán ocupado mientras hacemos otra cosa.

> La suegra de la señora Hunter, que padecía de demencia, seguía a la señora Hunter por toda la casa sin perderla nunca de vista; además, la estaba criticando todo el rato. La señora Hunter tuvo la idea de dejar doblar la colada a su suegra. Como la señora Hunter tenía una familia numerosa, lavaba mucha ropa. La anciana doblaba, desboblaba y volvía a doblar (no demasiado bien), y se sentía útil en las tareas domésticas.

¿Es cruel permitir que un enfermo realice tareas para mantenerlo ocupado? La señora Hunter creía que no. La mujer confundida tenía que sentir que estaba contribuyendo a las tareas familiares y necesitaba mantenerse activa.

QUEJAS E INSULTOS

A veces las personas con demencia se quejan de manera repetida, a pesar de nuestros esfuerzos. El enfermo puede decir cosas como: «Eres cruel conmigo», o bien: «Quiero marcharme a casa», «Me estás robando», «No me gustas». Cuando estamos haciendo todo lo posible para ayudarle y nos dice estas cosas, podemos sentirnos heridos. Cuando estas críticas vienen de alguien que aparenta estar bien, cuando proceden de alguien a quien estamos cuidando, nuestra primera respuesta será la de tomárnoslas mal. Rápidamente entraremos en una discusión dolorosa y sin sentido, que puede desencadenarle una reacción catastrófica; quizás empiece a gritar, a llorar y a tirarnos cosas; esto nos dejará todavía más exhaustos y molestos.

Si sucede algo así, demos marcha atrás y pensemos en lo que está sucediendo. Incluso aunque el paciente tenga buen aspecto, en realidad padece una lesión cerebral. Tener la necesidad de que cuiden de uno, sentirse perdido y perder las posesiones y la independencia pueden parecer experiencias crueles al paciente confundido. «Eres cruel conmigo» en el fondo puede significar: «La vida es cruel conmigo». Puesto que no puede interpretar correctamente la realidad que le rodea, es posible que interprete mal nuestros esfuerzos por ayudarle como si le estuviéramos robando. Es posible que no pueda aceptar, entender o recordar los hechos de su incapacidad creciente, de su situación financiera, de la relación anterior que mantenía con nosotros y de todo lo demás que nosotros percibimos. Por ejemplo, él sólo sabe que estas cosas están sucediendo y que nosotros estamos ahí. Por tanto, percibe que le debemos estar robando sus cosas.

Un familiar nos proporcionó las siguientes interpretaciones de lo que solía decirle su esposo. Naturalmente, no podemos saber lo que significa o lo que siente una persona con una alteración cerebral, pero su esposa halló maneras amables de interpretar y aceptar las cosas dolorosas que él le decía.

Él le dice: «Quiero irme a casa».
Ella interpreta: «Quiero volver a la vida, a la calidad de vida anterior, cuando todo parecía tener sentido y yo era útil, cuando podía ver el producto de mis manos y cuando no tenía miedo de las cosas pequeñas».

Él dice: «Quiero morirme».

Ella interpreta: «Estoy enfermo, aunque no sienta dolor. Nadie se da cuenta de lo enfermo que estoy. Siempre me siento así, de manera que tengo que estar muriéndome. Tengo miedo de morir».

Él dice: «No tengo nada».

Ella interpreta: «Solía llevar una cartera con dinero. No la tengo en el bolsillo de mis pantalones. Estoy enfadado porque no la encuentro. En la tienda hay algo que quiero comprarme. Tendré que buscar más».

Él dice: «¿Dónde está la gente?».

Ella interpreta: «Veo personas a mi alrededor pero no sé quiénes son. Estas caras extrañas no pertenecen a mi familia. ¿Dónde está mi madre? ¿Por qué me abandonó?».

Al encajar este tipo de observaciones, hay que evitar contradecir al paciente o discutir con él; estas respuestas pueden conducir a una reacción catastrófica. Evitemos decir: «No robé nada», «Ya *estás* en casa» o «Te he dado dinero». Tratemos de no razonar con el enfermo. Decirle «Hace treinta años que tu madre murió» sólo le confundirá más y le dejará preocupado.

Algunos familiares descubren que es útil ignorar la mayoría de estas quejas o distraer al paciente. Algunos familiares responden con amabilidad a la sensación que creen que quiere expresar: «Sí, querido, sé que te sientes perdido», «La vida parece cruel», «Sé que quieres marcharte a casa».

Naturalmente, a veces podemos enojarnos, especialmente cuando hemos escuchado la misma queja desagradable una y otra vez. Hacerlo es humano. Probablemente, el paciente confundido se olvidará enseguida del incidente.

A veces el paciente pierde la capacidad de tener tacto. Puede decir: «No me gusta John», y quizá sabemos que nunca le gustó esta persona. Esto puede resultar molesto. A los involucrados en estas situaciones les puede ayudar el hecho de entender que la persona es incapaz de tener tacto; que, aunque sea totalmente sincera, en realidad no pretende ser desagradable.

Quizá podamos aceptar estas observaciones, pero ¿y los demás? A veces las personas con demencia dicen cosas insultantes o inapropiadas a otras personas. Puede tratarse de observaciones directas inocentes, como decirle a la esposa del pastor que tiene una carrera en las medias, o bien de insultos, como comentarle al vecino que trae la cena: «Salga de mi casa; está intentando envenenarnos».

Las personas confundidas pueden explicar historias a los amigos o a los extraños. Por ejemplo: «Mi hija me tiene encerrado en la habitación». Cuando llevamos a una persona confundida de visita, es posible que se ponga el abrigo y comente: «Vayámonos a casa. Este lugar apesta».

Cada persona con una alteración cerebral es distinta. Algunas mantienen su capacidad de saber estar. Otras tienen tendencia a la falta de tacto y pueden actuar de manera muy ruda. Las reacciones catastróficas tienen que ver con este tipo de conducta. A veces el enfermo confundido interpreta mal la situación o quién es la persona con quien habla.

Una secretaria estaba conversando con un hombre confundido mientras el médico hablaba con su esposa. Naturalmente, él trataba de tener una conversación educada, pero perdió la sutileza que había tenido. «¿Qué edad tiene? —le preguntó—. Parece bastante vieja.» Cuando ella le respondió a otra pregunta «No, no estoy casada», él añadió: «Me imagino que nadie lo haría».

Las personas suelen reírse de este tipo de conducta en los niños, porque todos entienden que un niño todavía no ha aprendido a tener buenos modales. Nos resultaría muy útil si la mayor parte de las personas que nos rodean entendieran que el paciente sufre una demencia que le impide recordar las normas de educación. Actualmente, la mayoría de las personas conocen la enfermedad de Alzheimer. Deberían reconocer que estas conductas son el resultado de algunas enfermedades concretas y que, aunque se trate de cosas tristes, no son deliberadas.

Quizá sea útil que expliquemos estas cuestiones relativas a la enfermedad del paciente a todas aquellas personas a quienes vemos con frecuencia, tales como los vecinos, los amigos, los otros miembros de la iglesia y algunos tenderos. Cuando les demos estas explicaciones, deberíamos tranquilizarles, diciéndoles que no se trata de una persona peligrosa ni loca. Algunos cuidadores tienen tarjetas en las que pone: «Por favor, discúlpenlo, pero mi familiar padece la enfermedad de Alzheimer. Aunque parece estar bien, esta enfermedad le ha destruido la memoria». Podemos añadir alguna información sobre la enfermedad y cómo obtener más información sobre ella.

Si un paciente confundido protagoniza una escena en un lugar público, quizá debido a una reacción catastrófica, apartémosle sin brusquedad. Sería mejor no decir nada. Aunque nos resulte embarazoso, no tenemos que dar ninguna explicación a personas extrañas.

La distracción es una buena manera de sacar a una persona confundida de lo que podría convertirse en una situación embarazosa. Por ejemplo, si está haciendo preguntas personales, podemos cambiar de tema. Cuando alguien está explicándole a los demás que le tenemos prisionero o que no le damos de comer, tratemos de distraerle. Tendríamos que evitar negarlo de manera directa, puesto que esto puede convertirse en una discusión con el enfermo. Si se trata de personas a quienes conocemos, quizá les podamos explicar claramente las cosas más tarde. Si son extraños, tenemos que preguntarnos si realmente importa lo que piensen los extraños.

A veces en la comunidad hay personas chismosas o insensibles que pueden comentar las observaciones inapropiadas de una persona con demencia. Es importante que este tipo de chismes no nos preocupe. Habitualmente, los demás ya sabrán apreciar la verdad que hay en ellos.

COGER COSAS

Las personas confundidas pueden coger cosas de las tiendas sin pagar o pueden acusar al tendero de robarles su dinero. Una esposa explicó que su marido robaba y mataba las gallinas de su vecino. No se daba cuenta de que no eran suyas y estaba orgulloso de contribuir a preparar la cena.

Si una persona roba cosas de las tiendas, es posible que lo haga porque se ha olvidado de pagar o porque no se da cuenta de que está en una tienda. Varias familias han observado que si dan al paciente algo para que lo lleve, o si le piden que lleve el carro de la compra, mantiene sus manos ocupadas y no ocasiona estos problemas. Antes de salir de la tienda, podemos comprobar que no lleva nada en los bolsillos. También podemos vestirlo con ropa sin bolsillos cuando vayamos de compras.

Si el paciente continúa haciéndolo, podemos pedir al médico que redacte una carta donde explique que se trata de una persona con enfermedad de Alzheimer y que algunas veces se olvida de que se ha puesto algo en los bolsillos. Si coge algo y le descubrimos más tarde, o si los vendedores le ven, podremos mostrarles la carta.

La esposa del hombre que robaba las gallinas pidió al cura que se lo explicara al vecino y acordó con él que le restituiría todas las gallinas que fueran a parar a su mesa.

OLVIDAR LAS LLAMADAS TELEFÓNICAS

Las personas con problemas de memoria pero que todavía pueden hablar con claridad a menudo continúan respondiendo al teléfono o hacen llamadas. Sin embargo, es posible que no se acuerden de dejar los mensajes telefónicos. Esto puede preocupar a los amigos, confundir a las personas y provocarnos inconvenientes o ponernos en situaciones embarazosas.

Algunas grabadoras baratas (que se venden en tiendas de electrónica) graban todas las conversaciones telefónicas (véanse las págs. 151-152). Una buena idea es conectar el aparato a un teléfono supletorio que el paciente no utilice. Con estas cintas podemos llamar a las personas afectadas y explicarles la situación.

> Un marido comenta: «Descubrí en la cinta que ella llamó al dentista cinco veces para concertar su cita. Puesto que ya lo sabía, le llamé y le expliqué la manera de responder a estas llamadas».

En algunas zonas, la compañía telefónica ofrece un servicio de desvío de llamadas, que transfiere las llamadas que llegan a casa a otro número de teléfono. La compañía también nos puede informar sobre la legalidad vigente en cuanto a la grabación de llamadas.

Un «código de identificación» de las llamadas entrantes puede identificar las llamadas que el paciente se olvide de comentarnos.

EXIGENCIAS

El señor Cooper rehusó dejar de vivir solo, incluso cuando su familia sabía que ya no podía hacerlo. Sin embargo, llamaba a su hija por lo menos una vez al día para que acudiera urgentemente y ella atravesaba corriendo media ciudad para ayudarlo. Su hija se sentía enojada y manipulada. Tenía abandonada a su familia y estaba exhausta. Pensaba que su padre siempre había sido una persona egocéntrica y solícita y que su conducta actual era deliberadamente egoísta.

La señora Dietz vivía con su hija. Las dos mujeres nunca se habían llevado bien y ahora la señora Dietz tenía Alzheimer. Ella no dejaba de exigir cosas a su hija: «Dame un cigarrillo», «Prepárame café». La hija no podía decirle a su madre que lo hiciera ella misma, porque quemaba las cosas.

Algunas veces, las personas con demencia pueden ser muy exigentes y parecen egocéntricas. Esto resulta especialmente duro de aceptar cuando el paciente no parece estar mal. Si éste es el caso, tratemos de detenernos a valorar objetivamente la situación. La conducta ¿es deliberada o es el síntoma de una enfermedad? Ambas se pueden parecer mucho, especialmente si, antes de padecer la enfermedad cerebral, la persona hacía que las personas se sintieran manipuladas. Sin embargo, lo que sucede a menudo con la persona incapacitada *no* es algo que pueda controlar. La conducta manipuladora realmente requiere una capacidad de planificar, algo que el paciente con demencia ya ha perdido. Lo que experimentamos no son más que antiguas maneras de relacionarse con los demás que ya no son realmente expresas. Una valoración puede ayudarnos, porque nos revela de manera objetiva hasta qué punto esta conducta es algo que el paciente recuerda o no.

Algunas conductas exigentes reflejan las sensaciones de soledad, de miedo o de pérdida de la persona enferma. Por ejemplo, cuando una persona ha perdido su capacidad para comprender el paso del tiempo y para recordar las cosas, dejarla sola durante un rato puede hacerle sentir como si le hubieran abandonado y es posible que nos acuse de ello. Darnos cuenta de que esta conducta refleja este tipo de sentimientos puede ayudar a que no nos enojemos y a que respondamos al problema *real* (por ejemplo, que se siente abandonada), en lugar de responder a lo que nos parece egoísmo o manipulación.

A veces podemos hallar alguna manera para que el paciente confundido continúe sintiendo que tiene un control sobre su vida y un dominio de sus circunstancias, y así no sea tan exigente con nosotros.

La hija de la señora Cooper pudo encontrar un «apartamento» para su padre en un edificio residencial donde servían comida, había servicio social y personal de limpieza. Esto redujo el número de llamadas pidiendo auxilio y permitió que el señor Cooper continuara sintiéndose independiente.

Una valoración médica demostró a la hija de la señora Dietz que su madre no podía recordar su petición de que le diera un cigarrillo durante más de cinco minutos. Con la ayuda del médico pudo solucionar la adicción de su madre a los cigarrillos y al café.

A menudo los familiares se preguntan si deberían «mimar» a la persona accediendo a todas sus demandas o si deberían tratar de «enseñarles» a comportarse de otra manera. Quizá la mejor solución no sea ninguna de éstas. Puesto que no puede controlar su conducta, no le estamos «mimando», pero es posible que nos resulte imposible satisfacer todas estas exigencias ilimitadas. Y puesto que la persona enferma tiene una capacidad limitada para aprender, si es que todavía la conserva, no podemos enseñarle; por otro lado, reñirle puede precipitar reacciones catastróficas.

Si el paciente exige que hagamos cosas que pensamos que él puede hacer, deberíamos estar seguros de que realmente es capaz de hacerlas. Es posible que las tareas le sobrepasen. Si se las simplificamos quizá le apetezca hacerlas. A veces resulta útil ser muy específico y directo con el enfermo. Decirle: «Te vendré a ver el miércoles» es más útil que empezar a discutir con él por qué no le visitamos más a menudo. Digámosle: «Te daré un cigarrillo cuando el cronómetro se detenga. No me lo vuelvas a pedir antes de que se pare». E ignoremos hasta ese momento cualquier nueva exigencia.

Quizá tengamos que poner límites realistas sobre lo que podemos hacer. Pero antes de establecer los límites, tendremos que conocer el grado de incapacidad del paciente y saber qué recursos adicionales podemos movilizar para reemplazar lo que no podamos hacer. Posiblemente tengamos que solicitar la ayuda de una persona externa —una enfermera o un asistente social que conozca la enfermedad— para que nos ayude a planificar la atención de manera que sea completa pero no nos deje exhaustos (véase el capítulo 10).

Cuando las exigencias nos enojen o nos frustren, tratemos de encontrar una salida a nuestro enojo que no involucre al paciente. Nuestra ira puede precipitar reacciones catastróficas que todavía le pueden hacer más contumaz.

Tozudez y poca colaboración

«No hace nada de lo que quiero que haga», dice una nuera. Otra explica: «Cuando es la hora de vestir a papá, dice que ya se ha cambiado la ropa. No va al médico y no come nada de lo que le preparo para cenar».

A menudo los familiares sospechan que una persona tozuda y poco colaboradora con demencia está tratando de frustrarles deliberadamente. Resulta difícil saber si una persona que siempre ha sido tozuda ahora lo es más o bien si la tozudez se debe realmente a la demencia. Algunas personas son menos colaboradoras que otras por naturaleza. Sin embargo, este tipo de conducta suele estar causado, por lo menos en parte, por la enfermedad.

Si una persona es incapaz de recordar cuándo se bañó por última vez, puede sentirse insultada si le dicen que se bañe. Esto es comprensible.

Quizás el paciente no recuerde lo que le están pidiendo que haga (ir al médico, ayudar a poner la mesa) y, por tanto, rehúse hacerlo. La poca colaboración puede parecer un recurso más seguro que arriesgarse a hacer el ridículo. A veces una frase como: «Odio esta comida» realmente significa: «Me siento abatido».

Tenemos que asegurarnos de que realmente entiende las peticiones. «¿Puedes oler la sopa que estoy preparando? ¿Ves el asado? Será delicioso. Siéntate; te daré un poco.»

A veces resulta útil centrarse en una experiencia agradable: «En cuanto salgamos del consultorio del doctor Brown, lo celebraremos con un enorme helado».

Si este tipo de estrategias no funciona (y, a veces, no funciona en absoluto), consideremos que las actitudes negativas son a menudo parte de la enfermedad, más que un ataque personal. El enfermo puede estar demasiado confundido para *tener la intención* de criticar nuestra comida. Tomemos la vía más sencilla. Evitemos discutir y aceptemos cualquier compromiso que funcione.

Cuando el paciente insulta al cuidador

Cuando una familia contrata a una persona para que acompañe al paciente, es posible que éste ataque al cuidador. Quizá se enfade, sospeche de él, no le deje entrar o le acuse de robo. Esto puede hacer que nos parezca imposible salir de casa, o puede significar que el paciente ya no es capaz de vivir en el hogar. A menudo podemos encontrar algunas vías para solucionar el problema.

Al igual que con muchos otros problemas, esta situación puede originarse por la incapacidad del paciente para captar su entorno o para recordar las explicaciones. Lo máximo que puede reconocer es que hay un extraño en casa. A veces, la presencia de un «canguro» significa que reconoce una mayor pérdida de su independencia y reacciona ante ella.

Asegurémonos de que el cuidador sabe que somos nosotros, y no el enfermo, quien tiene la autoridad para contratarle o despedirle. Esto significa que debemos confiar plenamente en el cuidador. Si es posible, busquemos a un cuidador que el paciente ya conozca; si no, tendríamos que presentárselo de manera gradual. La primera o la segunda vez es mejor que estemos en casa. Con el tiempo, el enfermo puede acostumbrarse a la idea de que el cuidador pertenece allí. Esto también nos dará la oportunidad de mostrarle cómo manejamos determinadas situaciones y servirá para valorar el tipo de relación que se establece entre ellos.

También debemos asegurarnos de que el cuidador comprende la naturaleza de una demencia y sabe cómo se puede reconducir una reacción catastrófica. Tendríamos que encontrar a un cuidador acostumbrado a ganarse la confianza de los enfermos y que tenga experiencia en tratar al paciente sin precipitar reacciones catastróficas. Igual que hay personas que se llevan bien con los niños por naturaleza y otras que no, también existe un tipo de personas intuitivamente afines con las personas confundidas. Sin embargo, a menudo resulta difícil encontrarlas. Si el paciente no aceptara a un cuidador, intentémoslo con otro (en el capítulo 10 se describe cómo contratar a un cuidador). Y no dejemos de preguntarnos si nuestra propia reticencia a tener un cuidador forma parte del problema.

Es importante estar seguros de que el cuidador puede localizarnos, a nosotros o a algún otro familiar, en caso de que haya cualquier problema.

A menudo el paciente confundido se adaptará a la presencia de otro cuidador si tanto éste como nosotros somos capaces de apaciguar la tormenta del período inicial.

Podemos presentar al cuidador como un amigo «que quiere visitarte», y no como un canguro, si el paciente es reticente a los cuidadores; quizás el médico pueda reducir esta reticencia con medicamentos, o bien puede redactar una nota para el paciente en la que le recuerde que tiene que estar con el visitante.

En cualquier caso, no debemos perder de vista nuestra propia salud. Incluso aunque el cuidador angustie al paciente, es esencial que podamos salir de vez en cuando si queremos continuar siendo capaces de atenderlo correctamente (véase el capítulo 10).

USO DE MEDICAMENTOS PARA CONTROLAR LA CONDUCTA

En este capítulo hemos descrito numerosas maneras de controlar los problemas de conducta. Podemos escuchar distintas opiniones sobre la utilización de medicamentos para controlar los problemas de conducta. Algunas personas dicen que nunca deberían utilizarse medicamentos, mientras que otras ven los fármacos como la única solución. La máxima eficacia de los medicamentos se consigue cuando se emplean para reducir síntomas concretos. Habitualmente no son útiles cuando se administran para síntomas generalizados o molestos. Puesto que todos estos medicamentos producen efectos indeseables potencialmente graves, las intervenciones no farmacológicas siempre deberían intentarse en primer lugar, a no ser que la conducta resulte peligrosa para el paciente o para otras personas que le rodean, o si el problema está causado por una enfermedad para la que existe un tratamiento específico, como la depresión.

Capítulo 8

Problemas de humor

Depresión

Las personas con problemas de memoria también pueden estar tristes, en baja forma o sentirse deprimidas. Cuando un paciente tiene una alteración de la memoria y está deprimido, es importante que se realice un diagnóstico cuidadoso y que reciba un tratamiento. Es posible que los problemas de memoria no los produzca la enfermedad de Alzheimer y seguramente se reducirán cuando la depresión mejore; también puede darse el caso de que la persona tenga, a la vez, enfermedad de Alzheimer y depresión, y que ambas dolencias respondan al tratamiento.

Cuando un paciente con una enfermedad incurable está deprimido parece lógico pensar que la causa de su depresión es la enfermedad crónica. Pero no todas las personas con enfermedad de Alzheimer u otras enfermedades crónicas se encuentran deprimidas. Parece que algunas no son conscientes de sus problemas. Es natural y comprensible que exista cierto desánimo relacionado con la situación personal, pero un abatimiento profundo o una depresión continuada ni son naturales ni necesarios. Afortunadamente, este tipo de depresión responde bien al tratamiento, de modo que el paciente puede sentirse mejor, tanto si tiene una demencia irreversible como si no.

La señora Sánchez se mostraba irritable y, a menudo, se quejaba de su salud. Decía: «Sólo quiero morirme», y perdió peso. Parecía que no hubiera ningún momento en el que se encontrara animada.

Como tenía un problema de memoria grave, el médico dijo que padecía la enfermedad de Alzheimer. Un psiquiatra le diagnosticó una depresión añadida. Cuando se la trató con medicamentos, su humor y su memoria mejoraron. Aumentó de peso. De vez en cuando, el médico tuvo que cambiarle la medicación para controlarle la depresión. **Gradual**mente se volvió más olvidadiza y, al fin, estaba claro que padecía la enfermedad de Alzheimer y una depresión. Tratarle la depresión le permitió vivir una vida tan plena como le era posible, y su cuidado resultó más llevadero para la familia.

Los científicos están tratando de entender por qué nos deprimimos, pero no tienen una respuesta completa. Naturalmente, nos sentimos tristes o en baja forma cuando nos sucede algo malo. Pero esto no explica por completo el fenómeno de la depresión. Por ejemplo, los investigadores están tratando de relacionar algunas depresiones con cambios cerebrales. Es importante que un médico valore la naturaleza de cada depresión, que determine si se debe a la respuesta a una situación concreta o si se trata de un abatimiento más profundo, y que luego trate la depresión de manera apropiada. Los signos de un abatimiento profundo incluyen la pérdida de peso, cambios en el patrón de sueño, la sensación de que ha hecho alguna cosa mala y espera un castigo, o una preocupación excesiva por los problemas de salud.

A un paciente con depresión le puede resultar imposible «quitársela de encima» por él mismo. Decirle que lo haga sólo aumentará su sentimiento de frustración y desánimo. Para algunas personas, tratar de animarlas sólo las hace sentir incomprendidas.

Podemos animar a un paciente deprimido o desanimado para que continúe estando con los demás. Si tiene problemas de memoria, asegurémonos de que las actividades que intenta llevar a cabo son cosas útiles y que todavía es capaz de hacer correctamente, de modo que, cuando las realice, pueda sentirse bien consigo mismo. Tenemos que ayudarle a no realizar tareas demasiado complicadas. Incluso los pequeños fracasos pueden hacer que se sienta todavía más desanimado. Pidámosle que nos ayude a poner la mesa. Si no tiene suficientes fuerzas, entonces que sólo ponga una parte y si esta tarea todavía resulta excesiva, que sólo ponga un plato.

Si le angustian los grupos de personas, tenemos que animarle para que no se retire completamente; en lugar de esto, debemos procurar que hable sólo con una persona conocida cada vez. Pidamos a un amigo que le visite. Solicitemos a un amigo que hable con la persona deprimida, que la mire a los ojos y que la involucre.

Cuando una persona se siente desanimada, puede resultarle útil hablar sobre sus preocupaciones con un consejero experto, un cura, un médico, un psiquiatra o un psicólogo. Esto sólo es posible cuando todavía es capaz de comunicarse bien y recuerda algunas cosas. La persona que se elija para hablar con ella deberá entender la demencia y tiene que ajustar el tratamiento en función de ella.

QUEJAS SOBRE LA SALUD

Si el enfermo se queja a menudo sobre sus problemas de salud, es importante que nos tomemos seriamente estas quejas y que un médico determine si existe alguna base física que las explique (recordemos que quienes se quejan de manera crónica también pueden enfermar; es fácil pasar por alto una enfermedad real cuando una persona se queja a menudo de algo sin que exista una base física). Cuando nosotros y el médico estemos seguros de que no hay ninguna enfermedad física presente, se puede empezar a tratar la depresión, que es la causa subyacente del problema. Nunca tenemos que permitir que un médico etiquete a un paciente diciendo que es «sólo un hipocondríaco». Las personas que se preocupan excesivamente por sus problemas de salud son realmente infelices y requieren el tratamiento apropiado.

SUICIDIO

Cuando un paciente está deprimido, desmoralizado o desanimado siempre existe la posibilidad de que se lesione a sí mismo. Aunque a un paciente con Alzheimer le pueda resultar difícil planificar un suicidio, tenemos que estar alerta ante la posibilidad de que se haga daño. Si tiene acceso a un cuchillo, un arma, herramientas eléctricas, disolventes, medicamentos o a las llaves del coche, puede utilizarlos para suicidarse o para herirse. Las amenazas de suicidio siempre tienen que tomarse seriamente. Debemos comunicarlas al médico.

ABUSO DE DROGAS Y ALCOHOL

Las personas deprimidas pueden utilizar el alcohol, los tranquilizantes u otras drogas para tratar de ocultar sus sentimientos de tristeza. Esto suele complicar el problema. A las personas con demencia les reduce todavía más su capacidad de respuesta. Tenemos que estar especialmente alerta sobre esta posibilidad ante cualquier persona que viva sola o que haya tomado alcohol o medicamentos en el pasado.

Los bebedores habituales que desarrollan una demencia pueden resultar de trato especialmente difícil para los familiares. En comparación con una persona sana, pueden tener una mayor sensibilidad a pequeñas cantidades de alcohol, de modo que una sola bebida o una sola cerveza son suficientes para reducir significativamente sus capacidades. A menudo, estas personas no comen de manera correcta, y esto les provoca problemas nutritivos que empeoran la situación. Incluso pueden actuar de manera hostil, tozuda o desagradable.

Resulta útil reconocer que la alteración cerebral puede imposibilitar que el paciente controle la manera de beber o sus otras conductas; quizá tendremos que controlarlas nosotros mismos. Esto incluye lograr reducir su abastecimiento de alcohol. Hay que hacerlo lentamente, aunque con firmeza. Tratemos de no sentir que su conducta desagradable es algo personal contra nosotros y evitemos decir algo que culpabilice a alguien de la situación. Hagamos lo que haya que hacer, pero tratemos de encontrar la manera de mantener su autoestima y dignidad. En la casa no debería haber ningún tipo de licor, a no ser que esté cerrado con un candado. Una familia acordó con el bodeguero del barrio que dejara de vender al paciente.

Es posible que necesitemos la ayuda de un consejero o de un médico para manejar la conducta de una persona con problemas de memoria que también abuse del alcohol o de las drogas.

APATÍA Y DESGANA

A veces las personas con enfermedades cerebrales se vuelven apáticas y desganadas. Se limitan a sentarse sin querer hacer nada. Quizá sea más fácil cuidar a estos pacientes que a los que se muestran disgustados, pero es importante no pasarlos por alto.

Igual que sucede con la depresión, no estamos seguros de por qué algunas personas con demencia se vuelven apáticas y desganadas. Probablemente se deba a los efectos de la enfermedad sobre algunas áreas cerebrales concretas. Es importante mantener a los enfermos con demencia tan activos como sea posible. Tienen que moverse y utilizar su cerebro y su cuerpo tanto como puedan.

Encerrarse en sí mismo puede constituir la respuesta de la persona cuando las cosas se complican demasiado; si insistimos para que participe, es posible que desencadenemos una reacción catastrófica. Tratemos de involucrarla hasta un nivel en el que se encuentre cómoda, en el que pueda responder y se sienta útil. Pidámosle que realice una tarea sencilla, llevémosla a pasear y señalémosle las cosas más interesantes, escuchemos música o salgamos a dar una vuelta en coche.

A menudo parece que mover el cuerpo contribuye a animar a los pacientes. Una vez que el paciente ha empezado a hacer alguna cosa, es posible que se sienta menos apático. Hoy quizá sólo pueda pelar una patata; mañana podrá intentar pelar dos. Quizá pueda cavar el jardín. Incluso, aunque sólo lo haga durante unos minutos, la actividad puede ayudarle porque le obliga a moverse. Si unos minutos después abandona la tarea, en lugar de insistirle para que continúe tendríamos que centrarnos en lo que ha conseguido y felicitarle.

A veces, cuando tratamos de mantener activo al paciente, es posible que se moleste o se muestre agitado. Si sucede esto, tendremos que considerar la importancia de mantenerle activo frente a las consecuencias de que se sienta mal.

RECORDAR SENTIMIENTOS

Es posible que las personas con demencia recuerden más sus sentimientos que la situación que los provocó. La señora Bishop pasó días enfadada con su hija, pero se olvidó de que había una buena razón por la que su hija actuó como lo hizo.

De manera similar, algunas personas mantienen constantemente las mismas ideas desconfiadas. Es comprensible que sus familiares se pregunten por qué no pueden recordar igualmente otras cosas. Quizá nuestro cerebro procesa y almacena la memoria de los sentimientos de manera distinta a la memoria de los hechos.

Por motivos que no alcanzamos a comprender, la memoria emocional parece ser menos vulnerable al efecto devastador de las demencias. Esto puede tener un lado positivo, puesto que, a menudo, las personas recuerdan más las sensaciones buenas que los hechos que las provocaron.

Una mujer insistía en que había estado bailando en el centro de día, a pesar de estar confinada en una silla de ruedas. Quería decir que se lo había pasado bien allí. Un hombre siempre se mostraba feliz durante horas después de la visita de sus nietos, incluso aunque olvidaba la visita inmediatamente después de que se hubieran marchado.

IRA E IRRITABILIDAD

Algunas veces las personas con demencia se vuelven iracundas. Es posible que empiecen a darnos patadas mientras tratamos de ayudarles. Pueden arrojar cosas, golpearnos, rehusar nuestros cuidados, tirar la comida, chillar o acusarnos. Esto resulta molesto y provoca problemas en casa. Parece como si toda esta hostilidad se dirigiera hacia nosotros, aunque realicemos un gran esfuerzo para atender correctamente al enfermo; incluso es posible que lleguemos a temer que la persona se haga daño o se lo haga a otro, mientras está pataleando. Se trata de una preocupación real. Sin embargo, nuestra experiencia indica que ocurre muy pocas veces y que habitualmente puede controlarse.

Normalmente, la conducta iracunda o violenta es una reacción catastrófica que debería manejarse como cualquier otra reacción catastrófica (véase el capítulo 3). Respondamos con tranquilidad, no con enfado. Apartemos al paciente de la situación o tratemos de detener los estímulos desencadenantes de la misma. Busquemos el evento que precipitó la reacción, de modo que podamos evitarlo o minimizar su reaparición.

Tratemos de no interpretar el enojo de la misma manera en que lo haríamos si procediese de una persona sana. El enfado de un paciente confundido suele ser exagerado o estar mal dirigido. Quizás el enfermo no esté realmente enfadado con nosotros. Probablemente, el enojo sea el resultado de una interpretación errónea de lo que está sucediendo. Por ejemplo:

El señor Jones adoraba a su nieto pequeño. Un día, el niño tropezó, se cayó y empezó a llorar. El señor Jones empuñó un cuchillo, empezó a gritar y no dejaba que nadie se acercara al pequeño.

El señor Jones había interpretado erróneamente la causa del llanto del niño y tuvo una reacción excesiva. Pensó que alguien estaba atacando a su nieto. Afortunadamente, la madre del niño entendió lo que sucedía. «Te ayudaré a proteger al niño», le dijo al señor Jones. Y le encomendó un trabajo: «Mira, vigila la puerta». Entonces pudo recoger al niño y calmarlo.

Olvidar las cosas es una ventaja, porque el enfermo deja de recordar el episodio enseguida. A menudo podemos distraer a un paciente que tiene una conducta inapropiada de este tipo sugiriéndole algo que le guste.

La suegra de la señora Williams se enojaba y era cruel cada vez que ésta trataba de preparar la cena. El señor Williams empezó a distraer a su madre durante este rato, llevándola a otra parte de la casa.

Muy raramente un enfermo con una reacción catastrófica llega a golpear a alguien que trate de ayudarle. Debemos responder a la agresión del mismo modo que ante una reacción catastrófica. Hay que hacer todo lo posible para no sujetarle. Si ocurre con frecuencia, quizá tendremos que pedir al médico que nos ayude a revisar qué es lo que molesta al paciente y, si es necesario, prescribirle algún medicamento.

ANSIEDAD, NERVIOSISMO E INQUIETUD

Las personas con demencia pueden volverse ansiosas, preocupadas, agitadas y molestas. Quizá empiecen a patalear o a juguetear con algo. Esta inquietud constante puede llegar a resultarnos molesta. Es posible que el enfermo sea incapaz de explicarnos por qué se siente mal. O quizá pueda darnos una explicación razonable de su ansiedad. Por ejemplo:

Se percibía claramente que la señora Berger estaba molesta por algo, pero cada vez que su esposo trataba de descubrir qué era, ella decía que su madre estaba a punto de llegar para buscarla. Explicarle que su madre se había muerto hacía años sólo le provocaba más llanto.

A veces la ansiedad y el nerviosismo pueden estar producidos por los cambios cerebrales. En otras ocasiones, el nerviosismo puede proceder de sentimientos reales de pérdida o de tensión. Los sentimientos reales que resultan de no saber dónde está uno, qué es lo que se espera de él y dónde están las propiedades familiares pueden desencadenar sensaciones constantes de ansiedad. Algunas personas tienen la sensación de que suelen hacer mal las cosas y se angustian cuando «echan a perder» algo. Añorar un entorno familiar («Quiero ir a casa») o preocuparse por personas del pasado («¿Dónde están los niños?») pueden provocar ansiedad. Lo mejor que podemos ofrecerles es tranquilidad, afecto y distracción. Los medicamentos sólo ayudan a aliviar estas sensaciones de manera ocasional, y únicamente debería intentarse su uso cuando ya han fallado las demás estrategias y si la ansiedad es grave.

Incluso las personas gravemente enfermas son sensibles al humor de quienes les rodean. Si hay tensión en el hogar, por muy bien que tratemos de esconderla, es posible que la persona responda a ella. Por ejemplo, la señora Powell discutía con su hijo sobre algún asunto menor y, justo cuando ya estaba solucionado, su madre confundida empezó a llorar porque «sentía que iba a ocurrir algo desastroso». Su sentimiento era una respuesta real al humor que reinaba en la casa, pero como sufría una alteración cognitiva, su interpretación de la causa del sentimiento era incorrecta.

Es posible que el enfermo esté triste o preocupado por la pérdida de alguna cosa concreta, como el reloj. Tranquilizarlo diciéndole que nosotros lo tenemos parece que no sirve de nada. De nuevo, el paciente tiene una *sensación* precisa (algo se ha perdido: su memoria se ha perdido, el tiempo se ha perdido, se han perdido muchas cosas), pero la *explicación* de esta sensación es imprecisa. Tenemos que responder a su sensación, que es real, con afecto y tranquilizándole, y evitar convencerle de que expresa algo irracional.

Intentando que el paciente nos explique qué le preocupa o discutiendo con él («No hay ninguna razón para que te preocupes») sólo conseguiremos preocuparlo más. Por ejemplo:

Cada tarde, a las 2, la señora Novak empezaba a dar paseos y a retorcerse las manos en el centro de día. Explicaba a los cuidadores que perdería el tren hacia Baltimore. Si le decían que ella no iba a Baltimore, todavía la angustiaban más. El personal se dio cuenta de que probablemente estaba preocupada por tener que marcharse a casa y todos la tranquilizaron diciéndole que procurarían que llegara a su hogar sin problemas. Esto siempre la calmaba (habían dado la respuesta apropiada a sus sentimientos).

No toda la ansiedad ni el nerviosismo desaparecen tan fácilmente. A veces estas sensaciones son inexplicables. Quizá lo máximo que podamos hacer para contrarrestar los efectos de la enfermedad cerebral sea ofrecer comodidad y tranquilidad al paciente, y tratar de simplificar al máximo su entorno.

Cuando las personas con demencia se pasean, manipulan cosas, se resisten a las atenciones, empujan los muebles, se escapan de casa o del centro de día o encienden el gas de la cocina y abren todos los grifos, es posible que esto ponga nerviosos a quienes les rodean. Su conducta inquieta e irritable resulta difícil de manejar para las familias sin ayuda externa.

La agitación puede formar parte de la depresión, del enojo o de la ansiedad. Puede ser inquietud o aburrimiento, un síntoma del dolor, una consecuencia de los medicamentos o una parte inexplicable de la propia demencia. Respondamos con calma y amabilidad; tratemos de simplificar el entorno del paciente y evitemos «sobrecargar sus circuitos mentales». Conseguiremos transmitirle nuestra calma y amabilidad.

Quizá resulte útil darle algo al paciente para que juguetee. Hay personas que juegan con sartas de cuentas o con monedas que guardan en el bolsillo. Podemos pedir al paciente algo constructivo que pueda hacer de acuerdo con la fuerza que tenga; por ejemplo, ir a buscar el correo. Si el paciente toma bebidas con cafeína (café, cola o té), es útil cambiarlas por bebidas descafeinadas.

Una mujer se pasaba gran parte del tiempo muy inquieta. Paseaba, jugueteaba con la ropa y deambulaba. Su marido dejó de decirle que se sentara y, en lugar de eso, empezó a darle un mazo de cartas y le pedía: «Toma, Helen, haz un solitario». Aprovechó que siempre le habían gustado las cartas, incluso aunque no pudiera hacerlo correctamente.

A veces esta conducta es el resultado de reacciones catastróficas frecuentes o casi continuas. Tratemos de encontrar la manera de reducir la confusión, la estimulación extra y el cambio continuo alrededor del paciente confundido (hay más información en las secciones dedicadas a las reacciones catastróficas y a la deambulación). Los medicamentos pueden ayudar a las personas muy agitadas o inquietas.

FALSAS IDEAS, DESCONFIANZA, PARANOIA Y ALUCINACIONES

Es posible que las personas con problemas de memoria se vuelvan irracionalmente desconfiadas. Pueden sospechar o acusar a los demás de robarles el dinero, las posesiones e, incluso, cosas que nadie quitaría, como el cepillo de dientes. Pueden atesorar o esconder cosas. También pueden pedir auxilio o llamar a la policía. Un paciente es capaz de empezar a acusar a su esposa de infidelidad.

Las personas con demencia pueden tener ideas inamovibles de que les han robado algo o de que alguien quiere hacerles daño. Llevadas hasta el extremo, estas ideas pueden hacer que la persona tenga miedo y se resista a cualquier intento para atenderla. Ocasionalmente, los enfermos tienen ideas extrañas y angustiantes que recuerdan y sobre las que insisten. Pueden sostener que éste no es el lugar en el que viven o que en la casa hay un extraño que quizá sea peligroso. A veces, alguna enferma puede insistir en que su esposo no es su esposo, sino alguien que se parece a su marido, pero que es un impostor.

Una persona con demencia puede ver, sentir u oler cosas que no están ahí. Estas alucinaciones pueden aterrorizarla (por ejemplo, si ve a algún extraño en el dormitorio) o divertirla (si ve un muñeco sobre la cama).

Estas conductas resultan preocupantes para los familiares porque son extrañas, y asustan porque se asocian a la locura. Quizá nuestro familiar nunca las presente, pero deberíamos estar preparados por si tenemos que enfrentarnos a una experiencia de este tipo. Cuando se presentan en el curso de una demencia, habitualmente son el resultado de una lesión cerebral o de un delirio superpuesto (véanse las págs. 239-241 y 412-413) y no son síntomas de otra enfermedad mental.

CONFUSIONES

A veces estos problemas se deben a la mala interpretación que hace el enfermo de lo que ve u oye. Si ve mal en la oscuridad, es posible que confunda el movimiento de las cortinas con un extraño. Si oye mal, quizá sospeche que las conversaciones son, en realidad, personas que hablan de ella. Si pierde sus zapatos, puede interpretar la pérdida como un robo.

El paciente ¿ve bien en la oscuridad u oye tan bien como debería? Una persona con problemas cognitivos debería ver y oír tan bien como fuera posible, puesto que puede no darse cuenta de sus limitaciones sensoriales. Tenemos que asegurarnos de que sus gafas están bien graduadas o de que su audífono funciona correctamente. Si el dormitorio tiene una iluminación tenue, puede ser útil poner más lámparas. Si la habitación es ruidosa o si se eliminan los ruidos, quizá tengamos que ayudar al paciente a identificar determinados sonidos (véase el apartado «Problemas auditivos», en el capítulo 6). Correr las cortinas puede ayudar si por la noche ve a alguien en el exterior de la ventana.

Si pensamos que el enfermo está interpretando mal algunas cosas, quizá podamos ayudarle si le explicamos lo que ve y lo que oye. Digámosle, por ejemplo: «Este movimiento son las cortinas», o bien: «Estos golpes son las ramas que hay cerca de la ventana». Estas observaciones no son lo mismo que oponerse directamente a su interpretación, lo que podría desencadenar reacciones catastróficas. Tenemos que evitar decir: «No hay ningún hombre en la habitación», o bien: «Nadie intenta salir a hurtadillas. Ahora ponte a dormir».

Si el paciente no oye bien, puede ser útil incluirlo en la conversación dirigiéndonos directamente a él, en lugar de hablar de él.

Mirémosle directamente. Hay personas que pueden leer los labios y, con ello, suplir los déficit auditivos. Podemos decir: «Papá, John dice que el tiempo ha sido horrible, últimamente», o bien: «Papá, John explica que tu nieto ya se sienta». No hay que hablar nunca de alguien en tercera persona y, aunque no esté allí, no importa cuán «fuera de allí» esté, tenemos que pensar que está. Esto deshumaniza y es comprensible que enoje al paciente. Tenemos que pedir a los demás que tampoco lo hagan.

A veces el cerebro del paciente incapacitado interpreta mal lo que sus sentidos ven o escuchan correctamente. Esto es lo que sucede a menudo cuando una persona se vuelve irracionalmente desconfiada. En ocasiones podemos ayudar proporcionándole información precisa o bien escribiéndole recordatorios. Quizá tengamos que repetir a menudo la misma información, puesto que el paciente tiende a olvidar rápidamente lo que decimos.

INCAPACIDAD PARA RECONOCER A PERSONAS O COSAS (AGNOSIA)

Las personas con demencia pueden perder su capacidad para reconocer cosas o personas, no porque las hayan olvidado o porque su vista no funcione, sino porque son incapaces de juntar adecuadamente la información. Esto se llama *agnosia*, de la expresión latina que significa «desconocer». Puede ser un síntoma desconcertante. Por ejemplo:

La señora Kravitz le dijo a su esposo: «¿Quién eres? ¿Qué haces en mi casa?».

Éste no es un problema de memoria. La señora Kravitz no había olvidado a su marido; en realidad, se acordaba bien de él, pero su cerebro no podía distinguir quién era él, a partir de lo que sus ojos veían.

El señor Clark insistía en que aquélla no era su casa, aunque había vivido allí varios años.

No se había olvidado de su casa, pero como su cerebro no funcionaba correctamente, el lugar le resultaba desconocido.

Podemos ayudar al paciente proporcionándole otro tipo de información. Puede ser útil decir: «Supongo que no resulta familiar, pero ésta es tu casa». Quizás escuchar nuestra voz pueda ayudarle a recordar quiénes somos. Ayudémosle para que se fije en un detalle familiar. «Ahí tienes tu silla. Siéntate. *Parece* familiar.»

«No eres mi marido»

Ocasionalmente, una paciente con demencia puede insistir en que su cónyuge no es su cónyuge o en que su casa no es su casa. Es posible que insista en que parece su casa real, pero que alguien se ha llevado la verdadera y la ha reemplazado por una que es falsa. No entendemos exactamente lo que sucede, pero sabemos que este síntoma angustioso forma parte de la lesión cerebral.

Tranquilicemos al paciente; por ejemplo: «Soy tu marido», pero evitemos discutir con él. Aunque pueda resultar doloroso, es importante que nos convenzamos de que no se trata de un rechazo hacia nosotros (el paciente *no* nos recuerda). Simplemente se trata de una confusión inexplicable del cerebro lesionado.

«MI MADRE VIENE A BUSCARME»

Ciertos pacientes con demencia pueden olvidar que alguien que conocieron ya ha muerto. Quizá digan: «Mi madre está a punto de llegar», o que su abuela lo ha venido a visitar. Quizá sus recuerdos de la persona sean más fuertes que el recuerdo de su muerte. O es posible que, en su cerebro, el pasado se haya convertido en presente.

En lugar de contradecirle o de seguirle la corriente, podemos tratar de responder a sus sentimientos generalizados de pérdida, si creemos que esto es lo que puede estar expresando.

Explicarle directamente al paciente confundido que su madre murió hace años puede alterarle muchísimo. Su fijación constante en estos recuerdos probablemente significa que son importantes para él. Podemos pedirle que nos hable de su madre, que mire un álbum de fotografías de esa época o que vuelva a contar viejas historias familiares. Esta actitud responde a sus sentimientos sin herirle una y otra vez.

A veces la gente cree que esta idea es «horripilante», o que el enfermo «está viendo la muerte». Es mucho más probable que se trate de otro síntoma, igual que los problemas de memoria, la deambulación o las reacciones catastróficas.

Quizá pensemos que esta cuestión no vale la pena discutirla.

Desconfianza

Si una persona es desconfiada o «paranoica», tenemos que considerar la posibilidad de que su desconfianza esté fundamentada. A veces, cuando se sabe que una persona muestra una desconfianza inusual, se pasan por alto las causas de la misma. En realidad, puede ser una víctima, pueden robarle o pueden estar presionándola. Sin embargo, algunas personas con demencia desarrollan una desconfianza inapropiada con relación a la situación real.

La paranoia y la desconfianza no son difíciles de entender. Todos somos desconfiados; es algo necesario para sobrevivir. La inocencia innata del niño se va reemplazando por una desconfianza sana. Nos enseñan a desconfiar de los extraños que nos ofrecen un caramelo, de los vendedores que llaman a la puerta y de las personas con mirada «furtiva». A algunos de nosotros, cuando éramos pequeños, también nos enseñaron a desconfiar de las personas de otra raza o de otra religión. Hay personas que siempre han sido desconfiadas; otras, en cambio, siempre son confiadas. Una demencia puede exagerar estos rasgos de la personalidad.

La señorita Henderson vuelve a su oficina y encuentra a faltar su monedero. Esta semana han desaparecido dos monederos más. Sospecha que los ha robado el nuevo aprendiz.

Cuando el señor Starr sale de un restaurante por la noche, se le acercan tres adolescentes y le piden cambio para el teléfono. Su corazón empieza a latir con fuerza. Sospecha que tratan de robarle.

La señora Bellotti llamó tres veces a su amiga para encontrarse con ella para cenar y su amiga cada vez declinó la invitación diciendo que estaba muy atareada. La señora Bellotti sospecha que su amiga la está evitando.

Este tipo de situaciones ocurre con frecuencia. Una diferencia entre la respuesta de una persona sana y la de una persona con alteración cerebral es que la capacidad para razonar de esta última puede verse sobrepasada por las emociones que suscita la desconfianza o la incapacidad para comprender el sentido de su mundo.

La señorita Henderson buscó su monedero y, finalmente, recordó que lo había olvidado en la cafetería; lo encontró allí: se lo guardaban en la caja.

La persona confundida carece de la capacidad para recordar. Por tanto, nunca hallará su monedero y continuará sospechando del aprendiz, tal como hubiera hecho la señorita Henderson si no hubiera sido capaz de recordar dónde lo dejó.

Al saber que se encuentra en una zona transitada y bien iluminada, el señor Starr suprime su pánico y da veinticinco peniques a los tres adolescentes. Ellos se lo agradecen y salen corriendo hacia el teléfono.

La persona confundida carece de la capacidad para valorar su situación de manera realista y controlar su pánico. A menudo reacciona de manera excesiva. Por tanto, sería posible que gritara, los adolescentes habrían salido corriendo, alguien hubiera llamado a la policía, etc.

La señora Bellotti comentó sus sospechas con una amiga común y supo que su amiga había estado enferma, que realmente tenía mucho trabajo atrasado y que comía en su oficina.

El enfermo confundido carece de la capacidad de contrastar sus sospechas con las opiniones de los demás y, luego, valorarlas.

La persona con demencia que se vuelve «paranoica» no se ha vuelto loca. Vive en un mundo en el que cada momento empieza sin ningún recuerdo de los momentos anteriores; las cosas desaparecen, se olvidan las explicaciones y las conversaciones no tienen sentido. En este mundo, resulta fácil comprender hasta qué punto es fácil excederse y mostrarse muy desconfiado. Por ejemplo, el paciente con demencia se olvida de que le hemos explicado que contratamos a una persona para el servicio doméstico. Al faltarle la información que necesita para valorar con precisión lo que sucede, hace exactamente la misma asunción que haríamos cualquiera de nosotros si encontrásemos a un extraño en nuestra casa: esa persona es un ladrón.

El primer paso para tratar la desconfianza excesiva consiste en entender que no se trata de una conducta que el paciente pueda controlar. En segundo lugar, enfrentarse a la persona o discutir sobre la certeza de su sospecha sólo empeora las cosas. Tenemos que evitar decir: «Te lo he repetido veinte veces: puse las cosas en el altillo. No las ha robado nadie». Quizá podamos hacer una lista para indicar dónde están las cosas: «El canapé se lo dimos a la prima Mary. La cómoda de cedro está en la buhardilla de Ann».

Cuando dice: «Me has robado la dentadura», no respondamos: «Nadie te robó la dentadura; la has vuelto a perder». En lugar de esto, podemos comentar: «Te ayudaré a encontrarla». A menudo, localizar el objeto perdido resuelve el problema. A la persona que no puede recordar dónde la puso y que es incapaz de pensar que nadie robaría una dentadura, los objetos extraviados le parecen robados.

Un hijo clavó una llave en el tablón de anuncios (para que su madre no pudiera quitarla ni esconderla). Cada vez que le acusaba de robarle sus muebles, él le repetía: «Todas tus cosas están guardadas en la buhardilla. Aquí está tu llave de la buhardilla, donde están todas las cosas».

A veces podemos distraer al paciente del blanco de su desconfianza. Busquemos cosas perdidas; tratemos de salir a pasear en coche o démosle alguna tarea. Ocasionalmente podremos buscar la causa real de sus quejas y podremos responder a su sensación de sentirse perdido y de estar confundido con simpatía, tranquilizándolo.

Cuando hay que guardar la mayor parte de las cosas de una persona para que pueda trasladarse a casa de otra o a una residencia, es posible que insista en que le han robado. Cuando asumimos el control de las finanzas del enfermo, es posible que nos acuse de robarle. A veces, repetir las explicaciones o emplear listas resulta útil. Otras veces no, porque el paciente no puede comprender la explicación o se olvida de ella. Estas acusaciones son desalentadoras, porque estamos haciendo lo mejor para él. Con frecuencia, las acusaciones son, en parte, un reflejo de la gran sensación de pérdida, de confusión y de malestar. En realidad no hacen daño a nadie, aunque nos resultan molestas. Cuando entendamos que se deben a la lesión cerebral, nos preocuparán menos.

Hay pocas cosas que nos enojen más que una falsa acusación. En consecuencia, las acusaciones del paciente pueden ofender a los cuidadores, a otros familiares, vecinos y amigos, y pueden hacernos perder unas amistades y una ayuda imprescindible. Tenemos que dejarles bien claro que nosotros no sospechamos de ellos y explicarles que la conducta acusadora es el resultado de la incapacidad del paciente para valorar la realidad de manera precisa. Nuestra confianza en estas personas tiene que ser obvia y suficientemente fuerte para ignorar las acusaciones vertidas por el enfermo. A veces resulta útil compartir con ellos algunos materiales escritos —como este libro— que explican cómo la alteración cerebral afecta a la conducta. Parte del problema radica en que el paciente confundido puede parecer y sonar razonable. Es posible que no aparente que su conducta está fuera de control y, puesto que las demencias suelen comprenderse poco, cabe la posibilidad de que las personas no entiendan lo que sucede.

Algunos casos de desconfianza están fuera de cualquier explicación; no se pueden explicar por el olvido y la pérdida de capacidad para valorar correctamente la realidad. Este tipo de desconfianza puede estar causado por el mismo proceso de la enfermedad. Algunos medicamentos a dosis bajas pueden ayudar. El tratamiento no sólo nos facilita la vida, sino que también alivia al enfermo de la ansiedad y el miedo que surgen de su propia desconfianza.

ESCONDER COSAS

En un mundo que es confuso y en el que desaparecen las cosas de manera inexplicable, es comprensible que una persona quiera colocar las cosas importantes en un lugar seguro. La diferencia entre estar sano y estar incapacitado es que el enfermo olvida con mayor facilidad que la persona sana dónde está el lugar seguro. A menudo, la conducta de esconder cosas se acompaña de desconfianza, pero como causa problemas, la hemos descrito en el capítulo 7.

ILUSIONES Y ALUCINACIONES

Las ilusiones son ideas falsas y resueltas sostenidas por una persona. Pueden basarse en la desconfianza («La mafia me persigue» o «Me has robado el dinero»), o bien en la autoinculpación

(«Soy una mala persona», o «Me estoy pudriendo y estoy exten-
diendo una terrible enfermedad»). La naturaleza de la ilusión puede ayudar a los médicos a diagnosticar el problema del paciente.
Las ideas de autoinculpación, por ejemplo, suelen verse en personas muy deprimidas. Sin embargo, cuando las ilusiones aparecen
en una persona que tiene una alteración cerebral debida a un derrame, a una enfermedad de Alzheimer o a otras enfermedades, entonces se cree que la ilusión se origina en la misma lesión del tejido
cerebral. Puede resultar frustrante el hecho de que una persona parezca capaz de recordar una idea falsa y, en cambio, sea incapaz de
recordar la información real.

A veces, las ilusiones parecen venir de la mala interpretación de
la realidad. En ocasiones guardan relación con las experiencias pa-
sadas del paciente. (Una advertencia: no todas las cosas extrañas
que dice un enfermo son ilusiones.)

Las alucinaciones son experiencias sensoriales que parecen reales a la persona que las nota, pero que otros no experimentan. Las
más frecuentes consisten en escuchar voces o ver cosas, aunque
ocasionalmente las personas también sienten, huelen o saborean
ciertas cosas.

A veces, la señora Singer veía un perro durmiendo en su cama.
Llamaba a su hija: «Ven y echa a este perro de mi cama».

El señor Davis veía hombrecillos en el suelo. Le distraían y, a menudo, se sentaba y los observaba en lugar de participar en las actividades del centro para ancianos.

La señora Eckman oía a los ladrones que estaban en su ventana,
tratando de entrar; discutían la manera en que la herirían. Ella llamó
varias veces a la policía y se ganó la fama de «chiflada».

El señor Vaughan notaba el gusto del veneno en toda la comida.
Rehusaba comer y, así, perdió tanto peso que tuvieron que hospitali-
zarle.

Las alucinaciones son un síntoma, como la fiebre o el dolor
de garganta, que puede tener varias causas. Algunos fármacos
pueden producir alucinaciones en personas sanas. Algunas enfermedades también pueden producir alucinaciones. Igual que su-

cede con la fiebre o el dolor de garganta, el primer paso consiste en identificar su causa. En un anciano, las alucinaciones no son necesariamente la indicación de una demencia. Pueden ser el resultado de numerosas causas, muchas de las cuales son tratables. El delirio es un ejemplo. Si aparecen alucinaciones o ilusiones en una persona previamente sana, probablemente no estén asociadas con la demencia. No debemos permitir que un médico pase por alto este síntoma. No todos los ejemplos que hemos dado son casos de personas en las que la alucinación es un síntoma de demencia.

Cuando aparecen alucinaciones como una parte inexplicable de una demencia, el médico puede ayudar. A menudo, estos síntomas responden a los medicamentos que hacen sentir al paciente más cómodo y que también nos facilitan la vida.

Cuando aparecen ilusiones o alucinaciones, tenemos que reaccionar con calma, de manera que no alteremos todavía más al paciente confundido. Aunque no se trata de una urgencia, tendremos que pedir al médico que valore al paciente cuando lo crea conveniente. Tenemos que asegurar al paciente que cuidamos de sus cosas y que velaremos para que todo esté bien.

Hay que evitar negar la experiencia de la persona, enfrentarnos o discutir directamente con ella. Con esto sólo lograríamos angustiarla todavía más. Recordemos que, para ella, se trata de una experiencia real. Al mismo tiempo, no deberíamos seguir el juego a una ilusión o una alucinación. No tenemos que estar de acuerdo ni oponernos; limitémonos a escuchar o a dar una respuesta no comprometida. Podemos decir: «No oigo las voces que tú oyes, pero deben de ser horrorosas». Esto no es lo mismo que estar de acuerdo con el paciente. A veces podemos distraerle para que se olvide de la alucinación. Digamos: «Vamos a la cocina a tomar una taza de leche caliente». Cuando vuelva a su dormitorio, es posible que ya no vea al perro sobre su cama y habremos evitado una confrontación angustiosa.

A veces resulta reconfortante tocar físicamente al enfermo, siempre que no interprete incorrectamente este hecho como un intento de sujetarlo. Le podemos decir: «Sé que estás preocupado. ¿Te ayudaría si te doy la mano (o te abrazo)?».

No tener nada que hacer

A medida que evolucionan, las demencias limitan enormemente las cosas que el paciente confundido puede hacer. Resulta imposible recordar el pasado o anticipar el futuro. El paciente confundido no puede planificar ni organizar una actividad sencilla, como tomar una ducha. Muchos enfermos no pueden seguir la acción que les muestra el televisor. Mientras nosotros o el personal de la residencia hacemos las tareas rutinarias, es posible que el paciente no tenga nada que hacer aparte de sentarse con el tiempo y los pensamientos vacíos.

La inquietud, deambular, tratar de marcharse «a casa», los movimientos repetitivos, preguntar lo mismo una y otra vez, rascarse, masturbarse y muchas otras conductas empiezan como un esfuerzo por llenar este vacío. Pero nuestras horas están llenas. No pensamos en que un familiar que atiende al enfermo, con toda la carga a la que se enfrenta, debe asumir la responsabilidad adicional de planificar el ocio. Creemos que esta actividad es importante y recomendamos recurrir a un centro de día o a otros familiares, amigos o a una persona externa.

Siempre que nosotros o alguien inicie una actividad dirigida a una persona con demencia, deberemos marcar la frontera entre proporcionarle una actividad con significado y estresarla en exceso. Vayamos al paso del paciente confundido. No permitamos nunca que una actividad se convierta en una prueba de su habilidad; tenemos que arreglar las cosas de manera que le salgan bien. Divertirse debería ser más importante que hacerlo correctamente. Y paremos cuando el enfermo empiece a mostrarse inquieto o irritable.

Capítulo 9

Planes especiales por si nos ponemos enfermos

Cualquiera puede ponerse enfermo o tener un accidente. Si estamos cansados y nos encontramos bajo un estrés considerable por el hecho de cuidar de una persona con una enfermedad crónica, nuestro riesgo de ponernos enfermos o de padecer un accidente *aumenta*. La esposa de una persona con demencia, que ya no es joven, tiene el riesgo de padecer otras enfermedades.

¿Qué le ocurrirá a la persona confundida y con problemas de memoria si el cuidador se lesiona o se pone enfermo? Es importante tener un plan a punto. Quizá nunca tendremos que ponerlo en práctica, pero como la demencia incapacita a la persona hasta el punto de que no puede actuar ni siquiera en interés propio, debemos hacer planes anticipados para protegernos a nosotros y al paciente.

Necesitamos a un médico que conozca nuestro estado de salud, a quien podamos acudir si nos ponemos enfermos y que sea rápidamente accesible en caso de una crisis. Además, necesitamos planificar con anticipación varios tipos de problemas posibles: los problemas súbitos y graves que surgirán si tenemos un ataque cardíaco o un derrame cerebral, o si caemos y nos fracturamos un hueso; también los problemas menos súbitos que aparecerán si tenemos una enfermedad larga, si nos hospitalizan o nos tienen que operar, y los problemas que surgirían si tenemos la gripe o estamos algunos días enfermos en casa.

La señora Brady empezó a notar un dolor súbito en el pecho y sabía que tenía que acostarse tranquilamente. Le dijo a su marido confundido que fuera a buscar al vecino, pero se quedó tirando de ella y gritándole. Cuando ella finalmente pudo telefonear para pedir ayuda, él impidió a los asistentes de la ambulancia que entraran en casa.

Incluso una persona incapacitada que parezca estar bien cuando está preocupada puede ser incapaz de hacer las cosas que suele hacer sin dificultad. Si enfermáramos de repente y fuéramos incapaces de pedir ayuda, la persona confundida y alterada probablemente tampoco sería capaz de pedirla por nosotros. Incluso es posible que interpretara de manera incorrecta lo que esté sucediendo y obstaculizara los esfuerzos para conseguirla.

Hay varias maneras de planificar la petición de ayuda. Si en nuestra zona hay un teléfono de urgencias (como el 061), tratemos de enseñar al paciente a pedir ayuda. Tenemos que escribir el número encima del teléfono. O escribir el número de teléfono de algún pariente que viva cerca y que pueda responder a la llamada de una persona confundida. Algunas compañías telefónicas ofrecen un servicio de marcación automática. Con este aparato, el teléfono marcará automáticamente un número grabado siempre que nosotros o el paciente seamos capaces de marcar uno o dos dígitos. Podemos pintar este dígito en rojo con pintura de uñas, de manera que pueda identificarse fácilmente.

Por lo menos hay un fabricante que comercializa un «botón para el pánico» que podemos llevar encima. Tiene el tamaño de una calculadora de bolsillo. Si presionamos el botón, activará un sistema de marcación automática como el descrito anteriormente y mandará un mensaje pregrabado. Este tipo de aparatos puede parecer algo caro, pero en algunas situaciones podrían salvar la vida.

Muchas áreas disponen de programas para ancianos en los que alguien llama por teléfono una vez al día para comprobar que estamos bien. Esto puede suponer un retraso notable a la hora de recibir ayuda, pero es mejor que nada.

Tenemos que asegurarnos de que la persona a la que acudamos en caso de urgencia tiene una llave de la casa. Es posible que el paciente preocupado y confundido no quiera abrir a nadie.

Si tenemos que ingresar en el hospital o si estamos enfermos en casa, tendremos que planificar cuidadosamente y con anticipación la manera de atender al enfermo confundido. Los cambios son angustiosos para un enfermo con demencia y resulta útil minimizarlos tanto como sea posible. El cuidador que nos sustituya debería ser alguien a quien el paciente conozca y que sepa las rutinas necesarias para atenderlo. En el capítulo 10 se describen algunos lugares donde se puede solicitar ayuda temporal. Tenemos que asegurarnos de que hemos escrito el nombre y el número de teléfono de nuestro médico, del médico del paciente, del farmacéutico, del abogado y de los familiares más cercanos en alguna parte, para que la persona que nos atienda durante la urgencia, pueda hallarlos fácilmente.

Algunos familiares han hecho una «libreta de urgencias» en la que han escrito las cosas que debería saber otra persona; por ejemplo: «Doctor Brown (número de teléfono). John se toma un comprimido rosado una hora antes del almuerzo. Se lo toma mejor con zumo de naranja. El horno no funcionará a no ser que encendamos el botón que está escondido detrás de la tostadora. John empieza a deambular a la hora de cenar. A esa hora hay que vigilarlo».

EN CASO DE MUERTE

Cuando alguien cercano padece una demencia, tenemos la responsabilidad especial de preocuparnos por su futuro si morimos antes. Probablemente nuestros planes no tendrán que ponerse en práctica nunca, pero tenemos que hacerlos por el bien de la persona enferma.

Cuando un familiar sea incapaz de cuidar de sí mismo, es importante que hagamos un testamento en el que se incluya su cuidado. Tendremos que encontrar un abogado en quien confiemos para que redacte un borrador de testamento y prepare cualquier otro requisito legal. Cada país tiene su propia ley que determina la manera en que se repartirán las propiedades entre nuestros herederos si no hemos hecho ningún testamento o si el testamento no es válido. Sin embargo, quizás ésta no sea la manera como queremos que se distribuyan nuestros bienes. Además de las cuestiones habituales para dejar las propiedades a los herederos, hay que tener en cuenta los puntos siguientes y darles una solución apropiada (véase también el capítulo 15).

¿Qué hemos dispuesto para nuestro funeral y cómo se llevará a cabo? Podemos escoger con anticipación un director de funeral y especificar por escrito qué tipo de funeral deseamos y cuánto queremos gastar. Lejos de ser macabros, éste es un acto considerado y responsable que asegura que todo se hará tal como deseamos; así evitaremos que nuestros familiares afligidos tengan que decidirlo en medio de su pesar. Los funerales pueden ser costosos y es posible hacer planes con anticipación para que se gaste nuestro dinero de la manera que deseamos.

¿Qué hemos dispuesto para el cuidado inmediato de la persona con una demencia y quién será el responsable de velar para que se lleve a cabo? Alguien amable y atento tiene que poder atender al paciente de inmediato.

Las personas que atenderán al paciente con demencia ¿conocen su diagnóstico y a su médico, y saben lo que nosotros sabemos para que se sienta cómodo?

¿Qué previsiones financieras se han hecho para el paciente con demencia y quién administrará su dinero? Si el paciente no puede manejar sus asuntos, tendría que haber alguien con autorización para hacerlo. Quizá queramos seleccionar a una persona en quien confiemos, antes que dejar una decisión tan importante en manos del juez. Cuando estas decisiones se toman en un juzgado, hay gastos importantes y un retraso considerable.

A veces el marido o la esposa atiende durante años al cónyuge con demencia y no quiere trasladar la carga del conocimiento de la enfermedad a los hijos.

Una hija explicó: «No tenía ni idea de que le sucediera algo malo a mamá porque papá la encubría perfectamente. Cuando él tuvo un ataque cardíaco, la encontramos así. En aquel momento, tuve que asumir la conmoción de la muerte de él y de la enfermedad de ella, todo a la vez. Habría sido mucho mejor si él nos lo hubiera explicado mucho antes. Y no sabíamos nada de las demencias. Tuvimos que descubrir todo lo que él ya había aprendido en un momento tan difícil para nosotros».

Todos los familiares tendrían que saber lo que le sucede al paciente y qué planes tenemos para él. Una experiencia así es un ejemplo del perjuicio que causan los miembros excesivamente «protectores» de las familias.

Tendríamos que escribir un resumen breve de los bienes para la persona que se vaya a hacer cargo de ellos. Tiene que incluir información sobre la localización del testamento, las escrituras, las acciones, las escrituras del nicho e información básica para la atención del paciente confundido.

Capítulo 10

Conseguir ayuda externa

A lo largo de este libro hemos hecho énfasis en la importancia de encontrar tiempo para dejar momentáneamente la responsabilidad de atender al paciente incapacitado. Quizá también necesitemos otros tipos de ayuda: alguien para supervisar si un paciente que está solo durante el día come; alguien que nos ayude a bañar al paciente; alguien que le vigile mientras salimos para hacer la compra, descansamos o hacemos una pausa; alguien que nos ayude en las tareas domésticas, o alguien con quien podamos charlar.

Quizá queremos que alguien se quede con el paciente una parte del día, o deseamos encontrar un lugar donde el paciente pueda pasar unos días mientras nos tomamos unas vacaciones o recibimos cuidado médico. En algún momento tendremos que encontrar un lugar donde el enfermo pueda pasar un tiempo sin nosotros y donde pueda hacer sus propias amistades. Esta ayuda externa se llama *respiro* porque nos permite hacer una pausa durante la atención al enfermo. En este capítulo describiremos los tipos de servicio disponibles. En la segunda parte del capítulo describiremos algunos problemas que podemos hallar al respecto.

AYUDA DE AMIGOS Y VECINOS

Habitualmente, los cuidadores que sienten que tienen el apoyo de otros llevan mejor la carga de la atención al paciente. Es importante que no nos sintamos solos con nuestra carga. La mayoría de las personas se dirigen en primer lugar a los familiares, amigos o vecinos para encontrar ayuda y apoyo. A menudo las personas se ofrecen para ayudar; en otros momentos, tendremos que pedírselo.

A veces los parientes no están de acuerdo o no ayudan, o quizá nosotros dudemos a la hora de pedir a los demás la ayuda que necesitamos. En el capítulo 11 describiremos algunas maneras de manejar los desacuerdos en el seno familiar y cómo pedir ayuda.

Otros están dispuestos a ayudar. A veces, un vecino echará una ojeada a un paciente confundido, el farmacéutico vigilará por nosotros los medicamentos que toma, el cura, el rabino o el pastor nos escucharán cuando estemos desanimados, un amigo se sentará con el paciente en caso de necesidad, y así sucesivamente. A medida que vayamos planificando las cosas, tendríamos que tener en cuenta estos recursos, porque son importantes para nosotros.

¿Cuánta ayuda deberíamos aceptar o pedir a los amigos y a los vecinos? A la mayoría de las personas les gusta ayudar, aunque pedirles demasiado hará que se alejen.

Cuando nos dirijamos a los amigos o a los vecinos para pedirles apoyo, podemos hacer varias cosas para hacer que se sientan bien mientras nos ayudan. Algunas personas se sienten incómodas cerca de quienes están visiblemente mal. Quizá no queramos expresar toda nuestra preocupación a estas personas. Es posible que los amigos íntimos tengan mayor voluntad de compartir parte de la carga emocional con nosotros que otras personas que no nos conozcan tanto.

Aunque la mayoría de las personas ha oído hablar de la enfermedad de Alzheimer, muchas necesitan más información para entender por qué la persona actúa como lo hace. Tenemos que explicar que su comportamiento es el resultado de una lesión cerebral, pero que no es deliberado ni peligroso.

Quizás algunas personas se muestren reticentes a visitar o a «sentarse con» el enfermo porque no saben qué hacer y se sienten incómodas. Podemos ayudarles si les sugerimos alguna cosa concreta para hacer con el enfermo. Por ejemplo, podemos explicarles que ir a dar un paseo puede ser más divertido que una conversación, y que recordar los viejos tiempos puede ser divertido para ambos. Expliquemos al visitante qué hay que hacer si el paciente se irrita o se inquieta.

Algunas oficinas de la asociación de Alzheimer tienen programas de formación para familiares y amigos, para convertirlos en visitantes especiales. Estos visitantes complacen al enfermo confundido y también proporcionan tiempo libre al cuidador.

Cuando pidamos a alguien que nos ayude, avisémosle con antelación si es posible, de manera que pueda planificarse el tiempo durante el que nos podrá prestar ayuda. Y no olvidemos agradecérselo y evitar criticar la manera en que lo ha hecho.

Es útil pensar en cosas que los demás puedan hacer y que no lo consideren un inconveniente. Por ejemplo, a los vecinos quizá no les importe «echar una ojeada» porque viven cerca, pero a los amigos distantes puede costarles más porque tienen que hacer un camino largo.

ENCONTRAR INFORMACIÓN Y SERVICIOS

Llega un momento en que la mayoría de las familias buscan ayuda externa para obtener información, tomar decisiones y planificar la atención a largo plazo de su familiar enfermo. La mayoría de las familias también necesitan un tiempo libre de sus obligaciones. Muchas encuentran la ayuda que necesitan y atienden al paciente de manera eficaz sin requerir asistencia profesional. Sin embargo, la carga de atender a una persona con demencia es enorme, y muchas personas tienen dificultades para encontrar los servicios que facilitarían la atención y el cuidado del enfermo.

TIPOS DE SERVICIO

Es posible que las personas con demencia y sus familiares requieran varios tipos de servicio. La mayoría de ellos son de pago, pero algunos son gratuitos.

No todas las personas con demencia son ancianas. Sin embargo, hay recursos adicionales para pacientes de más de 60 años. La mayoría de oficinas locales de la tercera edad disponen de una lista de programas gratuitos o de bajo coste para pacientes mayores de 60 o de 65 años. En Estados Unidos, la American Association of Retired Persons (AARP) también es una buena fuente de información sobre estos recursos.

Tabla 1: *Definiciones de servicios de atención para personas con demencia.*

Asilos: Servicios médicos, de enfermería y sociales para proporcionar apoyo y aliviar el sufrimiento de los moribundos y de sus allegados.

Centro de día: Programa de servicios médicos y sociales que incluye la socialización, actividades y supervisión, en un entorno extrahospitalario.

Comidas a domicilio: Comidas servidas en el domicilio para personas incapaces de ir a comprar o de prepararse la comida.

Comidas colectivas: Comidas servidas en grupo para personas que se benefician tanto de su valor nutritivo, como de los servicios educativos, sociales y de ocio que se proporcionan en el lugar.

Compañía remunerada/canguros: Persona que va al domicilio para supervisar, dar atención personal y socialización en ausencia del cuidador.

Confirmación telefónica: Llamadas telefónicas regulares a personas aisladas.

Cuidado de descanso: Servicios a corto plazo para pacientes ingresados o ambulatorios con la finalidad de proporcionar un alivio temporal al cuidador principal.

Cuidado personal: Asistencia en las actividades básicas de atención, como bañarse, vestirse, levantarse de la cama, comer e ir al lavabo.

Enfermería especializada: Atención médica proporcionada por una enfermera para situaciones médicas agudas o inestables, valoración de las necesidades de atención; supervisión de tratamientos; alimentación intravenosa o parenteral; servicios de cuidado personal, y tratamiento de úlceras por decúbito y otras complicaciones.

Fisioterapia: Tratamiento rehabilitador proporcionado por un fisioterapeuta.

Información y referencia: Proporcionan información escrita y verbal sobre agencias y servicios locales, así como oportunidades de financiación.

Manejo de casos: Consejos, identificación y coordinación de servicios comunitarios y seguimiento de la adaptación del cliente y de la provisión de servicios.

Servicio de atención sanitaria en el domicilio: Asistencia en cuestiones sanitarias como medicación, ejercicios y cuidado personal.

Servicio doméstico: Servicio doméstico, como cocinar, limpiar, lavar la ropa, comprar y servicio de acompañamiento de personas a citas médicas o a cualquier lugar.

Servicios de protección: Servicios sociales y legales para prevenir, eliminar o solucionar los efectos de abusos o negligencias físicas y emocionales.

Servicios de salud mental: Valoración psicosocial y consejo individual y grupal para tratar los problemas emocionales y psicológicos de los pacientes y de sus familiares.

Servicios dentales: Higiene dental y diagnóstico y tratamiento de los problemas dentales.

Servicios domésticos profesionales: Reparaciones, jardinería y recaderos.

Servicios físicos: Diagnóstico y seguimiento médico, que incluye prescripción de medicamentos y tratamiento de enfermedades intercurrentes.

Servicios legales: Asistencia en asuntos legales, como directivas, custodia, poderes y transferencia de bienes.

Servicios recreativos: Ejercicio físico, musicoterapia y terapia del arte, fiestas, celebraciones y otras actividades sociales y de ocio.

Sistema personal de respuesta en caso de urgencia: Sistemas telefónicos para avisar a alguien de que el paciente tiene una emergencia y necesita ayuda.

Supervisión: Monitorización del paradero de un paciente para asegurar su seguridad.

Terapia del habla: Tratamiento para mejorar o restablecer el habla; lo proporciona un logopeda.

Terapia ocupacional: Tratamiento para mejorar la capacidad del paciente, que proporciona un fisioterapeuta.

Transporte: Transporte de personas a citas médicas, centros de la comunidad o cualquier otra parte.

Valoración del paciente: Evaluación del estado físico, mental y emocional del enfermo, su conducta y el apoyo social.

Fuente: Office of Technology Assessment, 1987.

Algunos programas ofrecen servicios tales como higiene dental, descuentos en dentaduras, cristales de gafas más baratos, consejo legal, ayuda en trabajo social, servicios de referencia y asistencia gratuita para personas mayores de 60 años, sus cónyuges y personas incapacitadas. Algunos programas proporcionan medicamentos que se venden con receta o accesorios médicos a precio reducido. A veces, también ofrecen servicios de transporte.

Hay pocos programas que incluyan las reparaciones domésticas a bajo precio. Se pueden utilizar para instalar rampas para sillas de ruedas, candados, barras de sujeción y otros elementos de seguridad.

En algunas zonas, los programas del tipo Meals-on-Wheels norteamericano reparten un servicio de comida caliente al día para personas que no pueden salir. A menudo estos menús los reparten voluntarios amigables y dedicados que también tratan de comprobar cómo está la persona que vive sola, pero resultan de poca ayuda para personas que empiezan a mostrarse confundidas y no son el sustituto de una supervisión próxima.

Los programas ampliados de nutrición ofrecen una comida caliente junto a un programa de distracción en un ambiente vigilado durante varias horas los días laborables. Habitualmente no proporcionan atención médica, no dan medicamentos ni aceptan a personas que deambulan, personas con incontinencia o que alteran a los demás. El personal suele estar formado por profesionales parasanitarios o legos. Los enfermos con confusión leve o moderada pueden disfrutar de las actividades en grupo.

En Estados Unidos, los programas de nutrición están financiados por la Older Americans Act y atienden a personas de más de 60 años y a sus cónyuges. Es posible localizarlos llamando al patronato local de la tercera edad. También hay algunos programas de comida caliente para ancianos sanos, y una persona incapacitada no tendría cabida en ellos. Otros programas con una financiación parecida ofrecen servicios a ancianos «frágiles». Si el cuidador lo desea, puede acudir con su cónyuge. *Estos programas no proporcionan una supervisión adecuada para personas que viven solas.*

El señor Williams estaba confundido y, a menudo, se inquietaba. Su esposa arregló las cosas para que un voluntario ya mayor le visitara y jugara a las damas con él. Le gustaban las damas y el voluntario comprendía que el señor Williams a veces se olvidara de las reglas, y no le importaba. El voluntario se convirtió en su «compañero de las damas» e hizo posible que el señor Williams tuviera una actividad agradable y amistosa, al mismo tiempo que daba un respiro a la señora Williams.

Existen muchos programas; nos referimos a algunos de ellos en otras partes de este libro. Tendríamos que descubrir cuáles están disponibles en la zona donde vivimos, incluso aunque ahora pensemos que no los necesitamos. En el capítulo 15 se incluye una descripción de los recursos financieros.

ALGUIEN QUE VENGA A CASA

Muchas familias arreglan las cosas para que alguien vaya a su casa para ayudarles con el paciente. Una *empleada doméstica* nos ayudará en tareas como limpiar la casa, cocinar, lavar la ropa o comprar. Una *auxiliar de clínica* domiciliaria o una *cuidadora personal* ayudarán al enfermo a vestirse, bañarse, comer e ir al lavabo. Con gran frecuencia, los familiares de las personas con demencia contratan a una *canguro* o a una *persona de compañía*. Los canguros que supervisan al paciente le pueden dar la comida. Algunos bañan al paciente. Otros también tienen un entrenamiento especial para favorecer la socialización o preparar actividades positivas.

Las agencias de enfermeras domiciliarias y de salud domiciliaria envían a profesionales —enfermeras, asistentes sociales y otros terapeutas— a los hogares para proporcionar tanto una valoración como el cuidado de los pacientes. Una enfermera, por ejemplo, puede monitorizar el estado del paciente, cambiarle un catéter o ponerle una inyección. Un logopeda puede ser útil para que un paciente con un derrame cerebral recupere la capacidad de hablar, mientras que un fisioterapeuta puede preparar ejercicios para el enfermo. Puesto que los servicios de una enfermera son costosos y una mutua como Medicare paga el servicio sólo cuando entra dentro de las exigencias de un protocolo, la mayoría de las familias sólo contratan a una enfermera cuando el paciente padece una enfermedad aguda que es difícil de tratar en casa. Las enfermeras de los asilos pueden enseñarnos cómo atender a un paciente moribundo en casa.

La atención domiciliaria es la primera elección para muchas familias. Es útil cuando el paciente está enfermo o no puede salir de casa. Sin embargo, aunque la atención domiciliaria proporciona supervisión y cuidado personal, a menudo carece de actividades positivas y de socialización.

CENTRO DE DÍA

Los centros de día ofrecen distracción estructurada y en grupo durante varias horas al día. También incluyen la comida y actividades como el ejercicio físico, manualidades, discusiones y música. Los programas están abiertos de uno a cinco días por semana y, algunos, ofrecen atención durante el fin de semana o por las tardes.

Muchos centros de día aceptan tanto a personas con incapacidades físicas como a enfermos con demencia, pero cada vez hay un número mayor que se especializa en enfermos con demencia. Los que lo hacen, admiten pacientes con incapacidades físicas graves, y ofrecen actividades pensadas para personas con demencia. Sin embargo, muchos centros que acogen a personas tanto con demencia como con otras enfermedades proporcionan una buena atención para ambos grupos. Lo más importante para determinar la calidad es la pericia del personal y la filosofía del centro.

Los centros de día para ancianos son uno de los recursos más importantes para las familias. Proporcionan un respiro necesario para el cuidador y, a menudo, *benefician al paciente con demencia*. Para la mayoría de nosotros, las presiones de la vida familiar pueden aliviarse si, de vez en cuando, podemos salir con nuestros amigos o bien estar solos. El paciente con demencia no tiene esta oportunidad. Debe estar con el cuidador un día tras otro, pero su incapacidad no disminuye su necesidad de tener sus propios amigos y un tiempo de soledad. La carga de esta compañía forzada puede resultar difícil tanto para el paciente incapacitado como para el cuidador.

Las personas con demencia experimentan fallos y recuerdos de su incapacidad a cada momento. Pero incluso cuando no son capaces de comer ni de vestirse, a menudo conservan su capacidad para disfrutar de la música, de la diversión, de los amigos y del placer de hacer alguna actividad sencilla. Las personas con demencia pueden hacer amistad con otras personas incapacitadas del centro, incluso cuando estén tan incapacitadas que no puedan explicarnos nada sobre su amigo. El personal de los centros de día observa que los pacientes recuperan el sentido del humor, parecen más relajados y disfrutan de las actividades. Los buenos centros de día encuentran la manera de que las personas tengan éxito en cosas pequeñas, de modo que se sientan mejor con ellas mismas. Los programas de los centros de día llenan el tiempo libre con actividades que el paciente puede hacer bien. Algunos programas no ofrecen demasiada estimulación ni socialización para el paciente discapacitado, pero continúan siendo una fuente valiosa de tiempo libre para nosotros.

Algunos programas ofrecen tanto actividades en centros de día como atención domiciliaria. Son suficientemente flexibles como para pasar de una a otra modalidad, a medida que cambien nuestras necesidades.

A veces los centros de día no admiten pacientes con problemas de comportamiento graves. Es posible que no admitan pacientes con incontinencia o a aquellos que no pueden caminar solos, aunque hay centros específicos para la demencia que aceptan a estos enfermos muy incapacitados.

El transporte es una barrera importante para los centros de día. Llevar e ir a buscar al paciente al centro de día requiere tiempo y es caro. Algunos programas recogen a los pacientes; otros contratan un transporte local o un servicio de taxi. Finalmente, algunos requieren que transportemos nosotros mismos al paciente. Tenemos que asegurarnos de que el enfermo recibirá una correcta supervisión mientras se dirija al centro.

En Estados Unidos, muchas familias deciden utilizar el centro de día o la atención domiciliaria como último recurso, cuando lo que necesitarían en realidad es la atención de una enfermera. La capacidad del paciente confundido para adaptarse y para beneficiarse del programa de atención suele ser mayor si empezamos a buscar esta atención precozmente, cuando el enfermo todavía dispone de cierta capacidad mental para adaptarse y disfrutar del nuevo programa. Que continuemos siendo capaces de cuidar al paciente también dependerá de si conseguimos pronto un alivio para nosotros.

HOSPITALES DE DÍA

Los hospitales de día difieren de los centros de día en que ofrecen diagnóstico, cuidados médicos, fisioterapia y terapia ocupacional. El personal está constituido por enfermeras, asistentes sociales, médicos y otros profesionales. En Estados Unidos, los hospitales de día geriátricos son raros y las fuentes de financiación para estas instituciones a veces limitan la admisión a pacientes que pueden rehabilitarse. Otros países señalan que el hospital de día es el entorno ideal en el que ayudar y tratar los problemas de conducta y físicos que interaccionan en un paciente con demencia. El tiempo que suele permitirse que el paciente esté en el hospital de día acostumbra a limitarse al período de diagnóstico y tratamiento.

CUIDADOS EN RESIDENCIAS DE CORTA ESTANCIA

En los centros de descanso de corta estancia, el enfermo confundido vive en una residencia, en una casa de huéspedes, en una casa de acogida o en otro tipo de entorno durante un período breve (un fin de semana, una semana o unas pocas semanas), mientras el cuidador se toma unas vacaciones, recibe algún tratamiento médico o, sencillamente, descansa. A pesar de que, en algunos países, los centros de descanso son habituales y están muy valorados por las familias, en Estados Unidos todavía son raros. El concepto de cuidado de corta duración para el descanso del cuidador puede resultarnos extraño, pero deberíamos considerar la posibilidad de probarlo. A los cuidadores que se benefician de este sistema les entusiasma.

Existen pocos recursos financieros para el cuidado de corta estancia y las normas no recomiendan que las residencias ofrezcan este servicio. Algunos cuidadores se muestran reticentes a estos períodos de descanso de corta duración; temen que, una vez abandonada la carga de la atención, aunque sea de manera temporal, serán incapaces de retomarla. Tiene que quedar claro, tanto para la familia como para el cuidador, cuál será la duración de la estancia. Al igual que con todos los programas de descanso, los cuidados de corta duración son más efectivos si los familiares los utilizan *antes* de llegar al límite.

Es posible negociar el servicio por nuestra cuenta con una casa de huéspedes o bien hacerlo con alguna persona que albergará a uno o dos enfermos. Puesto que existe un escaso seguimiento gubernamental de este tipo de atención, tendremos que asegurarnos de que la persona que se ofrece para llevarlo a cabo entiende la manera de cuidar a nuestro familiar y, además, es amable y tranquila. El nuevo entorno puede aumentar el estrés del paciente con demencia, de manera que los programas de corta duración requerirán personal con experiencia para proporcionar una atención individualizada a sus huéspedes.

PLANIFICAR CON ANTELACIÓN LA ATENCIÓN DOMICILIARIA Y EL CENTRO DE DÍA

Una vez que hayamos encontrado un programa de descanso, tenemos que hacer algunas gestiones para facilitar las visitas. Debemos asegurarnos de que la persona que proporciona los servicios entiende la naturaleza de la demencia y sabe llevar los problemas de conducta. Podemos escribirle cualquier información especial: ¿cuánta ayuda necesitará el paciente en el baño o a la hora de la comida? ¿Qué le gusta para cenar? ¿Qué estímulos le irritan y cuál es nuestra respuesta? ¿Qué necesidades especiales tiene?

Asegurémonos de que sabe la manera de localizarnos o de localizar a otro familiar o al médico. Cerciorémonos de que sabe que nosotros tenemos la autoridad para contratar y decidir.

Si el enfermo tiene problemas de salud adicionales que complican el cuadro, como una patología cardíaca o respiratoria, tendencia a ahogarse o a caerse o convulsiones, deberíamos considerar cuidadosamente los conocimientos de la persona con la que dejaremos al paciente.

CUANDO EL PACIENTE CONFUNDIDO RECHAZA LA ATENCIÓN

A menudo los familiares explican: «Conozco a mi marido. Nunca iría al centro de día (o no aceptaría a alguien que le visitara en casa)». Con frecuencia, las personas incapacitadas sorprenden a todo el mundo porque se lo pasan bien en el centro de día o con el visitante. Deberíamos evitar preguntar al enfermo si le gustaría ir al centro de día. Es muy probable que responda: «No», porque no entiende qué le estamos sugiriendo. Algunos pacientes continúan diciendo que no quieren ir, incluso cuando está claro que disfrutan con ello. Normalmente esto significa que no entienden o que no recuerdan su sensación. Continuemos llevándolos al centro de día.

Cuando una familia puede arreglar las cosas para que alguien se quede en casa con el enfermo, es posible que éste despida al canguro o a la asistenta, puede enojarse o desconfiar, insultarlos, no dejarles entrar o acusarles de robar. Las personas confundidas pueden negarse a ir al centro de día o bien armar tal alboroto que el cuidador se rinda.

Para el paciente con demencia, la nueva persona que está en la casa quizá le parezca un intruso. El paciente que entra en el centro de día puede sentirse perdido o abandonado. Lo que una persona dice, refleja estos *sentimientos*, más que los hechos.

Tenemos que estar preparados para el período de adaptación. Las personas con demencia se adaptan lentamente a los cambios: es posible que un paciente con demencia requiera un mes para aceptar un centro nuevo. Cuando ya estamos cansados, las discusiones sobre la atención durante el descanso pueden llegar a sobrepasarnos. Es posible que nos sintamos culpables por forzar al enfermo a hacer esto, de manera que quizá nos rindamos. Tenemos que proponernos dar una buena oportunidad al programa escogido. A menudo la persona confundida aceptará el nuevo plan si podemos manejar la tormenta inicial.

La diferencia está en lo que digamos. Referirnos al programa de descanso como una actividad de adultos es algo que gustará al paciente. Presentemos al cuidador externo como a un amigo que ha venido de visita. Es útil encontrar cosas que gusten al paciente para que puedan hacerlas juntos: pasear, jugar con el perro, jugar a las damas (aunque no siga las reglas) o hacer galletas. Al centro de día llamémosle de alguna forma que resulte aceptable para el paciente, por ejemplo «el club». A menudo las personas con incapacidad prefieren acudir al centro como «voluntarios». La mayoría de los programas apoyarán este tipo de iniciativas. «Ayudar» a personas que están más incapacitadas permite al paciente sentirse bien, a la vez que se reduce la presión sobre su propia respuesta.

Podemos escribir una nota para el paciente explicándole por qué está allí (o por qué el cuidador está en casa), cuándo volveremos y que tiene que esperarnos allí. Luego firmamos la nota y se la entregamos a él o al cuidador. Si esto no funciona, pidamos al médico que lo haga él. El cuidador puede encargarse de leérsela al paciente cada vez que se muestre inquieto.

Algunas familias preparan un vídeo corto sobre la atención al paciente confundido. Esta solución resulta especialmente útil cuando el cuidador tiene que ayudarle en aspectos personales (por ejemplo, vestirse o darle la comida). Podemos mostrarle el orden en el que hacemos las cosas: qué manga ponemos primero, etc. También podemos dejar este tipo de instrucciones por escrito.

Los centros de día y los cuidadores domiciliarios encuentran que la adaptación es mejor cuando:

1. Las primeras visitas del cuidador o al centro son suficientemente cortas para que el enfermo no se canse de la situación extraña.
2. El cuidador principal se queda junto al paciente las primeras veces que viene el cuidador domiciliario. Esto puede ayudar al enfermo confundido a tener la sensación de que conoce al visitante. Aunque muchos centros de día piden al cuidador que se quede con el paciente los dos primeros días, otros prefieren que no lo haga. A la mayoría de los pacientes la presencia del cuidador les resulta tranquilizadora; algunos responden mejor sin la incertidumbre o la tensión del cuidador.
3. Alguien del centro de día visita al paciente en casa antes de que él acuda al centro por primera vez.

Recordemos que, para el paciente confundido, cada visita es como volver a empezar. Sin embargo, la mayoría de los enfermos empiezan a aceptar esta nueva rutina de manera gradual. Las visitas frecuentes al centro de día o del cuidador domiciliario pueden ayudar a que la persona experimente esta sensación de continuidad.

Algunos cuidadores opinan que la dificultad de poner a punto al paciente es tan grande que no vale la pena llevarlo al centro de día. Quizá podamos encontrar a un amigo o un pariente que nos eche una mano en esto. Tomémonos el tiempo necesario; sentir que el tiempo le apremia todavía inquieta más al paciente.

En contadas ocasiones, una persona que está en un centro de día puede llegar a casa y decirle al marido: «Mi marido está en el centro». Naturalmente, este tipo de comentarios resulta molesto para el cónyuge que lo está cuidando. Habitualmente, el paciente no quiere decir «marido». Quizás está tratando de decir «amigo», pero no puede encontrar la palabra. Quizá «marido» sea la palabra más cercana que le viene a la mente para nombrar a un compañero. No implica que se haya enamorado y la situación no debería afectar en absoluto la relación conyugal.

A veces el paciente confundido dirá: «Me ha golpeado», «Hoy no me han dado nada para comer», o bien: «El gordo me ha cogido el monedero». Tendríamos que evitar tomarnos todas estas observaciones demasiado en serio. Los pacientes con demencia pueden percibir las cosas incorrectamente, recordar mal o expresarse de manera poco precisa. Quizá no pueda recordar qué ha comido. Podemos preguntar al personal del centro qué sucedió realmente.

Es posible que preguntemos al enfermo:«¿Qué has hecho hoy?» y él puede responder: «Nada». «De acuerdo. Y ¿lo pasaste bien?» «No.» Este tipo de respuestas indica que no puede recordar lo que sucedió a continuación. No le pongamos en un compromiso preguntándole más. Preguntemos al personal qué es lo que más le gustó.

Si el paciente dice que no quiere ir al centro de día (o que venga el cuidador domiciliario), no tenemos que tomárnoslo literalmente. Es posible que no recuerde en absoluto las visitas anteriores. Tenemos que evitar entablar una discusión. Lo mejor es tranquilizarle diciéndole que es algo que debe hacer, que regresaremos a buscarle y que las personas que están allí son amables y le ayudarán.

Hay algunos pacientes incapaces de adaptarse al hospital de día o al centro de día. Podemos probar varios centros distintos. Algunas personas se entienden más que otras con los pacientes con demencia. También tendríamos que preguntarnos si nuestra actitud puede afectar de alguna manera en su adaptación (véase más adelante). Si no podemos utilizar el programa de descanso ahora, podemos intentarlo unas semanas o unos meses más adelante. A menudo los cambios operados en la situación del paciente facilitarán que lo acepte más tarde.

Nuestros sentimientos sobre el hecho de tomarnos un respiro

No es raro que los familiares queden desanimados después de su primera visita al centro de día.

El señor Wilson dijo: «Fui a ver el centro de día. En el hospital me dijeron que era un lugar excelente. Pero no puedo poner a Alice allí. Esas personas son viejas y están enfermas. Una de ellas arrastraba una bolsa de la compra e iba mascullando alguna cosa. Otro babeaba. Y algunos dormían en esas sillas que tienen una bandeja delante».

La visión de otras personas ancianas o enfermas puede ser inquietante. Nuestra percepción de la persona con quien vivimos está teñida por el recuerdo de cómo era anteriormente. Es posible que tengamos la sensación de que el programa no ofrece la atención individualizada que podemos darle en casa, o quizá pensemos que nadie más no puede atender al paciente.

Algunas familias se muestran reticentes a traer un extraño a casa. Quizá no nos guste que haya extraños en nuestra casa o nos preocupe su integridad. Es posible que no queramos que nadie vea nuestra casa desordenada. Y muchas personas sienten que «Mi familia y yo estamos muy unidos. Podemos cuidarnos nosotros mismos. No somos el tipo de personas que utilizan las ayudas públicas».

Igual que nosotros, muchas familias proporcionan casi toda la atención a los ancianos delicados. Un 85% de esta atención lo brindan los familiares. Las demencias suponen una carga especialmente devastadora para la familia. Puesto que se trata de una enfermedad mental, nos enfrentamos al dolor de perder la compañía y la comunicación, a las tareas de vestir al paciente, darle de comer y lavarlo, y también a una conducta difícil. Estas enfermedades duran varios años y, habitualmente, los cuidadores no suelen dejar al enfermo ni unos minutos. Muchos cuidadores hacen poco más que sobrevivir, sin quitarle el ojo de encima.

Si nos ponemos enfermos, como les sucede a muchos cuidadores, otros tendrán que asumir la responsabilidad de la persona que estamos atendiendo. Una buena atención también significa cuidar de nosotros. Si estamos cansados y deprimidos, podemos enojarnos con el paciente. Habitualmente, el enfermo sentirá nuestro malestar y quizá responda a él (puesto que no puede ayudarnos) quejándose, deambulando o discutiendo todavía más. Muchos cuidadores terminan administrando medicamentos para controlar estas conductas. Esto puede confundir más al paciente. Tendríamos que preguntarnos: ¿le estoy apresurando? ¿Me enojo con él? ¿Le trato mal?

El mejor tratamiento que conocemos es hablar con otras familias y conseguir estar algún tiempo alejados del enfermo. Organizarnos cierto tiempo para nosotros mismos y regresar un poco descansados y de mejor humor puede permitirnos continuar cuidando de él.

Si las otras personas del centro de día parecen más enfermas que nuestro familiar, es probable que él se encuentre cómodo porque allí sus dificultades no se notarán y, además, puede convertirse en ayudante. Si hemos pedido referencias, es muy probable que la persona que venga a nuestro domicilio sea honrada. Los trabajadores domiciliarios comentan que raramente se fijan en si la casa está revuelta o no. Podemos hablar con otras familias: es muy probable que ellas también se mostraran reticentes al principio, y seguramente nos explicarán que el tiempo que estemos separados del enfermo le beneficia a él y nos beneficia a nosotros. Los familiares nos han explicado que el hecho de saber que un cuidador profesional también tiene dificultades con el paciente les hace sentir mejor con sus esfuerzos para atenderlo.

Incluso aunque el tiempo de respiro no sea perfecto (si la canguro ve telenovelas o si los participantes del centro de día parece que pasan muchas horas sentados), probablemente querremos continuar teniéndolo. La continuidad de nuestra fortaleza y nuestra capacidad para seguir proporcionando atención pueden depender del hecho de que tengamos descansos.

Algunos cuidadores domiciliarios recomiendan que salgamos de casa mientras ellos se encuentran allí. Esto es así porque piensan que todo cuidador necesita un tiempo de descanso. Resulta tentador quedarse y hablar con el cuidador durante el descanso o ayudarle con el paciente confundido, pero podremos administrar mejor la carrera de fondo si nos marchamos, incluso aunque lo único que hagamos sea dar un paseo o visitar a un vecino. Si nos quedamos en casa, vayámonos a otra habitación, lejos del paciente.

LOCALIZAR RECURSOS

La mayoría de pueblos y de ciudades no cuentan con un centro de información que pueda decirnos qué servicios se ofrecen o cómo conseguirlos. Incluso los servicios de información y de referencia no suelen disponer de una lista completa y actualizada de todos los recursos. Por tanto, tendremos que ser persistentes y ponernos en contacto con diversas personas o con varias agencias. El proceso de localizar los recursos puede ser largo y tedioso. Si somos quien proporciona la mayor parte de la supervisión y el cuidado del paciente, quizá ya nos sintamos demasiado ocupados. Puede resultar difícil hacer llamadas telefónicas en presencia del enfermo. Una posibilidad es pedir a otro familiar o a un amigo cercano que se tome la molestia de localizar ayuda externa. Si no somos la persona que tiene la responsabilidad diaria de atender al paciente, podemos ofrecernos para ayudar al cuidador a localizar servicios externos.

Antes de empezar, tenemos que pensar qué tipos de ayuda serían los mejores para nosotros y para el paciente confundido:

- ¿Necesitamos ayuda en la planificación financiera?
- ¿Necesitamos más información sobre la enfermedad o sobre el diagnóstico?
- ¿Probaríamos un centro de día o un cuidador domiciliario?
- Si utilizamos el centro de día, ¿necesitaremos un medio de transporte para el paciente confundido?
- ¿Necesitamos ayuda para realizar alguna tarea concreta, como bañarle?
- ¿Queremos poder salir una noche a la semana? O bien ¿necesitamos salir durante el día?
- ¿Necesitamos poder hablar con alguien?
- ¿Qué tipo de ayuda requiere el paciente confundido? (Si se agita, deambula o tiene incontinencia, tenemos que asegurarnos de que el centro puede controlar este tipo de problemas.)
- ¿Necesita ayuda para andar o atención en la cama?

Es útil escribir las respuestas a estas cuestiones antes de empezar la ronda de llamadas. Y tomemos notas durante las conversaciones. Escribamos los nombres de las personas con quienes hablemos.

Si volvemos a llamarles más tarde para obtener información adicional, estas notas nos resultarán útiles. Si la persona con quien hablamos no tiene las respuestas a nuestras preguntas, podemos intentar hablar con alguien que las tenga. Si alguien trata de quitársenos de encima, pidamos hablar con otra persona.

Podemos empezar llamando a las oficinas locales de la asociación de Alzheimer. Probablemente figurarán en el listín telefónico. Algunas oficinas son pequeñas y disponen de programas desarrollados por voluntarios; otras cuentan con personal asalariado. En cualquier caso, la mayoría nos hablará de buenos centros que aceptan a pacientes con demencia en nuestra zona. Una persona implicada con la asociación —a menudo se tratará de alguien con algún familiar enfermo— escuchará nuestras necesidades y nos hará sugerencias. Habitualmente, las oficinas no llevan a cabo valoraciones de la calidad de los centros, pero pueden darnos la opinión que otros familiares tienen del servicio.

También podemos llamar a las oficinas de la tercera edad. Su nombre varía, pero habitualmente las encontraremos en los directorios telefónicos de los centros gubernamentales o, en las páginas amarillas, en las entradas de «Ancianos» o «Geriatría». Algunas de estas agencias cuentan con profesionales que nos ayudarán a localizar recursos. Otras disponen de programas especiales para las personas con demencia, incluyendo cuidadores domiciliarios o centros de día. Algunas proporcionan transporte hasta el centro de día. Otras financian una parte del coste de dicho centro o de la atención domiciliaria. Y no todas las oficinas de la tercera edad nos resultarán útiles; quizá no tengan experiencia en casos de demencia o carezcan de un sistema de referencia efectivo. Es posible que sepan poco sobre la calidad de los servicios a los que envían a los familiares.

A menudo el personal de los centros de día conoce los demás servicios disponibles. Vale la pena telefonearles, aunque no nos interese ningún centro de día. Si hay un centro de día local para enfermos con Alzheimer o un centro de recursos cercano, normalmente las personas que trabajan en él suelen saber qué recursos existen para las personas con demencia. Ocasionalmente, los centros de salud, algún centro de atención psiquiátrica, un programa de atención geriátrica o una residencia pueden informarnos sobre los recursos disponibles. Con frecuencia tienen información y servicios de referencia. Y, naturalmente, algunos nos resultarán útiles y otros no. Las instituciones no siempre conocen los servicios locales. En algunos lugares, cada una de las instituciones proporciona excelentes servicios como centro de día o en atención domiciliaria para personas con demencia, pero en otros lugares no cubren esta demanda.

Es posible que no encontremos lo que necesitamos; por desgracia, no se dispone de los recursos suficientes que necesitan las personas con demencia. No tenemos que culparnos si no encontramos los recursos necesarios. Algunos organismos tienen una lista de espera o sólo aceptan a cierto tipo de personas, mientras que otras agencias pueden resultar demasiado costosas. Los recursos y los servicios inadecuados son un problema importante que sólo puede mejorar a partir del reconocimiento público de la demencia y de las necesidades de las familias afectadas.

Probablemente acabaremos aceptando los recursos disponibles, aunque no sean ideales, porque pensaremos que es mejor obtener alguna ayuda que tratar de enfrentarnos solos al problema.

Ocasionalmente, algunas familias acuerdan un intercambio de servicios. Puede tratarse de un plan sencillo o más elaborado; básicamente consiste en que dos o tres familias se ponen de acuerdo para turnarse para hacer de canguro. Podemos cuidar de dos pacientes confundidos en casa una tarde a la semana. La semana siguiente, alguna otra persona cuidará de ellos, mientras nosotros tenemos la tarde libre. Este sistema funciona bien si los enfermos no están agitados ni deambulan. Disfrutarán del contacto con otros. Es importante dejar las «reglas» de intercambio de servicios bien explícitas.

A una organización dedicada a las familias se le podría ocurrir formar a una o dos personas en la atención de enfermos con demencia. Estas personas dividirían su tiempo entre varias familias.

La persona que nos ayuda puede ser un pariente, un amigo, un vecino o algún feligrés de la iglesia. Algunas veces en las oficinas de la asociación de Alzheimer local se proporciona formación para estas personas, de modo que se sientan más seguras a la hora de ayudar al paciente confundido cuando no estemos cerca. Hay familias que localizan a un cuidador para tomarse un respiro utilizando el sistema de boca a oreja. Los ancianos que necesitan trabajar, pero sin conocimientos especiales, pueden ser una buena solución; los estudiantes universitarios, también. Hay estudiantes amables y cuidadosos que tienen experiencia con sus abuelos.

PAGAR POR LA ATENCIÓN

El precio de los centros de día y de la atención domiciliaria depende de las fuentes de financiación gubernamentales o privadas a las que el programa tenga acceso. En Estados Unidos no existe ningún recurso nacional para ayudar a las familias de clase media a costear los centros de día o la atención domiciliaria. Aunque habitualmente las residencias son el tipo de atención más caro, si el paciente requiere cuidados de enfermería para tratar enfermedades concretas (habitualmente no asociadas con la demencia) o si se requieren cuidados de enfermería periódicos debido a la inestabilidad del cuadro clínico, las mutuas del tipo Medicare pueden financiar parte del coste de la enfermera y, en algunas ocasiones, también de la atención domiciliaria. La mutua Medicaid puede financiar parte de la atención del centro de día si se especifica que es un «centro médico de día», pero no financia centros de día que sólo proporcionen atención social. Podemos buscar una agencia de salud domiciliaria con experiencia y discutir con ella si podrán ayudarnos a conseguir la cobertura de Medicaid para sus servicios.

Las normas de las mutuas como Medicare cambian de acuerdo con las modificaciones en la política federal y pueden ser de difícil interpretación. Un asistente social o una agencia de servicios nos ayudarán a descubrir si los servicios están cubiertos o no. Quizá valga la pensa solicitar a Medicare que revise la petición. Por regla general, excepto para algunos proyectos piloto, Medicare no suele pagar el descanso para los cuidadores de personas con demencia.

La enfermería domiciliaria y la atención sanitaria a domicilio también pueden contratarse en las agencias de servicios de enfermería. Si utilizamos los servicios de una agencia, tenemos que asegurarnos de que reemplazarán a una persona en caso de que no tenga o no demuestre la experiencia o la pericia necesarias para atender a pacientes con demencia.

La atención sanitaria en el domicilio y los acompañantes que localicemos y contratemos por nuestra cuenta suelen ser más baratos que el personal de una agencia, pero podemos perder bastante tiempo localizándolos y los resultados son imprevisibles. Hay personas que ponen anuncios solicitando ayuda en los periódicos locales y también hay profesionales de enfermería que se anuncian en ellos. Algunas familias sugieren que preguntemos a una persona que esté proporcionando atención domiciliaria a alguien a quien conozcamos; es posible que tenga amigos sin trabajo.

Si contratamos a alguien, tenemos que reconocer que es poco razonable pedirle que limpie la casa y vigile al enfermo. Para ser realistas, un asistente doméstico probablemente no podrá vigilar a un paciente confundido y limpiar la casa. Si ya resulta complicado para *nosotros* hacer ambas cosas, a menudo es imposible para quien no esté familiarizado ni con el paciente ni con la casa. Quizá tengamos que conformarnos con un canguro y una casa no demasiado bien arreglada. Antes de contratar a alguien, no olvidemos acordar el sueldo, las horas y las responsabilidades específicas. El precio puede ser sorprendentemente elevado, sobre todo en las áreas metropolitanas.

En algunas partes de Estados Unidos, Medicaid financia la atención domiciliaria y el centro de día a las personas con ingresos bajos, pero la posibilidad de ser elegido es limitada; sin embargo, en otros Estados no se cubren ni estos casos. Hay Estados que disponen de fondos limitados para pagar la atención domiciliaria o el centro de día a través de los servicios que se brindan a la tercera edad. Los gobiernos federal y estatal, así como algunas fundaciones, financian programas piloto de atención para el descanso del cuidador, pero sólo son accesibles a un número determinado de personas y durante un tiempo limitado.

Algunos programas proporcionan voluntarios formados como trabajadores para los centros de día o para brindar atención domiciliaria. Estos programas funcionan bien, pero existen algunos costes: para la formación y la supervisión del personal, el transporte y el seguro. Quizá nos cobren una pequeña cuota para cubrir estos gastos.

Hay oficinas locales de la asociación de Alzheimer que disponen de fondos para atender a las familias que requieren atención domiciliaria o un centro de día. Algunos centros tienen cuotas diferenciales y otros disponen de algunas ayudas financieras.

Sin embargo, todos estos recursos son extremadamente limitados. La mayoría de las familias tendrían que esperar pagar por lo menos una parte del coste de la atención. Muchos familiares temen el precio elevado de las residencias. Esperan no tener necesidad de este tipo de servicio y piensan que es mejor conservar sus recursos en lugar de pagar por el descanso. En el capítulo 16 describiremos otras cuestiones relacionadas con las residencias. Sin embargo, puesto que Medicaid sólo cubre la residencia después de que la persona haya agotado los recursos propios, es posible que la familia decida gastar parte de los recursos del enfermo (*no los del cónyuge*) para pagar la atención que permita el descanso del cuidador, guardando las facturas para demostrar que el dinero se utilizó en atención sanitaria. Reservemos fondos suficientes para pagar los primeros meses de una residencia (para asegurar el acceso a ella). Una vez gastada esta cantidad, es posible optar a los recursos de Medicaid. Puesto que las normas de Medicaid cambian con frecuencia, varían de un Estado a otro y son extraordinariamente complejas, tenemos que valorar cuidadosamente los recursos del paciente y consultar a algún entendido en normas legales de la mutua antes de dar este paso.

LOS PROGRAMAS DE DESCANSO ¿DEBERÍAN MEZCLAR A PERSONAS CON PROBLEMAS DISTINTOS?

Es posible que hayamos oído comentar que los programas de descanso especializados en la atención de las personas con demencia se supone que son mejores que los programas que mezclan a personas con distintos tipos de problemas de salud. A veces, las familias se preocupan por lo que podría suceder si un anciano frágil con enfermedad de Alzheimer está en el mismo programa que un paciente más joven y fuerte que ha sufrido un traumatismo en la cabeza.

Los programas que atienden a un grupo de personas cuyas necesidades y niveles de respuesta son similares, fácilmente pueden proporcionar actividades especializadas que cubran sus necesidades. Sin embargo, existen varios programas que han mezclado con éxito a personas confundidas y personas con traumatismos o incapacidades físicas. En algunas áreas no hay suficientes personas con demencia que tengan necesidades similares para desarrollar un programa especializado con un coste asumible. También tendremos que considerar que el diagnóstico no describe bien las necesidades de la persona ni su nivel de desempeño: la atención a una persona joven y activa con enfermedad de Alzheimer puede ser más asequible que la de un paciente con un traumatismo craneal o un paciente con enfermedad de Alzheimer que además es ansioso. Al fin y al cabo, en muchos casos la presencia del personal bien preparado es más importante que el propio diagnóstico.

Es mejor juzgar un programa por lo bien que proporciona una atención individualizada y por lo bien que pensemos que nuestro familiar se adaptará al grupo. Un paciente confundido puede quedar muy satisfecho si se le permite empujar una silla de ruedas o acercar un plato de galletas a una persona con alguna incapacidad física. Por otro lado, un programa que ofrezca numerosos grupos de discusión, de lectura y sesiones de cine estará centrándose en actividades que excluirán a la mayoría de los pacientes con demencia. Si tenemos dudas sobre si nuestro familiar se adaptará al grupo o si será demasiado frágil, podemos exponer nuestras inquietudes al director del programa. Algunos programas son flexibles y tratan de ajustar las actividades a la capacidad de la persona. Un período de prueba en el programa es una buena idea. Las personas con demencia suelen sorprendernos agradablemente por su capacidad de adaptación.

DETERMINACIÓN DE LA CALIDAD DE LOS SERVICIOS

Puesto que el enfermo confundido quizá no sea capaz de explicarnos cómo es la atención que recibe, debemos conocer la calidad de la atención ofrecida por el programa. *Muchas de las agencias que nos envían a un centro no tendrán información fiable sobre la calidad de los servicios que nos recomiendan.* Esto es cierto incluso para las agencias gubernamentales, que es posible que nunca hayan visitado el centro. Para evitar la discriminación, algunos servicios de referencia están obligados a recomendar todos los programas, independientemente de su calidad. Los asistentes sociales del hospital suelen encontrarse bajo la presión del propio centro sanitario para colocar rápidamente a los pacientes.

Muchas personas asumen que alguna agencia gubernamental debe ser responsable de salvaguardar la calidad de programas como los de los centros de día o los de las residencias. En realidad, el gobierno federal de Estados Unidos apenas tiene ningún control sobre los mismos. Hay algunos Estados que poseen estándares de calidad; otros carecen de ellos, tienen los mínimos o no ponen en marcha los que tienen. Es posible que los estándares existentes no tengan en cuenta las limitaciones especiales de las personas con demencia (por ejemplo, que requieren una mayor supervisión o que no pueden responder a las alarmas de incendio).

No tenemos que asumir nunca que, si una autoridad nos ha dado el nombre de un servicio, se trata de un programa de buena calidad, que cumple unos estándares o que se ha inspeccionado recientemente.

En la mayoría de los programas que hemos visto, los proveedores trabajan porque les gusta ese tipo de trabajo y proporcionan una atención correcta. Sin embargo, siempre hay una manzana podrida. Examinar la realidad nos toca a nosotros. Siempre tenemos que preguntar si es un centro con permiso y qué agencia lo ha concedido; también tenemos que saber si cumple algunos estándares voluntarios u obligatorios. Una buena pregunta que podemos plantear es cuándo fue inspeccionado por última vez y cuál fue el informe.

Como mínimo, tanto un centro de día como una persona que venga a nuestra casa tendrían que estar coordinados. Un profesional (habitualmente una enfermera o un asistente social) debería de supervisar a los trabajadores, y éstos tendrían que recibir formación para proporcionar una atención segura a los ancianos y una atención especial a las personas con demencia. Podemos preguntar cuál es la política de la agencia, si el Estado certifica a este tipo de trabajadores y si la persona tiene el certificado. Preguntemos, comprobemos las referencias y realicemos un seguimiento de la atención dispensada, especialmente al principio. En el centro de día, podemos preguntar sobre la preparación de la comida, la supervisión de los pacientes que deambulan, los planes de evacuación en caso de incendio y los tipos de actividades que realizan.

Las personas con demencia entienden mal o interpretan mal las cosas. Por eso puede que a veces comenten que la atención es mala o que ha habido negligencia cuando en realidad no es cierto. Tenemos que investigar con cautela quejas del tipo: «No me dan comida» o «Nos espía».

Cuando su madre se puso enferma, Mary contrató a una mujer que se quedaba con ella en casa. En una ocasión, los hijos de Mary se dejaron la grabadora encendida de manera accidental; cuando Mary llegó a su casa, la rebobinó y se dio cuenta de que la canguro se había pasado toda la tarde viendo telenovelas en lugar de pasar el rato junto a su madre.

Puede ser difícil llegar a saber lo bien que otra persona atiende a nuestro familiar. Los cuidadores casi siempre son honestos y afectuosos; además, es importante que nosotros tengamos algún tiempo para descansar. No tendríamos que evitar conseguir ayuda por el hecho de estar preocupados por la calidad del servicio. Al mismo tiempo, debemos estar alerta sobre los problemas potenciales.

Capítulo 11

Nosotros y el enfermo como parte de una familia

Desde el capítulo 2 hasta el 10 hemos descrito cómo conseguir ayuda para el enfermo y la manera de atenderlo. Sin embargo, nosotros y el resto de la familia también somos importantes. Una demencia crónica supone una pesada carga para toda la familia: puede significar mucho trabajo o grandes sacrificios económicos; implica aceptar la realidad de que un ser querido nunca volverá a ser el mismo; sigue y sigue; puede significar que las responsabilidades y las relaciones en el seno de la familia se modificarán; puede significar que nos sentiremos desbordados, desanimados, aislados, enojados o deprimidos. Nosotros y el paciente, al igual que otras personas cercanas a él, interaccionamos como parte del sistema familiar. Es posible que este sistema se vea gravemente desestabilizado por la enfermedad. Resulta útil considerar los cambios que pueden acontecer en las familias que se enfrentan a una enfermedad crónica e identificar las sensaciones que podemos experimentar. A veces, sólo el hecho de saber que lo que nos está ocurriendo le ha pasado también a otros puede facilitarnos la vida. A menudo el hecho de reconocer lo que está sucediendo ya sugiere algún camino para mejorar las cosas.

Es importante saber que casi todas las familias cuidan a los miembros que están enfermos o que son ancianos el mayor tiempo posible. Sencillamente, no es cierto que la mayoría de norteamericanos abandonen a sus ancianos o los «coloquen» en residencias. Algunos estudios han demostrado que, aunque muchos ancianos no viven con sus hijos, los hijos mayores suelen vigilar de cerca o atienden a sus padres o a sus familiares más ancianos. Normalmente, las familias hacen todo lo posible —a menudo, un gran sacrificio personal— para cuidar de los familiares ancianos o enfermos antes de pedir ayuda. Naturalmente, hay familias que no atienden a sus familiares enfermos. Hay algunas que, a causa de la enfermedad o de otros problemas, son incapaces de proporcionar atención; hay unas cuantas que no desean hacerlo, y hay algunos ancianos que no desean tener ayuda familiar. Pero en la mayoría de los casos, las familias luchan para hacer todo lo posible para atender a sus ancianos enfermos.

La mayor parte de los miembros de la familia, al trabajar juntos para atender a un paciente con demencia, descubren la cercanía y la cooperación. Sin embargo, a veces la presión de tener que atender a un enfermo crea conflictos familiares o es la causa que vuelve a desenterrar antiguos enfrentamientos. Por ejemplo:

El señor Higgins afirmaba: «No podemos ponernos de acuerdo en lo que hay que hacer. Quiero tener a mi madre en casa. Mi hermana quiere que vaya a una residencia. No conseguimos ponernos de acuerdo ni en lo que es incorrecto».

La señora Tate explicó: «Mi hermano no llama e incluso rehúsa hablar de ello. Tengo que atender sola a mamá».

Además, la carga de atender a una persona con demencia puede ser angustiante y dejarnos exhaustos.

La señora Fried comentó: «Me siento deprimida. Lloro. Luego estoy despierta toda la noche, preocupada. Me siento muy desamparada».

Ver cómo alguien cercano a nosotros empieza el declive es una experiencia dolorosa. En este capítulo, describiremos algunas de las sensaciones que podemos tener.

Es importante recordar que no todas nuestras experiencias serán infelices. Muchas personas tienen una sensación de orgullo al aprender a hacer frente a las situaciones difíciles. Los miembros de la familia se descubren de nuevo entre sí, a medida que colaboran en el cuidado del enfermo. Cuando ayudamos a una persona con problemas de memoria a disfrutar del mundo que le rodea, es posible que experimentemos una satisfacción renovada por compartir las pequeñas cosas, como jugar con un muñeco de peluche o admirar las flores. Incluso podemos descubrir una nueva fe en nosotros mismos, en los otros o en Dios. La mayor parte de las demencias evolucionan lentamente, de modo que nosotros y nuestro familiar podemos esperar una época bastante buena.

> La señora Morales afirma: «Aunque ha sido duro, para mí ha sido bueno en muchos sentidos. Me ha dado confianza para saber que puedo ocuparme de las cosas que siempre había llevado mi marido, y mis hijos y yo nos hemos ido aproximando a medida que él empeoraba».

Puesto que este libro está pensado para que sea útil a medida que van apareciendo los problemas, la mayor parte de lo que se describe son sensaciones infelices y obstáculos. Sabemos que ésta es una visión parcial que sólo refleja una parte de cómo es la vida para nosotros.

Las sensaciones y los problemas que nosotros y nuestra familia experimentamos interactúan entre sí. Sin embargo, en aras a la simplicidad, los presentamos en secciones separadas: cambio de roles dentro de la familia, encontrar maneras de adaptarse a los cambios de rol y al conflicto que puede surgir, nuestras propias sensaciones, y maneras de cuidar de nosotros mismos.

CAMBIO DE ROLES

Los roles, las responsabilidades y las expectativas en el seno familiar cambian en el momento en que una persona se pone enferma. Por ejemplo:

> Una esposa comentaba: «La peor parte es ocuparme del presupuesto. Llevamos casados treinta y cinco años, y ahora tengo que aprender a llevar las cuentas».

> Un marido explicaba: «Me siento mal lavando ropa interior de mujer en la lavandería».

> Un hijo decía: «Mi padre siempre ha sido el cabeza de familia. ¿Cómo puedo decirle que no conduzca?».

> Una hija se preguntaba: «¿Por qué mi hermano no puede colaborar y turnarnos para cuidar a mamá?».

Los roles son distintos de las responsabilidades, y resulta útil reconocer lo que significa cada rol para nosotros y para los demás miembros de la familia. Las responsabilidades son las tareas que cada persona asume en el seno familiar. Los roles incluyen quiénes somos, cómo nos ven los demás y qué se espera de nosotros. Por «rol» entendemos el lugar de una persona en su familia (por ejemplo, cabeza de familia, madre o «la persona a quien todos se dirigen»). Los roles se establecen a lo largo de los años y no siempre resultan fáciles de definir. Las tareas que realizamos suelen simbolizar nuestros roles. En los ejemplos anteriores, los familiares describen tanto tareas nuevas que tienen que aprender (lavar la ropa o llevar las cuentas) como cambios de rol (administrador, ama de casa, cabeza de familia).

Aprender nuevas responsabilidades, como llevar las cuentas o lavar la ropa, puede ser difícil cuando también nos enfrentamos a muchas necesidades del día a día de la persona confundida, nuestras necesidades propias y las de nuestra familia. Sin embargo, a menudo los cambios de rol suelen ser más difíciles de aceptar y de ajustarnos a ellos. Entender que las responsabilidades de cada persona cambian y que los papeles y las expectativas de los demás también evolucionan nos ayudará a comprender las sensaciones personales y los problemas que pueden aparecer en el seno de la familia. Es útil recordar que ya nos hemos enfrentado a un cambio de roles en otras etapas de la vida, y que esta experiencia nos ayudará a adaptarnos a las nuevas responsabilidades.

A medida que la demencia va empeorando, se producen cambios de rol en muchas relaciones. A continuación describiremos algunos ejemplos:

1. *Las relaciones entre un marido y una esposa cambian cuando uno de ellos se pone enfermo.* Algunos de estos cambios pueden resultar tristes y dolorosos; otros pueden convertirse en experiencias enriquecedoras.

John y Mary Douglas llevaban cuarenta y un años de matrimonio cuando John se puso enfermo. John siempre había sido el cabeza de familia: sacaba la familia adelante, pagaba las cuentas y tomaba la mayoría de decisiones. La propia Mary se veía a sí misma como una persona que siempre contaba con el apoyo de su esposo. Cuando se puso enfermo, ella se dio cuenta de que no sabía cuánto dinero tenían, qué seguros habían contratado ni cuál era el estado de sus cuentas. No pagaban las facturas y, cuando le pregunta a John qué sucedía, él le gritaba.

Para su aniversario, Mary preparó un pavo y planificó una velada juntos y tranquilos, para olvidar lo que estaba sucediendo. Cuando puso el cuchillo eléctrico frente a John, él lo cogió y le gritó que aquel cuchillo no funcionaba y que acababa de echar a perder el pavo. Para tratar de mantener la paz, Mary cogió el cuchillo y entonces se dio cuenta de que no tenía ni idea de cómo cortar un pavo. Mary lloró y John armó una bronca. Aquella noche, ninguno de ellos cenó a gusto.

A Mary, tener que cortar un pavo le pareció la gota que colmó el vaso. Se percató de que John ya no podía hacer estas cosas, ni podía manejar sus cuentas, y se sintió repentinamente abrumada y perdida. Durante todo su matrimonio, Mary había esperado que John resolviera los problemas. Ahora ella tenía que aprender a hacer lo que él siempre había hecho, al tiempo que tenía que enfrentarse a su enfermedad.

Aprender nuevas habilidades y adquirir nuevas responsabilidades requiere energía y esfuerzo; también supone un trabajo añadido al que ya estamos haciendo. Es posible que no queramos asumir tareas nuevas. Hay pocos maridos que quieran aprender a lavar, y más de uno se ha quedado con un montón de jerseys encogidos y unos cuantos calzoncillos rosados antes de descubrir que no se pueden lavar suéteres rojos con ropa interior blanca. Una esposa que nunca haya llevado las cuentas puede sentir que no tiene capacidad para administrar el dinero y, probablemente, tendrá miedo de equivocarse.

Además de tener que hacer el trabajo, darse cuenta de que hay que hacerlo en lugar de nuestro cónyuge probablemente simbolice todos estos cambios tristes que están aconteciendo. Para Mary tener que cortar el pavo simbolizó la pérdida de estatus del cabeza de familia.

Es posible que una esposa se dé cuenta gradualmente de que se encuentra sola frente a sus problemas: ha perdido al compañero con quien compartía las cosas. Mary ya no podía volver a verse a sí misma como la persona que aprende de su marido. De repente se vio a ella misma, con 60 años, obligada a salir adelante por sí misma y forzada a ser independiente sin la ayuda de nadie. No hay duda de que se sintió abrumada por la carga. Pero, al mismo tiempo, aprender nuevas habilidades le fue dando a Mary una sensación de logro. Explicaba: «En realidad, yo misma me quedé sorprendida por ser capaz de poder manejar todas estas cosas. Aunque estaba preocupada, para mí fue bueno aprender que podía salir adelante tan bien».

A veces, los problemas parecen insalvables porque implican una serie de cambios en los roles y la necesidad de aprender cosas nuevas. Tener que aprender tareas nuevas cuando estamos preocupados y cansados puede ser difícil. Además de reconocer el malestar que nos pueden causar los cambios de rol, quizá necesitemos algunos consejos prácticos para causar las nuevas responsabilidades.

Si tenemos que hacernos cargo de las tareas domésticas, a menudo podemos hacerlo gradualmente e ir aprendiendo poco a poco. Pero podemos evitar la frustración de quemar la cena y malograr la colada si seguimos el consejo de algunos expertos. Probablemente habrá alguna oficina municipal con información excelente sobre cómo comprar, cocinar, lavar la ropa, llevar las cuentas o limpiar la casa. También es posible que alguna asistenta o una enfermera nos dé consejos sobre algunos aspectos. En algunos supermercados también hay folletos útiles con recetas.

> La señora Stearns explicaba: «Sé que mi marido ya no puede manejar el dinero, pero parece que controlar el presupuesto sea quitarle el último ápice de su hombría. Sé que tengo que hacerlo, pero no encuentro el momento para ello».

Tener que tomar este símbolo de independencia de alguien a quien amamos es difícil. Pero si no estamos acostumbrados a manejar el dinero, todavía puede ser peor.

Si nunca hemos llevado las cuentas o pagado las facturas, es posible que sea difícil aprender esta nueva responsabilidad. En realidad, manejar las finanzas domésticas no es difícil, incluso para las personas a quienes no les gusten las matemáticas. La mayoría de los bancos cuentan con profesionales que nos aconsejarán de manera gratuita. También nos mostrarán cómo equilibrar un presupuesto. En las bibliotecas hay libros que tratan de este tema. Muchas veces más que la tarea en sí lo realmente difícil es el hecho de asumir el rol.

El banco o un abogado también pueden ayudarnos a hacer una lista de los bienes y las deudas. A veces una persona ha sido muy discreta con sus asuntos financieros, no los ha explicado a nadie y ahora no puede recordarlos. En el capítulo 15 se describen algunos de los recursos que deberían utilizarse en estos casos.

Si no sabemos conducir o no nos gusta y tenemos que asumir la responsabilidad de hacerlo, podemos buscar algunos cursos de conducción dirigidos a adultos. La policía, la guardia urbana o, en Estados Unidos, la American Association of Retired Persons pueden informarnos sobre los cursos de conducción y los programas de buena conducción para la tercera edad. La vida será mucho más sencilla si nos encontramos cómodos detrás del volante.

2. *La relación de un padre con demencia y sus hijos mayores suele cambiar.* Los cambios que se producen cuando un hijo adulto tiene que asumir la responsabilidad y la atención de uno de sus padres suelen llamarse «inversión de roles». Quizá se pueda describir mejor como una cesión de roles y de responsabilidades, en la que el hijo o la hija mayor asumen gradualmente la responsabilidad creciente del padre, mientras que el rol del padre se modifica en consonancia con el otro cambio. Estas modificaciones pueden resultar dificultosas. Nosotros, el hijo o la hija adulto, podemos sentir tristeza y pena por la pérdida que observamos en alguien a quien amamos y por quien nos preocupamos. Nos podemos sentir culpables de «sustituirle».

> No puedo decirle a mi madre que ya no debería vivir sola durante más tiempo —dice la señora Russo—. Sé que debo hacerlo, pero cada vez que intento hablarle, se las arregla para hacerme sentir como una niña que se ha portado mal.

Muchos de nosotros, como adultos, todavía sentimos en grado variable que nuestros padres son padres y que nosotros, los hijos, somos menos capaces, no tenemos tanta confianza o no hemos «crecido». En algunas familias, parece como si los padres mantuvieran este tipo de relación con sus hijos adultos mucho tiempo después de que ellos ya hayan madurado.

No todo el mundo ha tenido una buena relación con sus padres. Si el padre no ha sido capaz de dejar que su hijo mayor se sienta como tal, pueden surgir la infelicidad y los conflictos. Entonces, cuando uno de los padres presenta una demencia, puede que nos parezca que trata de manipularnos o que es muy solícito.

Y nos podemos sentir atrapados. Quizá nos sintamos utilizados, enojados y culpables al mismo tiempo.

Lo que a nosotros nos parece solícito puede ser distinto para el enfermo. Quizás él considere que «sólo con una ayudita» puede continuar manteniendo su independencia y, posiblemente, continuar viviendo solo. A medida que sus sentidos van empeorando, quizás ésta sea la única manera que tiene para dar respuesta a su pérdida.

A menudo los hijos adultos se sienten molestos por la tarea de tener que atender físicamente a uno de los padres (por ejemplo, bañar a su madre o cambiar los calzoncillos de su padre). Podemos buscar la manera de conseguir que el padre mantenga su dignidad al mismo tiempo que le proporcionamos la atención que requiere.

3. *El paciente debe adaptarse a su cambio de rol dentro de la familia.* Frecuentemente, esto significa perder parte de su independencia, responsabilidad o liderazgo; puede resultar difícil para todos (véase el capítulo 4). Es posible que se desanime o se deprima al darse cuenta de que menguan sus habilidades. Puede que sea incapaz de cambiar o de reconocer su pérdida.

Los roles que una persona ostentó en el seno familiar y el tipo de persona que es influirán en los nuevos roles que debe asumir cuando se pone enfermo. Podemos ayudarle a mantener su posición como miembro importante de la familia, aunque ya no pueda realizar las tareas que hacía antes. Tenemos que consultarlo con él, hablarle de ello y escucharlo (aunque lo que diga parezca confuso). Hagámosle saber de esta manera que todavía le respetamos.

4. *A medida que cambian los roles del enfermo, cambian las expectativas de cada miembro de la familia por los demás.* Nuestras relaciones y expectativas en relación con los miembros de la familia se basan en los roles familiares establecidos muchos años atrás. A menudo las modificaciones llevan a conflictos, malentendidos y a unos momentos en los que no concuerdan las expectativas de la persona con las de los demás. Al mismo tiempo, adaptarse a los cambios y enfrentarse a los problemas puede unir más a las familias, incluso aunque hayan estado separados durante años.

COMPRENDER LOS CONFLICTOS FAMILIARES

La señora Eaton dice: «Ahora mi hermano no quiere saber nada de mamá, y siempre fue su preferido. Ni siquiera viene a visitarla. Mi hermana y yo cargamos con toda la carga. Como el matrimonio de mi hermana es un poco inestable, yo odio dejar a mamá con ella durante mucho tiempo, de modo que acabo cuidando de mamá yo sola».

El señor Cooke comenta: «Mi hijo quiere llevar a mi esposa a una residencia. No entiende que, después de treinta años de matrimonio, no puedo ponerla en una residencia». Su hijo dice: «Papá no es realista. No puede cuidar de mamá en esa gran casa de dos pisos. Cualquier día de éstos se caerá. Y papá tiene esa enfermedad en el corazón; es mejor no discutir».

El señor Vane explica: «Mi hermano dice que si la mantengo más activa estará mejor. Dice que debería responderle cuando se pone desagradable, pero esto sólo logra empeorar las cosas. No vive con ella. Se limita a quedarse en su piso y sólo critica».

COMPARTIR RESPONSABILIDADES

La responsabilidad de cuidar a una persona incapacitada a menudo no es una tarea compartida entre la familia. Como la señora Eaton, es posible que pensemos que arrastramos la mayor parte de la carga de cuidar del enfermo con demencia. Hay muchas razones por las que es difícil compartir las responsabilidades de manera equitativa. Es posible que algunos miembros de la familia vivan lejos, tengan mala salud, cuenten con una escasa capacidad económica para contribuir o tengan problemas con sus hijos o con su matrimonio.

A veces las familias aceptan estereotipos sobre quién debería ayudar sin considerar realmente qué es lo mejor. Uno de estos estereotipos es que las hijas (y las nueras) se «supone» que cuidan de los enfermos. Pero quizá las hijas y las nueras ya tengan una carga importante y no puedan asumir esta nueva tarea. Posiblemente tengan niños o un trabajo a tiempo completo. Quizá formen parte de una familia monoparental.

Los roles establecidos mucho tiempo atrás, las responsabilidades y las expectativas mutuas en el seno de la familia, incluso cuando no somos conscientes de ello, pueden desempeñar un papel importante a la hora de determinar quién es responsable de atender al enfermo. Por ejemplo:

Mi madre me sacó adelante; yo tengo que cuidar de ella.

Fue una buena esposa y habría hecho esto por mí.

Me casé con él cuando era mayor. ¿Cuál es mi responsabilidad y cuál es la de sus hijos?

Siempre ha sido duro conmigo, abandonó a mi madre cuando yo tenía 10 años y ha donado todo su dinero a una fundación. ¿Hasta qué punto tengo obligaciones con él?

A veces las expectativas no son lógicas y es posible que no se basen en la manera más práctica o más justa de arreglar las cosas. En ocasiones ha habido desacuerdos, resentimientos o conflictos familiares desde tiempos inmemoriales, y la crisis de una enfermedad los agrava.

A veces los familiares no ayudan tanto como deberían porque les resulta difícil aceptar la realidad de la patología de la persona. En ocasiones una persona no soporta tener que enfrentarse con este tipo de enfermedad. Como sabemos, es doloroso contemplar el declive de un ser amado. Otras veces los familiares que no asumen la carga de la atención diaria se quedan apartados porque contemplar el declive de la persona enferma les entristece. Sin embargo, otros familiares pueden percibirlo como un abandono del enfermo.

En algunas ocasiones, un miembro de la familia asume la mayor parte de la carga de atender al enfermo. Y es posible que no comunique al resto de la familia lo mal que están las cosas. Quizá no quiera abrumar a los demás o, realmente, no desea su ayuda.

El señor Newman dice: «Dudo si deseo llamar a mis hijos. Quieren ayudarme, pero todos tienen su trabajo y su familia».

La señora King explica: «No me gusta telefonear a mi hija. Siempre me dice que todo lo que hago está mal».

No es raro que nosotros y los demás miembros de la familia tengamos posiciones fuertes y distintas sobre cómo habría que hacer las cosas. A veces esto se debe a que no todos los miembros de la familia entienden qué le sucede al paciente con demencia o por qué actúa de la manera en que lo hace o qué podemos esperar en el futuro.

Los familiares que no comparten la experiencia diaria de vivir con un enfermo con demencia quizá no sepan lo que significa realmente y tal vez se muestren críticos. Es difícil que una persona que no vive con él se dé cuenta de lo que puede significar llevar la carga diaria de una atención constante. Además, a menudo las personas no se dan cuenta de cómo nos sentimos, a no ser que se lo expliquemos.

Ocasionalmente, algún familiar puede oponerse a nuestros esfuerzos para conseguir ayuda externa. Si esto sucede, tenemos que insistir para que el familiar en cuestión contribuya a atender al paciente, de manera que podamos tener algún período de descanso. Si el familiar vive fuera de la ciudad, podemos pedirle que vaya a un grupo de apoyo de su comunidad o que se haga voluntario durante un tiempo en algún programa para personas con demencia, de manera que pueda comprender más fácilmente la situación a la que nos estamos enfrentando. Finalmente, la familia tiene que aceptar que la persona que le brinda la mayor parte de la atención debería ser quien tuviera la última palabra sobre la necesidad de utilizar un centro de día, la atención domiciliaria o los servicios de una residencia. Cuando todos están informados sobre los recursos disponibles y su coste suele haber menos malentendidos.

NUESTRO MATRIMONIO

Cuando el paciente es nuestro suegro, es importante considerar el efecto de su enfermedad sobre nuestro matrimonio. A menudo no resulta fácil conservar una buena relación conyugal, y atender a una persona con demencia puede dificultar las cosas todavía más. Es posible que signifique una mayor carga financiera y menos tiempo para hablar, para salir y para hacer el amor. Puede suponer involucrarnos con nuestros parientes políticos, tener más cosas sobre las que podemos estar en desacuerdo, sentirnos cansados o defraudar a los niños. Quizá signifique tener que incluir a una persona difícil, desagradable, aparentemente solícita y enferma en nuestra vida.

Contemplar una demencia puede resultar doloroso. Es comprensible que una persona mire a su suegro enfermo y se pregunte si a su esposa le sucederá lo mismo y tendrá que volver a pasar por esta situación de nuevo.

Es muy fácil que un hijo o una hija se encuentre con que tiene que atender a las necesidades de uno de los padres enfermo, las expectativas de los hermanos (o del otro padre) y las necesidades y demandas de la esposa y de sus hijos. Es fácil descargar las frustraciones y el cansancio sobre quienes más amamos y en quienes más confiamos: el cónyuge y nuestros hijos.

El cónyuge de un padre enfermo también puede conllevar problemas adicionales. Es posible que esté preocupado, que se muestre crítico o que esté enfermo; incluso puede abandonar a su compañero enfermo. Este tipo de problemas puede sumarse a la tensión de nuestro matrimonio y, si todavía es posible, deberíamos discutirlos con todos los involucrados. A veces es más fácil si el hijo busca una solución en el seno de su propia familia o una hija lo hace con sus propios parientes.

Una buena relación puede sobrevivir frente al estrés y al problema, pero creemos que es importante que el marido y la esposa encuentren tiempo y energía para ellos, para hablar, para salir y para disfrutar de su relación, como siempre han hecho.

ADAPTARSE AL CAMBIO DE ROLES Y A LOS CONFLICTOS FAMILIARES

Cuando la familia no está de acuerdo o cuando la mayor parte de la carga recae sobre una sola persona, tendremos que enfrentarnos a más problemas. La carga de cuidar de un paciente crónico suele ser excesiva para una sola persona. Es importante que tengamos la ayuda de otros, para permitirnos «salir» un rato de la atención constante, para darnos ánimo y apoyo, para ayudarnos con el trabajo y para compartir la responsabilidad financiera.

Si recibimos críticas o no contamos con la ayuda suficiente por parte de nuestra familia, habitualmente no es una buena idea dejar arder el resentimiento. Lo mejor para nosotros quizá sea tomar la iniciativa para cambiar las cosas en la familia. Cuando las familias están en desacuerdo o cuando surgen conflictos antiguos, la situación puede ser difícil de manejar.

¿Cómo podemos hacer frente al cambio de roles (tan a menudo complejo y doloroso) que pone en movimiento una enfermedad crónica que produce demencia? En primer lugar, tenemos que reconocer que se trata de aspectos propios de las relaciones familiares. Sólo sabiendo que el reparto de roles en el seno de una familia es algo complejo —a menudo no conocido ni reconocido— y que la modificación de los mismos puede ser dolorosa podremos sentir menos miedo y no abrumarnos. Tenemos que reconocer que determinadas tareas pueden simbolizar los roles más importantes en el seno familiar, y que lo doloroso es el cambio de rol, más que las cuestiones concretas.

Es importante descubrir todo lo que podamos sobre la enfermedad. Lo que los miembros de la familia crean sobre la enfermedad afecta al grado de ayuda que proporcionen a la persona y también afecta al hecho de que haya desacuerdos sobre la atención al paciente. Los familiares que viven fuera de la ciudad pueden asistir a las reuniones de la asociación de Alzheimer de su comunidad, por ejemplo.

Pensemos en las diferencias entre las responsabilidades o tareas que tendrá que ceder el paciente y los roles que puede conservar. Por ejemplo, aunque la enfermedad de John signifique que ya no puede cortar el pavo ni tomar decisiones, puede continuar manteniendo su *rol* como el amor de Mary y su marido respetado.

Hay que saber lo que el paciente todavía es capaz de hacer y lo que le resulta demasiado difícil. Naturalmente, uno desea que una persona continúe siendo tan autosuficiente como sea posible, pero las expectativas que excedan su capacidad pueden hacerle sentir incómodo y desgraciado (a veces las expectativas sobre lo bien que puede desempeñarse proceden de los otros; en otras ocasiones vienen del propio enfermo). Si no puede realizar una tarea de manera independiente, tratemos de simplificar el trabajo para que todavía pueda realizar una parte.

Debemos reconocer que el cambio de roles no es algo instantáneo, sino que son procesos evolutivos. A medida que la enfermedad vaya progresando, podemos continuar asumiendo nuevas responsabilidades. Probablemente volveremos a experimentar cada vez algunas de las sensaciones de tristeza y de sentirnos abrumados por el trabajo. Esto forma parte de la problemática del proceso de una enfermedad crónica.

Conviene hablar de nuestra situación con otras familias. Ésta es una de las ventajas de los grupos de apoyo familiar. Probablemente nos reconfortará saber que hay otras familias que han luchado por cambios similares. Riámonos un poco de nosotros mismos. Cuando se nos acabe de quemar la cena o hayamos destrozado un pavo, tratemos de encontrar la gracia a la situación. A menudo, cuando los familiares de pacientes con demencia se encuentran comparten risas y lágrimas al explicarse sus experiencias.

Busquemos la manera de ayudarnos unos a otros. Cuando una esposa asume la mayor parte de la responsabilidad de atender diariamente a un padre enfermo, necesitará urgentemente la colaboración de su marido en tareas poco tradicionales, como el trabajo doméstico o sentarse con el padre mientras ella sale. Naturalmente, ella necesitará su cariño y que le anime; quizá también requiera que él la ayude con el resto de la familia.

Es posible llegar a un punto en el que el volumen y la demanda de nuestro trabajo como cuidadores nos agote. Tenemos que ser capaces de reconocerlo y poder arreglar las cosas cuando llegue el momento. A veces nuestras responsabilidades en la toma de decisiones pueden incluir la decisión de abandonar el rol de cuidador principal.

UNA REUNIÓN FAMILIAR

Pensamos que una reunión familiar es una de las maneras más eficaces para conseguir la adaptación familiar. Se trata un encuentro de la familia con la ayuda de un consejero —o, si fuera necesario, el médico— para hablar sobre los problemas y planificar las cosas. Estando todos juntos, es posible tomar decisiones concretas sobre la ayuda o la cantidad de dinero con la que contribuirá cada persona.

Hay unas reglas del juego para las reuniones familiares que podemos sugerir al comienzo: asiste todo el mundo (incluidos los niños que se verán afectados por las decisiones), cada persona tiene que poder hablar sin que la interrumpan, y todo el mundo escucha lo que los demás tengan que decir (incluso aunque no estén de acuerdo).

Si los familiares no están de acuerdo sobre lo que no va bien con la persona confundida y olvidadiza, o sobre cómo cuidarla, puede ser útil enseñarles este libro u otros materiales escritos sobre la enfermedad al resto de familiares o bien pedir al médico que hable con ellos. Es sorprendente ver cuán a menudo esto reduce las tensiones entre los familiares.

A continuación incluimos algunas preguntas para plantearnos cuando toda la familia esté reunida. ¿Cuáles son los problemas? ¿Qué es lo que está haciendo cada uno ahora? ¿Qué hay que hacer y quién puede hacerlo? ¿Cómo podemos ayudarnos entre nosotros? ¿Qué significarán estos cambios para nosotros? Algunas de las preguntas prácticas que hay que discutir son: ¿quién será responsable del cuidado diario? ¿Significa esto renunciar a la intimidad? ¿No tener amigos? ¿No poder irse de vacaciones? ¿Significa que los padres esperan que sus hijos actúen de una manera más madura porque ellos estarán atareados con el enfermo? ¿Quién tomará la decisión de llevar al paciente a una residencia? ¿Quién será el responsable del dinero del enfermo?

Si el cónyuge sano de la persona enferma tiene que trasladarse a casa de un hijo o de una hija junto con el paciente, ¿cuáles serán sus roles en la familia? ¿Tendrá la responsabilidad de atender a los nietos? ¿Habrá dos personas en la cocina? Una familia ampliada puede resultar enriquecedora, pero también puede ser una fuente de tensiones. Anticipar y discutir los puntos de desacuerdo por adelantado puede facilitar las cosas.

También es importante hablar sobre otras cuestiones prácticas en las que las relaciones familiares suelen encontrar problemas. Puede parecer poco sensible incluso el hecho de pensar en temas monetarios o de herencia cuando la persona se encuentra enferma, pero los aspectos financieros son importantes, y las cuestiones sobre quién será el heredero son factores reales —aunque, a menudo, escondidos— que servirán para detectar la responsabilidad de un familiar. Pueden ser la causa de gran parte de la amargura subyacente. Las cuestiones de dinero tienen que tratarse de manera abierta. Podemos hacernos las preguntas siguientes:

1. ¿Conoce todo el mundo cuánto dinero hay y cuál es la herencia? Resulta sorprendente cuán a menudo un hijo piensa: «Papá tiene esas acciones que compró hace veinte años, es

propietario de su casa y tiene seguridad social. Tiene que estar bastante acomodado». El otro hijo, que está cuidando al padre, sabe que «hay que poner un tejado nuevo a la casa y cambiar el horno; estas acciones tan antiguas no valen nada y, a duras penas, tiene suficiente para vivir de la seguridad social. Tengo que echar mano de mi sueldo para pagarle sus medicamentos».

2. ¿Hay un testamento? ¿Alguien sabe o sospecha que ha modificado recientemente su testamento? ¿Algún miembro de la familia tiene la sensación de que otros se muestran codiciosos por el dinero, las propiedades o las posesiones personales que se van a heredar? No es nada raro y la mejor manera de tratarlo es afrontar abiertamente la situación. A menudo los resentimientos escondidos van ardiendo hasta que se convierten en conflictos sobre la atención diaria del enfermo.

3. ¿Cuánto cuesta atender al paciente y quién paga las cuentas? Cuando una familia atiende a una persona en casa, hay muchos costes «escondidos» que se deben tener en cuenta: comida especial, medicamentos, cerraduras especiales, el canguro, transporte, otra cama y un armario en la planta baja, barras de sujeción para el cuarto de baño y, quizás, el coste del cónyuge que no trabaja para poder atender al paciente confundido.

4. ¿Saben todos cuánto cuesta atender a una persona con demencia en una residencia y sabe todo el mundo quién es el responsable de los gastos? (En el capítulo 16 haremos referencia a las residencias.) A veces, cuando una hija explica: «Mamá debería poner a papá en una residencia» no se da cuenta de que hacerlo puede tener consecuencias financieras graves.

5. ¿Hay algún miembro de la familia que piense que el dinero se repartió de manera desigual en el pasado? Por ejemplo:

> Papá llevó a mi hermano a la universidad y le pagó la casa. Y ahora mi hermano no quiere hacerse cargo de él, de manera que yo hago el trabajo y asumo el coste de cuidarlo.

A veces los familiares comentan: «No hay manera de que mi familia se junte para hablar sobre este tipo de cosas. Mi hermano ni siquiera quiere hablarlo por teléfono. Y si nos juntáramos, sería una batalla». Si tenemos la sensación de que nuestra familia es así, es posible que nos desanimemos. Aunque necesitemos la ayuda de la familia, es posible que nos sintamos atrapados porque nos parece que no nos ayuda. No es raro que las familias necesiten la ayuda de una persona externa —un consejero, un cura o un asistente social— para hacer aflorar sus problemas y ayudarles a llegar a un acuerdo equitativo (véanse las págs. 333-335).

Una de las ventajas de buscar la ayuda de un consejero es que puede escuchar de manera objetiva y ayudar a la familia a mantener la discusión centrada en los problemas a los que se enfrenta, sin derivar hacia antiguas razones. El médico, un asistente social o un consejero pueden intervenir en nuestro favor y convencer a los involucrados sobre la necesidad de discutir temas de interés para todos. A veces puede ayudar el abogado. Si buscamos la ayuda de un abogado, tenemos que escoger a uno que esté realmente interesado en ayudar a resolver el conflicto más que en ayudarnos a entrar en litigios contra nuestra familia. Si la familia tiene dificultades y solicitamos una tercera opinión para que nos ayude, el primer punto de la conversación debe consistir en acordar que esta tercera persona no se pondrá de parte de nadie.

Necesitamos a nuestra familia. Ahora es un momento excelente para dejar de lado antiguos conflictos por el bien del paciente. Aunque nuestra familia no pueda resolver todos los desacuerdos mediante una reunión, tal vez sea posible encontrar una o dos cosas sobre las que ponerse de acuerdo. Esto animará a todos y el encuentro siguiente será más sencillo.

CUANDO VIVIMOS FUERA DE LA CIUDAD

Mi padre cuida de mi madre. Viven a unos 1.500 km de aquí y me resulta difícil volver a casa a menudo. No creo que papá me explique la realidad sobre cómo están las cosas. Es terriblemente duro estar tan lejos: te sientes culpable e inútil.

Sólo soy la nuera, de modo que no puedo opinar mucho. No le han hecho un buen diagnóstico. Continúan yendo a aquel médico de cabecera de siempre. Me preocupa que tenga alguna otra cosa. Pero cada vez que hago alguna sugerencia, hacen como si no la hubieran oído.

No vivir en la misma comunidad que el paciente confundido y la persona que proporciona el cuidado diario crea unos problemas especiales. Los familiares que viven lejos se preocupan igual que los más cercanos y, a menudo, se sienten frustrados e inútiles. Se preocupan porque no saben qué es lo que sucede en realidad, porque piensan que el cuidador no ha conseguido el mejor diagnóstico o que tendría que hacer las cosas de otra manera. Es posible que se sientan culpables por no poder estar más cerca en un momento en que su familia les necesita.

Al principio puede ser más difícil aceptar la gravedad de las limitaciones de una persona si la vemos con poca frecuencia. Más tarde la impresión de ver cómo la persona ha llegado a perder sus capacidades puede ser desgarradora.

Probablemente, nuestro apoyo a la persona que se encarga de la atención diaria es la contribución más importante que podemos hacer al familiar enfermo. Con frecuencia la demencia suele durar varios años. Necesitamos organizar la colaboración familiar para un largo trecho . Si la persona que brinda el cuidado diario empieza rechazando nuestras sugerencias, es posible que las acepte más adelante.

Podemos considerar la posibilidad de que el paciente pase unas semanas con nosotros o que nosotros nos desplacemos para estar con el enfermo y dar un respiro al cuidador habitual. Desplazar un enfermo a otra casa puede ser molesto, pero en especial en las primeras fases de la demencia puede servir de «vacaciones», tanto para el paciente como para el cuidador.

CUANDO NO SOMOS EL CUIDADOR PRINCIPAL, ¿CÓMO PODEMOS AYUDAR?

Las familias norteamericanas no abandonan a sus ancianos, ni se abandonan unos a otros. A pesar de las diferencias, suelen resolver sus desacuerdos de una manera suficientemente satisfactoria como para afrontar juntos el largo trayecto.

Los familiares tienen la posibilidad de hacer muchas cosas. Un cuidador puede necesitar una llamada diaria; otro puede necesitar un canguro para poder salir una noche a la semana; uno puede tener la necesidad de que alguien pueda acudir rápidamente en caso de que se presente alguna dificultad; otro quizá sólo necesite un hombro para llorar.

Mantener un contacto estrecho. Mantener abiertas las líneas de comunicación con el cuidador. Esto nos ayudará a notar cuándo el cuidador necesita más ayuda. Los cuidadores se las arreglan mejor y experimentan menos estrés cuando se sienten bien apoyados por su familia. No se trata solamente de cuánta ayuda reciben los cuidadores, sino que es el apoyo que sienten lo que realmente les ayuda a hacer frente a la situación.

Evitar las críticas. Las críticas no suelen llevar a un cambio constructivo. A ninguno de nosotros nos gusta ser criticados. La mayoría tendemos a ignorar las críticas. Si tenemos que decir alguna cosa, tenemos que estar seguros de que la crítica es válida. Si vivimos lejos, ¿estamos seguros de entender completamente el problema?

Reconocer que el cuidador principal es quien debe tomar las decisiones finales. Aunque podamos ofrecer ayuda y consejo, la persona que proporciona la atención un día tras otro es quien debería decidir ciertos aspectos, como si desea utilizar ayuda externa y si puede continuar cuidando al paciente.

Encargarse de la tarea de encontrar ayuda. A menudo los cuidadores están tan sobrecargados que no pueden buscar un canguro o un centro de día, una atención médica mejor, un equipo de apoyo o ayuda para sí mismos. Sólo el hecho de tratar de encontrar un momento de descanso requiere muchas llamadas telefónicas. Encarguémonos de esta tarea y seamos amables y colaboradores para persuadir a nuestro pariente de que se tome un respiro.

Estar informados. La mayor ayuda podremos proporcionarla si entendemos tanto la enfermedad como lo que sucede al cuidador y al resto de la familia. Hay libros excelentes que describen las demencias y libros para cuidadores. Podemos asistir a las reuniones de los grupos de apoyo de nuestra comunidad. También podemos encontrarnos con otros familiares que viven lejos y aprender por boca de los cuidadores principales qué es lo que han hecho *sus* parientes lejanos y les ha sido útil. Tenemos que evitar la tentación de ignorar el problema.

Podemos telefonear al médico del paciente y a los demás profesionales que le han valorado. Si se muestran colaboradores, es posible hacerles preguntas directas (véase el capítulo 2). Si tenemos dudas sobre el diagnóstico, sobre si la valoración ha sido adecuada o sobre el curso probable de la enfermedad, tenemos que preguntar a los profesionales que conocen al enfermo.

Hacer las tareas que solía realizar el paciente. Llevar la contabilidad, llevar el coche al mecánico o ir a buscar una comida preparada.

Facilitar un tiempo libre al cuidador. Podemos atender a nuestro pariente durante un fin de semana, una semana o unos cuantos días, de modo que el cuidador principal pueda salir. Muchas oficinas locales de la asociación de Alzheimer nos pueden enseñar los conocimientos básicos sobre el cuidado de pacientes antes de empezar. No sólo será útil para el cuidador, que puede salir, sino que nos acercará a éste. Podemos hacer cosas terapéuticas y divertidas con el paciente: pasear, salir a almorzar, jugar juntos con el gato o salir a ver escaparates.

Obtener ayuda si no podemos proporcionársela nosotros mismos. En muchas comunidades podemos contar con la ayuda de canguros y centros de día. También podemos pagar a alguien para que haga la compra, tenga a punto el coche o un seguimiento de los recursos.

BRINDAR ATENCIÓN Y TRABAJAR AL MISMO TIEMPO

Muchos cuidadores compatibilizan la atención de una persona con demencia y un trabajo a tiempo completo o a tiempo parcial. La doble demanda de atender al paciente y mantener un trabajo puede llegar a desbordarnos. Algunos cuidadores necesitan un permiso del trabajo cada vez que ocurre algún problema con el paciente. A veces, cuando no existe otra alternativa, los cuidadores tienen que dejar solo al paciente confundido, incluso aunque no sea realmente seguro. Hasta los cuidadores que utilizan los servicios de un buen centro de día o los que cuentan con un buen canguro se enfrentan a este tipo de problemas y peticiones extraordinarias. Por ejemplo, cuando el paciente con demencia está despierto y se mantiene activo durante la noche, el cuidador no puede dormir.

Si pensamos en abandonar el trabajo para proporcionarle atención durante todo el día, tenemos que considerar cuidadosamente las opciones. Muchos cuidadores han visto que tienen más estrés y se encuentran más deprimidos después de abandonar el trabajo. La atención a tiempo completo puede significar que tendremos que convivir todo el día con la conducta molesta del enfermo y esto significa que nos encontraremos más aislados y atrapados que cuando podíamos salir de casa e ir a trabajar. Abandonar el trabajo suele significar una pérdida significativa de ingresos económicos. Puede significar dejar en suspenso nuestra carrera y dejar de estar al día con nuestra profesión. Volver al trabajo al cabo de varios años de atender a un paciente puede ser difícil. ¿Habrá plaza? ¿Perderemos los privilegios por antigüedad?

Antes de tomar la decisión de dejar el trabajo, tenemos que discutir todas las opciones con la persona que nos ha contratado. ¿Podemos hacer un horario más flexible? ¿Podemos compartir el trabajo? ¿Es posible obtener un permiso remunerado o no? Algunas hijas e hijos que quieren mucho a sus padres encuentran que una buena residencia es una elección más inteligente para ellos mismos y para el paciente.

NUESTROS HIJOS

Tener niños en casa puede provocar problemas especiales. Ellos también tienen una relación con el paciente, y experimentan sensaciones complejas —que quizá no expresen— sobre su enfermedad y los roles de la familia. A menudo los padres se preocupan por el efecto que producirá en los niños el hecho de tener a una persona con demencia cerca. Es difícil saber lo que hay que explicar a un niño sobre la conducta «rara» del padre o del abuelo. A veces los padres se preocupan por si los niños aprenden conductas indeseables de las personas con demencia.

Normalmente los niños están alerta sobre lo que acontece. Son unos observadores excelentes, e incluso cuando las cosas se les esconden muy bien, suelen notar que hay algo que no marcha. Afortunadamente, los niños son extraordinariamente resistentes. Incluso los niños pequeños pueden beneficiarse de una explicación sincera sobre lo que le sucede al enfermo con demencia, naturalmente en un lenguaje que puedan entender. Esto les ayuda a no tener miedo. Hay que tranquilizar a los niños y decirles que la enfermedad no se «contagia» como la varicela y que no es probable que ellos ni ninguno de los familiares la padezcan. Tenemos que explicarle al niño que no hay nada que haya «provocado» esta enfermedad. A veces los niños sienten una culpabilidad secreta por las cosas que suceden en su familia.

Un padre puso un montón de judías secas sobre la mesa. Cogió unas cuantas, mientras le daba a su hijo menor la siguiente explicación sobre la enfermedad de su abuelo: «El abuelo tiene una enfermedad que le hace comportarse de la manera en que se comporta. No se contagia. A ninguno de nosotros nos sucederá lo mismo que al abuelo. Es como romperse una pierna; el abuelo sólo tiene rotos algunos pedazos del cerebro. No mejorará. Estas piececitas del cerebro del abuelo están rotas, y por eso no puede acordarse de lo que le acabamos de decir; estas piececitas están descompuestas y por eso se olvida de cómo hay que utilizar los cubiertos en la mesa; y por eso se enfada tan fácilmente. Pero esta otra parte, que sirve para amar, el abuelo todavía la tiene».

Habitualmente es mejor involucrar a los niños de manera activa en lo que está sucediendo en la familia e incluso encontrar la manera de que puedan ayudar. Los niños pequeños suelen relacionarse bien con las personas incapacitadas y confundidas, y pueden establecer una relación especial y tierna con ellas. Tenemos que tratar de crear una atmósfera en la que el niño pueda preguntarnos cosas y expresar sus sensaciones. Recordemos que el niño también siente tristeza y pena, pero puede pasarlo bien con la conducta infantil de la persona incapacitada sin sentir ningún tipo de tristeza. Cuanto más cómodos nos sintamos con nuestro conocimiento de la enfermedad, más fácilmente podremos explicársela al niño.

Es posible que los niños necesiten ayuda para saber lo que tienen que explicar a sus compañeros, que pueden hacer bromas sobre su padre o su abuelo tan «divertido».

No es muy probable que los niños imiten las conductas indeseables de una persona con demencia durante mucho tiempo si, en caso de que lo hagan, no les hacemos demasiado caso y, por el contrario, reciben la atención que necesitan. Hay que explicarles claramente (probablemente varias veces) que su padre o su abuelo padece una enfermedad y que no sabe lo que hace, pero que el niño sí lo sabe y se espera que controle su conducta.

Es posible que los jóvenes se asusten por un comportamiento inexplicado y extraño. A veces se preocupan de que algo que hicieron o podrían hacer haga empeorar al paciente. Es importante hablar sobre estas preocupaciones y tranquilizarlos.

Una familia con niños entre los 10 y los 16 años nos comentó las siguientes ideas basadas en su experiencia:

- No asumamos que sabemos lo que piensa el joven.
- Los niños, incluso los más pequeños, sienten piedad, tristeza y simpatía.
- Si tuviéramos que volver a pasar por esto, hablaríamos más con los niños.
- Los efectos de esta enfermedad perduran mucho, incluso después de que el paciente haya ingresado en una residencia. Vayamos allí con el niño y continuemos discutiendo sobre ciertos aspectos.
- Hagamos un esfuerzo para involucrar a todos los niños por igual en la atención del enfermo. Puede ser duro para los niños descubrir que cuentan con ellos o sentirse excluidos. Compartirlo puede darles una sensación de responsabilidad.
- El padre más cercano al enfermo tiene que conocer los sentimientos del niño y la manera en que le afectan su pena y su malestar. A veces los padres pueden encontrarse tan desbordados por sus propios problemas que se olvidan de los niños. Su conducta puede ser tan dura para éstos como la propia enfermedad.

Quizás el mayor problema cuando hay niños en casa es que el tiempo y la energía del padre se encuentran divididos entre el enfermo y los niños, y nunca es suficiente para ninguno de los dos. Con el fin de hacer frente a esta doble carga, necesitaremos toda la ayuda que podamos —la ayuda del resto de la familia, de los recursos comunitarios, etc.— y el máximo tiempo posible para reponer nuestra energía física y emocional. Es probable que nos encontremos en la disyuntiva de abandonar a los niños o abandonar al «niño» solícito con demencia.

A medida que la enfermedad del paciente empeora, también lo hace nuestro dilema. El paciente puede requerir más y más atención, y también puede ser muy perjudicial que los niños no se encuentren cómodos en casa. Es posible que no contemos con la energía física o emocional suficiente para cubrir las necesidades de los niños o adolescentes y las del enfermo. Los niños que crezcan en esta situación pueden sufrir como resultado de la enfermedad del paciente.

Es posible que tengamos que tomar la decisión dolorosa de llevar al paciente a una residencia para mejorar el entorno familiar para los niños. Si nos enfrentamos a una decisión de este tipo, tenemos que discutir con los niños lo que se va a hacer y hablar de lo que significarán las alternativas para cada miembro de la familia. «Tendremos menos dinero para ir al cine, pero papá no estará gritando toda la noche.» «Nos trasladaremos y tendremos que cambiar de escuela, pero podré invitar a mis amigos a casa.»

En estos momentos, el apoyo del médico, del cura o de un consejero resulta útil. A menudo las familias encuentran más fácil tomar decisiones cuando saben que no están solas.

ADOLESCENTES

Los adolescentes pueden sentirse violentos por la conducta «extraña» del paciente, pueden mostrarse reticentes a traer amigos a su casa, resentidos por lo que nos exige el paciente confundido o heridos porque el enfermo no les recuerda. Los adolescentes también pueden ser extraordinariamente compasivos, colaboradores, responsables y altruistas. A menudo tienen un sentido muy natural del humanismo y de la amabilidad que resulta refrescante y útil. En realidad, brindan sentimientos mixtos. Como nosotros, pueden experimentar la pena de ver cómo un ser amado cambia drásticamente, al mismo tiempo que pueden sentirse resentidos o molestos. Los sentimientos mixtos conducen a acciones mixtas que suelen ser desconcertantes para algunos miembros de la familia. Los años de la adolescencia pueden ser duros para los jóvenes, tanto si hay problemas en casa como si no los hay. Sin embargo, muchos adultos, mirando hacia atrás, reconocen que compartir los problemas en familia les ayudó a convertirse en adultos.

Tenemos que asegurarnos de que nuestro adolescente comprende la naturaleza de la enfermedad y lo que está sucediendo. Seamos honestos con lo que pasa. Las explicaciones, si se dan de manera tranquila, son muy útiles. A veces los niños se benefician del intento de protegerlos. Involucremos al adolescente en las discusiones familiares y en las reuniones con profesionales sanitarios de modo que también entiendan lo que está sucediendo.

Tomémonos un tiempo lejos del enfermo cuando no estemos cansados ni enfadados; es importante para mantener una buena relación con el adolescente y para escuchar cuáles son sus intereses. Recordemos que tiene una vida aparte de esta enfermedad y de esta situación. Tratemos de encontrar un espacio para sus amigos adolescentes donde no esté el enfermo.

Es importante tener en mente que quizá tengamos menos paciencia y nos mostremos más emotivos a causa de todo lo que estamos pasando. De nuevo, los períodos de descanso pueden ayudarnos a tener más paciencia con nuestros hijos.

Cuando un abuelo se traslada a nuestro hogar, es importante que tanto nosotros como nuestros hijos sepamos quién establece las reglas y quién establece la disciplina de los chicos. Cuando el abuelo tiene problemas de memoria, es importante que *nosotros* les digamos lo que esperamos de ellos para evitar conflictos del tipo: «La abuela dice que no puedo salir» o «El abuelo dice que tengo que apagar el televisor».

Cuando el enfermo tiene hijos adolescentes, estos jóvenes están perdiendo a un padre en un momento crítico de su vida. Al mismo tiempo, deben hacer frente a la enfermedad y a sus interminables problemas. También pueden sentir que están perdiendo al padre que queda si esta persona está distraída por el dolor y totalmente ocupada cuidando al paciente.

En esta situación, nos enfrentamos con una carga casi insuperable. Tenemos que obtener ayuda suficiente para poder mantener la salud física y mental, y continuar atendiendo a nuestros hijos. Puesto que los adolescentes a menudo se encuentran más cómodos con alguien externo que con un padre, podemos pedir a un pariente, un maestro o algún feligrés que asuma el rol de «amigo especial». En algunos centros locales de la asociación contra el Alzheimer existen grupos de apoyo para jóvenes. También podemos leer y sugerirles que lean el capítulo 14.

Capítulo 12

Cómo nos afecta la atención a una persona incapacitada

Los familiares nos explican que experimentan muchas sensaciones mientras atienden a una persona con una demencia crónica. Se sienten tristes, desanimados y solos. Sienten enojo, culpabilidad o esperanza. Se sienten cansados o deprimidos. Frente a la realidad de una enfermedad crónica, el malestar emocional es normal y comprensible. A veces, los familiares de los enfermos se sienten desbordados por sus sentimientos.

Los sentimientos humanos son complejos y varían de una persona a otra. En este capítulo hemos tratado de evitar simplificar demasiado los sentimientos o de ofrecer soluciones simplistas. Nuestro objetivo es el de recordar que no es extraño que tengamos muchos sentimientos.

REACCIONES EMOCIONALES

Las personas tienen maneras distintas de hacer frente a sus emociones. Algunas personas experimentan intensamente cada sentimiento; otras no. A veces las personas piensan que determinados sentimientos son inaceptables —que no deberían tenerlos o que, si los tienen, probablemente nadie les comprenderá—. En ocasiones, se encuentran solas con sus sentimientos.

Hay personas con sentimientos ambivalentes. Es posible amar y sentir antipatía por la misma persona, o querer mantener al familiar en casa y llevarlo a una residencia, todo al mismo tiempo. Tener sentimientos ambivalentes podría parecer ilógico, pero es frecuente.

A menudo las personas no se dan cuenta de que tienen sentimientos ambivalentes.

Algunas personas tienen miedo de las emociones fuertes, quizá porque este tipo de sentimientos resulta incómodo, porque temen que podrían hacer algo precipitado o tal vez porque están preocupados por cómo les verán los demás. Estas y otras respuestas a nuestros sentimientos no son raras. En realidad, la mayoría de nosotros tendremos respuestas similares en un momento u otro.

No creemos que exista una manera «correcta» de manejar las emociones. Pensamos que es importante reconocer cómo nos sentimos y tener algún conocimiento sobre por qué nos sentimos así, puesto que nuestros sentimientos afectan a nuestra manera de pensar. Los sentimientos no reconocidos o no aceptados pueden influir sobre las decisiones que toma una persona de una manera incomprensible o irreconocible. Podemos aceptar y reconocer nuestros sentimientos —a nosotros mismos y a los demás—, pero tenemos que escoger cuándo y dónde, así como si expresamos los sentimientos o si los seguimos.

A veces las personas se preocupan porque no expresar los sentimientos produce «enfermedades relacionadas con el estrés». Supongamos que sabemos que, a menudo, nos enojamos por la conducta de una persona con demencia, pero decidimos no gritarle porque esto sólo consigue empeorar su comportamiento. ¿Tendremos una úlcera, migraña o hipertensión? Los investigadores no se ponen de acuerdo sobre la relación que existe entre expresar o no los sentimientos y las enfermedades. Sin embargo, actualmente se desconocen las causas de enfermedades como las úlceras, la migraña o la hipertensión. Tampoco hemos observado que estas enfermedades sean más frecuentes en las familias que atienden a pacientes con demencia. Creemos que, cuando la familia reconoce que la conducta irritante de un paciente confundido es un síntoma de la enfermedad, sienten menos frustración y enojo, por lo que pueden atender mejor al enfermo confundido.

Al leer esta sección tenemos que recordar que cada persona y cada familia son distintas. Es posible que no tengamos alguno de estos sentimientos. Los describimos para ayudar a los familiares que se sienten irritados o desanimados, cansados o tristes, etc. Más que leer todo el texto, quizá sea mejor referirnos a él cuando pensemos que una sección concreta puede ayudarnos.

IRRITACIÓN

Es comprensible que nos sintamos frustrados e irritados: sentimos enojo por que esto nos haya sucedido a nosotros, enojo por tener que ser el cuidador, irritación con los demás, que no parecen ayudar en nada, enfado con el enfermo por su conducta tan molesta y también enfado porque nos encontramos atrapados en esta situación.

Algunas personas con demencia desarrollan conductas extremadamente irritantes, y puede parecer imposible convivir con ellas. Es comprensible que estemos enfadados y que, a veces, reaccionemos gritando o discutiendo.

La señora Palombo pensaba que no tenía que enfadarse con su marido. Su matrimonio había sido bueno y ella sabía que, ahora que estaba enfermo, él no podía poner mucho de su parte. Ella explica: «Fuimos a cenar a casa de mi nuera. Nunca me he sentido cómoda en casa de mi nuera y, además, no creo que entienda a Joe. Tan pronto como llegamos a la puerta, Joe miró alrededor y dijo: "Vámonos a casa". Traté de explicarle que nos íbamos a quedar a cenar; él se limitó a decir: "Nunca me ha gustado esto. Vámonos a casa".

»Nos sentamos a cenar y todos estábamos tensos. Joe no habló con nadie ni se quitó el sombrero. En cuanto terminamos de cenar, quiso marcharse a casa. Mi nuera se fue a la cocina, dio un portazo y empezó golpear los platos. Mi hijo me llevó al estudio, mientras Joe no dejaba de gritar: "Vámonos de aquí antes de que nos envenenen".

»Mi hijo opina que papá me está arruinando la vida, que no hay ningún motivo por el que papá tenga que actuar así y que esto no es ninguna enfermedad, es que se ha vuelto rencoroso con la edad. Dice que tengo que hacer algo.

Cuando subimos al coche para ir a casa, se pasó todo el tiempo gritándome por la manera en que conducía, igual que siempre. Al llegar a casa, empezó a preguntarme qué hora era. Yo le dije: "Joe, tranquilízate. Vete a ver la televisión". Y él respondió: "¿Por qué nunca hablas conmigo?". Entonces empecé a gritarle, y le grité y le grité».

Este tipo de episodios pueden alterar incluso a la persona con más paciencia. Parece como si siempre sucedieran cuando estamos más cansados.

A veces da la sensación de que las cosas más irritantes son las cosas pequeñas, pero éstas, un día tras otro, llegan a hartar.

La señora Jackson explica: «Nunca me he portado muy bien con mi madre y, desde que ha venido a vivir con nosotros, es terrible. Se levanta a medianoche y empieza a hacer paquetes.

»Yo me levanto y le digo: "Es medianoche, mamá", y trato de explicarle que ahora vive aquí; pero pienso: "Si no me voy a dormir, mañana no serviré para nada".

»Ella dice que tiene que marcharse a casa y yo le repito que vive aquí, y cada madrugada a las 2 empieza una discusión».

A veces un paciente con demencia hace algunas cosas muy bien y parece que no quiere realizar otras tareas aparentemente idénticas. Cuando sentimos que el enfermo puede hacer más, o cuando pensamos que actúa para «tocarnos las narices», resulta realmente irritante. Por ejemplo:

La señora Graham comenta: «Ella puede llenar el lavaplatos y poner la mesa muy bien en casa de mi hermana, pero cuando está en mi casa, no quiere hacerlo o lo hace mal. Ahora sé que es porque yo trabajo y llego cansada a casa».

A menudo la persona con más responsabilidad para atender al enfermo siente que los demás miembros de la familia no la ayudan lo bastante, la critican o no vienen a visitarla a menudo. En torno a estos sentimientos puede emerger mucha rabia.

Es posible que, en algún momento, estemos irritados con los médicos y otros profesionales. A veces el enfado contra ellos es justificado; en otras ocasiones, sabemos que están haciendo todo lo que pueden, pero continuamos enojados con ellos.

Las personas que tienen fe religiosa pueden preguntarse por qué Dios permite que les suceda esto. Quizá piensen que enojarse con Dios es un pecado terrible o tal vez teman haber perdido la fe. Este tipo de ideas puede restarles la fuerza y la tranquilidad que la fe les ofrece, justo en el momento en que más lo necesitan. La lucha contra estas cuestiones forma parte de la experiencia de la fe.

El pastor explicó: «Me pregunto cómo es posible que Dios me haya hecho esto. No he sido perfecto, pero he hecho todo lo que he podido. Y quiero a mi esposa. Pero entonces pienso que no tengo ningún derecho a cuestionar a Dios. Para mí, ésta ha sido la peor parte. Pienso que debo de ser una persona muy débil para poner en duda a Dios».

No tenemos que permitir nunca que una persona nos haga sentir culpables por enojarnos con Dios. Hay muchos textos serios y profundos que analizan aspectos tales como sentir cólera contra Dios o cuestionarse cómo es posible que Dios pueda permitir este tipo de cosas. Algunos de estos libros, citados en el apéndice 1, describen de manera elocuente cómo otros han luchado en relación con estas cuestiones. Leerlos y hablar de ello francamente con nuestro pastor, cura o rabino suele ser reconfortante.

Recordemos que enojarnos cuando nos enfrentamos con la carga y las pérdidas asociadas con la demencia es una cualidad exclusivamente humana.

Expresar el enfado con el enfermo suele empeorar su conducta. Su enfermedad le imposibilita para responder a nuestra cólera de un modo racional. Descubriremos que su conducta mejora cuando encontremos otras vías para canalizar nuestras frustraciones y el propio problema.

El primer paso para canalizar el enfado consiste en saber qué es razonable esperar de una persona con demencia y qué le sucede a su cerebro para originar estas conductas irritantes. Si no estamos seguros de si la persona puede dejar de actuar de la manera en que lo hace, podemos consultárselo al médico o a otro profesional sanitario. Por ejemplo:

> Un terapeuta ocupacional descubrió que la hermana de la señora Graham tenía un viejo lavaplatos que su madre utilizaba antes de ponerse enferma. La señora Graham tenía un nuevo lavaplatos que su madre no podía aprender a utilizar porque su alteración cerebral la imposibilitaba para aprender nuevas tareas, incluso las más sencillas.

Es posible modificar la conducta irritante de la paciente si modificamos el entorno o la rutina diaria. Sin embargo, sólo el hecho de saber que la conducta molesta es el resultado de la enfermedad y que la persona no es capaz de controlar lo que hace ya puede tranquilizarnos.

A menudo resulta útil pensar sobre la diferencia existente entre estar enojados con *la conducta* del enfermo y estar enojados con *la persona*. Ella está enferma y no es capaz de controlar su conducta. En realidad, la conducta puede ponernos furiosos, pero no va en contra nuestro. Probablemente, una demencia hace imposible que una persona sea deliberadamente ofensiva porque ha perdido la capacidad de llevar a cabo cualquier acción intencionada. El marido de la señora Palombo no tenía la voluntad de insultar a su familia. Su conducta era el resultado de la enfermedad.

Con frecuencia, resulta útil saber que hay otras familias y profesionales dedicados al cuidado de los pacientes que tienen estos mismos problemas.

La señora Kurtz explica: «No quería llevar a mi esposo al centro de día, pero lo hice. Me ayudó mucho descubrir que sus preguntas constantes también sacaban de sus casillas a los profesionales que le atendían. No me sucedía sólo a mí».

Muchas familias descubren que discutir sus experiencias con otras familias les ayuda a sentirse menos frustrados y molestos.

A veces resulta útil encontrar otras salidas para las frustraciones: hablar con alguien, limpiar lavabos o cortar madera… cualquier vía de escape que utilizáramos anteriormente para hacer frente a las frustraciones. Una buena tabla de ejercicios, una larga caminata o tomarse algunos minutos de relax total pueden ser útiles.

Vergüenza

A veces el comportamiento de una persona con demencia resulta embarazoso y los extraños no siempre entienden qué sucede.

Un esposo comentaba: «Al ir al colmado, va quitando las cosas de las estanterías, como si fuera una niña, y la gente la mira».

Una hija explicaba: «Cada vez que tratamos de bañar a mamá, abre la ventana y pide ayuda. ¿Qué dirán los vecinos?».

Las experiencias de este tipo *son* embarazosas, a pesar de que gran parte de nuestra vergüenza desaparece en el momento en que las compartimos con otras familias. En los grupos de apoyo a las familias a menudo se ríe de estas cosas.

Explicar la situación a los vecinos suele permitir que nos ganemos su comprensión. Podemos entregarles ejemplares de los folletos informativos sobre la enfermedad. Seguramente los vecinos conocerán algún otro caso. A pesar del interés creciente por la enfermedad de Alzheimer, todavía quedan muchos malentendidos. Al explicar la enfermedad a los vecinos y el tipo de comportamiento que provoca estamos contribuyendo a diseminar este conocimiento.

Ocasionalmente, algunas personas insensibles nos harán alguna pregunta grosera; por ejemplo: «¿Por qué actúa así?» o «¿No está bien?». A veces lo mejor es una respuesta sencilla del tipo: «¿Por qué demonios lo pregunta?».

> Un esposo valiente explica: «Todavía llevo a mi esposa a cenar. No me gusta cocinar y a ella le gusta salir. Ignoro las miradas de los demás. Es algo que siempre nos ha gustado hacer juntos, y todavía lo hacemos».

Algunas familias prefieren mantener sus problemas «en familia». Esto puede funcionar muy bien para algunas personas, pero los amigos y los vecinos suelen saber que existe algún problema y pueden ayudarnos más y darnos más apoyo si les hemos explicado de qué se trata. Las demencias son tan abrumadoras que es prácticamente imposible hacerles frente solo. No debería haber ningún estigma asociado al hecho de tener una demencia.

IMPOTENCIA

No es raro que los familiares sientan impotencia o debilidad, o que se desmoralicen ante una demencia crónica. Estos sentimientos suelen empeorar cuando no encontramos algún médico u otro profesional que parezca entender las demencias. Hemos observado que las familias y los pacientes con demencia tienen muchos recursos propios que les permiten superar la sensación de impotencia. Hay muchas maneras de mejorar la vida, tanto de la persona con problemas de memoria como de nuestra familia. A continuación indicamos algunos puntos por donde empezar:

- A menudo las cosas parecen peores cuando las miramos en su conjunto. En lugar de eso, es posible centrarse en aspectos concretos que se pueden modificar.
- Centrarse en el día a día.
- Informarse sobre la enfermedad. Leer y hablar sobre cómo los demás salen adelante.
- Hablar con otras familias con problemas similares.
- Involucrarse en el intercambio de información, el apoyo a la investigación y tratar de llegar a los demás.
- Discutir nuestros sentimientos con el médico, el asistente social, el psicólogo o el cura.

CULPA

Es bastante común que los familiares se sientan culpables: por la manera en que se comportaron con el paciente en el pasado, por sentir vergüenza de la conducta extraña del paciente, por perder la paciencia con él, por desear no tener la responsabilidad de atenderlo, por pensar en llevarlo a una residencia, o por muchos otros motivos, algunos triviales y otros más serios. Por ejemplo:

La enfermedad de mi madre arruinó mi matrimonio y no puedo perdonárselo.

Perdí mi paciencia con Dick y le golpeé, aunque sé que está enfermo y que él no puede hacer nada.

Es posible que nos sintamos culpables por pasar el tiempo con nuestros amigos, lejos de la persona que amamos, especialmente cuando esta persona es nuestra esposa y estamos acostumbrados a hacer las cosas juntos.

Quizá sintamos cierto grado de culpa sin saber por qué. A veces la gente siente que una persona con demencia les *hace* sentir culpables. «Prométeme que nunca me llevarás a una residencia» o «No me tratarías así si me amaras» son cosas que la persona confundida puede decir para hacernos sentir culpables.

Quizá nos sintamos culpables por las cosas que tenemos que hacer, que restan independencia al enfermo. No permitirle que conduzca más o que viva solo son decisiones difíciles de tomar. Atender a un paciente con demencia hace que las personas se sientan a menudo culpables porque les fuerza a tomar decisiones por alguien que anteriormente era capaz de decidir por sí mismo.

A veces nos sentimos culpables cuando una persona cercana, que siempre nos ha disgustado, presenta una demencia:

> Nunca me ha gustado mi madre, y ahora tiene esta terrible enfermedad. Si hubiera estado más unido a ella cuando podía...

Hay familiares que preguntan si la enfermedad la pudo provocar alguna cosa que no hicieron. A veces el cuidador se siente responsable cuando el enfermo empeora. Es posible que pensemos que si le hubiéramos dedicado más tiempo, o si la hubiéramos mantenido más activa, no habría empeorado. También podemos pensar que una intervención quirúrgica o la hospitalización le «causaron» la enfermedad.

El problema con los sentimientos de culpa es que, cuando no se reconoce cuál es la causa, pueden impedir una apropiada toma de decisiones sobre el futuro, para hacer lo correcto con el paciente y el resto de la familia. Cuando se reconocen estos sentimientos, ni sorprenden ni son difíciles de manejar.

El primer paso consiste en admitir que los sentimientos de culpa *son* un problema. Se convierten en un problema cuando afectan a nuestras decisiones. Si estamos influidos por sentimientos de culpa, debemos tomar una decisión. ¿Vamos a dar la vuelta al círculo con un pie cogido en la trampa de la culpabilidad, o vamos a decir: «Lo hecho, hecho está» y continuamos a partir de ahí? No hay manera de remediar el hecho de que nunca nos gustara nuestra madre, o que golpeáramos al enfermo, por ejemplo. Sin embargo, los sentimientos de culpabilidad tienden a obligarnos a buscar la manera de remediar algo que sucedió en el pasado, en lugar de permitirnos aceptarlo. Hay que tomar decisiones y planificar las cosas en función de qué es lo mejor en el momento actual. Por ejemplo:

> A la señora Dempsey nunca le había gustado su madre. Tan pronto como pudo, se marchó de su casa y sólo la telefoneaba en ocasiones especiales. Cuando su madre presentó una demencia, la

llevó a vivir a su casa. La mujer confundida alteró a la familia; los tenía a todos levantados por la noche, molestaba a los niños y dejó exhausta a la señora Dempsey. Cuando el médico le recomendó que llevara a su madre a una residencia, la señora Dempsey se preocupó todavía más. Era incapaz de tomar la decisión de llevar a su madre a una residencia, incluso a pesar de que hubiera sido lo mejor para todos.

Cuando no se reconocen los sentimientos de culpabilidad de un tipo de relación así, éstos pueden ser destructivos y afectar a la manera en que actuamos. Quizás al enfrentarnos con una enfermedad crónica sea el momento apropiado para ser honestos con nosotros mismos sobre si nos gusta o no nos gusta alguien. Podemos escoger la opción de cuidar y respetar a alguien sin dejarnos influir por el hecho de que nos guste o no. Tenemos poco control sobre quién nos gusta o a quién amamos; hay algunas personas poco agradables. Pero sí podemos controlar la manera en que actuamos con ellas. Cuando la señora Dempsey fue capaz de hacer frente al hecho de que no le gustaba su madre y que se sentía culpable por ello, pudo salir adelante y arreglar las cosas para que su madre pudiera ir a una buena residencia.

Cuando la persona con demencia dice cosas como: «Prométeme que no me llevarás a una residencia», resulta útil recordar que, a veces, ella *no puede* tomar decisiones responsables y que somos nosotros quienes debemos tomarlas, sin actuar movidos por la culpabilidad, sino partiendo de la base de nuestra responsabilidad.

No todos los sentimientos de culpa obstaculizan la toma de buenas decisiones. A veces nos sentimos culpables por cosas pequeñas (no entendernos con el enfermo o haberle golpeado en un momento de cansancio). Decir: «Lo siento» suele aclarar la atmósfera y hace que ambos nos sintamos mejor. A menudo la persona confundida, a causa de su problema de memoria, habrá olvidado el incidente mucho antes que nosotros.

Si nos preocupa el hecho de haberle provocado la enfermedad o su empeoramiento, resulta útil aprender todo lo que podamos sobre su dolencia y hablar de la misma con el médico.

En general, la enfermedad de Alzheimer es una enfermedad progresiva. Ni nosotros ni el médico podemos evitar su evolución. Quizá tampoco sea posible detener o recuperar una demencia multiinfarto. Mantener al paciente activo no detendrá esta enfermedad, pero puede ayudar a que la persona utilice la capacidad que le queda.

Es posible que la demencia se empiece a manifestar después de una enfermedad o de una hospitalización, pero a menudo, después de una exploración cuidadosa, se puede determinar que las fases iniciales del proceso empezaron meses o años atrás. En la actualidad, la identificación precoz de la enfermedad de Alzheimer no ayuda a retrasar o a revertir su evolución.

Si no nos sentimos bien con lo que hacemos y estamos abatidos, podemos recordarnos que, para el bienestar de la persona confundida, es importante que nuestra vida tenga significado y sea plena, más allá de cuidar de ella. El descanso y la compañía de los amigos son muy importantes para mantenernos en forma.

Cuando los sentimientos de culpa nos impidan tomar decisiones lúcidas, quizá sea útil comentarlo con un consejero o un pastor comprensivos, o bien con otras familias, de manera que podamos salir adelante con más facilidad. El hecho de aprender que la mayor parte de las personas hacen cosas similares ayuda a adquirir cierta perspectiva sobre esos pequeños sentimientos de culpa persistentes. Si después de hacer todo lo que podemos todavía nos encontramos inmovilizados por la culpa, esto puede ser un síntoma de depresión. Más adelante, en este mismo capítulo, comentaremos algo sobre la depresión de los cuidadores y qué hacer en estos casos.

RISAS, AMOR Y ALEGRÍA

Una enfermedad que cursa con demencia no acaba súbitamente con la capacidad de la persona para experimentar amor o alegría, ni termina con su capacidad para reírse. Además, aunque a menudo nuestra vida parezca llena de fatiga, frustración y culpa, nuestra capacidad para las emociones positivas tampoco se ha terminado. Puede parecer que la felicidad esté fuera de lugar ante un problema de esta magnitud, pero en realidad aflora de manera inesperada. Las palabras de una canción de la hermana Miriam Therese Winter, de las Medical Mission Sisters, lo reflejan:

Veo gotas de lluvia en mi ventana;
la alegría es como la lluvia.
La risa se topa con mi dolor,
se escabulle y vuelve.
La alegría es como la lluvia.

La risa podría considerarse un regalo para ayudarnos a mantener la salud frente a los problemas. No existe ningún motivo para sentirse mal por reírnos de los errores que comete una persona confundida. Es posible que ella llegue a compartir la risa, incluso aunque no esté segura de qué es lo divertido.

Afortunadamente, el amor no depende de la capacidad intelectual. Podemos centrarnos en las vías que todavía tenemos para compartir expresiones de afecto con la persona incapacitada.

AFLICCIÓN

A medida que la enfermedad evoluciona y la persona va cambiando, podemos experimentar la pérdida de un compañero y de una relación que era importante para nosotros. Podemos sentir aflicción por «la manera en que solía ser». Podemos darnos cuenta de que nos sentimos tristes o desanimados. Es posible que, a veces, las cosas insignificantes nos entristezcan y empecemos a llorar. Quizá sintamos que esta llorera o esta tristeza brotan de nuestro interior. A menudo estos sentimientos se van, de modo que alternamos la tristeza con la esperanza. Los sentimientos de tristeza suelen estar mezclados con los sentimientos de depresión o de fatiga. Estos sentimientos forman parte de la aflicción.

Habitualmente pensamos que la aflicción es una experiencia emocional que sigue a la muerte. Sin embargo, se trata de una respuesta emocional natural a la pérdida y, por tanto, es una experiencia normal para las personas que aman a un enfermo crónico.

Al principio, la aflicción asociada a la muerte puede ser abrumadora y va desapareciendo lentamente. La aflicción asociada a las enfermedades crónicas parece ir y venir. Es posible que nuestros sentimientos oscilen entre la esperanza de que el paciente mejore y la rabia y la tristeza por el carácter irreversible del cuadro clínico. Justo cuando pensamos que nos hemos adaptado, el paciente puede cambiar, y volveremos de nuevo a una experiencia que nos produce aflicción. Tanto la aflicción que sigue a la muerte como la que acompaña al proceso de una demencia son sentimientos asociados a la pérdida de la capacidad de una persona importante para nosotros.

Las familias suelen decir que su tristeza por la pérdida de la persona amada es peor porque estas familias tienen que contemplar el sufrimiento del enfermo a medida que su enfermedad evoluciona.

La señora Owens explica: «A veces deseo que hubiera muerto, y así ya se habría terminado todo. Parece que se esté muriendo poco a poco, día tras día. Cuando acontece algo nuevo, pienso que no puedo resistirlo. Entonces, me acostumbro y pasa algo nuevo. Y continúo esperando: un médico nuevo, un nuevo tratamiento, quizás un milagro. Parece como si estuviera en una cinta rodante emocional que gira y gira, y me va desgastando lentamente».

Hay ciertos cambios durante la demencia crónica que parecen especialmente difíciles de asumir. Algunas características específicas de la persona amada simbolizan cómo es para nosotros esa persona: «Siempre fue el que tomó las decisiones» o «Siempre fue una persona habladora». Cuando estas cosas cambian, pueden originar sentimientos de tristeza que, a veces, las personas menos cercanas no acaban de comprender. Por ejemplo, cuando una persona es incapaz de hablar o de entender con claridad, es posible que su familia sienta de una manera muy acusada la pérdida de su compañía.

Un marido o una esposa han perdido al cónyuge que solían tener a su lado, pero no se trata de la pérdida de una sola persona. Esto crea un tipo especial de problemas, que describiremos más adelante en el apartado «Nosotros como cónyuges solos» (pág. 321).

Otro problema es que la aflicción que sigue a la muerte se entiende y es aceptada por la sociedad, mientras que la aflicción asociada a la enfermedad crónica suelen interpretarla mal los amigos y los vecinos, especialmente cuando la persona tiene buen aspecto. En esta situación, nuestra pérdida no es tan aparente como sucede tras la muerte. Dicen: «Da gracias de que todavía tienes a tu marido» o «¡A mal tiempo buena cara!».

No existen antídotos sencillos para la aflicción. Por lo que explican algunas personas, es posible que el hecho de compartirla con otros que están viviendo la tragedia excepcional de la demencia ayude a suavizarla. Quizá pensemos que deberíamos guardarnos los sentimientos de tristeza y aflicción para nosotros y no abrumar a los demás con nuestros problemas. Sin embargo, compartir estos sentimientos puede resultar reconfortante y puede proporcionarnos la fortaleza que necesitamos para continuar cuidando al enfermo en su declive.

DEPRESIÓN

La depresión es un sentimiento de tristeza y de desánimo. A menudo, es difícil distinguir la depresión de la aflicción, o la depresión del enojo, o la depresión de la preocupación. Los familiares de los enfermos crónicos suelen sentirse tristes, deprimidos, desanimados o en baja forma día tras día, semana tras semana. A veces se sienten apáticos o lánguidos. Las personas deprimidas también pueden sentirse ansiosas, nerviosas o irritables. A veces no tienen demasiada hambre y tienen problemas para dormir durante la noche. La experiencia de estar deprimido es dolorosa; nos sentimos desgraciados y deseamos que nos alivien de nuestros sentimientos tristes.

Una demencia crónica tiene un gran efecto sobre nuestras emociones y es un motivo real para sentirnos en baja forma. A veces la ayuda psicológica contribuye a reducir la depresión que experimentamos, pero este tipo de ayuda no puede curar la situación que nos ha deprimido; sólo puede ayudarnos a hacerle frente. Muchas familias encuentran útil el hecho de compartir experiencias y emociones con otras familias mediante grupos de apoyo. Otras piensan que es bueno alejarse del paciente y tener un tiempo para nuestras aficiones o para estar con nuestras amistades. Cuando no podemos descansar bastante, es posible que la fatiga empeore nuestra sensación de desánimo. Obtener ayuda para que podamos descansar un poco quizá nos anime. De todas maneras, posiblemente tendremos que soportar los sentimientos de desánimo y de depresión; es comprensible.

En algunas personas, la depresión va más allá, o tiene una forma distinta, de los sentimientos de desánimo lógicos que provoca la enfermedad. Si nos sucede alguna de las cosas que se mencionan en las págs. 330-333, es importante buscar a un médico que pueda ayudarnos o que pueda recomendarnos a un consejero. Nos ayudarán mucho.

A veces los cuidadores toman alcohol, tranquilizantes o pastillas para dormir, para mantenerse en forma. El alcohol o los medicamentos pueden aumentar la fatiga y la depresión y agotar la poca energía que nos queda. Si nos damos cuenta de que nos sucede algo así, no somos los únicos: muchos otros cuidadores hacen lo mismo, pero es importante *buscar ayuda inmediatamente* (véase el capítulo 13).

AISLAMIENTO Y SENTIRSE SOLO

A veces un familiar siente que está enfrentándose solo a la situación. «Desespero», lo definió una esposa; «Escribir sobre este sentimiento de estar sólo con eso». Es posible que nos sintamos muy solos cuando la persona con quien podíamos compartir las cosas ha cambiado.

Es una sensación miserable. Todos somos individuales y nadie más puede entender realmente la situación por la que estamos pasando. La sensación de estar solo no es rara cuando las personas se enfrentan a la demencia. Mantenernos en contacto con los demás —nuestra familia, los amigos, otras personas con parientes enfermos— puede ayudarnos a sentirnos menos solos. Compartir experiencias con ellos nos ayudará a darnos cuenta de que otras personas experimentan sentimientos de soledad similares. Podemos tener la sensación de que nunca podremos reemplazar la relación que manteníamos con el paciente confundido, pero gradualmente nos daremos cuenta de que los amigos y los familiares nos ofrecen amor y apoyo.

PREOCUPACIÓN

¿Quién no se preocupa? Podríamos llenar muchas páginas con cosas por las que la gente se preocupa, pero ya las sabemos. Son preocupaciones reales, asuntos graves. Cada persona tiene su propia manera de hacer frente a las preocupaciones: algunos ignoran los problemas serios y otros parece que se preocupan de manera interminable con cosas triviales; la mayoría estamos en medio. La mayoría de nosotros hemos descubierto que el tipo de preocupación que experimentamos cuando estamos despiertos por la noche no soluciona el problema y, además, nos deja muy cansados. Algunas de estas preocupaciones suelen ser inevitables, pero si tenemos muchas quizá queramos tomar partido y buscar otras formas de solucionar los problemas.

Una mujer que se enfrenta con las posibilidades reales y terribles de su vida ha intentado realizar esta aproximación al problema: «Me pregunto a mí misma qué es lo peor que podría suceder. Podríamos arruinarnos y quedarnos sin casa. Pero conozco a personas que no nos dejarían morir de hambre ni quedarnos sin techo. Parece que, después de pensar lo terrible que podría llegar a ser, mi problema ya no me preocupa tanto».

TENER ESPERANZA Y SER REALISTA

Durante la batalla contra la demencia del paciente, puede que a veces nos encontremos tratando de localizar cualquier esperanza de curación posible y otras veces nos sintamos desanimados y derrotados. Es posible que nos sintamos incapaces de aceptar las malas noticias que nos dan los médicos. En lugar de eso, empezamos a buscar segundas y terceras opiniones, lo que supone un gasto notable para nosotros y para el enfermo. Incluso podemos terminar no queriendo creernos que le sucede nada malo. A veces podemos reírnos sin motivo o hacer tonterías cuando, en realidad, no hay nada de qué reírse. Estos sentimientos son normales y suelen formar parte de los esfuerzos de nuestra mente para asumir algo que no queremos que suceda.

Naturalmente, a veces el hecho de ignorar el problema puede poner en peligro al paciente (por ejemplo, si conduce o vive solo cuando no puede hacerlo de una manera segura). Buscar varias opciones médicas puede resultar inútil, cansado y caro, aunque ocasionalmente es muy inteligente tratar de obtener una segunda opinión.

Experimentar esta mezcla de esperanza y desánimo es algo habitual en muchos familiares. El problema se complica cuando los profesionales proporcionan información contradictoria sobre la demencia.

La mayoría de las familias hallan un equilibrio razonable entre la esperanza y el realismo. ¿Cómo podemos saber qué hacer?

Siendo conscientes de que podemos estar muy lejos de un avance científico importante, o muy cerca de él. Y de que se producen milagros, pero ocurren raramente.

Podemos preguntarnos si no estaremos yendo de un médico a otro con la esperanza de escuchar mejores noticias. Si nuestra reacción está dificultando las cosas o si pone en peligro al paciente confundido, tendremos que reflexionar sobre lo que estamos haciendo. Si ignoramos sus incapacidades, ¿está en peligro el enfermo porque conduce, cocina o vive solo?

Tenemos que poner al paciente en manos de un médico en quien confiemos y asegurarnos de que este profesional es experto en demencias y se mantiene al corriente sobre la investigación actual en este campo. Evitemos curanderos y charlatanes.

También tendríamos que mantenernos informados sobre la evolución de la investigación científica de calidad y afiliarnos a la asociación local de Alzheimer para estar al corriente de todos los avances.

MALTRATAR AL PACIENTE CONFUNDIDO

A veces no puedo contenerme. Mi esposa me hace esto, siempre detrás de mí, y la misma cosa una y otra vez. Entonces la ato a la silla y salgo a dar una vuelta. Me hace sentir muy mal, pero no puedo contenerme.

Mi madre se estaría rascando la misma zona hasta sangrar. El médico dijo que teníamos que detenerla. Lo intenté todo; incluso creo que un día la reñí: la agarré, la zarandeé y le grité. Ella me miró y empezó a llorar.

Nunca golpeé a mi esposa, pero me ponía muy furioso, era como si le tuviera rencor: le dije que la llevaría a una residencia si no se portaba bien. La hice llorar. Sé que ella no podía hacer nada con su comportamiento e ignoro por qué lo hice.

Atender a un enfermo es una tarea difícil y la frustración es comprensible: los cuidadores hacen frente a una carga abrumadora. Quizá nos hayamos sorprendido golpeando, zarandeando o gritando a la persona que cuidamos. Quizá nos hayamos prometido que no volverá a ocurrir una cosa así, pero a veces sucede.

El hecho de perder la compostura no es terrible; es un aviso de que necesitamos que nos ayuden a llevar la carga. La irritación es algo frecuente entre los cuidadores. Gritar al paciente también es común, pero debería tomarse como un aviso de que la frustración se está acumulando. Sin embargo, golpear, empujar, zarandear o atar a una persona es una señal de que hemos perdido el control y necesitamos ayuda. Incluso aunque sólo haya sucedido una vez, es una señal de peligro. Quizá necesitemos períodos de descanso regulares, lejos del paciente. Posiblemente necesitemos a alguien con quien conversar, alguien que pueda ayudarnos a expresar nuestras frustraciones. Tal vez tengamos que transferir a otra persona la tarea de atender al enfermo, o llevarlo a una residencia. Si perdemos la paciencia y hacemos cosas que no desearíamos hacer, *tenemos* que buscar la ayuda necesaria. Continuar en ese aislamiento silencioso *es* maltratar al paciente confundido.

Podemos llamar a la asociación contra el Alzheimer. La mayoría de las personas que atienden el teléfono o lleven los grupos de apoyo de las asociaciones de Alzheimer han escuchado muchos problemas similares, o incluso los han padecido ellos mismos. Muchos de ellos nos entenderán y nos echarán una mano para encontrar canguros u otra ayuda externa (véase el capítulo 13).

No todo el mundo tiene capacidad para ser un cuidador a tiempo completo. Si el enfermo que requiere atención es alguien que no nos gusta o que nos maltrató, es posible que tengamos sentimientos ambivalentes en el momento de cuidar de esta persona. A veces, lo más responsable que podemos hacer es reconocer que otro se podría encargar de la atención física diaria.

REACCIONES FÍSICAS

FATIGA

Las personas que atienden a un paciente con demencia suelen estar cansadas simplemente porque no descansan lo suficiente. Sin embargo, el hecho de estar cansado puede añadirse a la depresión. Al mismo tiempo, estar deprimido puede hacernos sentir más cansados. Sentirse siempre cansados es un problema común a muchas personas que atienden pacientes con demencia.

Tenemos que hacer todo lo que podamos, poco a poco, para no cansarnos tanto. Por ejemplo:

La señora Levin explica: «Se levanta por la noche, se pone el sombrero y se sienta en el sofá. Yo solía quedar agotada después de intentar llevarlo a la cama de nuevo. Ahora me limito a dejarle que se siente allí. Si quiere llevar sombrero con pijama, perfecto. No me preocupo por eso. Solía pensar que había que limpiar los cristales dos veces al año y fregar el suelo de la cocina cada semana. Ahora no. Tengo que reservar las fuerzas para otras cosas».

Es importante para nuestra salud que el paciente duerma por la noche o que, como mínimo, si se levanta esté seguro (describimos este problema con más detalle en el apartado del capítulo 7 «Alteraciones del sueño y deambulación nocturna»). Si tenemos que levantarnos regularmente por la noche y también tenemos que cuidar al enfermo durante todo el día, nuestro cuerpo paga el precio de la extenuación, y no podemos llevar esta rutina de manera indefinida. Sabemos que no siempre es posible descansar lo suficiente. Sin embargo, es importante que reconozcamos nuestros propios límites. A lo largo de este libro hemos hecho algunas sugerencias que pueden ser útiles para encontrar la manera de evitar el agotamiento.

ENFERMEDAD

La enfermedad es el panorama que sigue a la depresión y la fatiga. Al parecer, las personas que están desanimadas y cansadas enferman más a menudo que las demás. Y las personas que no se sienten bien están más cansadas y desanimadas. Cuando otra persona depende de nuestra atención, el hecho de ponernos enfermos puede convertirse en un problema grave. ¿Quién cuidará del paciente cuando tengamos la gripe? Es posible que pensemos que no hay ninguna otra alternativa aparte de continuar arrastrándonos y esperar no llegar al agotamiento.

El cuerpo y la mente no son entidades separadas; ni uno es esclavo del otro. Ambos forman parte de la persona completa, y esta persona completa puede ser menos vulnerable (aunque no invulnerable) a la enfermedad.

Tenemos que hacer todo lo posible para reducir la fatiga y descansar lo suficiente. Comer una dieta bien equilibrada. Hacer el ejercicio necesario.

Podemos organizarnos para tomarnos unas vacaciones o conseguir apartarnos durante cierto tiempo de nuestras obligaciones como cuidadores.

Debemos evitar abusar del alcohol y de los medicamentos, y comer en exceso. También tendríamos que acudir a un experto —un buen médico— para que nos realice revisiones rutinarias en busca problemas difíciles de apreciar a simple vista, como una presión sanguínea alta, anemia o infecciones crónicas leves.

Pocos hacemos todo lo que podemos para mantener una buena salud, incluso aunque no tengamos ningún problema grave. Cuando cuidamos de un enfermo crónico, con frecuencia no contamos con el suficiente tiempo, con fuerzas o con dinero para salir; muy a menudo nos abandonamos. Sin embargo, por nuestro bien y, lo que es más importante, por el bien del enfermo tenemos que hacer todo lo posible para mantener la salud.

SEXUALIDAD

Puede parecer poco delicado que pensemos en nuestra sexualidad cuando hay tantas preocupaciones acuciantes: la enfermedad crónica, los problemas financieros, etc. Sin embargo, las personas tienen una necesidad de ser amadas y de ser tocadas durante toda la vida, y la sexualidad forma parte de nuestra vida adulta. Hay que tenerla en cuenta. A veces el sexo se convierte en un problema cuando cuidamos a un paciente con demencia, pero en otras ocasiones continúa siendo una de las buenas cosas de las que disfruta la pareja. Este apartado va dirigido a las parejas para quienes el sexo se ha convertido en un problema. No deberíamos leerlo *esperando* que se convertirá en un nuevo problema.

SI NUESTRO CÓNYUGE ESTÁ INCAPACITADO

A pesar de la llamada revolución sexual, la mayoría de las personas, incluyendo muchos médicos, se encuentran incómodas hablando sobre sexo, especialmente cuando esto involucra a ancianos o a personas discapacitadas. Esta incomodidad, combinada con ciertos malentendidos sobre la sexualidad humana, puede provocar el silencio y la soledad del cónyuge o el compañero de una persona con demencia. Muchos de los artículos publicados sobre sexo son inútiles; a menudo el tema no puede discutirse con los amigos y, si tenemos el coraje de comentárselo al médico, quizá cambie de asunto rápidamente.

Al mismo tiempo, los problemas sexuales, como muchos otros problemas, suelen ser más fáciles de solucionar cuando es posible reconocerlos y abordarlos con una persona comprensiva.

El cónyuge de una persona con una discapacidad cerebral quizá piense que es imposible disfrutar de una relación sexual cuando hay tantos otros aspectos de la relación que han cambiado de una manera tan drástica. Para muchas personas, la relación sexual sólo puede ser buena cuando toda la relación es buena. Podemos ser incapaces de hacer el amor con una persona con quien ya no es posible disfrutar de una conversación, por ejemplo. Quizá no parezca «correcto» disfrutar del sexo con una persona que ha cambiado tanto.

Cuando nos sentimos abrumados por las tareas de cuidar al enfermo, cuando estamos cansados y deprimidos, es posible que no estemos nada interesados en el sexo. A veces la persona con demencia está deprimida o de mal humor y pierde el interés por el sexo. Si esto sucede en fases tempranas, antes de realizar el diagnóstico correcto, es posible que se interprete erróneamente como un problema en la relación.

A veces la conducta sexual de una persona con una alteración cerebral puede cambiar de una manera que resulte difícil de aceptar o de asumir por parte del compañero. Cuando la persona incapacitada no puede recordar las cosas después de unos minutos, es posible que todavía pueda hacer el amor y que quiera hacerlo, pero se olvidará casi inmediatamente después de terminar, dejando al cónyuge o al compañero solo y desconsolado. Varias experiencias de este tipo pueden hacer que queramos terminar este aspecto de la vida en común para siempre.

Ocasionalmente, la persona a quien hemos estado cuidando durante todo el día puede preguntar: «¿Quién eres? ¿Qué haces en mi cama?». Este tipo de cosas nos pueden partir el corazón.

Quizá la pérdida de memoria haga que una persona que anteriormente era amable y considerada se olvide de los preliminares. Esto también puede resultar desalentador para el compañero.

Ocasionalmente, una lesión o una enfermedad cerebral pueden hacer que el enfermo se vuelva más solícito desde el punto de vista sexual. Cuando la persona requiere tanto cuidado en otros aspectos y solicita tener relaciones sexuales con frecuencia, la situación puede resultar devastadora para un cónyuge. Este problema es raro, pero cuando aparece es difícil de tratar. Los medicamentos no suelen ser eficaces, excepto para conseguir sedar al paciente. Si el problema persiste, podría pensarse en llevarlo a algún centro. Cuando cambia la conducta sexual de una persona con demencia es muy probable que esto esté relacionado con la lesión cerebral, y el paciente no puede hacer nada; no es un enfrentamiento expreso a la relación.

A menudo lo que la persona suele perder no es la capacidad para realizar el coito, sino la de tocarse y abrazarse, el afecto que se tienen dos personas. A veces, por motivos prácticos, el cónyuge sano prefiere dormir en otra habitación. En otras ocasiones una persona que era afectuosa cuando se pone enferma ya no acepta más afecto.

El señor Bishop explica: «Siempre solíamos tocarnos mientras dormíamos. Ahora, si le pongo el brazo encima me lo quita».

¿Qué se puede hacer con los problemas de la sexualidad? Como para muchos otros problemas, no existe una respuesta sencilla.

Es importante que entendamos las explicaciones sobre la enfermedad que su médico nos dé, así como la manera en que afecta a este u otros aspectos de su conducta. Si buscamos ayuda específica para este problema, tenemos que asegurarnos de que el consejero conoce el tema. Puesto que la sexualidad es un tema tan delicado, algunos consejeros no se encuentran cómodos hablando sobre él, o dan consejos poco apropiados. El consejero debería tener experiencia en tratar los problemas sexuales de las personas discapacitadas y debería entender claramente la naturaleza de la demencia. Tendría que conocer sus propios sentimientos sobre la actividad sexual en la tercera edad o entre las personas discapacitadas. Hay consejeros excelentes que han hablado sobre sexualidad con muchos familiares y que no se sorprenderán ni se escandalizarán por lo que les expliquemos. También hay algunas personas insensibles que ejercen de consejeros sexuales a las que es mejor evitar.

SI UN PROGENITOR INCAPACITADO VIVE CON NOSOTROS

Hasta aquí hemos descrito los problemas del cónyuge de una persona con demencia. Sin embargo, si nuestro progenitor enfermo ha venido a vivir con nosotros es posible que los hábitos sexuales de nuestro matrimonio se vean interrumpidos, y esto puede afectar a otros ámbitos de la relación. Quizás estemos demasiado cansados para hacer el amor, o tal vez hayamos dejado de salir juntos por la noche y, en consecuencia, hayamos perdido el romanticismo que precede al coito. Quizá nuestro progenitor deambule por la casa durante la noche, dando patadas a las cosas, llamando a nuestra puerta o gritando. El más mínimo ruido puede despertar al padre que nos ha costado tanto poner a dormir. Hacer el amor puede convertirse en sexo rápido cuando estamos demasiado cansados para cuidar este aspecto; incluso puede dejar de practicarse.

Una relación se enriquece por todos los aspectos que la envuelven: hablar juntos, hacer tareas juntos, enfrentarse con problemas juntos y hacer el amor juntos. Una relación fuerte puede sobrevivir si se dejan de lado algunas cosas durante un tiempo, pero no demasiado. Es importante que encontremos el momento y la energía para mantener una buena relación. Revisemos cuidadosamente el capítulo 13. Encontremos la manera de crear afecto y de mantener la intimidad que necesitamos en momentos en los que ninguno de los dos estemos cansados.

EL FUTURO

Es importante planificar el futuro. El futuro conllevará cambios para la persona con demencia, y muchos de estos cambios serán menos dolorosos si estamos preparados.

Algunos maridos y algunas esposas hablan del futuro de ambos cuando están bien. Si podemos hacerlo así, luego, cuando tengamos que tomar decisiones por nuestro cónyuge, nos sentiremos más cómodos. Ayudar a la persona con problemas de memoria a hablar sobre el futuro y cómo le gustaría repartir sus pertenencias, puede ayudarle a sentir que se trata de su vida y que tiene cierto control sobre sus últimos años. Otras personas no querrán pensar sobre estas cosas y no deberíamos presionarlas para que lo hicieran.

Quizá los familiares también quieran discutir sobre lo que les depara el futuro, poco a poco. A veces, pensar en el futuro resulta demasiado doloroso para algunos familiares. Si sucede algo así, tendremos que planificarlo solos.

A continuación enumeramos algunos de los puntos que podrían considerarse (los describimos en otras partes del libro):

- ¿Qué será de la vida del paciente cuando su enfermedad evolucione y cada vez esté más incapacitado?
- ¿Qué tipo de atención necesitará?
- ¿Durante cuánto tiempo seremos capaces de proporcionársela?
- ¿En qué momento se nos agotarán los recursos emocionales?
- ¿Qué otras responsabilidades nuestras tenemos que considerar?
- ¿Tenemos cónyuge, niños o un trabajo que también nos resten energía?
- ¿Qué efecto tendrá esta carga adicional sobre nuestro matrimonio, el crecimiento de los niños o nuestra propia carrera?
- ¿Dónde podemos pedir ayuda?
- ¿Cuánto nos ayudará el resto de la familia?
- ¿Cuáles son los recursos financieros disponibles para atender al paciente?
- ¿Qué nos quedará para vivir después de haber cubierto los gastos de la atención? Es importante hacer planes financieros para el futuro, incluso aunque el paciente y nosotros sólo tengamos unos ingresos bajos. La atención de una persona gravemente enferma puede ser muy costosa (véase el capítulo 15).

- ¿Qué previsiones legales hay que hacer para cuidar del paciente?
- El entorno físico ¿dificultará nuestra atención a una persona inválida? (¿Vivimos en una casa con escaleras que, al final, el paciente no podrá subir? ¿Vivimos en una casa difícil de mantener? ¿Vivimos lejos de las tiendas? ¿Vivimos en un barrio con problemas de delincuencia?)

A medida que pasa el tiempo, nosotros, los cuidadores, podemos cambiar. En cierto sentido, es posible que no seamos los mismos que antes de la enfermedad. Es posible que hayamos abandonado a algunos amigos y algunas aficiones a causa de la enfermedad o quizás hayamos cambiado nuestra filosofía o algunas ideas durante el proceso de aprender a aceptar esta enfermedad crónica. ¿Cómo será nuestro futuro? ¿Qué deberíamos hacer para prepararlo?

NOSOTROS COMO CÓNYUGES SOLOS

Ésta es una sección que nos costó mucho escribir. Sabemos lo que los maridos y las esposas piensan sobre su futuro, pero no poseemos las respuestas «correctas». Cada persona es distinta. Lo que es correcto para una, no lo es para otra, y las decisiones sólo podemos tomarlas nosotros. Sin embargo, al pensar en estas cosas, hay varios factores que debemos tener en cuenta.

Nuestra situación cambia. A veces, un cónyuge siente que ya no forma parte de la pareja (porque ya no pueden hacer muchas cosas juntos, hablar o confiar el uno en el otro, igual que antes), pero no es viudo.

En ocasiones, las parejas encuentran que los amigos se distancian. Ésta es una dificultad adicional para el compañero sano. A menudo los amigos «de la pareja» se distancian sencillamente porque la amistad se basaba en una relación entre cuatro personas que ahora ha cambiado. Establecer nuevas amistades puede ser difícil cuando ya no incluimos a nuestro cónyuge y todavía tenemos la responsabilidad de cuidarlo. Es posible que no nos apetezca hacer amistades solos.

Quizá nos enfrentemos a un futuro sin el enfermo. Las estadísticas indican que las demencias acortan la vida de quienes las contraen. Es probable que el enfermo muera antes que nosotros o que enferme más y tenga que ingresar en una residencia. Es importante que, cuando llegue el momento en que estemos solos, tengamos amigos e intereses propios.

Un esposo trató de escribir un relato de lo que supone vivir con alguien que padece demencia. Explicó: «Me di cuenta de que estaba narrando la historia de mi propio deterioro. Dejé mi trabajo para cuidarla; después ya no tenía tiempo para mis aficiones y gradualmente dejamos de visitar a nuestros amigos».

A medida que la enfermedad evoluciona y la persona requiere más y más atención, quizá vayamos abandonando más y más nuestra propia vida para cuidarla. Los amigos se distancian, no hay tiempo para las aficiones y podemos encontrarnos solos y vernos como si fuéramos inválidos.

Entonces, ¿qué ocurrirá después de que empeore e ingrese en una residencia o después de su muerte? ¿Estaremos «deteriorados», aislados, sin intereses, solos y agotados? Necesitamos tener nuestros amigos y nuestras aficiones durante la larga enfermedad para que nos den apoyo y nos permitan un cambio de aires para poder continuar con la dura tarea de cuidador. Y los necesitaremos mucho después de que nos quedemos solos.

Incluso aunque el hecho de internar al paciente en una residencia signifique que otras personas le proporcionarán la atención diaria y que dispondremos de más tiempo libre, es posible que nos encontremos tan sobrecargados y tan preocupados por él como antes de llevarlo allí. Debemos poner unos límites razonables al tiempo que pasamos en la residencia. Tenemos que prepararnos para un período de ajuste y hacer planes para retomar nuestros intereses y los contactos con los amigos (véase el capítulo 16).

El problema de estar solo, pero no soltero, es real. Habitualmente, la relación entre marido y esposa cambia a medida que la demencia evoluciona. Para muchos cuidadores, la relación continúa teniendo sentido. Para algunos, esto significa continuar el compromiso con una relación modificada. Para otros supone establecer una nueva relación con otra persona.

Un esposo explica: «Siempre cuidaré de ella, pero he empezado a tener otras citas. Ya no es la persona con quien me casé».

Una esposa comenta: «Fue una decisión terriblemente difícil. Para mí, la culpabilidad fue la parte más difícil».

Otro cónyuge dice: «Para mí, cuidarla y mantener la promesa es lo más importante. Es cierto que ya no es la misma, pero esto también forma parte de nuestro matrimonio. Trato de verlo como un reto».

A veces sucede que una persona se vuelve a enamorar mientras todavía está cuidando a su esposa enferma. Si nos sucede esto, tendremos que hacer frente a decisiones difíciles sobre nuestras propias creencias y valores. Quizá queramos hablar sobre esto con personas cercanas. Tal vez la decisión «correcta» en estos casos sea la que nosotros consideramos «correcta». Los familiares suelen comentar que se encuentra mucho apoyo en los hijos y los parientes políticos.

No todos los matrimonios han sido felices. Si un matrimonio era tan infeliz que uno de los cónyuges estaba considerando la posibilidad de divorciarse cuando la persona se puso enferma, la enfermedad puede dificultar más la decisión. Un buen consejero puede ayudarnos a descubrir los sentimientos ambivalentes.

En cualquier caso, si debemos decidir entre iniciar o no una nueva relación, pedir el divorcio o volvernos a casar, no estamos solos. Muchos otros también se han enfrentado a estos dilemas y los han resuelto.

CUANDO MUERE LA PERSONA QUE HEMOS ESTADO CUIDANDO

A menudo las personas tienen sentimientos ambivalentes cuando se muere el paciente que han estado cuidando. Es posible que, de alguna manera, nos sintamos contentos de que se haya terminado su sufrimiento y nuestras responsabilidades, pero también estamos tristes. No existe una manera «correcta» de sentirnos después de la muerte de un paciente con demencia. Algunas personas ya vertieron sus lágrimas mucho tiempo antes y ahora se sienten, sobre todo, aliviadas. Otras están abrumadas por el dolor.

Puede ser útil hablar sobre nuestros sentimientos con alguien en quien confiemos. A veces, explicar las cosas en voz alta ayuda a clarificar nuestros sentimientos e ideas. Si nos damos cuenta de que los sentimientos cambian con el tiempo, tenemos que recordar que esto también es normal.

Cuando gran parte de nuestro tiempo y de nuestra energía emocional se han centrado en el cuidado de una persona, a menudo durante varios años, es posible que después de su muerte nos encontremos solos. Quizás hayamos perdido el contacto con los amigos, hayamos dejado el trabajo y nuestras aficiones. Dejar de tener la responsabilidad que teníamos durante tanto tiempo puede acarrearnos sentimientos de alivio y de tristeza.

Una esposa explicaba entre lágrimas: «No tengo que decir a nadie cómo pueden localizarme cuando salgo».

Capítulo 13

Cuidar de nosotros

El bienestar del enfermo depende directamente de nuestro propio bienestar. *Es esencial que encontremos la manera de cuidar de nosotros sin que agotemos nuestros recursos físicos y emocionales.*

Cuando atendemos a una persona con demencia, es posible que nos sintamos tristes, desanimados, frustrados o atrapados. También podemos estar cansados o sobrecargados. Aunque hay muchos motivos para sentirnos fatigados, el más frecuente es que no descansamos suficiente. Quizá dejemos de lado la necesidad de descanso, los amigos y el tiempo para nosotros para poder cuidar del paciente. Si tenemos muchas responsabilidades —la familia, el trabajo, los niños—, probablemente nuestras propias necesidades pasarán a segundo término.

Incluso aunque no cuidemos del enfermo durante todo el tiempo, es posible que nos quede poco tiempo para nosotros mismos. Puede que vayamos a la residencia varios días por semana después de trabajar, o que pasemos el fin de semana atendiéndole, de modo que el cuidador principal pueda tomarse un respiro. Sean cuales sean nuestras responsabilidades directas sobre la atención del paciente, probablemente nos sentiremos ansiosos, tristes y frustrados.

A lo largo de este libro hemos ofrecido algunas sugerencias sobre distintas maneras de modificar las conductas molestas. Aunque modificar el comportamiento del enfermo ayudará considerablemente, a menudo no es posible eliminar ciertos aspectos y es probable que continúe poniéndonos nerviosos. Para seguir resistiendo, necesitaremos suficiente descanso y, de vez en cuando, alejarnos del paciente.

Este libro ha hecho énfasis en que los problemas de conducta se deben a la lesión cerebral: ni nosotros ni el paciente confundido podemos evitar los problemas. Sin embargo, nuestro *humor* puede afectar al comportamiento del enfermo. Cuando estamos con prisa, tensos o irritables, la persona confundida puede notar nuestro estado. Es posible que se angustie más, que se muestre más irritable, que se mueva con mayor lentitud, o que empiece un comportamiento molesto. Cuando estamos descansados y nos sentimos bien, el enfermo puede responder mejor y sentirse también mejor.

No es raro que los familiares se sientan solos en su batalla contra una enfermedad crónica. Probablemente, los amigos se distanciarán y uno no sabe si otras personas tienen problemas similares o no. Puede parecer imposible salir de casa, y la vida se estrecha hasta quedar sólo reducida a un pequeño círculo de desgracia solitaria. Los sentimientos de tristeza y de dolor parecen más intensos cuando también nos sentimos solos con nuestro problema.

Por todos estos motivos, necesitamos cuidar de nosotros. Necesitamos suficiente descanso, un tiempo lejos del enfermo y amigos para pasarlo bien, para compartir con ellos los problemas y para reírnos juntos. Descubriremos que requerimos ayuda adicional para hacer frente a nuestros sentimientos de desánimo o para solucionar los desacuerdos familiares. Podemos decidir que sería útil juntarnos con otros cuidadores para intercambiar preocupaciones, para hacer nuevos amigos y para abogar en favor de mejores recursos para las personas con demencia.

TOMARSE UN RESPIRO

Sólo con que pudiera alejarme de la enfermedad de Alzheimer… —dijo la señora Murray—, sólo con que pudiera ir a algún lugar donde no tuviera que pensar en la enfermedad de Alzheimer durante un rato…

Es absolutamente esencial, para nosotros y para la persona con demencia, que dispongamos periódicamente de algunos momentos para alejarnos del cuidado del enfermo crónico durante veinticuatro horas al día. Debemos tener algún tiempo para descansar y ser capaces de hacer algunas cosas *sólo para nosotros*. Esto puede incluir sentarnos para ver la televisión sin que nadie nos interrumpa, o dormir una noche completa. Puede significar salir una vez por semana o bien tomarse unas vacaciones. Nunca se hace demasiado énfasis en la importancia de todo esto. La atención continuada de una persona con demencia puede ser una tarea cansada y emocionalmente agotadora. Es muy posible llegar a sentirse desbordado por la carga.

Es importante tener a otras personas para que nos ayuden, para hablar y para compartir nuestros problemas. Sabemos que puede ser difícil encontrar la manera de cuidar de nosotros. Quizá no tengamos amigos comprensivos, es posible que la familia no nos quiera ayudar y puede parecer imposible conseguir algún momento para separarnos del paciente. El enfermo confundido puede rehusar quedarse con alguien más o quizá no dispongamos de medios para asumirlo. Encontrar la manera de cubrir nuestras necesidades suele requerir esfuerzo e inventiva. Sin embargo, es tan importante que tenemos que hacerlo.

Si nos cuesta encontrar los recursos para poder tomarnos un respiro, quizá seamos capaces de concebir un plan de descanso. Por ejemplo:

> El señor Cooke persuadió al centro de día para llevar a su esposa un día por semana, con el compromiso de enseñar al personal cómo atenderla. Su hijo, que vivía fuera del Estado, se prestó para pagar el centro de día. Su vecino se brindó para venir esas mañanas y ayudarle a vestir a su esposa.

También es posible que tengamos que comprometernos y aceptar un plan que no sea tan bueno como querríamos. La atención que brindan los demás no será igual a la nuestra. El paciente confundido puede angustiarse con los cambios. Los familiares pueden quejarse porque les pedimos ayuda. Pagar por la atención externa significa hacer un sacrificio financiero. Pero tenemos que persistir en nuestra búsqueda de ayuda y tener la voluntad de ser constructivos y buscar compromisos.

Tomarnos un tiempo de descanso, lejos de la atención al paciente confundido, es una de las cosas más importantes que podemos hacer para garantizar la continuidad en la atención al enfermo con demencia.

La señora Murray explicó: «Mucho tiempo atrás, habíamos planeado un viaje a Francia, cuando él se jubilara. Cuando supe que nunca podría ir, fui sola. Le dejé con mi hijo. Me asustaba ir sola, de modo que me apunté a un tour en grupo. Me hubiera estado reclamando todo aquel tiempo; pero cuando volví, estaba descansada y preparada para afrontar lo que tuviera que venir más adelante».

HACERNOS ALGÚN REGALO

¿Podríamos darnos algún «incentivo» de vez en cuando? Permitirse algún extra de vez en cuando es otra manera de ayudarnos a hacer frente a la situación. Hay personas que se pueden comprar «regalos» (una revista, un vestido nuevo). Escuchar una sinfonía o un partido de fútbol (con auriculares), salir a la terraza para contemplar la puesta de sol o pedir a un restaurante que nos traigan nuestro plato favorito.

AMIGOS

Los amigos suelen ser maravillosamente reconfortantes, brindan apoyo y ayudan. El apoyo de los buenos amigos contribuirá mucho a que podamos continuar adelante en los momentos más difíciles. Recordemos que, para nosotros, es importante continuar teniendo amigos y contacto social. Tratemos de no sentirnos culpables por mantener o establecer amistades por nuestra cuenta.

A veces, a los amigos y a los vecinos les cuesta aceptar que una persona esté enferma si tiene un *aspecto* tan bueno. Además, en ocasiones la gente se aleja de las enfermedades «mentales». Muchas personas no saben cómo actuar cuando se encuentran frente a una persona olvidadiza o con una conducta cambiante. Expliquemos que se trata de una enfermedad orgánica que produce un deterioro gradual del cerebro. El paciente no puede influir sobre su conducta, y no está «loco» ni es «psicótico». Tampoco hay pruebas de que sea una enfermedad contagiosa. Es simplemente una enfermedad, y no el resultado inevitable del envejecimiento.

Incluso aunque la persona hable con bastante coherencia y un observador espontáneo no pueda distinguir ningún signo de deterioro mental, quizá no pueda recordar los nombres ni seguir una conversación. Es importante explicar a los amigos que olvidar las cosas no es sinónimo de mala educación, sino que es algo que el enfermo no puede evitar.

Puede resultar doloroso explicar a los amigos lo que sucede, especialmente a los que no viven cerca y no han visto los cambios graduales que produce una demencia. Algunas familias han resuelto el problema preparando una felicitación navideña en la que comparten esta enfermedad de manera sincera y cariñosa con los amigos lejanos.

EVITAR EL AISLAMIENTO

¿Qué podemos hacer si nos sentimos aislados? Hacer nuevos amigos requiere energía y esfuerzo, en un momento en el que nos sentimos cansados y desanimados. Pero esto es tan importante que debemos realizar el esfuerzo necesario. Podemos empezar encontrando pequeños recursos por nuestra parte. Los pequeños logros nos guiarán y nos proporcionarán energía para conquistar otros mayores. Podemos llamar a la oficina más próxima de la asociación contra el Alzheimer (véanse las págs. 335-337). También podemos unirnos a un grupo de apoyo para familiares y mantener o reanudar los lazos con la parroquia o la sinagoga. Nuestro cura, rabino o pastor nos ofrecerá apoyo y nos reconfortará. Es posible establecer amistades a través de la iglesia y muchas parroquias cuentan con recursos para proporcionarnos ayuda práctica.

A medida que encontremos tiempo para alejarnos del paciente que cuidamos, tendríamos que ir utilizando este tiempo para hacer cosas con otras personas, como dedicarnos a un hobby o participar en grupos de discusión. Es mucho más fácil hacer nuevas amistades si estamos involucrados en actividades en común con otras personas.

Sabemos que es difícil encontrar tiempo o fuerzas para hacer algo a parte de lo que es necesario para atender al enfermo. Algunas actividades pueden «posponerse» mientras estamos sobrecargados con el cuidado del enfermo, pero no deberíamos abandonarlas por completo. Esto es importante. Cuando llegue el momento en que ya no podamos cuidar más al paciente, entonces necesitaremos a los amigos y encontrar otras actividades.

Me gusta ir al centro masónico. Todavía voy una vez al mes. Cuando Alice tenga que ir a la residencia, probablemente me involucraré más: me ofreceré como voluntario para el desfile de Navidad, o algo así. Todavía tengo amigos allí.

Toco el violín. Ya no puedo tocar en el cuarteto, pero estoy en contacto con ellos y todavía practico un poco. Cuando tenga más tiempo, habrá una plaza en la orquesta sinfónica de la comunidad para mí.

También podemos involucrarnos en nuevas actividades, como unirnos a la asociación local contra el Alzheimer. Algunos cónyuges han buscado deliberadamente nuevas actividades.

Mi esposa enfermó justo cuando yo me jubilé. Todo lo que hacía era cuidar de ella. Pensaba que debería practicar algo de ejercicio, de manera que me apunté a un grupo de gimnasia para la tercera edad. Llevo a mi esposa al centro de día y yo voy a este grupo.

ENCONTRAR AYUDA ADICIONAL, SI LA REQUERIMOS

La señora Scott dice: «Me preocupa que quizás estoy bebiendo demasiado. John y yo solíamos tomar un cóctel cuando él llegaba a casa por la tarde. Naturalmente, ahora él no bebe, pero yo tengo que tomar ese cóctel por la tarde y otro antes de irme a dormir».

El cansancio, el desánimo, el enojo, el dolor, el desespero, la culpa y la ambivalencia son sentimientos normales que pueden aparecer mientras cuidamos de una persona con una enfermedad crónica. Estos sentimientos parecen abrumadores y casi constantes. La carga que arrastremos puede ser asombrosa. A veces la capacidad de respuesta del cuidador se ve desbordada y las cosas acaban fuera de control. Si nos sucede esto, quizá deseemos buscar ayuda profesional.

RECONOCER LAS SEÑALES DE ALERTA

Cada persona es distinta y cada persona tiene su propia manera de responder a los problemas. Una respuesta sana para una persona puede ser enfermiza para otra. Tenemos que plantearnos los interrogantes siguientes: ¿me siento tan triste o deprimido porque no estoy respondiendo como debería? ¿Me despierto preocupado y empiezo a dar vueltas en la cama? ¿He perdido peso? ¿Me siento abrumado la mayor parte del tiempo? ¿Me siento terriblemente aislado y solo con el problema? Aunque la depresión y el desánimo son sentimientos comunes en las familias con enfermos crónicos, si nos despertamos a menudo a media noche, preocupados, si hemos perdido peso o si habitualmente nos sentimos aislados, solos con nuestro problema o abrumados, quizá necesitemos ayuda para poder manejar mejor nuestros sentimientos.

¿Bebo demasiado? La definición de alcoholismo varía mucho. La cantidad de alcohol que resulta excesiva para una persona quizá no sea excesiva para otra. Tenemos que preguntarnos: la bebida ¿interfiere en cómo me relaciono con mi familia, con mi trabajo o con algún otro aspecto? Los demás —nuestros compañeros de trabajo, por ejemplo— ¿tienen que «cubrirnos»? La asociación Alcohólicos Anónimos (que figura en el listín telefónico) es una buena organización de autoayuda. A menudo el grupo nos ayudará a resolver problemas prácticos como el transporte o a encontrar un «canguro» para poder asistir a las reuniones. Es posible llamarles, explicarles nuestras circunstancias especiales y solicitarles ayuda.

¿Estoy utilizando medicamentos para aguantar todo el día? Los tranquilizantes y los hipnóticos sólo deberían utilizarse bajo una estricta supervisión médica y únicamente durante un tiempo muy corto. Los estimulantes (las anfetaminas) no deberían emplearse nunca como fuente de energía. Si ya estamos utilizando tranquilizantes, pastillas para dormir o estimulantes de manera regular, tendríamos que consultar al médico para que nos ayude a dejarlos. Algunos de estos medicamentos crean dependencia. Su retirada brusca puede poner en peligro nuestra vida y tiene que supervisarla un médico.

Supongamos que estamos tomando demasiado alcohol o medicamentos. En este caso formaremos parte de un conjunto compuesto por millares de personas corrientes. Es posible que la primera vez que tengamos este tipo de problemas sea bajo la presión de tener que atender a alguien con demencia. No hay ningún motivo para avergonzarnos. Pero sí que hay un motivo para buscar ayuda *ahora*.

¿Bebo demasiado café? Aunque no es tan grave como la dependencia de las anfetaminas, el uso excesivo de cafeína puede afectar a nuestro organismo y puede reducir nuestra capacidad para lidiar con el estrés. (El té y muchas bebidas refrescantes también contienen cafeína.)

¿Lloro o grito demasiado? ¿Pierdo la paciencia con el enfermo muy a menudo? ¿Le golpeo? ¿Me siento más enojado y más frustrado después de hablar sobre estos problemas con mis amigos y con mis familiares? ¿Me doy cuenta de que estoy irritado con mucha gente: amigos, familiares, médicos y compañeros de trabajo?

Hablando de gritar y de llorar, ¿cuánto es demasiado? Una persona puede tener la sensación de que está llorando demasiado, mientras otra piensa que llorar es una buena manera de «permitir que las cosas no se queden dentro». Probablemente ya sabemos si nuestro humor excede lo que consideramos normal.

El enojo y la frustración son respuestas normales al cuidado de una persona que tiene una conducta difícil. Sin embargo, si nuestro enfado empieza a afectar a muchas relaciones o si nuestro enfado va más allá del enfermo, quizá sea útil encontrar la manera de conducir nuestras frustraciones para que las personas no se alejen de nosotros o para que no empeoren la conducta del paciente.

¿Pienso en suicidarme?

El señor Cameron dijo: «Hubo un tiempo en el que consideré la posibilidad de conseguir una pistola, matar a mi esposa y luego suicidarme».

Las ideas suicidas pueden aparecer cuando una persona se encuentra abrumada, se siente desgraciada y sola. Cuando alguien siente que no puede escapar de una situación imposible o que ha perdido de manera irrevocable las cosas por las que merecía la pena vivir, quizá considere la posibilidad de suicidarse. Puede considerarse la posibilidad de un suicidio cuando alguien siente que se enfrenta a una situación desesperada, cuando nota que él u otras personas no pueden hacer nada. El presente parece intolerable y el futuro se ve como algo sombrío, oscuro, vacío y sin sentido.

Un familiar que intentó suicidarse explicó: «Mirando atrás, no sé por qué me sentía así. Las cosas han empeorado, pero estoy contento de no haber muerto. Mis percepciones estaban muy confusas».

No es raro que nuestra *percepción* nos muestre las cosas más sombrías de lo que son en realidad. Si nos sentimos así, es importante encontrar a otra persona (un consejero si es posible) cuya percepción del panorama pueda ser distinta, y con quien podamos conversar.

¿Siento que no puedo controlar la situación o que estoy contra las cuerdas? ¿Mi cuerpo me indica que estoy bajo un gran estrés? ¿Me siento a menudo nervioso, atemorizado o lleno de pánico? ¿Me ayudaría el hecho de poder hablar con alguien que lo entienda? Si la respuesta a alguna de estas preguntas es sí, es posible que estemos llevando una carga demasiado pesada o que no dispongamos de una ayuda suficiente.

ASESORÍA

A veces lo único que necesitamos es más tiempo lejos de una persona aparentemente solícita y difícil, o bien más ayuda para atenderle. Pero quizá no sepamos la manera de encontrar esta ayuda adicional o más tiempo para nosotros mismos. Tal vez nos veamos atrapados por la propia situación. Pensamos que hablar de estos problemas con un profesional bien formado es una buena manera para ayudar a sentirnos menos presionados. Nosotros y él podemos solucionar poco a poco los problemas a los que nos enfrentamos. Puesto que él no está tan involucrado en los problemas como nosotros, es posible que pueda identificar alternativas válidas en las que no hayamos pensado. Al mismo tiempo, sabremos que tenemos un salvavidas en este profesional, al que podremos recurrir si nos sentimos desesperados. La familia o los amigos también pueden ser útiles, pero si son demasiado cercanos a la situación es posible que no valoren las cosas con la suficiente objetividad.

¿Deberíamos buscar una asesoría? ¿Necesitamos «ayuda»? La mayor parte de la gente no está «enferma», «loca» o «neurótica». La mayoría son personas sanas que, a veces, tienen dificultades para hacer frente a los problemas reales. Es posible que se sientan saturadas o desanimadas, o que se encuentren en un círculo vicioso. Este tipo de persona puede darse cuenta de que hablar sobre sus sentimientos y problemas le ayuda a clarificarlos.

Creemos que la mayor parte de la gente, durante la mayor parte del tiempo, no necesita asesoría. Sin embargo, sabemos que la asesoría suele ser de gran utilidad para las familias que están inmersas en la batalla contra la demencia. Esta ayuda puede proceder de los grupos de discusión, de religiosos o de un amigo objetivo, un asistente social, una enfermera, un psicólogo o un médico.

El primer paso para buscar apoyo externo suele ser el más duro. A veces, nuestro pensamiento va formando círculos concéntricos.

> No puedo salir de casa porque no consigo ningún canguro. Se comporta de una manera terrible con todos los de la casa, excepto conmigo. No puedo pagarme una asesoría porque no consigo trabajar ya que no puedo dejar la casa, y es imposible que, de esta manera, ningún asesor sea capaz de ayudarme.

Este tipo de pensamiento circular es, en parte, el producto de nuestra situación y, en parte, la manera como nosotros, nuestro desánimo, nos hace ver el problema. Un buen consejero nos ayudará a desglosar de manera objetiva el problema en porciones más manejables y, juntos, podremos empezar a hacer pequeños cambios.

A veces las personas piensan que acudir a un consejero es un signo de su propia debilidad o incompetencia. Con la carga que supone enfrentarse a la demencia, podemos utilizar toda la ayuda disponible; no se trata de poner en duda nuestra fortaleza.

A veces las personas evitan acudir a un asesor porque piensan que el terapeuta empezará a rebuscar en su infancia y les «analizará». Muchos terapeutas comienzan directamente a ayudarnos como una manera realista de empezar a hacer frente a las preocupaciones por el «aquí y ahora». También es posible averiguar de antemano el tipo de terapia que utiliza el asesor. Si decidimos buscar consejo profesional, el tipo de asesor que escojamos puede venir determinado por lo que podamos permitirnos, por su disponibilidad y por el tipo de profesional que tenga conocimientos sobre la demencia.

Los psiquiatras son médicos y pueden prescribir fármacos para tratar las enfermedades mentales. Comprenden bien los problemas físicos que acompañan a los problemas psicológicos. Los psicólogos, los asistentes sociales, las enfermeras de psiquiatría, los religiosos y algún otro tipo de profesional pueden tener unas habilidades terapéuticas o de asesoría excelentes. Si es así, constituyen una opción excelente para asesorarnos. Preferiremos seleccionar a una persona cuyos servicios seamos capaces de pagar, que conozca las demencias y con quien nos sintamos cómodos.

Tenemos la responsabilidad de discutir con el asesor cualquier preocupación que tengamos acerca de nuestra relación con él. Si estamos preocupados por el precio de la visita, si no nos gusta su visión o si nos preocupa que pueda estar explicando a nuestra familia lo que le decimos, *preguntémosle.*

Hay varias maneras de encontrar a un asesor. Podemos preguntar en las oficinas de la asociación contra el Alzheimer. Si tenemos alguna relación bien establecida con algún religioso o con un médico y nos encontramos cómodos con ellos, podemos pedirles asesoría o que nos recomienden a algún otro profesional que piensen que es un buen asesor. Si tenemos amigos que han visitado a algún consejero, también podemos preguntarles si les gustó el profesional al que acudieron. Si hay algún grupo familiar activo en nuestro barrio, podemos preguntar a alguno de sus miembros si han acudido a alguna consulta.

Si, a pesar de estas recomendaciones, no encontramos a nadie, en los centros de salud mental disponen de servicios de asesoría o bien podrán enviarnos a alguno de ellos; ciertos servicios religiosos también brindan este apoyo. Las sociedades médicas locales pueden facilitarnos una lista con los psiquiatras locales.

No todos los asesores son igualmente buenos, ni todos son reconocidos en el campo de la demencia. Tenemos que seleccionar a un asesor con el mismo cuidado con el que buscaríamos cualquier otro servicio; asimismo, tendríamos que ver las credenciales del terapeuta. Si, transcurrido un tiempo, no pensamos que el asesor nos esté ayudando demasiado, podemos comentárselo y considerar la posibilidad de probar otro terapeuta.

Unirse a otras familias: la Alzheimer's Association

La Alzheimer's Association de Estados Unidos fue fundada en 1980 por unos familiares decididos a sacar las demencias del olvido. Tiene oficinas en muchas grandes ciudades y ha creado una red de grupos de apoyo familiar. La asociación se dedica a proporcionar una atención familiar y a los pacientes de alta calidad. Proporciona material educativo a los cuidadores y a los profesionales, aboga por la investigación y los servicios en el ámbito federal y estatal, y financia la investigación enfocada a conocer las causas y mejorar la prevención y el tratamiento de estas enfermedades. Su comité científico y médico revisa los avances científicos. La oficina nacional publica diversos boletines. Es una organización de voluntarios que se financia mediante donaciones. La asociación hace pagar algunos de los materiales y solicita donativos.

La Alzheimer's Association dispone de un número de teléfono gratuito (véase el apéndice 2). Quienes llaman reciben información sobre la oficina local y los grupos de apoyo más próximos. Se puede solicitar que nos manden información gratuita sobre la asociación y sobre las demencias. Las oficinas locales tienen recursos distintos: en las grandes ciudades, a menudo disponen de oficinas con personal de plantilla; es posible que las oficinas más pequeñas las atiendan uno o dos voluntarios. Las sedes mantienen los teléfonos «de ayuda» y se encargan del funcionamiento de los grupos de apoyo. En todas las oficinas pueden conseguirse libros (incluyendo éste) y folletos sobre las demencias. Algunos centros patrocinan conferencias y películas sobre numerosos temas relacionados con la demencia. Habitualmente pueden enviar a los familiares a médicos, servicios de atención domiciliaria, abogados, asistentes sociales y residencias que otras familias han considerado que tenían una buena calidad. Asistir a un grupo de apoyo o llamar por teléfono a una línea de ayuda es gratuito.

La mayoría de las oficinas cuentan con alguna persona que escuchará atentamente nuestras preocupaciones; esta persona o ha sido cuidadora o bien ha trabajado con cuidadores. Es posible que podamos hablar por teléfono o que podamos reunirnos con ella. Habitualmente no es necesario concertar ninguna cita para mantener una conversación telefónica y es un servicio gratuito. Por regla general, se puede encontrar rápidamente a alguien durante el horario habitual de oficina. Estas personas ofrecen comprensión y hacen sugerencias sobre cómo conseguir ayuda. Habitualmente son profesionales sin formación, o sea, que no tienen capacidad para ofrecer ningún tipo de terapia ni prescribir medicamentos. Sin embargo, si necesitamos asistencia más allá de sus conocimientos pueden recomendarnos a alguien que haya trabajado con otros familiares de pacientes con demencia.

Las oficinas locales publican boletines y muchos cuidadores están suscritos a varios de ellos. Los boletines contienen mucha información, publican cartas de los cuidadores y se ocupan de aspectos prácticos sobre la manera en que se puede proporcionar atención. Estas oficinas son una buena fuente de información sobre los avances científicos recientes.

Algunos grupos de apoyo no están afiliados a la Alzheimer's Association. Es posible que estén patrocinados por residencias, hospitales, centros públicos para la tercera edad o agencias de atención familiar.

GRUPOS DE APOYO

En realidad, no quería ir a ningún grupo, pero mi madre me volvía loca y, finalmente, acabé yendo. El conductor del grupo habló sobre la utilidad de los abogados —hasta aquel momento no me había dado cuenta de que tenía que contratar a uno para que atendiera las propiedades de mi madre—. Luego, en la pausa para el café, estuve hablando con otras tres mujeres. Una de ellas me explicó que su madre la estaba volviendo loca porque escondía la cubertería en la cómoda. Dijo que un día se dio cuenta de que no importaba en qué lugar se guardase la cubertería. Hasta entonces, estaba convencida de que era la única que tenía este tipo de problemas. Les expliqué todo sobre mi madre y las demás mujeres me entendieron perfectamente.

En los grupos, ya se sabe, normalmente hay más mujeres que hombres. No quería meterme en ningún gallinero, pero había este otro tipo que vive con su suegra, y él realmente entendía por qué iba yo. Ir al grupo de apoyo salvó mi matrimonio.

Millares de familiares han tenido experiencias parecidas: las personas de los grupos de apoyo *entienden*. Muchos grupos de apoyo se encuentran una vez al mes, pero la periodicidad varía. Suelen ver una película u organizan una conferencia; después hay una pausa para el café y un rato de conversación. Los conduce un profesional u otros familiares afectados.

Es posible coincidir con todo tipo de personas en los grupos de apoyo: banqueros y trabajadores de la construcción, hombres y mujeres, hijos adultos, cónyuges, cuidadores que viven lejos y profesionales que trabajan en el ámbito de la demencia. Hay algunos grupos de apoyo para hijos adolescentes de personas con demencia.

Las demencias golpean a personas de todas las edades y de todas las razas; sus familiares están luchando contra el dolor, el agotamiento, las conductas problemáticas y la escasez de servicios públicos. Familias de todas las razas y condiciones están haciendo lo imposible por sus seres queridos. En Estados Unidos, afroamericanos, hispanos, asiáticos y otras minorías étnicas se unen a los grupos de apoyo de la mayoría blanca y se dan cuenta de que los problemas a los que hacen frente son universales; a pesar de ello, algunas personas se sienten más cómodas compartiéndolos con otros de su mismo entorno. La asociación contra el Alzheimer o alguna oficina pública de la tercera edad disponen de los recursos para ayudar a la creación de un grupo de apoyo. Sin embargo, tenemos que orientarlos para que creen un grupo que atienda a las necesidades especiales de nuestra comunidad —cuándo y dónde encontrarse, cómo estructurarlo y el papel del líder del grupo.

EXCUSAS

Cuando estamos abrumados y cansados, encontramos excusas para no unirnos a un grupo de apoyo. No tenemos fuerzas y no estamos animados para sentarnos en una habitación llena de extraños. A continuación incluimos algunas respuestas a excusas que nos han comentado los familiares:

No soy el tipo de persona a la que le gustan los grupos. Las familias que conocemos dicen: «A pesar de esto, vamos», aunque sea el único grupo al que hayan ido en su vida. Estas enfermedades son tan terribles y duran tanto que los recursos que habitualmente utilizamos para enfrentarnos a las cosas no son suficientes. Todos nosotros podemos usar los consejos de otras personas sobre cómo hacer frente a las cosas. Sólo escuchar que alguien más lidia con problemas parecidos ya es suficiente para renovar nuestras fuerzas.

No puedo dejar al enfermo. El cansancio puede llevar a la inercia. Es más fácil quedarse en casa que encontrar un cuidador o enfrentarse a las objeciones del enfermo. Preguntemos en la asociación si pueden ayudarnos a encontrar un canguro o pidamos a un amigo o a un pariente que se quede con el enfermo unas cuantas horas. Si la persona confundida pone objeciones, podemos pedirle al canguro que venga de vez en cuando mientras nosotros estemos en casa. Es importante releer las págs. 256 y 325-327. Quizá tengamos que limitarnos a ignorar sus objeciones.

No puedo hablar con extraños. Las personas de los grupos de apoyo se han enfrentado a problemas similares y no son extraños durante mucho tiempo. Si somos tímidos, al principio podemos limitarnos a escuchar.

No puedo conducir de noche. Es posible preguntar al conductor del grupo si alguien puede recogernos. Aunque este tipo de problemas responden a preocupaciones reales, si permitimos que nos impidan conseguir el apoyo que necesitamos, se convierten en señales de nuestra depresión y de nuestro agotamiento. Si estamos decididos, existen vías para solucionar estos problemas.

Es posible que un grupo de apoyo concreto no sea el más adecuado para nosotros. Por ejemplo, si todos los asistentes tienen a su familiar en casa y el nuestro está en una residencia, podemos tener la sensación de que no encajamos. En un mismo lugar acostumbra a haber varios tipos de grupos de apoyo; podemos visitar otro grupo o bien asistir a alguna conferencia de la asociación y preguntar si hay algún grupo con personas que tengan preocupaciones similares a las nuestras.

Los grupos de apoyo no son para todos. Algunas personas no requieren el apoyo extra que proporcionan estos grupos. Otras piensan que es más cómodo hablar directamente con una persona conocida. Antes de decidir que no necesitamos asistir a un grupo de apoyo, recomendamos intentarlo varias veces.

APOYO

Hasta fines de la década de 1970, cuando empezó el movimiento por la enfermedad de Alzheimer y otras alteraciones relacionadas con ella, las familias se encontraban realmente solas con toda su carga. No sabían nada de los demás, no había redes de oficinas ni líneas telefónicas de ayuda, no existían libros sobre estas cuestiones, había pocos profesionales que hubieran oído hablar de la demencia y el presupuesto público para la investigación básica era bajo (por ejemplo, en Estados Unidos, sólo fue de 17 millones de dólares en el año fiscal 1981).

En menos de dos décadas, el presupuesto dedicado a investigación en Estados Unidos aumentó hasta 350 millones de dólares en 1998. En la mayoría de las grandes universidades del país se han creado centros de investigación sobre la enfermedad de Alzheimer. La Alzheimer's Association tiene unas doscientas oficinas y está presente en cada Estado. Anualmente, realiza una conferencia dirigida a profesionales, y tiene una oficina de relaciones públicas muy activa y eficiente en la ciudad de Washington. El foro anual de relaciones públicas congrega a unas quinientas personas en esta ciudad para discutir sobre temas concretos con el Congreso. La Benjamin B. Green-Field National Alzheimer's Library and Resource Center pone su material a disposición de los investigadores, de los familiares y de los profesionales que trabajan con personas que tienen demencia. El Nancy and Ronald Reagan Research Institute invierte 8 millones de dólares anuales en investigación biomédica. El gobierno federal ha concedido fondos para un proyecto piloto de atención para el descanso de cuidadores a través de la mutua Medicare, ha publicado *Losing a million minds,* una revisión definitiva de muchos temas que preocupan a los cuidadores y a los profesionales (véase el apéndice 1), y ha impulsado una notable reforma de las residencias. Por primera vez, los pacientes con demencia que están en una residencia se consideraron un grupo especial con necesidades especiales. Las fundaciones privadas han iniciado programas de investigación y de atención directa para personas con demencia. Muchos Estados han establecido unidades para analizar las necesidades de recursos locales y muchos también han impulsado legislación específica relacionada con la demencia.

Quizás el avance más significativo es que ahora la enfermedad de Alzheimer y las alteraciones relacionadas con ella son reconocidas. Probablemente, nuestros amigos y parientes han oído hablar de ellas. Muchos profesionales de varios ámbitos de la salud han asistido a cursos sobre las demencias.

Sin embargo, queda mucho por hacer. Sólo hay dinero suficiente para financiar la mitad de los buenos proyectos de investigación que solicitan financiación; no se dispone en todas partes de centros para el diagnóstico y el seguimiento de los pacientes; los programas de atención para el descanso de los familiares que reciben financiación pública son sólo un granito de arena en el desierto: la mayoría de las familias todavía no puede obtener ayuda financiera para recibir atención en centros de día o en su casa y, en muchos lugares, las oficinas de la Alzheimer's Association, las líneas telefónicas gratuitas y los grupos de apoyo cuentan con personal insuficiente, y la mayor parte del trabajo lo realizan unos pocos voluntarios con mucho trabajo. A pesar de que la ley federal ahora obliga a que las enfermeras tengan cierta formación, la mayoría de ellas saben poco sobre el cuidado diario de la demencia.

A menudo los familiares nos explican que participar en las distintas iniciativas para lograr un apoyo mayor es la mejor manera de luchar contra esta terrible enfermedad. Quizá también estemos interesados en involucrarnos en eso. A continuación enumeramos algunas maneras de contribuir:

- Participar en proyectos de investigación (véase el capítulo 18).
- Atender a los teléfonos o ayudar en el trabajo de las oficinas locales.
- Contribuir de manera voluntaria, de acuerdo con nuestros conocimientos; por ejemplo: ¿podemos llevar las cuentas de un pequeño centro de día regentado por voluntarios? ¿Podemos conversar con algún cuidador con problemas?
- Llevar un grupo de apoyo. A menudo los mejores conductores de grupo son los que han cuidado de algún paciente.
- Localizar y encontrarse con otros cuidadores que requieran apoyo. Si establecemos lazos con grupos minoritarios, podríamos contactar con otros, para que sepan que no están solos.
- Participar en la localización de fondos. Incluso pequeñas sumas de dinero pueden ser muy importantes. Para conseguir fondos, se necesitan conocimientos en diversos campos; existen libros que hablan de ello.
- Podemos mostrar a los políticos locales electos qué es la demencia. También podemos escribir a nuestro representante en el Congreso o en los periódicos.
- Encabezar un movimiento para establecer un centro de día y un programa de atención domiciliaria en nuestra zona. Muchos de los programas de atención para el descanso de los cuidadores de personas con demencia los han creado familias que los necesitan.

- Trabajar para un candidato político local que apoye los servicios de atención a largo plazo.
- También podemos reconocer una necesidad concreta en nuestra comunidad, como ayudar a las personas con demencia que viven solas o ayudar a las familias rurales.

Hay mucho por hacer y podemos encontrar una tarea que se ajuste a nuestros conocimientos y al tiempo de que disponemos. Se están consiguiendo muchas cosas interesantes; tendríamos que coordinar nuestros esfuerzos con los de los demás y saber qué están haciendo otras comunidades, para no reinventar la rueda. Los cuidadores bien informados son la base que establece la diferencia.

Capítulo 14

Para niños y adolescentes

Este capítulo está especialmente escrito para los jóvenes que conocen o que viven con una persona con demencia. La mayoría de los jóvenes también podrá leer y entender el resto del libro.

Es importante entender qué le pasa a la persona y por qué hace las cosas que hace. Cuando entiendes por qué hace determinadas cosas, es más fácil no perder la paciencia con él. Además, tienes que entender que actúa de esta manera porque está enfermo, no porque quiera ni a causa de tu presencia. El paciente sufre una enfermedad que le destruye parte del cerebro. Al tener un gran número de células cerebrales destruidas, el cerebro no puede trabajar como debería. Éste es el motivo por el cual la persona se olvida de los nombres, es torpe o no puede hablar correctamente. Se han lesionado las partes del cerebro que saben cómo hay que hacer bien esas cosas.

A veces estas personas se molestan por cosas pequeñas. Esto es porque el cerebro ya no puede comprender lo que sucede a su alrededor (incluso aunque se lo expliquemos). Las partes del cerebro que nos hacen comportarnos de la manera que deberíamos también están lesionadas; por este motivo, el enfermo no puede controlar sus acciones. No puede hacer nada para remediarlo. A veces las personas con demencia no parecen enfermas ni actúan de manera extraña, pero quizá te critiquen o te corrijan demasiado. Es posible que el enfermo no pueda remediarlo, porque su enfermedad hace que se olvide de las cosas.

Quizá te preocupe lo que le sucederá al paciente o si puede empeorar por el hecho de que te comportes de una manera determinada, especialmente cuando no sabes lo que está sucediendo. Nada de lo que puedas hacer empeorará la enfermedad. Puedes hacer que el paciente se abrume momentáneamente, pero esto no empeora su enfermedad.

Si te preocupa alguna cosa, pregúntalo. Puedes leer otras partes de este libro. Quizá quieras volver a él de vez en cuando. Lee otras cosas que encuentres sobre estas enfermedades. Pregunta a tus padres o al médico que trata al paciente todo aquello que quieras saber. Lo mejor es que trates de hacerlo en un momento en el que no haya muchas cosas para hacer y cuando los adultos no estén demasiado cansados. Sin embargo, a veces los adultos intentan escondernos las malas noticias.

Cuando leas o hables sobre estas enfermedades, puedes descubrir malas noticias. Es posible que el paciente no esté bien. Puedes reaccionar sintiéndote mal por todo lo que sucede. Si hay alguna cosa que realmente no quieras saber, no creas que nadie estará esperando que lo preguntes. Muchas personas tienen sentimientos ambiguos (quizá sientas pena por el enfermo, pero también te moleste que tenga que vivir en casa). Tu humor también puede variar mucho. A veces, quizá quieras olvidarte de todo y no pensar en este asunto. La mayor parte de estas reacciones son el resultado normal de enfrentarte con estos problemas.

Incluso en el mejor de los casos es duro convivir con una enfermedad así. A continuación enumeramos algunos aspectos problemáticos que nos han comentado otros jóvenes.

Falta de intimidad: la abuela entra en mi habitación cuando le da la gana.

No hacer ruido. No poder poner música. Así que entro por la puerta, tengo que procurar no hacer ruido para que el abuelo no se altere.

Su manera de comer me pone enferma.

No puedo invitar a mis amigos porque esto angustia a la abuela. Tampoco quiero traerlos porque ella hace todas estas tonterías.

Haber tenido que dejarle mi habitación.

Todos dependen de mí. Tengo mucha responsabilidad.

Todos tienen tanto trabajo con el abuelo y están tan cansados, que mi familia ya no hace nada divertido.

Tengo miedo de lo que pueda hacer.

Temo que se muera.

Siempre estoy desanimado.

Mis padres se enfadan conmigo mucho más que antes.

Es posible que tengas algunas de estas preocupaciones. Quizá te choquen algunos de estos problemas, como no poder hacer ruido o tener que cederle tu habitación. Algunas de estas cosas son más fáciles de llevar cuando entendemos lo que le sucede al paciente. Es posible que no puedas enfrentarte solo con algunos de estos problemas y probablemente necesitarás la ayuda de algún adulto. A veces resulta útil identificar lo que te preocupa más y pedir a tu familia que te ayude para cambiarlo. Normalmente, juntos resulta más sencillo llegar a un compromiso útil. Por ejemplo, puedes poner un pestillo en la puerta o comprar unos auriculares para el aparato de música. Si has cedido tu habitación, quizá puedas encontrar un lugar alejado del enfermo para encontrarte con tus amigos.

Hay jóvenes que nos explican que el peor problema no es la conducta del enfermo, sino la manera en que se comportan sus padres o el marido o la esposa del enfermo.

No me preocupa el abuelo, pero la abuela también vino a vivir a casa y quiere que haga lo mismo que ella hacía cuando era joven.

No es la abuela, sino que es mamá, que siempre está peleándose con el abuelo.

Éstos pueden ser los problemas reales. Probablemente el abuelo que no está enfermo esté preocupado por el que sí lo está. Incluso aunque una persona no esté preocupada, es posible que se sienta triste o infeliz, y esto puede hacer que esta persona esté de mal humor, se muestre impaciente o le cueste vivir esta situación. Probablemente lo mejor que puedes hacer es ser comprensivo, puesto que tú sabes que el dolor y la preocupación son la causa del problema. Cuando un abuelo te impone unas obligaciones o se queja mucho, pregunta a tus padres cómo podéis solucionar este problema. Si las cosas se complican, intenta encontrar a algún adulto que no esté cansado ni preocupado —quizás alguien que no sea de tu familia— y trata de hablar con él sobre estas cuestiones.

La mayor parte de lo que hemos escrito hace referencia a los jóvenes que tienen algún abuelo enfermo, porque normalmente los hijos ya son mayores cuando a sus padres les aparece la enfermedad. Sin embargo, a veces esta enfermedad ataca a uno de los padres. Si el enfermo es tu padre o tu madre, probablemente las cosas serán mucho peores. Esperamos que este libro te ayude. Pero no existe ningún libro que pueda solucionar los problemas que pasan en *tu* casa y a *tu* familia.

Es importante para ti y para el padre que no esté enfermo que habléis de lo que pasa y de los problemas que tenéis. Además, puede ser útil para ti, para el padre que no está enfermo y para los otros hijos de la familia hablar de vez en cuando con un asesor o con alguien que asuma este papel. Si el progenitor sano no puede buscar ayuda, probablemente podrás pedir ayuda al médico o a tus maestros. Nadie con un padre afectado de demencia debería tratar de enfrentarse a la enfermedad sin ayuda.

El hecho de pertenecer a un grupo de escoltas, a un grupo juvenil de la parroquia, a un equipo deportivo o a cualquier otro grupo te dará la oportunidad de alejarte de los problemas de casa y divertirte con otros jóvenes.

Las cosas no son tan malas cuando una persona padece una demencia. Los jóvenes suelen tener ideas inteligentes sobre cómo solucionar problemas que el resto de la familia no ha pensado. Debido a que no hace demasiado tiempo tú eras pequeño, probablemente puedas comprender al paciente confundido. Durante este tiempo habrás crecido y podrás mirar atrás con orgullo.

Cuando te encuentres en una situación que no puedes controlar, es importante recordar que sí tienes control sobre cómo reaccionas ante ello. Decides la manera en que una mala situación afecta a tu vida.

Si el problema interfiere con tus estudios, si te peleas mucho con tus padres o si pasas gran parte del tiempo «desconectado», tendrás que hablar de tus problemas con alguien. A menudo podrás comentarlo con tus padres, otros amigos mayores o los maestros.

Resulta fácil hablar con algunas personas, pero es difícil hacerlo con otras. Si no puedes hablar con tus padres, normalmente los maestros y profesores podrán ayudarte a encontrar un consejero. Algunas personas encuentran divertido oír hablar de un asesor. No vas a hablar con un asesor porque a ti te suceda nada «malo». A continuación enumeramos algunas de las cosas buenas que se pueden conseguir hablando con un consejero o con cualquiera que quiera escucharte.

- Puedes descubrir qué sucede.
- Puedes desahogarte.
- Puedes hablar con tus padres y el consejero, de manera que no te pelees con ellos.
- Puedes descubrir qué piensan tus padres.
- Puedes decir todo lo que piensas por tu parte.
- Puedes preguntar en privado las cosas que te preocupan —por ejemplo, si el enfermo morirá.

Ninguna de estas cosas solucionará el problema, pero te ayudarán a convivir mejor con él.

Capítulo 15

Cuestiones legales y financieras

Discutir en detalle los aspectos financieros y legales que pueden surgir durante el tratamiento de una persona con demencia está más allá del propósito de este libro. Sin embargo, hemos descrito algunos de los factores clave para que podamos considerarlos. Quizá tengamos que buscar ayuda profesional para tratar los aspectos legales o financieros.

NUESTRA ASESORÍA FINANCIERA

Cuidar a una persona con una enfermedad crónica puede ser costoso. Además, un anciano vive con un ingreso fijo, mientras la inflación continúa reduciendo este ingreso. Es importante valorar tanto los recursos financieros disponibles como los aumentos potenciales del coste de la atención, y hacer planes para el futuro financiero del enfermo. Si somos el cónyuge, nuestro propio futuro económico puede verse afectado por las decisiones y los planes que hagamos en la actualidad. Al valorar el futuro económico, tendremos que considerar varios aspectos, incluyendo la naturaleza de la enfermedad y nuestras expectativas individuales.

Empecemos por valorar tanto los costes actuales de la atención como los costes potenciales a medida que la persona tenga más discapacidades y por valorar los recursos de los que dispone. Tanto si el enfermo cuenta con unos ingresos bajos como si es rico, *lo más importante es planificar con anticipación el futuro financiero.*

Los costes de las residencias se describen en el capítulo 16. Si hay alguna posibilidad de que nuestro familiar pueda requerir los cuidados de una residencia, tenemos que leer esta sección y planificarlo con antelación. La planificación puede ahorrarnos dinero y angustias.

Gastos potenciales

Pérdida de ingresos. El paciente ¿tendrá que abandonar el trabajo?

Alguien que estaba trabajando ¿tendrá que quedarse en casa para cuidarle?

El paciente ¿perderá su jubilación o la pensión de invalidez?

El poder adquisitivo real de unos ingresos fijos ¿se irá reduciendo a medida que aumente la inflación?

Gastos domésticos. Nosotros o el paciente ¿tendremos que mudarnos a una casa sin escaleras, más cercana a los servicios o de un mantenimiento más sencillo?

¿Trasladaremos a uno de los padres a nuestra casa? Esto puede significar que habrá gastos destinados a adecuar su habitación.

El paciente ¿irá a algún centro de atención, un centro de acogida o una casa vigilada?

¿Tendremos que hacer obras en casa? (Por ejemplo, colocar candados, barras de protección, aparatos de seguridad o rampas para sillas de ruedas.)

Costes médicos. ¿Necesitaremos alguno de los servicios que se citan a continuación?:

- enfermeras,
- médicos,
- seguro médico,
- diagnóstico clínico,
- terapeuta ocupacional o fisioterapeuta,
- medicamentos,
- equipamiento (cama de hospital, silla especial, silla de ruedas),
- material desechable (pañales, hules, vaselina, pañuelos, algodón, etc.).

Costes para el descanso o la ayuda doméstica: ¿Necesitaremos la ayuda de alguna de las siguientes personas?

- servicio de limpieza,
- alguien que haga compañía al paciente,
- alguien que nos ayude a atender al paciente,
- centro de día.

Costes alimenticios. ¿Habrá costes para poder tener la comida preparada o porque tenemos que comer fuera de casa?

Costes de transporte. Alguien para conducir, si nosotros no podemos; taxis.

Impuestos.

Minutas de abogados

Varios gastos. Ropa de uso fácil, brazaletes de identificación, diversos accesorios para mejorar la seguridad o la comodidad.

Gastos de la residencia. Además de los costes básicos, es posible que tengamos costes adicionales destinados a pañales, medicamentos, otros productos desechables y servicios de peluquería.

RECURSOS POTENCIALES

Los recursos del paciente

Antes de nada, es posible que queramos echar una ojeada al estado de las cuentas y los recursos financieros del enfermo. Tenemos que considerar la pensión, la seguridad social, las cuentas de ahorro, los bienes inmuebles, los automóviles y cualquier otra fuente de ingresos o de capital.

Ocasionalmente, las personas discapacitadas mantienen en secreto sus cuentas. Al final de este capítulo haremos una lista de las posibles fuentes disponibles que puede tener y la manera de localizar los documentos más relevantes.

Recursos del cónyuge del paciente, los hijos y otros parientes

Las leyes relativas a los derechos financieros y las responsabilidades de los miembros de la familia, en concreto en lo relativo a la atención en residencias, son complejas. No todos los asistentes sociales, los asesores fiscales o los abogados las entienden. Es posible que en la asociación local contra el Alzheimer puedan recomendarnos a profesionales con experiencia en este campo. Además, los miembros de las familias tienen cierto sentido de la obligación mutua. Con **la obligación**, llegan también los dilemas:

Papá me llevó a la escuela. Ahora es mi turno.

Quiero ayudar a mi madre, pero también tengo un hijo que llevar a la universidad. ¿Qué hago?.

Sé que mamá estaría mejor si pudiera arreglarle la dentadura, pero el trabajo de mi esposo depende de su camión, y ahora hay que reparar el motor. No sé qué hacer.

Éstas son cuestiones difíciles y, a menudo, los familiares no se ponen de acuerdo sobre cómo habría que gastar el dinero. Como existen pocos programas públicos para ayudar a las familias, estas enfermedades pueden representar una sangría económica, especialmente para el cónyuge sano.

Recursos procedentes del seguro

El seguro médico y las mutuas pueden ayudar a pagar la asistencia domiciliaria o los utensilios que necesitemos, así como la hospitalización, los servicios médicos y los medicamentos. Las pólizas de los seguros sanitarios suelen incluir cláusulas que excluyen el pago por enfermedades crónicas o demencias. Tenemos que saber exactamente qué es lo que nos cubre el seguro.

Tenemos que descubrir el tipo de cobertura que tiene el paciente y si puede ser un recurso financiero. Algunas pólizas exoneran de las primas si el asegurado tiene una discapacidad. Esto puede suponer un ahorro considerable.

Con pocas excepciones, los parientes que no son el cónyuge no son responsables legales del cuidado del paciente discapacitado, pero los hijos adultos y otros parientes suelen contribuir a pagar la atención que recibe. En Estados Unidos, la responsabilidad legal del cónyuge está definida en dos leyes distintas: las leyes que definen Medicaid (que suele pagar la atención en residencias) y las leyes de responsabilidad de la familia propias de cada Estado. Medicaid está definido tanto por leyes federales como estatales. Las leyes de responsabilidad de la familia se encuentran totalmente bajo control estatal; por tanto, la ley varía mucho de un Estado a otro. Requeriremos asesoría legal antes de dar cualquier paso, para proteger nuestros bienes.

Beneficios fiscales para ancianos o por atender a pacientes con demencia

Los ancianos pueden acogerse a algunos beneficios fiscales. En Estados Unidos, la información general sobre los mismos se encuentra en la publicación del Internal Revenue Service (IRS) titulada *Tax Benefits for Older Americans.*

Las deducciones fiscales por atender a una persona con demencia suponen una diferencia significativa para las familias. Podemos beneficiarnos de deducciones médicas por tener alguna persona a nuestro cargo. La definición de quién podemos incluir como persona dependiente en las deducciones médicas y el crédito fiscal para las personas dependientes discapacitadas nos permite incluir a determinadas personas que, de otra manera, no podrían calificarse de dependientes nuestros.

Si trabajamos y tenemos que contratar a alguien para que cuide de nuestro familiar discapacitado, podemos obtener un crédito fiscal por una parte del coste de la atención.

Los costes de algunas residencias no cubiertas por Medicare o Medicaid también pueden ser deducibles. La definición de la parte de la atención en una residencia que puede deducirse y cuándo puede hacerse es compleja, y es recomendable revisarlo cuidadosamente en las definiciones del IRS y del tribunal fiscal de las personas que podemos incluir como dependientes, y el tipo de deducciones que podemos tener.

Las leyes fiscales las analizan las organizaciones de familiares y algunos legisladores, que están presionando para conseguir una reducción de los impuestos para las familias que cuidan de un anciano discapacitado. Quizá tengamos que leer la legislación más reciente para conocer cuál es nuestra situación concreta.

Si no estamos seguros de nuestros derechos, un asesor fiscal puede resultarnos útil. No tenemos que aceptar la información del personal del IRS como si fuera la última palabra.

Recursos estatales, federales y privados

Hay fondos estatales, federales y privados que financian numerosos recursos, como los centros de día, el programa Meals-on-Wheels, los bonos de comida, la vigilancia domiciliaria, las clínicas de salud mental, los servicios de asistencia social y los centros recreativos. La fuente de financiación suele definir a la población que atiende con palabras concretas (tales como: sólo personas mayores de 65 años con ingresos inferiores a una cantidad determinada).

Los programas piloto son programas financiados durante un período de tiempo breve para determinar su eficacia.

Los programas de investigación son programas en los que los participantes son estudiados de una manera determinada. A veces, este tipo de programas ofrece excelentes servicios gratuitos o de bajo coste. Normalmente obedecen a criterios de selección concretos. La mayoría de los programas de investigación tienen que cumplir unos estándares precisos para asegurar que la investigación no resulta perjudicial para los pacientes. Nos pedirán que firmemos un documento de consentimiento informado que explica exactamente qué tipo de investigación se está llevando a cabo, qué riesgos comporta, si es que hay alguno, y qué beneficios se esperan. También nos darán la opción de abandonar el estudio en cualquier momento.

DÓNDE BUSCAR LOS RECURSOS DE UNA PERSONA CON PROBLEMAS DE MEMORIA

A veces una persona incapacitada olvida los recursos que tiene o las deudas que ha contraído. Es posible que las personas se muestren muy celosas de su economía o desorganizadas a la hora de apuntar los gastos e ingresos. A veces la desconfianza forma parte de la enfermedad, y el paciente esconde lo que tiene. Es posible que los familiares desconozcan qué recursos de la persona podrían utilizarse para proporcionarle atención.

Una esposa explicó: «No sabía que el hospital VA podía atenderle. Estaba gastando 1.500 dólares al mes en una residencia y no me gustaba, y nunca pregunté nada sobre el VA».

Descubrir los recursos de una persona puede ser una tarea difícil, especialmente cuando tiene las cosas escondidas o desordenadas. Normalmente, las deudas van apareciendo y, a menudo, lo hacen por correo. La mayoría de las empresas entenderán que no se pague a tiempo una deuda o una factura. Cuando encontremos la factura, tenemos que llamar a la compañía, explicarles las circunstancias y llegar a un acuerdo con ellos sobre cómo y cuándo pagaremos la cuenta. Si el enfermo pierde el correo, es posible que tengamos que pedir que lo guarden en la oficina de correos.

Los ahorros pueden ser difíciles de encontrar. Podemos revisar el correo reciente. Debemos mirar en los lugares obvios, como su mesa, su despacho, en la ropa y en otros lugares donde se guardan papeles. Tendremos que buscar debajo de la cama, en las cajas de zapatos, en los bolsillos de los abrigos, en bolsos y carteras antiguos, en teteras u otros cacharros de cocina, debajo de las alfombras y en los joyeros. Una esposa pidió a los nietos que la ayudaran en la «búsqueda del tesoro». Los niños piensan en lugares distintos donde buscar. Hay que buscar saldos de bancos, cheques cancelados, libros de cuentas, libretas de ahorro o talonarios; también llaves, agendas de direcciones, pólizas de seguros, facturas, correspondencia comercial o legal, declaraciones de impuestos de los cuatro o cinco años previos (en Estados Unidos, un cónyuge que firme el impreso de solicitud o una persona con poderes del juez puede obtener copias en el Internal Revenue Service. El poder del juez debe cumplir las normas del IRS o bien puede ser uno de sus solicitantes). Para reunir los bienes de una persona, pueden ser útiles los puntos que describimos a continuación.

Hay muchos tipos de bienes:

Cuentas bancarias. Hay que buscar libros de cuentas, saldos, cheques, libretas de ahorro, intereses y cuentas conjuntas con otras personas. La mayoría de los bancos no proporcionan información sobre cuentas, préstamos o inversiones a nadie cuyo nombre no esté en la cuenta. Sin embargo, es posible que nos den una información limitada (por ejemplo, si hay una cuenta a nombre de alguien) si enviamos una carta del médico o del abogado al banco explicando la naturaleza de la incapacidad del paciente y el motivo por el cual necesitamos la información. Los bancos informarán sobre el saldo de la cuenta o sobre las transacciones actuales sólo a quien custodie los bienes o a una persona debidamente autorizada. Sin embargo, a menudo podemos reunir lo que necesitamos saber a partir de los papeles que encontremos.

Certificados de acciones, bonos, certificados de depósito, bonos de ahorro y fondos de inversión. Hay que buscar bonos, avisos de cobro, avisos de pagos de dividendos, ganancias declaradas en los impresos fiscales, cantidades regulares sacadas de una cuenta bancaria, recibos. Los fondos de inversión son cuentas con el nombre del corredor de bolsa; hay que buscar cheques cancelados, correspondencia o recibos de un corredor de bolsa. Tenemos que buscar comprobantes de compra o de venta.

Las pólizas de seguro (seguro de vida, seguro de incapacidad, seguro de enfermedad). Son los bienes que se suelen pasar por alto con más frecuencia. Las pólizas de seguro de vida o las pólizas de seguro relacionadas con la salud pueden pagar una prima u otros beneficios. Tenemos que buscar información sobre primas, pólizas o cheques cancelados para obtener el nombre del asegurador. Podemos ponernos en contacto con ellos para obtener información completa sobre la póliza. Algunas aseguradoras proporcionarán la información si reciben la carta de un médico o de un abogado; otras compañías requerirán la prueba de nuestro derecho legal a la información.

Cajas de seguridad. Tenemos que buscar una llave, un recibo o una factura. Para abrir la caja se requiere una orden judicial.

Beneficios militares. Hay que buscar papeles de licencia, placas y uniformes antiguos. Podemos ponernos en contacto con el personal militar para determinar qué beneficios puede percibir el paciente. Las personas dependientes de veteranos pueden percibir algunos beneficios.

Bienes inmobiliarios (casas, tierras, negocios, propiedades alquiladas, propiedades compartidas o alguna propiedad parcial de las anteriores). Tenemos que buscar pagos regulares de una cuenta bancaria o a una cuenta bancaria, ganancias o pérdidas incluidas en las declaraciones de hacienda. La propiedad de bienes inmuebles es un asunto del registro de la propiedad; es posible que en la oficina de impuestos puedan ayudarnos a localizar las propiedades si tenemos alguna información clave.

Jubilación o pensiones por incapacidad. A menudo, también se pasan por alto. En Estados Unidos, si se cumplen algunos requisitos es posible solicitar los beneficios de la seguridad social, el SSI (Supplemental Security Income), beneficios propios de los veteranos o pensiones de jubilación de los funcionarios de ferrocarriles. Los cónyuges y los cónyuges divorciados también pueden beneficiarse de ellos. Los empleados de los gobiernos estatal y federal, los miembros de la unión, los religiosos y el personal militar tienen beneficios especiales. Debemos comprobar los beneficios por jubilación o por incapacidad de *todos* los empleados. También tenemos que buscar un currículum para conocer antiguos empleos y si ha percibido alguna vez subsidios de desempleo.

Colecciones, oro, joyas, dinero en efectivo, gemas sueltas, coches, antigüedades, arte, barcos, equipos fotográficos, mobiliario u otras propiedades negociables. Además de buscar cualquiera de estas cosas, tenemos que buscar los objetos de valor enumerados en las pólizas de seguros. Algunos de estos objetos son suficientemente pequeños para esconderlos fácilmente. Otros pueden estar a la vista y pueden resultarnos tan familiares que los pasemos por alto.

Testamentos. Si el paciente ha hecho un testamento, tiene que enumerar sus bienes. Los testamentos, si no están escondidos, suelen guardarse en una caja fuerte o puede tenerlos el abogado.

Fondos. Hay que buscar recibos de los intereses obtenidos.

Préstamos personales. Buscar pagos, retiradas de efectivo, correspondencia, pagos de una pensión alimenticia (ocasionalmente, los divorcios incluyen el pago de una pensión alimenticia en caso de que la esposa quede incapacitada).

Cuentas en bancos extranjeros. Buscar cartas de intereses pagados y extractos bancarios.

Herencias. Descubrir si la persona discapacitada es la heredera de alguien.

Nichos. Pruebas de compra.

CUESTIONES LEGALES

(Véase también el capítulo 9.)

Llegará un momento en el que el paciente con demencia no pueda continuar teniendo responsabilidad legal o financiera sobre sí mismo. Esto significa que ya no puede llevar las cuentas o que se ha olvidado de los bienes o de las deudas que tiene. Significa que es incapaz de decidir de manera responsable qué hacer con sus propiedades o de autorizar la atención médica que requiere.

A menudo estas capacidades no se pierden de golpe. Una persona incapaz de manejar sus cuentas todavía puede ser capaz de hacer un testamento o de aceptar atención médica. Sin embargo, a medida que su incapacidad va aumentando, gradualmente llegará a un punto a partir del cual ya no pueda tomar decisiones por sí misma; alguien tendrá que asumir la responsabilidad legal por ella.

Es importante que la misma persona o su familia hagan los ajustes legales necesarios por su pérdida de facultades—*pronto, antes de que la persona sea totalmente incapaz de tomar sus propias decisiones*—. Esto se llama *competencia*. Significa que la persona sabe en aquel momento y sin ayuda que está haciendo un testamento o firmando poderes a un abogado, conoce los nombres de las personas que recibirán sus bienes o los administrarán y su relación con ellas, así como la naturaleza de las propiedades.

La manera más eficiente de preparar una eventual discapacidad (que podría pasarnos a cualquiera) es que la persona haga planes *antes* de que llegue el momento en que no pueda hacerlo. Estos planes suelen incluir la redacción de un testamento y otorgar poderes a un abogado (véase más adelante).

A veces los familiares encuentran difícil enfrentarse a estas cuestiones cuando parece que la persona todavía conserva todas sus facultades. En ocasiones, una persona confundida se resiste a dar esos pasos. Por desgracia, esperar hasta que la persona no pueda participar en la toma de decisiones puede tener para la familia un alto coste económico o puede conllevar decisiones que nadie hubiera deseado.

Creemos que es importante discutir con un abogado los planes que tendríamos que hacer. Él puede aconsejarnos sobre la mejor manera de proteger al paciente confundido y qué poderes deberían transferirse; también puede comprobar que cualquier papel tenga validez legal. Sin embargo, estas leyes (concretamente las que regulan la responsabilidad financiera de las familias) son muy complejas. Los abogados que no están especializados en esta área quizá no tengan la mejor información. Podemos pedir referencias a la asociación local contra el Alzheimer o a algún centro de asesoría legal para discapacitados.

Los abogados se especializan en distintos aspectos legales (ley criminal, ley de fundaciones, divorcio, leyes civiles, etc.). Tenemos derecho a saber lo que podemos esperar de un abogado y cuál es su minuta. Los malentendidos pueden evitarse si comentamos con él cuáles son sus honorarios y a qué servicios tenemos derecho por esta minuta. También tenemos que descubrir si se dedica a este tipo de legislación y si tiene buenos conocimientos sobre ella.

Además de hacer un testamento, una persona que todavía es capaz de llevar sus asuntos (por la definición anterior) puede firmar *poderes*, que otorgan al cónyuge, a los hijos o a otra persona que haya llegado a la mayoría de edad legal la autoridad para administrar sus bienes. Hay poderes que pueden otorgar una amplia autoridad a una persona concreta, o bien pueden ser limitados. Los poderes limitados sólo autorizan para hacer cosas concretas (vender una casa o revisar los impresos de la declaración de la renta, por ejemplo).

Los poderes quedan sin valor si la persona que los ha otorgado desarrolla una incapacidad mental. Esto significa que si tenemos unos poderes para llevar las cuentas bancarias de nuestra madre, cuando presente confusión ya no podremos utilizarlos. Por tanto, los poderes tienen poca utilidad para la familia de un paciente con demencia. Por este motivo, en Estados Unidos la mayoría de los Estados han desarrollado leyes que crean unos *poderes duraderos*. Esto autoriza a una persona para que actúe en nombre del paciente después de que él haya tomado sus propias decisiones. Podemos ver con qué tipo de poderes contamos: unos poderes duraderos deben especificar que pueden ejercerse incluso aunque el paciente quede incapacitado.

Puesto que ciertos poderes autorizan a alguien para actuar en nombre de otra persona, quien otorga estos poderes debe estar seguro de que la persona seleccionada actuará realmente según los intereses del paciente. Alguien que tenga poderes es legalmente responsable de actuar en favor de los intereses del paciente. De vez en cuando, hay quien abusa de su responsabilidad. El riesgo de este tipo de abusos es pequeño en el caso de los poderes limitados, pero unos poderes duraderos transfieren una mayor responsabilidad y requieren mayor confianza. Una persona que desee planificar con anticipación una incapacidad eventual debería considerar cuidadosamente esta decisión.

Haciendo un testamento y garantizando unos poderes duraderos mientras todavía es capaz de hacerlo, una persona que nota que su memoria podría estar empezando a fallar puede asegurarse de que si empeora, su vida continuará tal como pretendía y que sus bienes se distribuirán tal como él quiere, y no tal como impone un juez o la ley. La persona puede continuar llevando sus asuntos o una parte de ellos hasta que llegue el momento de que la persona designada se encargue de todo. Habitualmente, quien recibe los poderes no tiene que hacer nada más para poder manejar legalmente los asuntos del enfermo. Alguien tiene que tener unos poderes duraderos para que el sistema de salud pueda tomar decisiones importantes o para pedir que el enfermo no se mantenga con vida de forma artificial.

Algunas personas se resisten a firmar poderes, no tienen a nadie en quien confiar o quizá ya estén demasiado incapacitados para hacerlo. Si fuera así, tendremos que buscar la ayuda de un abogado. Si el paciente ya es incapaz de administrar sus bienes y sus asuntos de una manera eficiente a causa de su discapacidad, quizá sea necesaria la *tutela de bienes*. Para ello, el abogado tiene que hacer una petición al juez. Tras una audiencia, un juez decide si la persona es legalmente competente para administrar sus bienes o sus asuntos financieros. El juez puede nombrar un tutor legal que sólo intervenga en los asuntos financieros. Este tutor tiene que remitir periódicamente informes económicos al juez.

Si hay una casa en copropiedad entre un marido y una esposa, y uno de ellos queda incapacitado, el cónyuge sano necesitará poderes o la tutela de la propiedad para poder venderla.

A veces una persona incapacitada es incapaz de cuidar de sus necesidades diarias, y requiere atención médica o ingresar en una residencia. Es posible que rechace dar su consentimiento para ello o que no pueda tomar estas decisiones. A menudo un hospital o una residencia aceptan el consentimiento del familiar más próximo: el marido o la esposa, o el hijo o la hija. En Estados Unidos, algunos Estados cuentan con leyes que especifican que algunos familiares pueden tomar decisiones médicas sin tener la tutela. Sin embargo, a veces debe rellenarse una petición al juez para conseguir la *tutela del paciente*. Entonces el juez puede designar un tutor de la persona, ordenar la atención requerida o mandar al paciente al hospital. Este procedimiento es más complejo que solicitar la tutela de los bienes.

En la práctica, tanto las decisiones médicas como las financieras se toman de manera informal, sin un procedimiento de tutela. Actualmente, sobre todo en las comunidades más pequeñas, los bancos y los hospitales pueden renunciar a pedir la autorización legal para tomar decisiones por el familiar enfermo, particularmente si conocen desde hace tiempo al paciente y al familiar. Si no fuéramos parientes cercanos, o si hubiera desacuerdos importantes en el seno de la familia sobre cómo actuar, adoptar las medidas formales necesarias puede ahorrarnos algunos dolores de cabeza más adelante.

Capítulo 16

Residencias y otros lugares para vivir

A veces una familia no puede atender a una persona con demencia en su casa, incluso a pesar de que haya servicios para que el cuidador pueda descansar. Pueden considerarse numerosos lugares alternativos para vivir. Incluyen las viviendas vigiladas, donde la persona confundida puede arreglárselas sola durante un tiempo, lugares donde una pareja puede arreglárselas para vivir juntos de una manera más sencilla y otros sitios donde el paciente recibe atención completa. Sin embargo, los lugares adecuados son limitados, caros y quizá no proporcionen una atención de elevada calidad. Puede ser difícil encontrar lo que queremos.

Si consideramos la posibilidad de que el paciente viva solo en un lugar vigilado, tenemos que valorar cuidadosamente su capacidad para hacerlo (véase el capítulo 4). Según nuestra experiencia, las personas con demencia no se desempeñan bien a no ser que tengan cerca a otras personas que puedan proporcionarles asistencia integral y tranquilidad. El manual *Residential care: A guide for choosing a new home* publicado por la Alzheimer's Association nos ayudará a valorar los programas que proporcionan atención especial a las personas con demencia.

REGLAS GENERALES PARA VALORAR UN CENTRO DE ATENCIÓN

1. Asegurarse de que el espacio físico está limpio y es seguro (mirar especialmente la cocina y el baño).

2. Saber qué cubren y qué no cubren las cuotas. Pidamos información sobre los cargos extraordinarios. Hay que tenerlo por escrito.

3. Saber si el personal tiene conocimientos sobre las demencias y cómo atienden a las personas en un estado similar al del futuro residente.

4. Determinar cuánta y qué tipo de supervisión, qué actividades de ocio, qué tipo de alimentos, transporte, apoyo social y apoyo médico se encuentran disponibles y si cubren las necesidades del paciente confundido.

5. Saber quién será el responsable de administrar los medicamentos del paciente.

6. Revisar los requisitos de licencia y saber cada cuánto tiempo se realizan inspecciones y quién las lleva a cabo.

7. Conocer qué se hace en caso de presentarse una urgencia médica.

8. Comprobar que existan alarmas de incendio y si hay un plan de evacuación.

9. Utilizar la «prueba de la nariz». Un fuerte olor a orina suele indicar una atención de baja calidad.

10. Conocer las condiciones en las que se puede pedir a un residente que se marche.

11. Revisar cuidadosamente la letra pequeña del contrato. Pedir a un abogado que nos ayude si no entendemos lo que dice.

Cualquier buen centro de atención tiene lista de espera. Es inteligente empezar a buscar alternativas de manera anticipada, y no cuando las necesitemos. Esto nos permitirá valorar si el programa que desarrollan es realmente bueno y entrar en la lista de espera. Si lo deseamos, en cualquier momento pueden borrarnos de ella.

La atención de calidad es cara. Los costes pueden ser financiados por el residente o su familia, por fundaciones benéficas o por programas gubernamentales. Es difícil que haya suficiente dinero procedente de estas fuentes para asegurar una atención de calidad excelente para todas las personas que lo necesitan.

Cuando valoremos un establecimiento de este tipo, no debemos olvidar que los otros cuidadores pueden hacer las cosas de manera distinta a como nosotros las haríamos. Quizá no tengamos más remedio que aceptar las diferencias. Hay que recordar, también, que la persona confundida y desmemoriada puede explicarnos las cosas de manera algo distinta a la realidad. Sin embargo, continuamos siendo responsables de realizar un seguimiento de la calidad de la atención que recibe.

MUDARSE CON EL PACIENTE CONFUNDIDO

A veces el cuidador se muda a una vivienda en la que pueda atender al paciente confundido de manera más sencilla: un apartamento o un centro para jubilados, por ejemplo. Ya hemos descrito la manera de ayudar al enfermo confundido para que acepte la mudanza en las págs. 98-102 (véanse también las págs. 395-398). Si contemplamos la posibilidad de mudarnos, hay algunos aspectos que tendríamos que considerar:

1. ¿Cuál es el coste de la mudanza? (Costes de la nueva vivienda, costes del traslado, gastos finales e incrementos de capital por la propiedad que vendemos.)
2. La mudanza ¿significa que tendremos que limpiar y mantener menos vivienda? ¿Será útil para facilitar la limpieza o preparar la comida?
3. El traslado ¿nos acerca a los médicos, los hospitales, los centros comerciales y las zonas de recreo?
4. ¿Qué tipo de transporte requeriremos?
5. El traslado ¿nos acerca o nos aleja de los amigos y de los familiares que pueden ayudarnos?
6. La mudanza ¿afectará a la posibilidad de que seamos elegidos para los programas especiales o las ayudas económicas? (Es posible que no cumplamos los criterios de selección de algún programa si no hemos vivido en una zona concreta durante un período mínimo de tiempo.) Si hemos vendido nuestra antigua vivienda, quizá tengamos que gastar buena parte del capital en una residencia antes de que cumplamos los criterios de selección de mutuas del tipo Medicaid. Normalmente no es necesario vender la casa donde vivimos para pagar la atención.

7. El traslado ¿proporcionará un entorno seguro para el paciente? (Timbres de aviso, baño en la planta baja, sin escaleras, posibilidad de supervisión o seguridad en la calle.)

8. ¿Qué haremos si cambian nuestras circunstancias económicas o físicas?

TIPOS DE LUGARES PARA VIVIR

Las *comunidades de jubilados* y los *apartamentos para la tercera edad o condominios* están pensados para los jubilados que pueden vivir de manera independiente. En un condominio, se paga una hipoteca y, además, una cuota mensual del condominio que cubre servicios como el mantenimiento de los edificios y los jardines, las zonas de recreo, los sistemas de seguridad y el transporte a las áreas comerciales. En los apartamentos para la tercera edad el residente paga un alquiler. Las comunidades de jubilados pueden ser condominios o bien pisos de alquiler. Este tipo de viviendas suele tener servicios de aviso en caso de emergencia y facilidades de acceso a los centros médicos, pero normalmente no ofrecen ninguna ayuda especial para las personas confundidas o enfermas.

Las *viviendas asistidas* (también llamadas *programas de atención residencial*) suelen ofrecer atención especializada para personas con demencia. Pueden parecerse más a un hogar que a un hospital o una residencia. Algunas de estas instalaciones constituyen una opción excelente para las personas con demencia; otras no. Muchos Estados disponen de legislación que regula la calidad de las viviendas asistidas, pero los estándares exigidos varían mucho. Debemos asegurarnos de que el paciente continúa siendo bien atendido.

Podemos consultar algunos documentos de la asociación local contra el Alzheimer para que nos ayuden a valorar la instalación. Podemos preguntarnos:

- ¿Qué tiene de especial la atención que proporcionan?
- La atención ¿vale la pena, si consideramos su coste o la distancia que tenemos que recorrer para visitar al paciente?

Hay que saber exactamente qué servicios proporcionan. Muchos de los programas especiales para demencia que se están poniendo en marcha recientemente reciben un enfoque más social y constituyen alternativas excelentes para las personas con demencia.

Puesto que las viviendas asistidas no están autorizadas para proporcionar un servicio de atención de enfermería especializada, cuando el paciente empeore lo trasladarán a una residencia. Tenemos que saber cuándo será ese momento. Cuando hagamos planes, tendríamos que releer el resto del capítulo.

Los fondos públicos raramente pagan la atención que se brinda en estos programas. Normalmente, los pacientes (o la familia) deben pagarlos de su propio bolsillo.

Los *centros de atención vital* proporcionan, a cambio de un pago inicial o de una entrada y una cuota mensual, una instalación para vivir similar a la de una comunidad de jubilados, pero a medida que la persona vaya perdiendo facultades la trasladarán dentro del mismo centro a una vivienda vigilada o a la residencia. Cuando aceptan a una persona o a una pareja, el centro *puede* prestarles atención durante el resto de su vida, incluso si se quedan sin dinero. Estos centros suelen ser propiedad de corporaciones sin ánimo de lucro que invierten la cuota inicial y esperan ganar más del coste que supone el residente. Algunas familias opinan que ésta es una buena opción después de jubilarse, pero otras nos han comentado algunos problemas. Antes de invertir en un tipo de centro así, tenemos que investigarlo con atención. Después de haber invertido nuestros recursos financieros en un programa de este tipo, hay poca flexibilidad para cambiar. Algunas de las preguntas que tenemos que formularnos de antemano son:

1. ¿Devolverán el depósito de entrada o una parte de él si no se gasta en la atención al residente? ¿La inversión inicial equipara el residente a los demás?
2. ¿Qué sucedería con la inversión del residente si el centro sufre una bancarrota?
3. ¿Hay una cuota distinta o se requiere una nueva inversión si el residente desarrolla una demencia?
4. ¿Qué servicios y actividades se han incluido en la cuota mensual? ¿Se requiere que el residente participe en las comidas o las actividades comunitarias? ¿Qué sucede si al residente no le gusta la comida o las actividades que programan?

5. El centro ¿tiene una residencia? ¿Nos gusta la residencia? ¿Hay un recargo por utilizarla? La residencia ¿acepta a personas con demencia? El personal ¿tiene experiencia en atender a personas con demencia? ¿Hay un recargo por atender a personas con demencia en la residencia? ¿Nos satisface la calidad de la atención que se ofrece en ella? Podemos revisar la guía que se describe en las págs. 379-380.

6. ¿Pueden pedir a las personas con demencia que se marchen? Si posteriormente se detecta al residente una demencia preexistente, que desconocíamos en el momento de la admisión, ¿pueden pedirnos que abandonemos el centro? ¿En qué circunstancias pueden pedir a una persona o a una pareja que abandonen el centro?

7. ¿Cómo es la atención médica, dental u oftalmológica? El centro ¿tiene médico propio? ¿Hay servicio de transporte hasta el centro sanitario? ¿Cómo es la atención médica en la residencia? Los médicos que trabajan en ella ¿tienen experiencia en geriatría y entienden las necesidades médicas de las personas con demencia?

Es posible que en la zona donde vivamos haya reglamentaciones legales sobre las cuotas de este tipo de instituciones, pero debemos examinar cuidadosamente la calidad de los servicios antes de hacer esta inversión. Podemos pedir la asesoría de la asociación de consumidores o una asesoría legal.

En un *hogar de acogida de ancianos* el paciente confundido vive con una persona que le proporciona un espacio y puede cuidarle, a cambio de una cuota. Se supone que, en un marco ideal, los hogares de acogida cuidan de sus miembros como si fueran de la familia y les dan comida, una habitación, transporte hasta el médico, acceso al asistente social y supervisión. Muchos hogares de acogida de ancianos no aceptan a personas con demencia; son aquellos que sólo proporcionan una cama y alimentos. Algunos hogares de acogida de ancianos se han especializado en la atención a las personas con demencia y proporcionan una atención excelente. Apenas existe legislación sobre los hogares de acogida. Si utilizamos esta opción, generalmente asumimos toda la responsabilidad de vigilar la calidad de la atención que prestan. La calidad puede disminuir rápidamente si cambia la plantilla o el equipo directivo, o si empeora la situación del paciente discapacitado.

Las *casas para huéspedes ancianos* (también llamadas casas para ancianos u hogares de atención personalizada) no proporcionan tantos cuidados como las residencias. Normalmente dan una habitación, comida, supervisión y algún otro servicio. Unas cuantas se han especializado en demencia y ofrecen una atención excelente. Algunos de los mejores programas especializados de atención en Estados Unidos son casas para huéspedes ancianos. Sin embargo, otras se aprovechan de la vulnerabilidad de la persona con demencia y de la laxitud de la legislación. Se autodenominan «centros de Alzheimer», pero proporcionan atención inadecuada o peligrosa.

En Estados Unidos no existen estándares federales de calidad para este tipo de centros, y la supervisión estatal puede ser buena o prácticamente inexistente. Si utilizamos este tipo de servicios, se supone que asumimos toda la responsabilidad para asegurarnos de que proporcionan buena atención. Los centros pueden cambiar de propietario y la calidad de la atención puede deteriorarse bruscamente.

Las cuotas varían bastante. Ni los hogares de acogida ni la atención domiciliaria son servicios cubiertos por mutuas como Medical Assistance o Medicare. Muchos Estados ofrecen un suplemento a la pensión de la seguridad social para ayudar a pagar el alojamiento. Algunos centros aceptan la pensión de la seguridad social como pago parcial o total.

Los asistentes sociales de los hospitales pueden estar bajo presión para colocar rápidamente a los pacientes. Deberíamos contar con una segunda opinión, además de la del asistente social hospitalario, sobre la calidad y la confianza del centro; es posible que el asistente social no lo haya visitado nunca. Tenemos que visitar atentamente cualquier centro del que nos hablen.

Si consideramos la posibilidad de un centro de acogida o de recibir atención domiciliaria en una casa de huéspedes, se pueden utilizar las listas orientativas que proporcionamos en este libro y las que puedan proporcionarnos en la asociación local contra el Alzheimer. Si el centro anuncia que proporciona atención especializada para enfermos con Alzheimer, podemos leer folletos como el *Selecting a nursing home with a dedicated dementia care unit*, publicado por la Alzheimer Association. También podemos preguntar en la oficina local de la asociación contra el Alzheimer qué saben del centro. Si nuestro familiar toma algún medicamento o padece alguna enfermedad, tenemos que asegurarnos de que el centro podrá atenderlo correctamente. Es posible que exista supervisión gubernamental de la calidad y la cantidad de comida, la higiene, la seguridad en el caso de incendio, control de enfermedades contagiosas y la limpieza; pero es posible que no la haya. Tendremos que comprobarlo nosotros mismos. Las personas con demencia no pueden reconocer una alarma de incendio o abandonar solas el edificio. ¿Hay personal suficiente, especialmente durante la noche, para ayudar a todos los residentes a abandonar el edificio en caso de incendio? Lo ideal sería que un centro dispusiera de detectores de humo, alarmas de incendio, cortafuegos y un sistema de aspersión. Sin embargo, estos sistemas son caros y no son obligatorios en muchos centros de acogida o casas de huéspedes. Normalmente los centros con este tipo de instalaciones son más costosos.

RESIDENCIAS Y CENTROS ASISTENCIALES

A medida que la enfermedad evoluciona, puede resultarnos más difícil cuidar del paciente en casa. Atender a una persona con demencia puede convertirse en un trabajo de veinticuatro horas al día y puede requerir las habilidades de una persona con formación especializada.

Llevar a un familiar a una residencia o a un centro asistencial puede ser una decisión difícil de tomar y suele requerir tiempo. Normalmente, las familias intentan cualquier otra cosa antes de llegar a este extremo. Sin embargo, en el proceso de atención a una persona con demencia llega un momento en el que la decisión más responsable que puede tomar la familia es internar al paciente en una residencia.

Los familiares pueden sentir una tristeza y una pena enormes por tener que aceptar el declive inevitable de su cónyuge, padre o hermano mellizo. Normalmente, tienen sentimientos ambiguos sobre el hecho de llevarlo a una residencia. Pueden experimentar una sensación de alivio por haber tomado finalmente la decisión y que parte del cuidado sea asumido por otros, pero pueden sentirse culpables por querer que otra persona asuma estas cargas reales.

Los familiares también pueden sentirse enojados por el hecho de que no hay otras opciones disponibles.

Muchas personas no desean internar a un familiar en una residencia o en un centro asistencial. Piensan que deberían cuidar de sus seres queridos en casa, y muchos han oído que las familias «sueltan» a los ancianos que no quieren en instituciones. No todas las familias atienden amorosamente a sus ancianos, pero las estadísticas muestran claramente que las familias *no* sueltan a los ancianos en residencias, sino que hacen todo lo posible para retrasar o evitar el ingreso en estos centros, y que *no* abandonan a sus ancianos después de ingresarlos. En realidad, la mayoría de las familias van regularmente a la residencia.

Tendemos a pensar en los «tiempos pasados», cuando las familias cuidaban a los ancianos en casa. En realidad, antiguamente no había muchas personas que vivieran lo suficiente para que sus familias tuvieran que enfrentarse con la carga de atender a una persona con demencia. Las personas que llegaban a ancianas y enfermas, tenían cincuenta o sesenta años, y los hijos que les cuidaban eran considerablemente más jóvenes de lo que podemos serlo nosotros cuando nuestros padres necesiten ayuda, a sus setenta u ochenta años. Actualmente, muchos hijos de un padre enfermo ya tienen sesenta o setenta años.

La palabra *residencia* tiene connotaciones negativas para muchas personas, pero a menudo las residencias proporcionan una buena atención y son la mejor alternativa para el enfermo. Algunas residencias no brindan una asistencia apropiada y se hace mucha publicidad de este hecho. Sin embargo, no todas las residencias tienen mala reputación y esta publicidad ha motivado los cambios necesarios para mejorar la calidad de la atención en residencias.

Es habitual que los familiares no se pongan de acuerdo sobre el hecho de llevar al familiar a una residencia. Posiblemente, algunos miembros de la familia deseen que el paciente incapacitado se quede en casa, mientras que otros piensan que ya ha llegado el momento de ingresarlo en una residencia. Es útil que todos los familiares involucrados discutan el problema conjuntamente. Los malentendidos y los desacuerdos suelen empeorar cuando no todos conocen la totalidad de los hechos. Cada miembro de la familia debería reflexionar y discutir por lo menos sobre tres cuestiones: el coste de la residencia y de dónde saldrá el dinero (véanse las págs. 373-374), las características de la residencia que seleccionemos (véase el apartado «Encontrar un centro u otra institución», en la pág. 376) y los cambios que esta decisión implica en la vida de cada persona.

Ir a vivir a una residencia es un cambio vital importante para la persona confundida. Su capacidad de responder a este cambio dependerá del grado de evolución de su enfermedad. Probablemente querremos ayudarle a participar en este cambio y a adaptarse a él tanto como sea posible.

Después de habernos decidido a buscar una residencia para alguien, tendremos que iniciar un proceso de cuatro pasos:

1. Estudiar todas las fuentes de financiación.
2. Llevar al paciente al médico, si no lo ha visitado recientemente (la mayoría de las residencias exigen un informe médico reciente).
3. Localizar una residencia apropiada.
4. Ingresarlo y adaptarse a los cambios que el ingreso supone tanto para nosotros como para la persona que se ha trasladado a la residencia.

No existe un tiempo «correcto» para ingresar a un familiar en una residencia. Puede llegar un momento en el que el cuidador se encuentre vencido. Otras obligaciones, como los hijos, el cónyuge o el trabajo, pueden imposibilitar que un miembro de la familia se convierta en un cuidador a tiempo completo. Un motivo habitual para ingresar al enfermo es que requiere más atención de la que la familia puede proporcionarle. Es posible que los hijos mayores y los cónyuges tengan sus propios problemas de salud. Actualmente, en muchas casas tanto el marido como la esposa trabajan fuera del hogar; a menudo resulta financieramente imposible que un familiar se quede en casa y cuide del enfermo confundido. A menudo los cuidadores esperan demasiado para poner al familiar en una residencia, pero puede ser más fácil, tanto nosotros como para el enfermo, planificar el ingreso antes de que estemos agotados y cuando el paciente todavía es capaz de adaptarse a la nueva situación.

Es importante planificar las cosas con antelación, incluso aunque actualmente no necesitemos ninguna residencia. Escoger un buen centro requiere tiempo. Hay una escasez notable de plazas para pacientes con demencia en las residencias. Si encontramos un centro que pensamos que ofrece una atención excepcional, tendríamos que apuntarnos en la lista de espera con mucha anticipación. Si nos esperamos hasta que haya que ingresar rápidamente al enfermo (por ejemplo, después de una hospitalización), quizá tengamos que conformarnos con lo que esté disponible, por lo menos de manera inmediata, aunque no ofrezca la calidad de atención que desearíamos.

Algunas familias aceptan cualquier opción disponible, pero continúan en la lista de espera de la residencia que prefieren. Entonces pueden decidir si trasladan o no al paciente cuando haya plaza en el otro centro.

Algunas personas con demencia se encuentran deprimidas. A veces, en las residencias estas personas no reciben una atención apropiada para la depresión. Quizá la única opción sea mantener al paciente en otro centro o pagarle atención psiquiátrica privada (véase el capítulo 8). El hecho de sufrir una depresión no debería ser un criterio de exclusión para poder entrar en una residencia. Sin embargo, cuando un paciente presenta problemas de demencia y una enfermedad mental como la depresión, quizá necesitemos la ayuda de algún experto para que lo admitan en una residencia.

PAGAR POR LA ATENCIÓN

Las residencias son caras. Antes de tomar la decisión final, tenemos que saber cuánto costará el servicio, cómo cubriremos estos gastos y si el hecho de pagar esta cantidad supondrá una carga financiera para la familia.

En 1998, en Estados Unidos, una residencia costaba entre 30.000 y 40.000 dólares anuales. El coste de los centros asistenciales varía, pero es bastante parecido. Normalmente, para la atención a largo plazo, se gastan los ingresos y los ahorros del paciente. Sin embargo, las leyes que regulan el pago de las residencias son complejas y varían de un lugar a otro. Si existe aunque sea sólo una *posibilidad* de que el enfermo necesite ir a una residencia o a un centro asistencial, aunque sea durante un período breve, tendríamos que considerar la cuestión económica de manera anticipada. Haciéndolo así, es posible utilizar los recursos del paciente de una forma más inteligente. Esto nos permite no sólo ahorrar dinero, sino también contar con una atención de calidad durante el máximo tiempo posible.

Existen distintos lugares donde nos darán información. Hay que tener en cuenta que la legislación es compleja y que no todas las personas con quienes hablemos disponen de información exacta. Tenemos que hablar con más de una persona y leer los folletos disponibles. En Estados Unidos, la Alzheimer's Association nacional publica algunos folletos que explican las principales fuentes de financiación de las residencias. Las oficinas locales suelen dar conferencias sobre este tema y, a menudo, tienen a una persona de la plantilla experta en esta cuestión. Los centros de día y algunos programas de atención domiciliaria también cuentan con personas bien informadas sobre las opciones de pago.

Si la persona ya está en el hospital o recibe atención domiciliaria, un asistente social o el personal encargado de las altas puede ayudarnos a encontrar una residencia y decidir la manera de pagarla. Sin embargo, los asistentes sociales hospitalarios se encuentran bajo la presión de tener que dar de alta a los pacientes, y quizá no puedan ayudarnos a definir la calidad del centro ni la manera más inteligente de gastar los ahorros del paciente. Éste en un ejemplo de «planificación a última hora», y no juega en favor de nuestros intereses o de los del paciente.

Las compañías de seguros pueden proporcionarnos información sobre los seguros que cubren el cuidado a largo plazo. Quizá la oficina de atención a la tercera edad pueda proporcionarnos alguna orientación para escoger una póliza de atención a largo plazo.

Algunos abogados se especializan en planificación financiera para la atención a largo plazo. Podemos tratar de encontrar a un especialista en este campo. Para las personas que quieran proteger sus ahorros o bien utilizarlos de manera inteligente, quizás un abogado pueda mostrarles la manera de transferir o de invertir el dinero, para que no tengan que gastarlo en la atención. Sin embargo, en Estados Unidos la ley requiere que estas transferencias se realicen por lo menos tres años antes de que el paciente presente su solicitud a Medicaid, de modo que se necesita una planificación anticipada.

FUENTES DE FINANCIACIÓN

En Estados Unidos existe un programa gubernamental para financiar largas estancias en residencias. A menudo las personas tienen que correr con los gastos de su propia atención, a no ser que sean pobres. Sin embargo, la atención en una residencia es tan costosa que muchos pacientes agotan sus ahorros y pueden optar a las ayudas mutuas como Medicaid (véase más adelante).

Hay varias maneras mediante las que los familiares pueden costear la atención en una residencia. Algunas familias o el propio paciente pueden pagar todo el coste de la atención. Quizás el paciente tenga un seguro privado de atención a largo plazo que cubrirá una parte del coste de la residencia.

Si el paciente es un veterano, hay que averiguar en el Department of Veteran Affairs (VA) hasta qué punto el VA será un recurso para él (véanse las págs. 400-401).

En algunos casos, Medicare paga una parte del coste de la residencia durante un tiempo limitado. Sin embargo, al planificar la posibilidad de ingresar al paciente en una residencia es importante que no sobrestimemos los beneficios de Medicare. Recomendamos identificar y analizar todos los recursos, porque los propios ahorros del paciente y Medicaid suelen ser las únicas fuentes disponibles para financiar las residencias, y Medicaid tiene limitaciones serias.

ESTABLECIMIENTO DE LA NECESIDAD DE ATENCIÓN MÉDICA

Una vez que hemos tomado la decisión de cómo pagar la residencia, podemos continuar con los pasos siguientes del proceso: establecer la necesidad de atención médica. Si el paciente ya ha estado recibiendo atención médica, probablemente este paso resulte más sencillo. Las residencias requieren información médica básica sobre el paciente y su tratamiento; pueden exigir un informe médico reciente. Algunos centros también requieren una prueba positiva de que el paciente no tiene tuberculosis, de manera que hay que hacerle una nueva radiografía de tórax. Si el paciente o su familia tienen intención de pagar la residencia, esto puede ser lo único necesario.

Si la atención la va a cubrir Medicare, probablemente exigirán que se cumplan los criterios de Medicare. Generalmente piden que se demuestre la necesidad de recibir servicios de rehabilitación o de enfermería. La oficina de Medicare nos proporcionará una lista de los tratamientos aprobados. Si el paciente necesita un tratamiento que no se encuentra en la lista, podemos apelar en caso de que nos lo denieguen.

Si la atención del paciente la cubrirá Medicaid, debe demostrarse la necesidad de la atención médica. Por regla general, Medicaid exige que el paciente necesite atención en una residencia, más allá de necesitar una cama y una mesa. Medicaid es menos restrictiva que Medicare, pero los estándares pueden variar de un Estado a otro. Una vez el médico haya examinado al paciente, rellenará un impreso. Este impreso tiene que mandarse a un organismo que lo valorará y decidirá si se requiere la atención en una residencia.

EL REQUISITO DE LA VALORACIÓN DE SALUD MENTAL

La ley federal de Estados Unidos (PASARR) obliga a que cualquiera (tanto si paga de manera privada o si le financia Medicaid) que tenga intención de ingresar en una residencia subvencionada con fondos federales presente una valoración de salud mental. Esto se hace para asegurarse de que las personas con enfermedades mentales o con retraso mental no utilizarán de manera inadecuada las residencias. *Las personas con enfermedad de Alzheimer o cualquiera de las alteraciones relacionadas con ésta se encuentran exentas de este requisito.*

ENCONTRAR UN CENTRO U OTRA INSTITUCIÓN

Aconsejamos encarecidamente anticiparse a la posible necesidad de una residencia o de un centro asistencial. Investiguemos las cuestiones financieras y seleccionemos uno o más centros que nos gusten. Aunque quizá no necesitemos nunca una residencia, los problemas de tratar de localizar un buen centro con rapidez son enormes. Muchas familias acaban perdiendo dinero o utilizando residencias que no les gustan porque no han previsto con antelación esta necesidad.

El proceso de hallar un centro es distinto en función de si lo hemos planificado con anticipación y de si el paciente ingresa en él procedente de su casa o del hospital.

Si disponemos de cierto tiempo, podemos preguntar en las oficinas locales de la asociación contra el Alzheimer si tienen una lista de los centros que buscamos. Es la fuente que, con mayor probabilidad, puede tener información buena y actualizada sobre la manera en que un centro trata a las personas con demencia. Sin embargo, se trata de organizaciones legas y normalmente no pueden proporcionarnos más que algunas observaciones personales.

Un amigo, un conocido o un pariente que tenga o que haya tenido alguna persona próxima en un centro puede convertirse en una buena fuente de información. Podemos pedir opinión a los conocidos que hayan pasado por una situación similar.

La biblioteca local, el defensor de las residencias o el grupo de apoyo a las residencias (véase el apéndice 2) pueden tener información sobre los centros que no cumplen los estándares federales. La ley federal requiere que esta información se haga pública. Sin embargo, no siempre constituye un buen reflejo del estado actual de las residencias. Nuestros ojos y nuestros oídos serán la mejor guía. Es difícil interpretar de manera correcta los informes oficiales, y la calidad de la atención puede cambiar muy rápidamente —tanto para mejorar, como para empeorar— si cambian la dirección o los propietarios.

Algunas oficinas locales de la asociación contra el Alzheimer o bien las oficinas de atención a la tercera edad cuentan con asistentes sociales que pueden aconsejarnos sobre el proceso de solicitud. Si el paciente va a ser dado de alta de un hospital, el asistente social de dicha institución puede ayudarnos. Las oficinas de atención familiar disponen de asistentes sociales, y en las grandes capitales hay asistentes sociales privados que aparecen en las páginas amarillas del listín telefónico.

Un asistente social puede ayudarnos a establecer los criterios de elegibilidad médica y financiera, proporcionarnos una lista de las residencias de la zona y ayudarnos en todo el proceso de selección. Un asistente social también nos ayudará con otros aspectos del proceso y también puede ayudarnos a manejar los sentimientos dolorosos que experimentemos mientras dure. Las agencias y los asistentes sociales suelen tener prohibido recomendar unos centros y no otros. Por tanto, sus recomendaciones no suelen implicar un juicio sobre la calidad del centro.

Los asistentes sociales hospitalarios se encuentran atrapados entre su obligación profesional de ayudarnos y la presión del hospital para dar de alta a las personas tan pronto como sea posible. Tenemos que estar atentos al hecho de que, si la persona va a trasladarse de un hospital a una residencia, es posible que tengamos que tomar decisiones rápidas. *Planificar con antelación ayuda a que no tengamos este grave problema.*

Las residencias y los centros asistenciales figuran en las páginas amarillas del listín telefónico. Es posible que otras familias del barrio conozcan buenas residencias; el médico también puede recomendar un buen centro. Algunos médicos tienen intereses financieros en estas residencias, lo que puede hacer que la recomendación no sea de todo objetiva. Siempre es bueno contar con más de una opinión.

Cuando hayamos obtenido una lista de posibles centros, tenemos que llamar para conseguir una cita con el administrador o el director, y para visitarlos. Hay algunas preguntas fundamentales que tendríamos que plantear por teléfono antes de hacer la visita. En primer lugar, será necesario descubrir si tiene plazas o si hay una lista de espera. Tendríamos que ir a visitar el centro; si es un buen centro, quizá podamos poner al paciente en lista de espera. En segundo lugar, tendremos que saber si acepta las fuentes de financiación que estamos planificando utilizar.

Cuando visitemos el centro, tendremos que observar y preguntar. Es importante que nos acompañe un amigo, un familiar o alguna persona de la oficina de la asociación contra el Alzheimer. Esta persona estará menos involucrada desde el punto de vista emocional y puede ayudarnos a observar las instalaciones y a tomar una decisión. Recomendamos visitar la residencia más de una vez, si hay tiempo suficiente; en la segunda visita nos daremos cuenta de cosas que nos pasaron por alto en la primera. Muchas familias nos han explicado que las cosas que llaman más la atención durante la primera visita puede que, con el paso del tiempo, no sean las más importantes. Durante la visita no tenemos que ir con prisas; necesitamos tiempo para visitar la residencia, hablar con los residentes y el personal y tratar de ver si nuestro familiar encajaría bien o no.

La primera vez que Art visitó la Sunhaven Nursing Home, quedó favorablemente impresionado. Le chocaron la recepción tan amplia, los largos pasillos limpios y el nombre de los pacientes colocado en su puerta. Observó a varios miembros de la plantilla, con su uniforme limpio, y le gustaron las habitaciones soleadas y los baños bien equipados. Después de visitar varias veces a su padre en Sunhaven, Art se dio cuenta de que los internos no visitaban la recepción. Decidió que lo que importaba más era si los auxiliares eran cariñosos y si acudían para ayudar a su padre cuando lo necesitaba. A su padre siempre le habían gustado las comilonas, y le deprimían los alimentos sosos y fríos. Hubiera deseado que la residencia gastara más dinero en una cocina que en la recepción. A su padre siempre le había gustado estar despierto hasta tarde y dormir mucho por la mañana, pero el centro obligaba a irse a la cama a las 8.30 de la noche y levantarse a las 7 de la mañana.

Durante el encuentro con los administradores de la residencia, tendríamos que sentirnos libres para preguntar cuestiones relativas a la acreditación del centro, cuestiones financieras y si cumplen los estándares de calidad de la atención. Tenemos que discutir los acuerdos económicos de manera detallada. No demos nada por supuesto. Si hay alguna cosa que no entendemos, no dudemos en preguntarla. Cualquier acuerdo económico tiene que ponerse por escrito y deberíamos guardar una copia del contrato. A lo largo del libro se comentan algunos aspectos sobre la nueva legislación relacionada con la atención y los asuntos financieros.

Es posible que queramos discutir alguno de los temas siguientes antes de firmar ningún papel:

1. Si el paciente abandona el centro, ¿se le devolverán los pagos por adelantado que haya podido realizar?
2. ¿De qué manera el centro protege el dinero en efectivo y los bienes que se les confían? ¿Dan un recibo al paciente? ¿Las peticiones de efectivo, se registran y se pide la firma, de modo que se pueda hacer un seguimiento de la cuenta?
3. En el acuerdo escrito, ¿figuran la fecha de admisión y el tipo de atención que se prestará?
4. ¿Bajo qué circunstancias se puede expulsar al paciente y con qué antelación se nos comunicaría?
5. Si la situación del paciente cambia (tanto si mejora como si empeora), ¿la residencia le trasladará? Si es así, ¿estará en otra zona del mismo centro?
6. ¿Qué cargos extraordinarios hay (televisión, teléfono, lavandería, suministros para la atención personal)?

Si el personal se muestra reticente a responder a estas preguntas, esto puede indicar cómo nos tratarán después del ingreso.

Hemos incluido una lista de preguntas que podemos formular cuando visitemos las residencias. Nos ayudarán a valorar la calidad de la atención que proporcionan en ellas. Podemos llevarnos la lista con nosotros. Hay tres preguntas fundamentales:

1. La residencia ¿tiene un permiso vigente?
2. El administrador ¿cuenta con un permiso vigente?
3. El centro ¿cumple las regulaciones sobre incendios? Puesto que es difícil evacuar a los ancianos delicados en caso de incendio, los cortafuegos y los sistemas de aspersión son importantes.

Si las preguntas anteriores no pueden responderse con un sí, no contratemos esa residencia.

Si se requiere le ayuda de Medicare y/o Medicaid, la residencia ¿está autorizada para aceptarlo? (Si inicialmente utilizamos otra fuente de financiación y luego pasamos a Medicaid, tenemos que asegurarnos de que el centro está autorizado para ello y podrá continuar manteniendo al paciente.)

Una ley federal de 1987 especifica los derechos de los internos de las residencias. Si el centro que consideramos no cumple estos criterios, tenemos que discutir con el personal por qué no los cumple. También debemos considerar la posibilidad de no utilizar ese centro. Las personas con demencia no pueden ejercer todos sus derechos, pero tendríamos que ejercerlos en su nombre.

Visitas

La residencia ¿está suficientemente cerca para que podamos ir con frecuencia? ¿Hay un aparcamiento apropiado y transporte público? ¿Tiene un horario de visitas adecuado y amplio? (Cuando una residencia restringe las horas de visita, uno se pregunta qué sucede en las horas que no hay familiares alrededor.) Los niños ¿pueden entrar? ¿Al principio podremos pasar más tiempo para ayudar en el proceso de adaptación? (véase la pág. 390). ¿Nos sentiremos cómodos cuando le visitemos? ¿Habrá intimidad?

Cumplir la normativa

¿El centro aparece en la relación de instituciones que no cumplían los estándares federales o estatales durante la última inspección? (véanse las págs. 377-378 o preguntémoslo a los administradores). Si estamos considerando una residencia que figura en la lista, podemos preguntar cuál fue el problema y qué se hizo para corregirlo. Algunos fallos se enmiendan rápidamente; otros indican problemas graves. Si el personal elude nuestras preguntas, quizá sea mejor que busquemos otro centro.

Costes

¿Entendemos claramente qué costes están incluidos en la cuota básica? Tenemos que obtener una lista de los cargos extraordinarios, como lavandería, televisión, radio, medicamentos, peluquería, pañales, técnicas especiales de enfermería o técnicas de modificación de la conducta. Preguntemos cómo se maneja el dinero de los residentes. Si el residente ingresa en el hospital o se va a su casa durante unos días, ¿qué gastos se ven afectados?

Higiene y seguridad

¿La residencia está limpia? Miremos los baños y la cocina.

Una instalación puede estar limpia y, aun así, conservar una atmósfera cálida y cómoda. Los suelos muy encerados y el aluminio brillante crean deslumbramientos que pueden confundir a los pacientes con demencia, y quizá no sean los mejores indicadores de limpieza.

Un fuerte olor a orina puede indicar o mala limpieza, o mal cuidado de los pacientes. Algunos olores ocasionales son difíciles de evitar.

Los baños y otras zonas ¿están equipados con barras de seguridad, pasamanos, suelos antideslizantes y otros accesorios para la seguridad del paciente?

¿Qué precauciones se han tomado para garantizar la seguridad de las personas que deambulan o que se agitan? El personal ¿puede dedicarse a un solo paciente cuando alguien se agita? ¿Las puertas son seguras? (¿Están cerradas o equipadas con una alarma para alertar al personal si alguien sale?) Los pacientes físicamente delicados, ¿están protegidos de los enfermos confundidos que tienen mejor movilidad o son más corpulentos? ¿Hay buena iluminación, tiene muebles robustos y una temperatura agradable? ¿El centro está razonablemente tranquilo?

Es difícil encontrar el equilibrio entre la independencia y el máximo funcionamiento para las personas con demencia y, además, garantizar su seguridad. Podemos preguntar cómo se ocupa el centro de estas cuestiones. ¿Su política es aceptable? ¿Qué medidas tienen previstas en caso de incendio? ¿Su sistema protegería a nuestro familiar si hubiera un incendio?

Personal

Tenemos que preguntar si hay suficiente personal para atender de manera individualizada a nuestro familiar o para esperar a que haga las cosas lentamente, a su ritmo y por él mismo. Cuanto más personal haya, mayor será el coste de la atención, pero tendrían que brindar cierto tipo de atención individualizada. ¿Cuántos residentes están a cargo de cada auxiliar? ¿Este número parece razonable, teniendo en cuenta la gravedad de la discapacidad del paciente? ¿Qué personal se queda en el centro por la noche y durante los fines de semana? ¿Qué tipo de formación tienen las enfermeras supervisoras? Observemos cómo atienden a los residentes. ¿Piden ayuda y no les hacen caso? ¿Da la impresión de que las enfermeras están estresadas?

¿La plantilla parece feliz y amable? Unos profesionales felices son la señal más clara de que la institución funciona bien. Además, si el personal está satisfecho, es menos probable que descargue sus frustraciones personales sobre los residentes. Podemos preguntar al personal con qué frecuencia relevan a los trabajadores, en comparación con otras residencias. El personal de las residencias de calidad dice que ésta es la clave del nivel de satisfacción profesional.

También tenemos que preguntar sobre la formación que han recibido las enfermeras y las auxiliares. Enfermeras, auxiliares, asistentes sociales y directores de actividades ¿han recibido formación para atender a personas con demencia? El personal tiene que saber la manera de reaccionar ante las reacciones catastróficas, la desconfianza, la deambulación, la irritabilidad, etc. Si no han recibido formación, ¿qué predisposición tienen para aceptar consejos sobre cómo tratar a nuestro familiar?

Tenemos que preguntar sobre la formación del asistente social y del director de actividades. Estas dos personas contribuyen de manera significativa a la calidad de la atención de los pacientes. Solicitemos una entrevista con ellos. Les podemos preguntar cuánto tiempo pasan con enfermos con demencia. Pidamos también que nos expliquen la planificación de la atención. ¿Parece que la hayan hecho por obligación, o bien describen las necesidades individuales que el centro atiende?

Atención y servicios

Actualmente, la ley federal de Estados Unidos obliga a que las residencias cuenten con planes de atención individualizados para cada interno. Podemos preguntar qué han previsto en el plan de cuidados. ¿Nos invitan a participar en la planificación de la atención? ¿El director de actividades y el asistente social participan en ella?

¿Qué nos pregunta la residencia y qué quiere saber sobre el paciente? Además de hacernos muchas preguntas sobre el historial clínico, los recursos económicos, etc., ¿la residencia quiere saber lo que le gusta y lo que no le gusta? ¿Sus costumbres? ¿Cómo manejamos las conductas y qué habilidades todavía conserva? Estos aspectos son esenciales para proporcionar una buena atención.

Los pacientes con demencia ¿durante cuánto tiempo se incluyen en las actividades? Largas horas de inactividad son señal de que se brinda una mala atención a la demencia. Las actividades que se ofrecen ¿parecen dignas y adultas? ¿Interesarán a nuestro familiar? Podemos pedir que nos dejen observar las actividades. Los residentes ¿parecen interesados y contentos, o están distraídos y se pasean? ¿Hay programas para mantener alerta a los residentes e involucrarlos dentro de los límites de sus posibilidades?

¿Se hace ejercicio supervisado diariamente? Incluso las personas confinadas en una silla de ruedas o en una cama tienen que hacer ejercicio, y los que pueden caminar deberían hacerlo. El ejercicio puede reducir la inquietud de las personas con demencia.

¿Se han planificado actividades sociales creativas y eficaces? Una sala de televisión no es suficiente. Los internos de una residencia necesitan programas estructurados, como programas de música, grupos de diversión, salidas, etc., e involucrarlos en tantas actividades interpersonales como puedan realizar.

Los residentes que lo requieren ¿tienen acceso a fisioterapia, logopedia y terapia ocupacional o del ocio?

¿Algún religioso visita periódicamente a los residentes y éstos pueden asistir a las celebraciones religiosas?

Los residentes ¿llevan su propia ropa y tienen un armario individual, cerrado? ¿Se respeta la intimidad de su correo y de las llamadas telefónicas? ¿Pueden mantener la intimidad con los visitantes y hay algún espacio privado disponible para cuando les visita el cónyuge?

Podemos pedir que nos muestren las normas escritas del centro sobre el uso de ataduras. Miremos alrededor. ¿Vemos a internos que lleven chalecos o cinturones, o que estén en sillas de las que no pueden levantarse? Es posible que se utilicen las Gerichairs para que el paciente esté cómodo o para impedir que se mueva. Si hay residentes atados, ¿vemos cómo los sueltan, les acompañan al baño o les cambian de posición? No deberían utilizarse ataduras a no ser que las demás medidas para controlar al paciente hayan fallado y sea necesario protegerlo para que no se lesione. El personal experimentado puede controlar la deambulación y la agitación sin necesidad de atar al paciente.

Podemos pedir que nos enseñen las normas escritas del centro para el uso de medicamentos psicoactivos para controlar las conductas difíciles. ¿Qué hacen antes de utilizar medicamentos? ¿Qué conductas tratan con medicamentos? (véanse las págs. 164-167). Si nuestro familiar requiriera el uso de fármacos o que le sujeten para controlar su comportamiento, su humor o el sueño, ¿con qué frecuencia le visitará el médico para valorar su estado? Tenemos que preguntar qué estrategias utiliza el centro para reducir la necesidad de medicación y de ataduras.

¿Cómo se llevará a cabo la atención médica del paciente? ¿Le visitará su médico o el centro cuenta con uno que visita a todos los internos? ¿Con qué frecuencia visitará a nuestro familiar? Este médico ¿se reunirá con nosotros si surge cualquier imprevisto? ¿Podremos solicitar una entrevista con él en el futuro? ¿Está especializado en geriatría? Las personas con demencia necesitan supervisión médica especializada y de cerca, y su atención médica requiere unos conocimientos especiales. En ausencia del médico, ¿la residencia dispone de enfermeras especializadas o de asistentes médicos? ¿De qué manera asegura el centro una atención médica continuada?

Si la persona está encamada o si tiene problemas de salud graves, ¿el personal tiene formación especializada en ese tipo de atención?

¿La residencia cuenta con un psiquiatra consultor que pueda visitar al paciente si presenta problemas de conducta graves o si se deprime? ¿De qué manera el centro canaliza este tipo de problemas?

¿El centro tiene algún acuerdo para trasladar a los internos con alguna enfermedad aguda grave al hospital? ¿Este último nos parece satisfactorio?

¿Cómo se trata la incontinencia? Para los pacientes ambulatorios con demencia es preferible la atención especializada por parte de una enfermera —por ejemplo, para acompañarle periódicamente al baño— a los catéteres. Miremos alrededor. ¿Vemos a muchos residentes con bolsas que les cuelguen de la cama o de la silla de ruedas?

Pidamos a los auxiliares los registros de úlceras por decúbito (úlceras de presión).

Las personas con demencia son sensibles a la manera en que se las trata. Observemos el trato que brindan a los internos. ¿Se dirigen a ellos como adultos, o como si fueran niños? ¿Se detienen y prestan atención a los pacientes que se les acercan? ¿Se presentan al paciente antes de hacerle algo? ¿Parecen sensibles a sus necesidades de intimidad y de dignidad?

El edificio

El edificio ¿es agradable y está bien iluminado? ¿El personal está alegre? ¿Los muebles son cómodos? ¿Las pertenencias personales de los residentes están a la vista y en su habitación? Una residencia que se parece a un hospital no es necesariamente un lugar agradable en el que vivir. Unos alrededores atractivos y un personal amable y paciente son importantes para la persona con demencia. Y también tenemos que sentirnos cómodos cuando nosotros le visitemos.

¿Pensamos que el paciente se siente cómodo? Hay residencias «hogareñas» que tienen muebles usados y a algunos residentes les da la impresión de estar en su casa. Otras personas se sentirán más cómodas en un lugar nuevo. ¿Es demasiado ruidoso y confunde a nuestro familiar, o es demasiado tranquilo y aburrido? ¿Permite que haya momentos de intimidad para quienes la buscan, y se programan actividades sociales para que los residentes salgan?

Los deslumbramientos, el ruido y la luz tenue no hacen más que añadir dificultades a las que ya tiene la persona con demencia. Si estas cosas nos molestan, todavía es más probable que molesten al enfermo confundido.

Política de atención al paciente terminal

¿Cuáles son las normas de la residencia sobre las medidas de prolongación de la vida? Tenemos que preguntar si las leyes estatales requieren que se firme un documento en el que se recojan las preferencias de la familia para adjuntarlo al historial clínico. Aunque sea un tema doloroso y difícil de pensar en el momento del ingreso del paciente, es importante que hablemos de él. A menudo los familiares, las residencias y los médicos de la institución tienen opiniones distintas sobre la manera en que hay que responder al final de la vida del paciente. Es posible que nuestros deseos no se lleven a cabo, a no ser que los dejemos claros desde el comienzo (véanse las págs. 179-183).

Comidas

Podemos hacer una visita a la hora del almuerzo y comer allí. ¿La comida es apetecible? ¿Los alimentos son adecuados? ¿Existe la posibilidad de solicitar una dieta individualizada? ¿Hay alguna cosa para picar?

¿La comida es sana, atractiva y adecuada para los ancianos? A los pacientes con demencia, ¿se les sirve la comida en una zona pequeña y tranquila, o en un comedor amplio y ruidoso? ¿Vemos cómo los auxiliares ayudan a las personas que no pueden comer por sí mismas? En algunos lugares hay voluntarios que ayudan a las personas que tienen problemas para comer.

A las personas con problemas de deglución, ¿las vigilan de cerca? El uso crónico de sondas nasogástricas u otros sistemas que eviten la alimentación voluntaria no están recomendados si se cuenta con un buen equipo de atención que permite comer al paciente.

Derechos

El gobierno federal ha obligado a redactar una tabla con los derechos de los internos en residencias. Tenemos que preguntar cómo se contemplan estos derechos en el caso de los pacientes con demencia.

¿Hay una delegación de residentes que elevará las quejas y los problemas al administrador? ¿Dónde podemos quejarnos? El asistente social, ¿está dispuesto a escucharnos y aclarar nuestras preocupaciones? ¿Hay un comité de familiares?

Lo ideal sería que pudiéramos responder positivamente a la mayoría de estas preguntas. En realidad, es difícil encontrar una atención de calidad óptima. Si la persona es de manejo difícil o si tenemos que depender de las ayudas de Medicaid, es posible que no encontremos un centro ideal. Estas preguntas orientativas sirven como guía para ayudarnos a decidir qué aspectos son más importantes y de cuáles podemos prescindir.

RESIDENCIAS Y CENTROS ASISTENCIALES ESPECIALIZADOS EN DEMENCIA

Algunas residencias han abierto unidades especiales para personas con demencia (a menudo se denominan unidades de Alzheimer). Si estamos considerando la posibilidad de utilizar una unidad de este tipo, podemos leer el folleto *Selecting a Nursing Home with a Dedicated Dementia Unit* editado por la Alzheimer's Association. Este folleto describe las características que deberíamos buscar en la atención especializada.

Las unidades de atención a la demencia van desde las que no ofrecen ninguna atención especializada, hasta las que proporcionan una atención excelente que cumple las necesidades concretas de una persona confundida. A continuación enunciamos algunas de las preguntas que conviene tener en cuenta.

Este programa ¿ofrece atención útil para nuestro familiar? No asumamos que será mejor para nuestro familiar sólo porque reciba el nombre de «especial». Algunas personas no requieren atención especial y algunas unidades de «atención especial» no ofrecen una atención que realmente satisfaga las necesidades de las personas con demencia.

La atención ¿es más costosa? Si es así, ¿la diferencia vale lo que cuesta? ¿Tenemos que pagarla nosotros? ¿Podemos afrontarlo? Si nuestro familiar tiene que cambiar a Medicaid dentro de unos años, ¿lo mantendrán en la unidad? Un precio mayor no implica necesariamente una mejor atención.

¿La unidad está suficientemente cerca para que le podamos visitar fácilmente? Que nos vea con frecuencia puede ser mejor para el paciente que cualquier tipo de atención especial que puedan ofrecerle.

Si el paciente empeora, ¿le sacarán de la unidad? Si es así, ¿nos parece bien? ¿Nos gusta el lugar al que le trasladarían? Este lugar ¿se encuentra en la misma residencia?

Preguntemos qué efectos producen los cambios en la unidad sobre los residentes. La cantidad y el tipo de cambios positivos que una atención especializada produce en los pacientes es un tema controvertido. No se dispone de estudios exhaustivos que hayan demostrado beneficios concretos, pero hay muchos programas en Estados Unidos y en el extranjero que han conseguido una serie de cambios positivos en el desempeño social y en la conducta de los pacientes, aunque no se ha observado un retraso en la evolución de la propia enfermedad, una vez que el paciente se ha adaptado al centro. Algunos cambios que aparecen en la mayoría de los pacientes, aunque no en todos, y que indican que reciben una buena atención son: uso mínimo de los medicamentos para controlar la conducta, pruebas de aumento del placer en las actividades, reducción de los paseos y la agitación, aumento de peso, muestras de placer en la vida diaria, mejor control de la continencia (mediante la ayuda del personal), pruebas de que la persona siente que es ella misma, tendencia a aumentar el período de sueño durante la noche prescindiendo de los hipnóticos y menor tendencia a gritar. Los buenos programas atienden a pacientes muy difíciles sin atarlos. Los residentes en estos programas sonríen y se ríen con mayor facilidad, parecen más atentos, responden mejor y establecen contacto visual más a menudo y durante más tiempo a lo largo de su enfermedad.

Una buena atención puede mejorar la calidad de vida de una persona con demencia, pero *ningún programa ha demostrado que modifique el curso inevitable de esta trágica enfermedad.*

Si podemos internar a nuestro familiar en una buena unidad de atención, podremos observar en qué aspectos mejora con respecto a cómo respondía en casa. A veces los familiares tienen sentimientos ambivalentes sobre esta cuestión: mientras que les complace ver que su familiar está bien, se sienten tristes porque no consiguieron este cambio en su casa. Al personal de la residencia le resulta más fácil crear un programa terapéutico: ¡pueden dejar al enfermo al final de su turno de ocho horas y no cuidan al paciente ellos solos! Cuando el enfermo responde bien en una residencia y nos hemos librado de las demás demandas que implica su atención, tenemos más tiempo y más fuerza para proporcionarle el amor y el sentido de familia que nadie más puede darle.

TRASLADO A UNA RESIDENCIA

Ya hemos encontrado la residencia y hemos hecho las gestiones económicas necesarias; el paso siguiente es el traslado. Implica muchas cosas que son importantes cuando un enfermo cambia de residencia (véanse las págs. 98-102).

Tenemos que explicar al paciente dónde vamos si pensamos que hay alguna posibilidad de que nos entienda. Podemos llevar objetos que le resulten familiares y que le gusten (fotografías, recuerdos, la radio). Si es posible, él tendría que ayudar a seleccionarlos. Incluso una persona agitada o gravemente discapacitada, necesita sentir que se trata de su vida y que todavía es importante.

Quizá tendremos que taparnos los oídos por las acusaciones del paciente si nos culpa de la mudanza. Si se agita periódicamente cada vez que se menciona la casa, pensamos que no es beneficioso mencionarla. Quizá tengamos que ir al grano y arreglar el traslado. Tratemos de evitar las explicaciones falsas, del tipo «Vamos a dar una vuelta» o «Te llevo de visita». Pueden dificultar todavía más la adaptación del paciente a la residencia.

En algunos Estados, la familia no tiene el derecho legal de trasladar a una persona en contra de su voluntad. Si el hospital o la residencia comentan esta cuestión, tendremos que consultar con un abogado. Todos los Estados cuentan con alguna ley para permitir que los familiares tomen decisiones por alguien que no tiene capacidad para hacerlo.

Muchas personas con demencia se adaptarán mejor a la residencia si su familia les visita con frecuencia durante las primeras semanas. Las personas varían: algunos enfermos necesitan más tiempo antes de empezar a participar en las actividades de la institución. Si la persona continúa incómoda en el centro, tenemos que preguntarnos si nuestra propia tensión y ansiedad no estarán haciéndole más difícil que se relaje en el nuevo entorno. Tenemos que evitar una institución que nos pida que estemos allí hasta que la persona se acostumbre al nuevo entorno. Esto sólo incrementará su sensación de sentirse perdido. Quizás al llegar este momento ya estemos agotados y el paciente no dejará de acusarnos y de implorarnos que le llevemos a casa con nosotros. Recordemos que éstas pueden ser las únicas palabras que encuentre para expresar su ansiedad y su infelicidad, algo comprensible. Tenemos que tranquilizarlo y mostrarle afecto, y evitar discutir con él. Después de las primeras semanas, podemos reducir las visitas a unas pocas horas. Tenemos que encontrar un régimen que nos permita continuar apoyando al enfermo y que, a la vez, nos permita recuperar nuestro ritmo.

Algunos familiares escriben cierta información sobre el paciente para la plantilla que lo atiende. El paciente ¿toma su baño por la mañana o por la noche? ¿Va a la cama temprano o tarde? ¿Quiénes son las personas por las que puede preguntar? ¿Qué significan determinadas palabras o conductas? ¿Cómo respondemos a las cosas que suele hacer? ¿Qué le reconforta? ¿Qué desencadena sus desasosiegos?

Es posible que no encontremos una residencia que realmente nos guste o quizá pensemos que el personal no está proporcionando al paciente el tipo de atención que debería recibir. Sin embargo, lo más probable es que no tengamos ninguna alternativa al hecho de dejar al paciente en esa residencia. El director de una residencia excelente sugiere que evitemos quejarnos y que hagamos todo lo posible para establecer una relación amistosa con la plantilla. Esto puede significar comprometernos por nuestra parte, pero también puede mejorar su colaboración. Podemos ofrecerles información sobre la demencia.

Si vamos a trasladar al paciente a una residencia desde el hospital, es posible que no tengamos tiempo para buscar un centro y planificar una transición ordenada. Quizás estemos agotados por todo lo que ha sucedido en las horas o los días previos. Si éste es el caso, por lo menos tratemos de acompañar al paciente a la residencia y llevarle algunos objetos que le sean familiares.

AJUSTARSE A LA NUEVA VIDA

El cambio de pasar a vivir en una residencia significa una adaptación muy importante para la persona discapacitada. Hacer estos ajustes lleva tiempo y requiere energía por parte del personal, de los residentes y de la familia, y puede ser un proceso doloroso. Recordemos que el traslado a una residencia no tiene que significar el fin de la relación familiar. A medida que transcurre el tiempo, nuestra relación con el paciente puede mejorar. Nuestro pariente puede continuar formando parte de la familia, incluso aunque se haya trasladado a un entorno en el que se pueden satisfacer mejor sus necesidades. Hay algunas sugerencias prácticas sobre ciertos aspectos que podemos seguir para que su adaptación al nuevo hogar sea más sencilla. Sin embargo, sabemos que la parte más difícil de la adaptación tiene que ver con nuestros sentimientos y los del enfermo sobre esta nueva situación.

VISITAS

Es importante para nuestro familiar que le visitemos. Incluso aunque el paciente no nos reconozca o parezca que no nos quiera ver allí, nuestras visitas regulares le ayudan de algún modo a ser consciente de que lo valoramos y de que forma parte de la familia. A veces las personas imploran que les lleven a su casa o lloran cuando nos vamos. Resulta tentador evitar estas escenas visitándoles menos a menudo, pero habitualmente los beneficios de la visita son más significativos que la agitación que llega al final. Es comprensible que expresan su pena e irritación por estar en una residencia.

Es posible que la atmósfera de la residencia o de las demás personas enfermas que vemos allí nos distraigan. Los familiares encuentran doloroso ver a una persona querida tan incapacitada. Puesto que las demencias interfieren en la comunicación y la comprensión, las familias pueden tener dificultades para pensar en lo que deben hacer cuando están de visita. En el apartado siguiente describimos algunos aspectos que los familiares nos han explicado que facilitan las visitas.

Podemos ayudar a nuestro pariente a orientarse en la residencia. Mientras le visitamos, le volvemos a explicar dónde se encuentra (por ejemplo, decirle: «Estás demasiado enfermo para estar en casa»). Revisemos cuáles son las rutinas diarias de la residencia: podemos prepararle un horario que pueda leer con facilidad. Ayudémosle a encontrar el baño, el comedor, la televisión y el teléfono. Podemos ubicar sus cosas en el armario. Pensemos una manera para que identifique la puerta de su habitación. Y decoremos su habitación con sus cosas.

Expliquémosle exactamente cuándo le volveremos a visitar; se lo podemos escribir, para que le sirva de recordatorio. Algunos familiares escriben una carta al paciente; en ella mencionan algunos detalles de la última visita y cuándo será la siguiente. Los cuidadores pueden leerle la carta entre visita y visita, para tranquilizarlo y que se dé cuenta de que le visitamos con frecuencia. Es importante tratar de seguir involucrándolo en las salidas familiares. Si no padece ninguna enfermedad aguda, podemos llevarlo a dar una vuelta, a comprar, a casa a comer o a la iglesia. Incluso si se resiste a volver, al final llegará a aceptar esta rutina, y se beneficiará del hecho de saber que todavía forma parte de la familia. Tenemos que seleccionar actividades que no le produzcan demasiado estrés. En algunos casos, continúa siendo difícil conseguir que el paciente vuelva; si es así, quizá lo mejor sea visitarle nosotros en la residencia.

Ayudémosle a continuar formando parte de los acontecimientos familiares especiales, tales como cumpleaños y fiestas. Incluso aunque esté deprimido o confundido, tendría que conocer las cosas tristes que le suceden a la familia.

Las llamadas telefónicas entre visitas ayudan a mantener en contacto al paciente con problemas de memoria, al tiempo que le recuerdan que no le olvidamos. No esperemos que sea capaz de acordarse de que le telefoneamos.

Llevémosle un viejo álbum de fotografías, un vestido del desván o cualquier otra cosa que le pueda despertar recuerdos del pasado y pidámosle que hable sobre sus anécdotas. Aunque siempre nos explique la misma historia, aceptémoslo. El hecho de escucharle y nuestra presencia le indican que todavía cuidamos de él.

Hablemos de la familia, de los vecinos, de chismes. Incluso aunque el enfermo no esté muy atento a todas estas cosas, seguramente disfrutará por el hecho de escuchar y hablar. Estar juntos es importante para ambos. Quizás el paciente confundido no estará interesado en algunos temas, especialmente los acontecimientos actuales; si parece inquieto, no insistamos en mantenerle actualizado.

Seamos amables con sus quejas. El hecho de que escuchemos las cosas de las que se queja le indica que nos preocupamos por él. Es posible que repita la misma queja una y otra vez, porque olvida lo que nos explica. De todas maneras, escuchémosle; lo que necesita es nuestra empatía. Sin embargo, antes de protestar a los cuidadores, analicemos detalladamente sus quejas. No debemos olvidar que su percepción de las cosas puede ser imprecisa, aunque exista un elemento de verdad en su queja.

Cantemos las antiguas canciones que le resulten familiares. No nos sorprendamos si otros residentes se unen al coro. La música es una buena manera de compartir. Nadie se dará cuenta de que nuestra voz no es demasiado buena. Llevemos cintas grabadas con la voz de la familia o de los niños.

Preparemos un álbum de recortes con su historia personal: dónde nació, cuándo se casó, sus hijos, su trabajo, sus aficiones, etc. Podemos escribirlo en cartas largas. Podemos ilustrarlo con fotografías, recortes de periódico, trozos de tela, medallas, etc. Hacer este álbum puede ocuparnos varias visitas. Revisar estas cuestiones puede ayudarle a recordar cosas del pasado, e incluso aunque no se acuerde, le tranquiliza el hecho de que tiene un pasado.

Podemos preparar una caja de recuerdos personales. Pongamos objetos que le despierten la memoria, recuerdos atesorados, antiguos utensilios de cocina o de la granja que le resulten familiares, una muestra de tornillos y tuercas para un manitas, o carretes de hilo para una costurera. Busquemos cosas de colores vistosos y pesos, texturas y tamaños distintos. Es posible que al paciente le guste tocarlo y ordenarlo. Tanto nosotros como los cuidadores podemos utilizarlo para estimularle los recuerdos. Podemos incluir una tarjeta con información sobre los objetos: «Esto sirve para quitar el corazón de las manzanas; es como el que utilizaba mamá para preparar las manzanas al horno para sus cinco hijos»; «Papá llevó estos zapatos de baile hasta que cumplió los setenta».

Evitemos demasiadas emociones. Nuestra llegada, las noticias y la conversación pueden excitar demasiado al paciente incapacitado, y esto podría llegar a precipitar una reacción catastrófica.

Hagamos cosas que demuestren que nos interesa su nuevo hogar. Paseemos con él, leamos el tablón de anuncios, hablemos con su compañero de habitación o con otros residentes y el personal. Mientras paseemos por el jardín, recordémosle que huela las flores y que mire los pájaros.

Ayudémosle a que cuide de sí mismo. Podemos comer juntos, arreglarle el pelo, hacerle friegas en la espalda, cogerle las manos y ayudarle a hacer ciertos ejercicios. Traigámosle algún bocado especial que podamos comer juntos, mientras estamos allí, pero evitemos llevarle comida que después los cuidadores tengan que guardar. Si el paciente tiene dificultad para comer, tal vez podamos ir a la hora de comer y ayudarle. Si hay otros residentes confundidos o abrumados que nos interrumpen la visita, tal vez podamos avisarlos de manera amable para que no interfieran. Si fuera necesario, podríamos preguntar si hay una habitación más tranquila donde podamos estar durante la visita. A veces las visitas son más tranquilas si involucramos a uno o dos compañeros de la residencia en tareas sencillas.

Si le gusta y no precipita reacciones catastróficas, podemos llevar a los niños (no todos a la vez) o a la mascota (avisemos antes al personal). Ver a las personas que están en una residencia suele ser beneficioso para los niños. Deberíamos prepararlos hablándoles de lo que verán (por ejemplo, catéteres y sondas), y explicarles que eso ayuda a que estas personas puedan mantener sus funciones corporales.

A veces el paciente está tan enfermo que no puede hablar ni reconocernos. Es difícil saber qué decirle. Tratemos de cogerle las manos, hacerle friegas en la espalda o cantar. Un cura nos habló de estas visitas:

> He crecido con estas visitas. Estoy tan acostumbrado a hacer, hacer, hacer... y no puedo hacer nada por estas personas. He aprendido a sentarme sin más, a limitarme a compartir el hecho de estar, sin sentir que tengo que hacer o decir algo para entretener.

Compartir la vida familiar y amar a una persona ingresada en una institución que está en la última etapa de una demencia no es fácil, pero tal vez, haciéndolo encontraremos nuestro propio sentido, igual que lo encontró este hombre.

NUESTRA ADAPTACIÓN

Cuando el familiar se haya trasladado a la residencia, nuestra vida también cambiará. Si el paciente vivía con nosotros, y especialmente si es nuestro cónyuge, la adaptación puede ser complicada. Estaremos agotados por el esfuerzo de prepararlo todo para el traslado y, por encima de la fatiga, probablemente nos sentiremos tristes por los cambios que ha habido. El traslado a la residencia intensificará nuestra sensación de pérdida y de dolor. Al mismo tiempo, desearíamos haber podido mantener al paciente en casa, y quizá nos sentiremos culpables porque no pudo ser así. Incluso es posible que tengamos sentimientos ambiguos de alivio y de pena, de culpa y de enojo. Es un alivio no tener que llevar la carga de la atención, poder dormir o leer sin interrupciones. A pesar de todo esto, probablemente desearemos que las cosas hubieran ido de otra manera y haber podido continuar cuidando al enfermo nosotros.

A menudo los familiares nos explican que en los primeros días se sienten perdidos. Sin las demandas habituales de la atención del enfermo, no saben qué hacer. Al principio, quizá no podremos dormir por la noche ni relajarnos viendo la televisión.

Los trayectos hasta la residencia pueden ser cansados, especialmente si se encuentra lejos del lugar donde vivimos. Las visitas pueden ser deprimentes. A veces los pacientes confundidos empeoran ligeramente hasta que logran adaptarse al nuevo entorno, y este hecho puede preocuparnos. A veces, además, resulta deprimente ver a los otros internos.

Los cuidadores de la residencia están preparados para atender a varias personas y quizá tengamos la sensación de que nuestro familiar no está recibiendo toda la atención que nos gustaría. También pueden preocuparnos otros detalles relacionados con la residencia o el personal. No es raro que los familiares se irriten con los cuidadores de vez en cuando. Si nos preocupa la residencia o el personal, tenemos derecho a discutir nuestras inquietudes con ellos, para que nos den explicaciones sin poner en peligro la atención del paciente en la residencia por haberlo hecho. Es ilegal que una residencia expulse a un paciente porque su familia cuestione la atención que se le brinda.

Si en la residencia hay un asistente social, es posible que nos ayude a canalizar nuestras preocupaciones. Si no lo hay, podemos comentar las preocupaciones de una manera tranquila y realista con el administrador o el director del centro.

A menudo las cosas mejoran después del traslado, especialmente cuando en casa han sido difíciles. Con otras personas como responsables de la atención diaria, tanto el paciente como nosotros, nos relajaremos y lo pasaremos bien juntos. Puesto que ya no estamos siempre cansados y podemos alejarnos de las conductas irritantes de la persona, por primera vez en mucho tiempo es posible que nos relajemos y disfrutemos de la relación.

Si otros familiares no visitan al enfermo quizá sea porque piensan que es muy duro visitarle en una residencia, o no saben qué decirle. Si algún familiar reacciona así, tratemos de entender que quizás ésta sea su manera de afligirse y probablemente no le haremos cambiar.

A veces los familiares pasan muchas horas en la residencia ayudando al paciente. Solamente nosotros podemos decidir cuánto tiempo tenemos que pasar en cada visita. También es útil preguntarse si, en parte, no acudimos allí a causa de la soledad y de la aflicción, y si no sería mejor estar menos tiempo en la residencia, para que el enfermo pueda adaptarse a su nuevo hogar.

El tiempo pasa y, poco a poco, la fase aguda de la adaptación también termina. A medida que pase el tiempo, ajustaremos la rutina de las visitas. Es natural que gradualmente vayamos haciendo nuestra vida aparte de la persona que ha cambiado tanto.

CUANDO HAY PROBLEMAS EN LA RESIDENCIA

A veces puede haber problemas graves.

El señor Rosen explica: «Mi padre padece la enfermedad de Alzheimer y tuvimos que internarlo en una residencia. Se puso terriblemente enfermo y lo trasladaron al hospital; allí, su situación empeoró porque se deshidrató. Aparentemente, en la residencia no le dieron suficientes líquidos. Me siento culpable por no haberlo comprobado, y creo que no le volveré a internar en un lugar donde no le cuidan».

Como sabemos, la atención de las personas con demencia puede ser difícil, especialmente en las etapas tardías de la enfermedad. Si el señor Rosen se queja a los cuidadores de la residencia, es posible que sólo consiga enojarlos; si trata de trasladar a su padre a otra residencia, es posible que se encuentre con que no hay ningún centro mejor o ningún centro que acepte a una persona con enfermedad de Alzheimer o que acepte pacientes beneficiarios de Medicaid.

El dilema al que nosotros, el señor Rosen y muchos otros familiares tienen que hacer frente no es tanto con relación a una residencia concreta, sino con respecto a la política nacional, el sistema de valores, los presupuestos federales para formación, y así sucesivamente. Todas estas cosas van cambiando gradualmente gracias a los esfuerzos de organizaciones como la Alzheimer's Association y la National Citizens Coalition for Nursing Home Reform.

Esperemos no encontrarnos con estos problemas, pero si los tenemos, en primer lugar tomémonos tiempo para considerar el tipo de atención que, de una manera razonable, podemos esperar. Nuestro deseo es que la persona esté lo mejor posible, bien alimentada e hidratada, protegida de los riesgos obvios, y limpia y cómoda. Deberían identificar las enfermedades concomitantes y deberían vigilar a los pacientes por si presentan efectos secundarios o interacciones con los medicamentos.

Sin embargo, es difícil atender a las personas con demencia y, a veces, es posible que el centro «se equivoque si hace, y se equivoque si no hace». A menudo no se puede tratar por completo cualquier enfermedad o solucionar cualquier problema. Por ejemplo, permitir que el paciente camine por sí solo puede resultarle bueno para el corazón, para mantenerse en forma y para su autoconfianza, pero conlleva el riesgo de una caída. Preguntar a los cuidadores sobre los beneficios y los riesgos de la atención que proporcionan nos ayudará a decidir qué riesgos estamos dispuestos a correr.

Los problemas con el personal son una causa frecuente de atención inadecuada. Un centro no puede proporcionar el tipo de atención individualizada que nosotros proporcionaríamos en casa. Sin embargo, si no hay una plantilla suficiente para mantener a los residentes limpios, cómodos y bien alimentados, y con las necesidades médicas controladas, eso significa que falla alguna cosa. La National Citizins Coalition for Nursing Home Reform publica cada año información sobre las leyes que rigen la calidad de las residencias. Leer este material nos ayudará a juzgar qué podemos esperar de un centro.

Tenemos que discutir nuestras preocupaciones con franqueza, pero con calma, con el administrador, con el director o con el asistente social, y también debemos ofrecerle la información que tenemos sobre el cuidado de las personas con demencia. ¿Cómo responden? ¿Nos agradecen que hayamos hablado con ellos y dicen que se harán cargo del problema o se limitan a darnos excusas para hacernos callar? Si un médico u otro profesional debería conocer el problema, podemos pedirle que nos apoye a corregir la situación.

> El señor Rosen explicó: «El médico del hospital me ayudó mucho. Telefoneó a la residencia y habló con ellos; explicó que las personas con demencia se deshidratan fácilmente y que tendrían que vigilarlas atentamente».

Si esto no soluciona el problema, podemos ponernos en contacto con la oficina local de la asociación contra el Alzheimer o con el defensor del consumidor (habitualmente hay una persona especializada en residencias en las oficinas para la tercera edad). Ambos conocen la manera de ayudarnos. Como último recurso, podemos denunciar el problema en el despacho del inspector de residencias. Sin embargo, a menudo los problemas se solucionan de una manera más eficaz conversando de manera informal con el administrador y la plantilla de la residencia.

Es posible que el problema radique en que los cuidadores necesitan más información sobre cómo tratar a las personas con demencia. La asociación contra el Alzheimer tiene información sobre los recursos dedicados a la formación. Tenemos que animar a los cuidadores —desde las enfermeras y el administrador del centro hasta los auxiliares— a que se formen.

Es ilegal expulsar a una persona porque su familia se ha quejado. También va en contra de la ley maltratar a un paciente cuya familia se ha quejado. Tenemos que seguir atentamente la atención que recibe nuestro familiar.

Problemas sexuales en las residencias

A veces los pacientes confundidos que están en residencias se desnudan en público, se masturban o se insinúan a los cuidadores o a otros residentes. Las necesidades y las conductas sexuales de los internos en residencias son temas controvertidos. La conducta sexual en una residencia difiere significativamente de la conducta en casa: deja de ser un asunto privado y, de un modo u otro, tiene impacto sobre la plantilla, los demás residentes y los familiares de éstos; además, pone sobre la mesa la cuestión ética de si una persona incapacitada puede o debería mantener el derecho de tomar decisiones sexuales por sí misma.

Aunque nuestra cultura parezca saturada de un discurso lleno de sexo, en realidad se está hablando de la sexualidad de los jóvenes hermosos. La mayoría nos sentimos incómodos al considerar la sexualidad de los ancianos, de quienes no son tan atractivos, de los discapacitados o de las personas con demencia. El personal de las residencias también suele sentirse incómodo.

Si los cuidadores nos notifican una conducta inapropiada, tenemos que recordar que gran parte del comportamiento que, a primera vista, parece sexual, en realidad es una conducta debida a la desorientación y a la confusión. Podemos trabajar conjuntamente con los cuidadores para ayudar al paciente a saber dónde está, cuándo puede utilizar el baño y dónde puede desnudarse. A menudo, todo lo que se necesita es decir: «Todavía no es hora de acostarse. Ya te pondrás el pijama más tarde». También suelen ser útiles las distracciones, como por ejemplo ofrecerle un vaso de zumo.

Las personas confundidas pueden hacer mucha amistad con otro residente, a menudo sin que exista ninguna relación sexual. La amistad es una necesidad universal que no desaparece cuando alguien padece una demencia. Ocasionalmente, se oyen historias sobre personas que se van a la cama con otros internos en las residencias. Esto no es difícil de entender cuando consideramos que la mayoría de nosotros hemos compartido la cama con alguien durante años y **hemos** disfrutado de la proximidad que brinda el hecho de compartirla. El paciente confundido quizá no se dé cuenta de quién es o de con quién está. Posiblemente no se dé cuenta de que no se encuentra en su cama. Puede pensar que la otra persona es su cónyuge. Recordemos que las residencias son lugares solitarios donde no hay demasiadas oportunidades de que te abracen o de que te quieran. La manera en que respondamos a este tipo de incidentes depende de nuestras actitudes y valores, y de la respuesta de la residencia.

Algunos internos de las residencias se masturban. El personal suele ignorar este tipo de conductas, que suelen llevarse a cabo en la habitación. Si lo hacen en público, lo mejor es llevarle a su cuarto tranquilamente.

El coqueteo es una conducta común y socialmente aceptada tanto para los hombres como para las mujeres. En una residencia, la persona puede coquetear para reforzar sus antiguos roles sociales. Le hace sentirse más joven y atractiva. Por desgracia, la demencia puede provocar que el paciente lo haga de manera tosca, con comentarios ofensivos o gestos inapropiados.

Cuando los cuidadores están entrenados para recordarle al paciente de manera clara, pero amable, que esta conducta no es aceptable, raramente se convierte en un problema. Es posible que los residentes tengan la oportunidad de volver a experimentar sus roles sociales.

EL DEPARTMENT OF VETERAN AFFAIRS (VA)

El Department of Veteran Affairs está obligado a servir, en primer lugar, a las personas con enfermedades relacionadas con el servicio; luego, a los demás veteranos, en función del espacio y de los servicios disponibles. Ocasionalmente, se admite a una persona con demencia en un hospital VA de estancia larga, aunque pueden trasladarla más tarde. Unas cuantas instalaciones de VA también cuentan con servicios de apoyo familiar u ofrecen atención para el descanso de los cuidadores. En algunos casos, el VA pagará seis meses de atención en un centro comunitario. En cada hospital VA, las políticas son distintas. Lo que se encuentra disponible en una zona quizá no lo esté en otra. Es posible que el representante en el Congreso pueda ayudar a obtener los servicios a través del VA.

HOSPITALES PSIQUIÁTRICOS ESTATALES

En algunas ocasiones una persona con una demencia muestra conductas que son difíciles de manejar y ninguna residencia lo aceptará. Quizás el paciente haya golpeado o lesionado a otros residentes. A este paciente pueden trasladarlo a una unidad geriátrica o a un hospital psiquiátrico público.

Quizás hayamos oído que la atención en los hospitales psiquiátricos públicos es mala. Unos cuantos hospitales públicos tienen mala fama. Sin embargo, otros proporcionan buena atención y la mayoría hacen todo lo posible dentro de sus limitaciones. Tenemos que descubrir cómo está considerado nuestro hospital por parte de los psiquiatras, los psicólogos y la Mental Health Association locales.

La mayoría de los Estados cuentan con un mandato legal para reducir la población hospitalizada. Estos hospitales han sufrido un drástico recorte presupuestario. Es posible que se muestren reticentes a admitir nuevos pacientes. Esto puede traducirse en que no haya ninguna plaza para nuestro familiar. Afortunadamente, existen algunas soluciones.

A menudo, los problemas de conducta graves pueden reducirse mediante la intervención de un psiquiatra bien formado. Una combinación de medicamentos a dosis bajas y personal preparado para trabajar con estas personas pueden ser la clave.

Algunos Estados disponen de programas diseñados para ayudar a las personas discapacitadas y evitar, siempre que sea posible, ingresar al paciente en un hospital de este tipo, movilizando otros recursos que necesiten dichas personas. Estos programas suelen contar con una plantilla formada por psiquiatras, enfermeras y asistentes sociales. Esta plantilla de profesionales puede ser capaz de valorar el problema del paciente, prescribir medicamentos y formar a los cuidadores de la residencia. Si este equipo no estuviera disponible en nuestro Estado, tendremos que buscar la ayuda de nuestro médico, del asistente social, del cura y de los representantes políticos electos para movilizar los recursos requeridos para ayudar a nuestro familiar. La asociación contra el Alzheimer puede recomendarnos a algunos expertos para formar a cuidadores especializados. Además, el defensor del usuario de residencias puede abogar por una mejor atención en las residencias, lo que reduce la agitación del paciente.

Si una residencia trata de expulsar al paciente con el pretexto de que su conducta es una prueba de enfermedad mental, tenemos que asegurarnos de que al paciente se le ha diagnosticado la enfermedad de Alzheimer y comunicarlo a la asociación contra el Alzheimer; el representante electo al Congreso nos ayudará.

Un requisito de los hospitales estatales es que los familiares paguen para que atiendan al paciente. Sus restricciones económicas pueden ser importantes; tenemos que averiguar todos los detalles.

Hay algunos hospitales que han inaugurado unidades de demencia donde se tratan a los enfermos con problemas graves de conducta. Algunas unidades son excelentes y tienen un éxito espectacular a la hora de tratar los problemas de conducta, tales como golpear o herir a otros pacientes.

Si está internado en un hospital estatal, podemos seguir visitando al paciente e involucrarnos con él.

Capítulo 17

Alteraciones cerebrales y causas de demencia

A veces el cerebro no funciona como debería hacerlo. El problema se puede llamar retraso, dislexia, demencia o psicosis. Entre muchas otras causas, puede ser debido a una lesión cerebral, una alteración genética, productos químicos ambientales tóxicos para el cerebro o la interrupción brusca del suministro de oxígeno a este órgano. En este capítulo describiremos de qué manera la demencia difiere de los otros problemas cerebrales y describiremos algunas de sus causas más habituales.

DEMENCIA

Al hablar del cerebro, los médicos y los científicos agrupan aquellos aspectos que pueden no funcionar según sus síntomas. Igual que la fiebre, la tos, el vómito y el mareo son síntomas de enfermedades distintas, la pérdida de memoria, la confusión, el cambio de personalidad y los problemas del habla también son síntomas de varias enfermedades.

Demencia es el término médico que se da a un grupo de síntomas. Indica un deterioro de varios aspectos de la capacidad intelectual suficientemente graves para interferir con el funcionamiento diario en una persona que está despierta y alerta (no soñolienta, intoxicada o incapaz de prestar atención). Este deterioro de la función intelectual significa una pérdida de varios tipos de procesos mentales que incluyen la capacidad matemática, el vocabulario, el pensamiento abstracto, el juicio, el habla o la coordinación física.

Puede incluir cambios en la personalidad. «No sentirse tan agudo como antes» no significa que una persona esté desarrollando una demencia. La capacidad de una persona tiene que irse reduciendo. La demencia difiere del retraso mental porque en éste la persona ha presentado el problema desde la infancia.

Los síntomas de la demencia pueden causarlos muchas otras enfermedades. Algunas de estas dolencias son tratables; otras no. En algunas de estas personas es posible detener la demencia; en otras, puede revertirse; finalmente, en otros casos no puede modificarse. Algunas de estas enfermedades son raras; otras, en cambio, son más frecuentes, pero no suelen producir demencia. No asumamos que una demencia es el resultado inevitable de padecer alguna de estas patologías. A continuación incluimos una lista *parcial* de las enfermedades que pueden producir demencia:

Alteraciones metabólicas:

- Disfunción tiroidea, paratiroidea o de las glándulas suprarrenales.
- Disfunción hepática o renal.
- Algunos déficit vitamínicos, como el déficit de vitamina B_{12}.

Problemas estructurales del cerebro:

- Hidrocefalia con presión normal (flujo anormal de líquido espinal).
- Tumores cerebrales.
- Hematoma subdural (sangrado en el cráneo, que produce una acumulación de sangre que presiona el cerebro).
- Traumatismo (lesiones cerebrales).
- Hipoxia y anoxia (oxígeno insuficiente).

Infecciones:

- Tuberculosis.
- Sífilis.
- Infecciones cerebrales fúngicas, bacterianas y víricas, como la meningitis o la encefalitis.
- Síndrome de inmunodeficiencia adquirida (sida).

Tóxicos (venenos):

- Monóxido de carbono.
- Drogas.
- Intoxicación por metales.
- Alcohol (los científicos no se ponen de acuerdo sobre si el alcohol puede producir demencia o no).

Enfermedades degenerativas (causas generalmente desconocidas):

- Enfermedad de Alzheimer.
- Enfermedad de Huntington.
- Demencia del cuerpo de Lewy.
- Enfermedad de Parkinson.
- Demencia frontotemporal, incluida la enfermedad de Pick.
- Parálisis supranuclear progresiva.
- Enfermedad de Wilson.

Enfermedad vascular (de los vasos sanguíneos):

- Apoplejía o enfermedad multiinfarto.
- Enfermedad de Binswanger.

Enfermedades autoinmunes:

- Arteritis temporal.
- Lupus eritematoso.

Alteraciones psiquiátricas:

- Depresión.
- Esquizofrenia.

Esclerosis múltiple

El síndrome de Korsakoff sólo produce un deterioro de la memoria, pero no de otras funciones mentales. Parece una demencia, pero, puesto que sólo afecta a una sola área de la función mental, no se trata de una verdadera demencia.

La mayor parte de la investigación indica que entre un 50 y un 60 % de los casos de demencia se deben a la enfermedad de Alzheimer, un 10 % a una enfermedad multiinfarto, un 10 % están causados por una combinación de enfermedad de Alzheimer y multiinfarto, de un 5 a un 10 % son casos de demencia del cuerpo de Lewy, y un 5 % se deben a demencias frontotemporales. Aproximadamente un 10 % de todas las demencias presenta alguna de las demás causas.

DEMENCIA ASOCIADA A ALCOHOLISMO

Aunque el papel que desempeña el abuso de alcohol en la causa directa de la demencia no está claro, las personas con antecedentes de alcoholismo y problemas con la bebida tienen un riesgo más elevado de presentar una demencia. Esta demencia suele tener síntomas distintos a los de la enfermedad de Alzheimer. El paciente puede expresarse correctamente (raramente afecta al habla), pero la personalidad cambia, y la irritabilidad y el carácter explosivo son frecuentes. Estos síntomas pueden ser difíciles para la familia y frustran bastante. Por tanto, es importante que los cuidadores reconozcan estas diferencias para aplicar tácticas específicas para este tipo de demencias. El primer paso consiste en asegurarse de que el paciente deja totalmente el alcohol, porque ya no es capaz de controlar la bebida de manera voluntaria. La valoración neuropsiquiátrica resulta útil cuando hay dudas sobre el grado de discapacidad del enfermo o si su conducta es deliberada o manipuladora. Si los familiares tienen recuerdos desagradables del alcoholismo del paciente, es útil buscar asesoría psicológica. Quizá las estrategias que aprendieron para hacer frente a una persona alcohólica no resultan apropiadas cuando el cuadro se complica con una demencia.

ENFERMEDAD DE ALZHEIMER

Un médico alemán describió por primera vez la enfermedad de Alzheimer en 1907; se llamaba Alois Alzheimer, y la enfermedad recibió su nombre en honor a él. La enfermedad de Alzheimer descrita originalmente se refería a una mujer de unos cincuenta años y se llamó *demencia presenil*. Actualmente los neurólogos están de acuerdo en que la demencia que aparece en la vejez es la misma o similar a la presenil. Normalmente se llama demencia de tipo Alzheimer o bien enfermedad de Alzheimer.

Los síntomas de la enfermedad suelen consistir en un deterioro progresivo —y, a veces, imperceptible— de muchas funciones intelectuales, que se acompaña de un deterioro físico. En las etapas iniciales de la enfermedad, es posible que solamente se perciba una pérdida de memoria. El paciente es algo más que «un poco despistado»; puede tener dificultades para aprender nuevas habilidades o para llevar adelante tareas que requieren cálculo o un razonamiento abstracto, como las matemáticas. Es posible que tenga problemas en su trabajo, o quizá ya no le guste tanto leer. También puede cambiar su personalidad e incluso puede deprimirse.

Más adelante, se observan alteraciones del habla y motrices. Al comienzo, la persona será incapaz de encontrar la palabra correcta para nombrar una cosa, o bien utilizará una palabra incorrecta, pero gradualmente se verá incapaz de expresarse. También tendrá problemas crecientes para entender las explicaciones. Es posible que abandone la lectura o que deje de ver la televisión. También puede tener dificultades progresivas para hacer tareas que anteriormente le resultaban sencillas. Su caligrafía puede cambiar, empezará a presentar una marcha torpe, andará encorvado o arrastrando los pies. Es posible que se pierda con facilidad, que se olvide de haber encendido el horno, que entienda mal lo que está pasando o que muestre un razonamiento simple. También puede presentar cambios de personalidad o arrebatos de enojo poco característicos de él. Además, será incapaz de pensar de manera responsable por sí mismo. A menudo los familiares no se dan cuenta del inicio de los problemas de lenguaje o motores, pero, a medida que la enfermedad evoluciona, todos estos síntomas se van haciendo evidentes.

En las etapas finales, el paciente queda gravemente incapacitado, padece incontinencia, no puede caminar o se cae con frecuencia. Es posible que sea incapaz de decir más de dos o tres palabras y quizá no reconozca a nadie, o sólo a una o dos personas. Requerirá atención total por parte nuestra o de profesionales. Será, a la vez, discapacitado físico e incapacitado mental.

La enfermedad de Alzheimer suele conducir a la muerte en un período de siete a diez años, pero puede evolucionar más rápidamente (entre tres y cuatro años) o más lentamente (hasta quince años). En ocasiones, la enfermedad de Alzheimer evoluciona lentamente durante años y, luego, lo hace rápidamente. Los períodos relativamente estables suelen llamarse *plateaus*. Lo más característico es que la enfermedad tenga una evolución lenta, pero implacable.

Al microscopio pueden observarse cambios en la estructura del cerebro de una persona que padece una enfermedad de Alzheimer. Se trata de un número anormalmente elevado de estructuras denominadas placas neuríticas y ovillos neurofibrilares (véase el capítulo 18). Indican una lesión cerebral directa. Puede diagnosticarse el Alzheimer a partir del tipo de síntomas, la evolución temporal de los mismos, la ausencia de cualquier otra causa de demencia o mediante una tomografía computerizada o una resonancia magnética compatibles. Sin embargo, el diagnóstico final de la enfermedad de Alzheimer se basa en la presencia de estas estructuras anormales concretas (placas neuríticas y ovillos neurofibrilares) en el tejido cerebral. La única manera de poder hacer esta determinación es realizar una biopsia cerebral. La biopsia se lleva a cabo extrayendo un pedazo de cráneo y tomando una muestra de tejido cerebral. Eliminar esta pequeña cantidad de tejido cerebral no tiene ningún efecto sobre la función mental; sin embargo, actualmente no se realizan biopsias cerebrales de manera rutinaria porque no se dispone de ningún tratamiento para la enfermedad aunque tengamos el diagnóstico. Esto puede cambiar a medida que evolucione la investigación sobre la demencia. Se han desarrollado algunos análisis de sangre y de líquido cefalorraquídeo, pero hasta la actualidad sólo son algo más precisos que el diagnóstico basado en los síntomas del paciente.

DEMENCIA VASCULAR O MULTIINFARTO

En el pasado, se pensaba que las demencias de la vejez se debían a la *rigidez de las arterias* del cerebro. Ahora sabemos que esto no es así. En la demencia multiinfarto se producen derrames repetidos que destruyen pequeñas áreas cerebrales. El efecto acumulativo de estas lesiones conduce a la demencia.

Las demencias multiinfarto afectan a varias funciones, como la memoria, la coordinación o el habla, pero los síntomas difieren en parte dependiendo de qué áreas del cerebro se lesionan.

Las demencias multiinfarto suelen evolucionar de manera escalonada. Podemos mirar atrás y recordar que el paciente empeoró a partir de un momento concreto (en lugar del deterioro gradual e imperceptible de la enfermedad de Alzheimer). Luego, es posible que no empeore durante un tiempo, o incluso que parezca que se recupera un poco. Algunas demencias multiinfarto van evolucionando a medida que transcurre el tiempo; otras, quizá no empeoren durante años. Si se evitan más derrames, a veces es posible detener la demencia, pero en otros casos la evolución es imparable.

Algunas veces la causa de los derrames repetidos puede identificarse y tratarse; esto evita que la lesión sea mayor. Hay pruebas científicas recientes que sugieren que dosis bajas de aspirina retrasan la evolución de la enfermedad. Podemos preguntárselo al médico.

Es posible que un enfermo padezca una enfermedad de Alzheimer y una demencia multiinfarto.

DEMENCIA DEL CUERPO DE LEWY

La demencia del cuerpo de Lewy se describió por primera vez en la década de 1980 y es la causa de entre un 5 y un 10 % de los casos de demencia. El cuerpo de Lewy es una anomalía microscópica que se encuentra en el cerebro al hacer la autopsia. Inicialmente, se pensó que sólo estaba presente en la enfermedad de Parkinson; sin embargo, en la actualidad los científicos reconocen que algunas personas con demencia tienen cuerpos de Lewy esparcidos por todo el cerebro.

Los síntomas de la demencia del cuerpo de Lewy son similares a los de la enfermedad de Alzheimer, pero a diferencia de ésta, en las fases tempranas de la demencia del cuerpo de Lewy suelen detectarse los síntomas moderados de la enfermedad de Parkinson (lo que se llama «parkinsonismo»). Frecuentemente hay rigidez, lentitud y problemas de equilibrio. Por este motivo, las personas con demencia del cuerpo de Lewy suelen padecer varias caídas durante su enfermedad. Un motivo para diagnosticar la demencia del cuerpo de Lewy es que las personas con esta enfermedad suelen presentar reacciones adversas a los medicamentos neurolépticos.

Estos medicamentos deberían evitarse siempre que sea posible, o bien deberían utilizarse a dosis mínimas, si son imprescindibles para tratar las alucinaciones o las ilusiones. La depresión se asocia frecuentemente a la demencia del cuerpo de Lewy.

DEMENCIAS FRONTOTEMPORALES (INCLUIDA LA ENFERMEDAD DE PICK)

La enfermedad de Pick es una forma rara de demencia, descrita inicialmente a comienzos del siglo XX por Ludwig Pick. En la autopsia se diagnostica por el hallazgo de una anomalía llamada cuerpo de Pick y por una pérdida del tejido cerebral. La enfermedad de Pick se transmite entre familiares.

En la década de 1980, los investigadores reconocieron que, al hacer la autopsia a los pacientes con demencia, aproximadamente en un 5 % de ellos encontraban cambios cerebrales similares a los de la enfermedad de Pick. Lo más probable es que se trate de un grupo de enfermedades distintas. Puesto que en este grupo de alteraciones sólo hay algunos lóbulos cerebrales afectados, a veces reciben el nombre de *demencias lobulares*.

DEPRESIÓN

En contadas ocasiones la depresión produce demencia. Con mayor frecuencia, la depresión es el síntoma más precoz de la demencia debida a una enfermedad cerebral (como la enfermedad de Alzheimer, el derrame cerebral o la enfermedad de Parkinson). Ocasionalmente, es posible que en algún caso no se reconozca que la demencia está causada por la depresión. Cuando produce demencia, los síntomas de la depresión suelen reconocerse fácilmente.

A menudo las personas con enfermedad de Alzheimer o demencia multiinfarto también presentan síntomas de depresión, como ganas de llorar, desespero, pérdida del apetito, inquietud o rechazo de ciertas actividades que antes les gustaban. Normalmente estas personas presentaban problemas de memoria, de habla o relacionados con las actividades motrices, lo que sugiere que tienen depresión y enfermedad de Alzheimer o demencia vascular.

Siempre que una persona con un problema de memoria se encuentra deprimida, tendría que valorarse detenidamente para determinar si la depresión es la causa de su demencia o viceversa. *Su depresión debería tratarse tanto si presenta una demencia irreversible como si no.* No permitamos que un médico pase por alto la depresión. Sin embargo, hay que recordar que, aunque la depresión puede mejorar, los problemas de memoria quizá no mejoren.

Es importante tratar una depresión, incluso cuando el paciente también padece una demencia irreversible. A menudo alivia su tristeza, le ayuda a disfrutar de la vida, mejora su apetito y suele reducir sus conductas molestas.

ENFERMEDAD DE BINSWANGER

La enfermedad de Binswanger (a veces llamada leucoariosis) es una demencia vascular rara (relacionada con los vasos sanguíneos). Puede identificarse mediante una resonancia magnética o una tomografía computerizada, y también en la autopsia. Probablemente está causada por una hipertensión arterial mantenida. El diagnóstico se establece con mayor frecuencia desde que se realizan resonancias magnéticas, pero los expertos todavía no han desarrollado criterios estándar para diagnosticar esta enfermedad, y las implicaciones del diagnóstico todavía se están debatiendo. Hasta el momento, el control de la presión sanguínea elevada es el único tratamiento concreto disponible, y no se sabe si retrasa la evolución de la enfermedad o no.

SIDA

El sida (síndrome de inmunodeficiencia adquirida) apareció por primera vez a finales de la década de 1970. Ahora sabemos que lo produce un virus: el virus de la inmunodeficiencia humana (VIH). El virus ataca al sistema inmunológico y lo incapacita para luchar contra otras enfermedades; son las demás dolencias las que matan al paciente. Este virus puede contagiarse mediante las relaciones sexuales, por contacto con sangre infectada y por el uso de agujas hipodérmicas previamente utilizadas por alguna persona infectada por el virus.

A toda la sangre que se utiliza para transfusiones en Estados Unidos y otros países se le hace la prueba para descartar el virus, de manera que sea segura. Las personas con mayor riesgo de contraer el virus son las que tienen múltiples parejas sexuales, los usuarios de drogas por vía intravenosa y los niños nacidos de personas infectadas. Puesto que es más probable que los adultos jóvenes realicen estas prácticas, el sida suele afectar a personas jóvenes y de mediana edad, aunque ya hay casos que afectan a ancianos.

A menudo el sida produce demencia. No sabemos con qué frecuencia ocurre esto, pero se sospecha que más de la mitad de las personas con sida pueden padecer una alteración del pensamiento en alguna etapa de su enfermedad; la demencia asociada al sida aparece cuando el VIH infecta el cerebro. Hay algunas pruebas científicas de que el virus del sida ataca de manera específica algunos tipos de células cerebrales.

Puesto que su sistema inmunitario está debilitado, los pacientes con sida presentan infecciones cerebrales por parásitos, por hongos, por bacterias o por otros virus. Estos gérmenes también pueden producir demencia y delirio (véase más adelante); además, los medicamentos utilizados para tratar estas infecciones también pueden producir delirio.

Los nuevos fármacos han mejorado de manera espectacular el pronóstico de la demencia asociada al VIH. Estos medicamentos pueden revertir la demencia, por lo menos temporalmente. No se sabe si la «curan» del todo.

OTRAS ALTERACIONES CEREBRALES

Hay varias enfermedades mentales que no se pueden catalogar como demencias.

DELIRIO

La palabra *delirio* describe otro grupo de síntomas que puede tener varias causas. A menudo, el delirio está causado por la demencia. Al igual que el paciente con demencia, el enfermo con delirio puede tener problemas de memoria o de desorientación. Pero a diferencia de la demencia, *el delirio se acompaña de un cambio relacionado con el grado de consciencia.* El paciente está menos alerta y se distrae más de lo normal. El delirio incluye otros síntomas, como la tergiversación de la realidad, ideas falsas o alucinaciones, habla incoherente, somnolencia diurna o insomnio nocturno, y aumento o disminución de la actividad física (motriz). A menudo los síntomas de delirio se desarrollan en pocas horas o días. Tienden a variar a lo largo de un mismo día.

Los ancianos que no padecen demencia pueden mostrar síntomas, a menudo intermitentes, de disminución de su estado de alerta, confusión o problemas de memoria. Puede tratarse de un delirio provocado por otras enfermedades o por la medicación. Este tipo de delirio debería entenderse como un síntoma; habría que identificarlo y, si es posible, tratarlo.

Las personas con demencia tienen mayor probabilidad de desarrollar delirio añadido a la demencia. Podemos observar un empeoramiento súbito en un paciente que presentan otros problemas, como estreñimiento, gripe, una infección o incluso un resfriado leve. A menudo, las complicaciones de enfermedades como el cáncer de próstata, la diabetes, la insuficiencia cardíaca, una enfermedad pulmonar crónica u otras patologías graves también pueden producir delirio.

El enfermo con delirio se muestra más irritable, parece más confuso y mareado, y está menos alerta. Es posible que presente incontinencia, agitación o temor. A veces se muestra apático. Podemos observar un aumento o una disminución del nivel de actividad, una reducción del nivel de atención o un aumento o una disminución de los movimientos (actividad motriz). En el delirio, las alucinaciones visuales son frecuentes. Estos cambios suelen asumirse como un empeoramiento de la demencia y, entonces, el problema subyacente no se trata. Hay que considerar siempre la posibilidad de una combinación de enfermedad y delirio cuando observamos un cambio súbito de conducta. Tomar demasiados medicamentos, o una interacción entre ellos, también puede producir demencia, incluso semanas después de haberlos empezado a tomar.

SENILIDAD, SÍNDROME CEREBRAL ORGÁNICO CRÓNICO,
SÍNDROMES CEREBRALES ORGÁNICOS REVERSIBLES O AGUDOS

La palabra *senil* significa, sencillamente, *anciano*. Por tanto, la *senilidad* no describe ninguna enfermedad y muchas personas consideran que se trata de una palabra degradante o que muestra algún tipo de prejuicio.

El *síndrome cerebral orgánico crónico* y los *síndromes cerebrales orgánicos reversibles* son expresiones obsoletas utilizadas para referirse a las demencias y al delirio. Estas expresiones ya no se emplean porque no son específicas e implican que algunas enfermedades no pueden tratarse. A medida que la investigación avance, esperamos que llegará un momento en el que ya no se les considerará síndromes cerebrales crónicos.

AIT

AIT significa *ataque isquémico transitorio*. Es una alteración temporal de la función cerebral que se debe a un aporte insuficiente de sangre a una parte del cerebro. Es posible que la persona sea incapaz de hablar o que presente un habla ininteligible. Puede que presente debilidad o parálisis, mareos o náuseas. Estos síntomas suelen durar minutos u horas; posteriormente se recuperan. En cambio, en el derrame cerebral, pueden identificarse los mismos síntomas, pero acostumbran a quedar algunos déficit residuales. Es posible que los déficit muy ligeros pasen desapercibidos. Los AIT deberían interpretarse como un aviso de derrame cerebral y tendrían que comunicarse al médico; de esta manera, éste puede adoptar las medidas necesarias para reducir el riesgo de un futuro derrame.

Lesiones cerebrales localizadas

Es posible que se produzca una lesión en el cerebro o en la cabeza y que ésta afecte de manera temporal o permanente a una zona más o menos amplia del cerebro. Provocan tumores, derrames o heridas en la cabeza. Al contrario que la demencia, este tipo de lesión puede no ser generalizada, aunque es posible que afecte a más de una función mental. Los síntomas indican al neurólogo dónde se localiza la lesión. Se la llama *lesión cerebral focal* (localizada). Cuando se trata de una lesión extensa, los síntomas pueden ser los mismos que en la demencia.

El *derrame* importante, que produce efectos tales como la parálisis de un lado del cuerpo, la inclinación de un lado de la cara o problemas del habla, es una lesión de una parte del cerebro. Los derrames están causados o por un coágulo sanguíneo que bloquea los vasos sanguíneos del cerebro o bien por la rotura de un vaso sanguíneo, que produce hemorragia cerebral. A menudo, el edema lesiona o altera las células cerebrales, pero pueden recuperarse a medida que éste va desapareciendo. Es posible que otras partes del cerebro aprendan gradualmente a desempeñar las tareas que realizaba la sección del cerebro lesionada. Las personas que han padecido un derrame, pueden mejorar. La rehabilitación es importante para estas personas. La posibilidad de sufrir otro derrame puede reducirse con un buen control médico.

Heridas craneales (traumatismo craneal)

Las heridas en la cabeza pueden destruir el tejido cerebral, bien de manera directa o bien porque producen una hemorragia en el cerebro. Las heridas craneales pueden provocar un daño cerebral permanente y cambios de comportamiento. A veces la sangre se acumula entre el cráneo y el cerebro, y forma un depósito de sangre. Esto aumenta la presión sobre las células del cerebro y las lesiona. Se llama *hematoma subdural*. Incluso las caídas leves pueden producir este tipo de hemorragia.

Las personas con demencia son vulnerables a las caídas y es posible que no sean capaces de explicarnos que se han caído. Si sospechamos que una persona se ha golpeado la cabeza, debería verla un médico urgentemente, porque el tratamiento puede evitar una lesión permanente. El sangrado cerca del cráneo puede no aparecer en el mismo lugar donde se ha golpeado la cabeza. Es posible que la hemorragia sea lenta y los síntomas quizá no aparezcan hasta horas o días después de la caída. A veces la hemorragia interna en el cráneo aparece en el lado opuesto a la lesión.

ANOXIA O HIPOXIA

Cuando una persona padece un ataque cardíaco, el corazón deja de bombear la sangre durante un tiempo antes de que reanimen al paciente. Durante este tiempo, es posible que el cerebro no reciba suficiente oxígeno. Esto puede provocar una lesión cerebral, parecida a la enfermedad de Alzheimer, excepto por el hecho de que no empeora progresivamente y no suele afectar al habla ni a la capacidad para realizar actividades físicas. Las personas con lesión cerebral hipóxica requieren más o menos la misma atención que los pacientes con Alzheimer o con demencia multiinfarto.

Capítulo 18

Investigación científica
sobre la demencia

Se ha alcanzado un punto muy estimulante en la investigación científica sobre las demencias. No hace demasiado tiempo, la gente asumía que la demencia era el resultado natural del envejecimiento, y sólo unos cuantos pioneros se interesaron por su estudio. Durante los últimos treinta años, eso ha cambiado. Ahora se sabe que:

1. La demencia no es el resultado natural del envejecimiento.
2. La demencia está producida por enfermedades concretas e identificables.
3. El diagnóstico es importante para identificar las enfermedades que se pueden tratar.
4. Una valoración cuidadosa es importante para la atención en el caso de enfermedades que, por el momento, no tienen curación.

Hoy en día, una parte importante de la investigación científica se centra en las demencias. Al disponer de nuevas herramientas para estudiarlas, es posible ver de una manera mucho más clara lo que sucede en el cerebro. A causa de una mejor comprensión pública del problema, hay una demanda creciente de soluciones.

En Estados Unidos, el presupuesto federal para investigar sobre la demencia pasó de 4 millones de dólares en 1976 a 350 millones en 1998. La mayor parte de la investigación actual la financian el National Institute of Mental Health (NIMH), el National Institute on Aging (NIA) y el Department of Veteran Affairs (VA). El NIA fundó los Alzheimer's Disease Research Centers, que reúnen a los investigadores más prestigiosos; en estos centros se está llevando a cabo un trabajo muy interesante. Fuentes no gubernamentales como las fundaciones o las industrias farmacéuticas contribuyen con algunos fondos adicionales para la investigación. Sin embargo, cada año hay muchos proyectos de investigación potencialmente productivos que se quedan sin financiación.

Comprender la investigación

El aumento de la conciencia pública sobre la enfermedad de Alzheimer ha venido acompañado de numerosos anuncios relacionados con «avances» y «curaciones». Algunos son piezas importantes en la búsqueda de un remedio, pero cada avance, por él mismo, no es más que un paso hacia la curación.

Entender las implicaciones terapéuticas de la investigación puede ser un desafío tanto para los propios investigadores como para las familias. A continuación enumeramos algunos de los aspectos que tendríamos que conocer sobre la investigación y que nos ayudarán a comprender lo que leamos:

• Los científicos tienen que hacer públicos sus resultados y la opinión pública quiere saber qué es lo que están buscando. El entusiasmo mostrado por la prensa para publicar estos hallazgos desempeña un papel importante para que se mantenga la contribución pública a los fondos de investigación, a pesar de que los familiares se desaniman si la prensa publica anuncios de «avances» que acaban siendo una decepción.
• La ciencia debe adentrarse por algunos callejones sin salida. Por un momento, algo puede parecer un gran avance y tanto los familiares como los científicos se entusiasman. Luego, el entusiasmo se enfría. Esto es decepcionante, pero cada vez que descartamos algo, tenemos menos callejones por investigar. Muchas claves, como las piezas de un puzzle, acabarán encajando para obtener una respuesta, aunque, a menudo, las piezas no van en el lugar donde pensamos que deberían ir.
• Las enfermedades como el Alzheimer son distintas de las infecciones como la difteria, la viruela o la polio. Cada infec-

ción tiene una causa —el agente infeccioso— que produce unas consecuencias. La enfermedad de Alzheimer tiene algunas —o quizá muchas— causas. En este sentido, constituye una familia de enfermedades, igual que sucede con el cáncer. Esto explica parte de la variabilidad de la enfermedad entre un paciente y otro. Es posible que para que se desarrolle la enfermedad en una persona, se requieran una serie de factores desencadenantes. Si éste fuera el caso, los científicos tendrán que seguir varias causas y sus tratamientos potenciales; de cualquier forma, las múltiples causas producen síntomas similares.

- Es esencial que los estudios eliminen la influencia de otros factores. A veces, cuando se prueba una nueva técnica o un nuevo fármaco, el paciente mejora. En ocasiones, las familias que participan en los ensayos clínicos sobre medicamentos creen que su familiar mejoró mientras estaba tomando el fármaco. Hay muchos motivos que pueden explicar esta situación, desde la esperanza depositada por parte de los clínicos y de los familiares, hasta una mejoría temporal en el estado de ánimo del paciente o de su pensamiento. Esto se llama efecto placebo y es bastante frecuente. Los buenos estudios sobre medicamentos se diseñan cuidadosamente para eliminar la posibilidad de que otros factores hayan producido la mejoría.
- A menudo los estudios preliminares se realizan en grupos pequeños de pacientes. El tamaño reducido de la muestra aumenta las probabilidades de que algunos factores externos confundan los resultados. Si oímos hablar de resultados alentadores obtenidos a partir de un grupo de estudio pequeño, tenemos que recordar que estos resultados quizá se confirmen cuando se repitan las pruebas con un grupo mayor o cuando las realice otro investigador; pero también es posible que no se confirmen.
- La presencia de dos factores juntos no significa que uno cause el otro. Tanto A como B pueden estar presentes en el cerebro de los pacientes con enfermedad de Alzheimer, pero esto no significa que A haya causado B; ambos, A y B, podrían haber sido causados por un factor C, todavía desconocido. Pueden pasar años antes de que se aclaren las relaciones entre estos factores.

- Los fármacos que pueden afectar al cerebro de una persona con enfermedad de Alzheimer es probable que produzcan efectos indeseables graves por todo el organismo. A veces la investigación sobre estos fármacos debe detenerse porque su potencial para lesionar otros órganos sobrepasa su valor terapéutico.

- Es posible que hayamos oído hablar de estudios realizados con animales de laboratorio. La investigación con animales permite a los científicos aprender más sobre el funcionamiento del cerebro y probar fármacos que no pueden probarse de manera segura con las personas. El gobierno federal ha aprobado leyes que aseguran que los animales se tratan de la manera apropiada. Los científicos que trabajan con animales de experimentación tienen en cuenta qué reacciones de los animales son similares a las reacciones humanas y cuáles no. Con la administración de grandes dosis de un producto a un animal durante un período de tiempo corto se incrementan las posibilidades de hallar una relación entre el producto y la enfermedad, si es que existe. Los modelos obtenidos por ordenador ayudan, aunque no sustituyen la investigación con animales.

- La Alzheimer's Association elabora informes sobre los principales avances y los temas que han recibido una gran publicidad. Estos informes los prepara el comité de investigación médica de la asociación y tienen el objetivo de proporcionar información cuidadosa a los familiares. Si oímos hablar de una determinada investigación científica y tenemos dudas, la oficina local de la asociación cuenta con los medios necesarios para obtener buena información de alguno de sus consultores científicos.

CURACIONES MILAGROSAS

Algunos individuos poco escrupulosos promocionan «curaciones» que pueden ser caras, peligrosas o ineficaces, o que sencillamente levantan expectativas injustificadas. En Estados Unidos, la Alzheimer's Association dispone de una lista con algunos productos y tratamientos fraudulentos, y suele aconsejar sobre el tipo de tratamientos que los médicos consideran de poco valor. Si un tratamiento hace referencia a un beneficio que va más allá de lo que los Alzheimer's Disease Reseacrh Centers o la asociación de Alzheimer creen posible, es importante que se compruebe bien antes de tomarlo.

INVESTIGACIÓN SOBRE DEMENCIA MULTIINFARTO Y DERRAMES CEREBRALES

Los derrames múltiples son la segunda causa más frecuente de demencia. Si se puede encontrar la manera de evitar estos derrames o de mejorar la rehabilitación, muchos millares de personas saldrían beneficiadas.

Los científicos están buscando la manera de determinar de qué manera la hipertensión, la obesidad, la dieta, fumar, las enfermedades cardíacas u otros factores aumentan la vulnerabilidad de una persona a padecer una demencia multiinfarto o un derrame cerebral. Están estudiando la relación entre los grandes derrames y los derrames múltiples que producen demencia. Por el momento, la mejor manera de prevenir un derrame cerebral consiste en eliminar los factores de riesgo. Un tratamiento nuevo, administrado inmediatamente después de un derrame cerebral, puede reducir la discapacidad que permanece.

Los investigadores también están estudiando qué áreas del cerebro son las que tienen mayor probabilidad de lesionarse y qué cambios en las sustancias químicas del cerebro tienen lugar después de un derrame cerebral. Están buscando cómo, cuándo y hasta qué punto la rehabilitación ayuda al paciente. También se analiza la eficacia de los medicamentos para prevenir el derrame cerebral, dilatar los vasos sanguíneos, aumentar el aporte de oxígeno al cerebro y evitar la formación de coágulos sanguíneos. Algunos estudios están valorando los efectos de la cirugía para eliminar las placas de arteriosclerosis de las arterias que llevan la sangre al cerebro.

Los científicos están estudiando la relación entre el derrame cerebral, la depresión y la demencia que acompaña a esta última. Se ha visto que es importante tratar la depresión cuando aparece después de un derrame cerebral.

INVESTIGACIÓN CIENTÍFICA
SOBRE LA ENFERMEDAD DE ALZHEIMER

CAMBIOS ESTRUCTURALES EN EL CEREBRO

Cuando Alois Alzheimer miró el tejido cerebral de una mujer con síntomas de comportamiento propios de la demencia, observó unos cambios microscópicos llamados placas neuríticas (seniles) u ovillos neurofibrilares. Se observan unas estructuras similares, aunque en un número muy inferior, en los cerebros de las personas ancianas que no padecen demencia. Los científicos están analizando la estructura y la composición química de estas placas y ovillos para encontrar las claves de su formación y su papel en la enfermedad.

ESTRUCTURA DE LAS CÉLULAS CEREBRALES

El cerebro está constituido por millares de millones de células nerviosas, que desempeñan las tareas de pensar, recordar, sentir emociones y coordinar los movimientos corporales, entre otras. Los investigadores saben que, cuando una persona presenta una enfermedad de Alzheimer, una pequeña área situada en lo más profundo del cerebro ha perdido la mayor parte de sus células. Las células de esta zona se parecen un poco a unos árboles con muchas ramas que llegan hasta la parte anterior y la parte superior del cerebro. A medida que la enfermedad evoluciona, las células van perdiendo gradualmente sus ramas, hasta que, finalmente, mueren. A medida que se pierden ramas, las células van dejando de comunicarse con las demás células del cerebro, lo que provoca problemas de pensamiento.

NEUROTRANSMISORES

Unas sustancias químicas del cerebro llamadas *neurotransmisores*, transmiten mensajes de una célula a la otra. Los neurotransmisores se fabrican, se utilizan y se degradan en el cerebro. Existen muchos neurotransmisores para los distintos tipos de células y probablemente para las diferentes tareas mentales. En algunas enfermedades hay menos cantidad de ciertos neurotransmisores. Por ejemplo, una persona con enfermedad de Parkinson posee cantidades anormalmente bajas del neurotransmisor llamado dopamina. El fármaco L-dopa aumenta la cantidad de dopamina y alivia los síntomas del paciente.

Los investigadores han descubierto que las personas con enfermedad de Alzheimer tienen déficit de varios neurotransmisores, especialmente de acetilcolina. También es posible que haya déficit de somatostatina, noradrenalina, serotonina, el factor liberador de corticotropina y sustancia P. Es probable que distintas personas tengan déficit de diferentes neurotransmisores. Esto puede tener alguna relación con la variedad de síntomas que se observan entre los pacientes con demencia. Si se pudiera encontrar una manera de aumentar la cantidad de acetilcolina y de los demás neurotransmisores deficitarios, quizá los síntomas de la enfermedad de Alzheimer mejorarían.

Las hormonas, como los estrógenos, la testosterona y las hormonas tiroideas, podrían afectar a las concentraciones de algunos neurotransmisores concretos. Los científicos están investigando intensamente el papel de estas hormonas.

PROTEÍNAS ANORMALES

Las células que constituyen el cuerpo humano y los elementos que se encuentran en el interior de las células están constituidos a base de proteínas. El organismo ingiere comida, la transforma en aminoácidos y, a continuación, fabrica las proteínas que necesita. Hay varias líneas de investigación que están explorando la posibilidad de que la enfermedad de Alzheimer sea la consecuencia de la existencia de anomalías en algunas de estas proteínas.

Proteína amiloide

En el cerebro de las personas con enfermedad de Alzheimer se encuentran depósitos anormales de una proteína llamada amiloide. Las placas neuríticas (véase la pág. 422) contienen amiloide en el centro, y algunos enfermos tienen depósitos de amiloide en los vasos sanguíneos. La producción de esta proteína está controlada por el cromosoma 21. No se sabe de qué manera esta proteína está involucrada en el proceso de la enfermedad. Una teoría es que las personas propensas a desarrollar la enfermedad de Alzheimer producen formas ligeramente anormales de la proteína amiloide, que el organismo no puede eliminar. Estos fragmentos anormales podrían favorecer la muerte celular o una reacción inflamatoria que conduciría a la muerte celular.

Anomalías proteicas en las células cerebrales

Las células cerebrales contienen otras proteínas que son como las carreteras por donde las sustancias químicas circulan entre las células. Algunos pacientes con enfermedad de Alzheimer parecen tener o bien cantidades mayores, o bien formas anómalas de estas proteínas. Entre ellas, se encuentra la proteína tau y la PAM (proteína asociada a los microtúbulos). Una teoría sugiere que los sistemas de las personas con enfermedad de Alzheimer no pueden degradar estas proteínas de la manera en que deberían hacerlo. Esto explicaría por qué hay acumulaciones de proteínas anormales en el cerebro de los pacientes con enfermedad de Alzheimer.

Factores de crecimiento nervioso

Las células cerebrales y de la médula espinal (al igual que las células de los nervios que están fuera del sistema nervioso central), desarrollan patrones específicos, según lo que les indican las sustancias químicas llamadas factores de crecimiento nervioso. Las células nerviosas externas al sistema nervioso central (los nervios periféricos) pueden volver a crecer o regenerarse después de una lesión, pero se cree que las células del cerebro no tienen esta capacidad. Los científicos están estudiando si los factores de crecimiento nervioso podrían utilizarse para estimular la regeneración de las vías neuronales lesionadas en el cerebro de los enfermos de Alzheimer.

TRASPLANTES DE TEJIDO CEREBRAL

En los últimos años se ha generado mucho entusiasmo por la posibilidad de reemplazar las células cerebrales lesionadas mediante un trasplante de células nuevas. Los trabajos con animales de experimentación han demostrado que algunas células procedentes de fetos o de cultivos celulares obtenidos en laboratorios crecen y producen neurotransmisores cuando se trasplantan a animales con lesiones cerebrales. Se han trasplantado células al cerebro de algunas personas con enfermedad de Parkinson. Hasta el momento, estas experiencias han tenido un éxito limitado. Se desconoce si esta técnica será aplicable a las personas con enfermedad de Alzheimer. Puesto que algunas células para trasplantes se obtienen de tejidos de fetos humanos, esto ha generado controversia. Sin embargo, es más importante que se permita continuar la investigación *con animales*, con el fin de determinar si esta técnica tiene alguna posibilidad de ayudar a los pacientes con enfermedad de Alzheimer. Quizá sea posible hacer crecer las células necesarias en un laboratorio.

ENSAYOS CLÍNICOS CON MEDICAMENTOS

Se están estudiando centenares de fármacos para observar su efecto en la enfermedad de Alzheimer. En poco tiempo se verá que la mayoría de ellos resultan ineficaces o que tienen efectos secundarios tóxicos. Unos cuantos se constituirán en los nuevos tratamientos, porque existen algunas pruebas preliminares de que alivian los síntomas.

Se han desarrollado varios medicamentos que retrasan o evitan la degradación de la acetilcolina (uno de los neurotransmisores deficitarios en el cerebro de las personas con enfermedad de Alzheimer). Estos fármacos mejoran temporalmente la función cognitiva, pero la enfermedad continúa evolucionando a la misma velocidad. Uno de estos medicamentos, el donepecil, se aprobó en 1996 en Estados Unidos. Cada año se aprueban algunos más. Tienen una eficacia comparable, pero difieren en sus efectos secundarios. Se están estudiando muchos otros compuestos. Si disponen de suficiente información, los químicos pueden llegar a diseñar una molécula capaz de aliviar síntomas específicos.

METALES

En el cerebro de algunas personas con enfermedad de Alzheimer se ha encontrado aluminio en cantidades superiores a las esperadas. Otros metales, como el manganeso, se sabe que se asocian a otros tipos de demencia. Ahora parece más plausible que la presencia de aluminio sea el resultado de algo que cause la demencia, más que el hecho de que el propio aluminio produzca la enfermedad. A veces algunas personas se preguntan si deberían dejar de tomar antiácidos o de cocinar con objetos de aluminio, o bien dejar de utilizar desodorante (todos ellos, fuentes de aluminio). No existe ninguna prueba de que su utilización sea la causa de la demencia. Hay estudios con personas expuestas a cantidades mucho mayores de aluminio: indican que esta exposición no produce demencia. Los tratamientos que promueven la eliminación de aluminio del organismo no benefician a las personas con enfermedad de Alzheimer, y algunos de estos tratamientos tienen efectos indeseables graves.

VIRUS

Algunas investigaciones llevaron a los científicos a sospechar que una infección vírica podría ser la causa de la enfermedad de Alzheimer. Podemos obtener información sobre la enfermedad de Creutzfeld-Jacob o el kurú. Estas dos enfermedades raras se han estudiado porque producen demencia y todo indica que son transmitidas por un agente similar a un virus.

Los priones son partículas incluso menores que los virus que pueden reproducirse por sí mismas. Se ha sugerido que estas partículas podrían ser una causa de la enfermedad de Alzheimer. Aunque no se ha demostrado que no sea así, actualmente parece una teoría poco verosímil.

Se han realizado muchos esfuerzos para determinar si la enfermedad de Alzheimer es infecciosa, o sea, si puede transmitirse. Hasta ahora, no hay pruebas científicas que apoyen la hipótesis de que la enfermedad de Alzheimer está producida por un virus lento, un prión u otro organismo infeccioso.

DEFECTOS INMUNOLÓGICOS

El sistema inmunológico constituye la defensa del organismo frente a la infección. Los estudios muestran que algunas de las proteínas que el organismo utiliza para luchar frente a la infección están presentes en niveles anormalmente bajos en las personas con enfermedad de Alzheimer.

A veces el sistema de defensa del organismo, que está diseñado para atacar a las células externas como los gérmenes infecciosos, no funciona correctamente y ataca a las células del propio organismo. Una teoría sugiere que una anomalía inicial, como el depósito de proteína amiloide, produce una mayor lesión cerebral. Esta «teoría de la cascada» indicaría que la evolución de la enfermedad de Alzheimer podría retrasarse o detenerse mediante la interrupción de dicha cascada, incluso aunque continúe la lesión inicial. Actualmente se están estudiando los efectos de unos medicamentos llamados antiinflamatorios porque pueden interrumpir la cascada.

TRAUMATISMO CRANEAL

Varios estudios han llegado a la conclusión de que los pacientes con Alzheimer han sufrido traumatismos craneales durante su vida con mayor frecuencia que las personas de su misma edad que no padecen la enfermedad de Alzheimer. Esta teoría la apoya el hecho de que algunos boxeadores desarrollan una demencia similar a la enfermedad de Alzheimer y tienen ovillos en el cerebro, aunque carecen de placas. Esta patología se llama síndrome de «estar grogui» o *dementia pugilistica*. Esto abre la posibilidad de que una lesión cerebral sutil provocada por el traumatismo craneal acabe llevando a una muerte celular más generalizada mediante mecanismos inmunológicos o de otro tipo.

Un estudio bien diseñado no ha podido confirmar la teoría del traumatismo craneal. Parece poco probable que el traumatismo craneal sea la causa de la enfermedad de Alzheimer en la mayor parte de las personas.

EPIDEMIOLOGÍA

La epidemiología es el estudio de la distribución de las enfermedades en grandes grupos de población. Estudiar la epidemiología de las demencias puede acabar mostrando a los investigadores la relación entre la enfermedad y otros factores. Muchos estudios epidemiológicos sugieren que el traumatismo craneal, un nivel de educación bajo y un historial familiar de demencia aumentan la probabilidad de desarrollar la enfermedad de Alzheimer. Esto *no* significa que una persona que reúna estos factores de riesgo *sufrirá* la enfermedad, sólo que tiene más probabilidad que otras personas de desarrollarla. Estos estudios han encontrado que las personas que utilizan fármacos antiinflamatorios, estrógenos y poseen un nivel educativo superior tienen menos probabilidad de desarrollar una demencia.

Hasta ahora, la enfermedad se ha encontrado en todos los grupos de población que tienden a vivir lo suficiente para alcanzar la vejez. Los estudios epidemiológicos son costosos, complejos y pueden requerir varios años. Sin embargo, las investigaciones que se están llevando a cabo en Estados Unidos y en otros países pueden arrojar datos muy valiosos.

SÍNDROME DE DOWN

Las personas con síndrome de Down (un tipo de retraso mental) desarrollan placas y ovillos similares a los de la enfermedad de Alzheimer cuando llegan a los 40 años. No todas desarrollan los síntomas del Alzheimer, aunque algunas experimentan un mayor retraso mental. Puesto que se sabe que el síndrome de Down está producido por un cromosoma 21 extra o un pedazo adicional de cromosoma 21, muchos científicos han estado estudiando el papel que este cromosoma puede desempeñar en la enfermedad de Alzheimer.

VEJEZ

Vivir hasta la vejez aumenta el riesgo de desarrollar la enfermedad de Alzheimer. Mientras que el riesgo de padecer esta dolencia se sitúa entre 1 y 2 por cada 100 personas de 65 años, el riesgo es de 1 de cada 5 personas a los 80 años. Pero las estadísticas también indican que 4 de cada 5 personas de 80 años tienen una función intelectual normal o casi normal.

HERENCIA

Algunos de los avances más impresionantes en la investigación sobre la enfermedad de Alzheimer se han producido en el área de la genética. A menudo los familiares se preocupan por si esta enfermedad se hereda y desean saber si sus hijos la presentarán. Al hablar de genética de la enfermedad de Alzheimer, hay que tener en cuenta que «tener riesgo» no significa «seguro que». «Tener riesgo» significa que la persona tiene mayor probabilidad que otra de desarrollar la enfermedad, pero no quiere decir que una persona concreta padecerá esta dolencia. Muchas personas tienen riesgo de padecer otras enfermedades, como problemas cardíacos o cáncer de próstata o de mama. En el caso de muchas enfermedades, las personas que saben que corren el riesgo de padecerlas pueden tomar precauciones para reducir la probabilidad de desarrollar la enfermedad. Por ejemplo, si nos hacemos un análisis de sangre y vemos que tenemos una cifra elevada de colesterol, corremos el riesgo de padecer un ataque cardíaco o un derrame cerebral. Si modificamos la dieta y/o tomamos medicamentos para reducir el colesterol, nuestro riesgo de padecer un ataque cardíaco o un derrame cerebral se reducirá. En la actualidad, los científicos pueden identificar quién tiene riesgo de desarrollar una enfermedad de Alzheimer y están tratando de encontrar un tratamiento que reduzca el riesgo o que prevenga la enfermedad.

Los científicos están identificando los genes involucrados en la enfermedad de Alzheimer. Dos genes, uno en el cromosoma 19 y otro en el cromosoma 12, influyen en la probabilidad de que una persona desarrolle una enfermedad de Alzheimer, pero no la producen. El gen del cromosoma 19, el gen APO E, es el mejor estudiado. Este gen existe en tres formas: épsilon 2, épsilon 3 y épsilon 4. Estas formas del gen son normales y todas las personas heredan uno de los tres genes de cada progenitor. Esto significa que cada persona tiene dos copias del gen; puede ser cualquier combinación de épsilon 2, épsilon 3 y épsilon 4. Hay pruebas científicas sólidas de que las personas que heredan la forma épsilon 4 del gen tienen mayor riesgo de padecer la enfermedad de Alzheimer. Algunos investigadores creen que las personas que heredan la forma épsilon 2 del gen están protegidas frente a dicha enfermedad.

Existe una prueba que puede identificar qué forma del gen APO E ha heredado una persona. Hasta ahora, no resulta demasiado útil, porque sólo mejora ligeramente la certidumbre del diagnóstico. La prueba no es útil para personas sanas, porque sólo predice un riesgo mayor o menor; no identifica quién padecerá la enfermedad.

A medida que la investigación avance, la prueba, al igual que el análisis del nivel de colesterol, puede cobrar importancia. Si los científicos son capaces de descubrir la manera en que este gen influye sobre el desarrollo de la enfermedad de Alzheimer, podrán ser capaces de desarrollar medicamentos u otro tipo de tratamientos que imiten la acción de la forma deseable del gen, o que bloqueen la acción de la forma indeseable. Esto podría evitar o retrasar el inicio de la enfermedad de Alzheimer en las personas en quienes se identifique un riesgo. Estos avances podrían conducir hacia tratamientos preventivos de la enfermedad de Alzheimer en un futuro próximo.

En 1998, los científicos habían encontrado genes de los cromosomas 1, 14 y 21 que afectan más o menos a la mitad de las personas cuya enfermedad se inició antes de los 60 años. Puesto que es raro que se desarrolle la enfermedad a una edad tan temprana, estas anomalías genéticas representan menos del 5 % de todos los casos de enfermedad de Alzheimer. Estudiando estos casos raros, los científicos esperan descubrir mecanismos que pueden ser responsables de la mayoría de los casos de enfermedad de Alzheimer. Otro gen del cromosoma 12 es responsable de una proporción significativa de los casos que aparecen después de los 60 años (quizás entre el 20 y el 30 %).

En 1998 los científicos descubrieron otro gen, cuya localización todavía se está determinando. Este gen produce una proteína llamada globulina alfa-2. Esta proteína puede ayudar a eliminar el exceso de proteína amiloide del cerebro y prevenir la enfermedad de Alzheimer o retrasar su desarrollo. El gen se relaciona con la enfermedad de Alzheimer que empieza después de los 65 años.

Anteriormente, en este mismo capítulo, hemos descrito otros posibles factores que no son genéticos, pero que incrementan el riesgo de desarrollar la enfermedad de Alzheimer. Al final, los científicos comprenderán el modo en que estos factores interaccionan con los factores genéticos. Esto puede ayudarles a desarrollar un tratamiento.

En el capítulo 17 hemos hecho referencia a otras enfermedades que producen demencia. A veces, las personas que padecen otro tipo de demencia han sido diagnosticadas erróneamente de enfermedad de Alzheimer, lo que lleva a sus familiares a preocuparse innecesariamente sobre el riesgo de desarrollar una enfermedad de Alzheimer ellos mismos. Hay que tener la certeza de que se ha hecho el mejor diagnóstico posible.

Recomendamos que las personas con un importante historial familiar de demencia o de enfermedad de Alzheimer, si están preocupadas por su propio riesgo, se pongan en contacto con un centro de investigación. Las personas que se vayan a someter a un análisis genético deberían hablar previamente con un asesor genético, para asegurarse de que comprenden las implicaciones y las limitaciones de las pruebas genéticas.

SEXO

Algunos científicos creen que las mujeres tienen una mayor predisposición a padecer la enfermedad de Alzheimer que los hombres y que los hombres tienen una mayor predisposición a padecer demencia multiinfarto. Esto puede ser, sencillamente, porque los hombres tienen mayor probabilidad de desarrollar una enfermedad vascular, mientras que las mujeres tienden a vivir más y la incidencia de la enfermedad de Alzheimer aumenta con la edad. Se están buscando las claves para saber por qué es así.

HERRAMIENTAS CLÍNICAS Y DE INVESTIGACIÓN PROMETEDORAS

Los neuropsicólogos utilizan una combinación de preguntas, tareas sencillas y observaciones para valorar a los pacientes. Pueden identificar los tipos de habilidades mentales que ha perdido una persona y las que le quedan. Con este conocimiento, los clínicos pueden idear planes individuales que ayudan al paciente a utilizar las habilidades que le quedan y a reducir las demandas sobre sus habilidades disminuidas. La información proporcionada por un examen neuropsicológico ayuda a los familiares a entender por qué una persona no puede hacer algunas cosas, pero puede realizar actividades similares con éxito. La neuropsicología también puede ayudar a confirmar un diagnóstico y potencialmente podría identificar otros subtipos de enfermedad de Alzheimer.

La tomografía con emisión de positrones (PET) proporciona un retrato del funcionamiento del cerebro. Es decir, la imagen que proporciona muestra qué áreas del cerebro funcionan más durante una actividad mental determinada. Al igual que la tomografía computerizada o la resonancia magnética (véanse las págs. 43-44), requiere que el paciente esté sobre una mesa de rayos X. Se administra una sustancia radioactiva al paciente mediante inyección o mediante inhalación. Esta sustancia va por el torrente sanguíneo hasta el cerebro (se administra una dosis muy baja y sólo permanece en el organismo durante unos minutos). Un equipo especial mide la cantidad utilizada en cada área del cerebro.

La tomografía computerizada con emisión única de positrones (SPECT) es similar a la PET, pero no es tan cara y puede utilizarse para el diagnóstico.

La resonancia magnética funcional (RMNf) utiliza múltiples resonancias para medir la actividad del cerebro. Puesto que la resonancia magnética no emplea radiaciones, puede realizarse de manera repetida sin riesgo.

La PET, la SPECT y la RMNf proporcionan información sobre cómo trabaja el cerebro y, por tanto, tienen un mayor potencial para la investigación científica. Todavía no sabemos si estas pruebas pueden identificar de manera precoz la enfermedad de Alzheimer.

Desde hace mucho tiempo se sabe que las distintas partes del cerebro llevan a cabo tareas mentales distintas (actividad física, hablar, sentir emociones, etc.) y que todavía hay otras partes que coordinan estas actividades mentales. Al identificar qué áreas del cerebro se encuentran más gravemente afectadas, las exploraciones neuropsicológicas y las tomografías proporcionan información sobre la enfermedad a los científicos e información sobre la manera de brindar una buena atención a los clínicos y a los familiares.

MANTENERSE ACTIVO

A menudo las personas se preguntan si mantenerse mentalmente alerta e involucrado en las cosas o continuar la actividad física evitará que una persona desarrolle una demencia. Por lo que se sabe, ni el ejercicio físico ni mantenerse mentalmente activo impedirán o alterarán el curso de la enfermedad de Alzheimer. La actividad ayudará a mantener la buena salud general y a mejorar la calidad de vida. Algunos estudios que no diferenciaban entre las causas de demencia, arrojaron resultados engañosos sobre el efecto de la actividad en el curso de esta enfermedad. A veces parece que las personas desarrollen una demencia después de jubilarse. Sin embargo, cuando se lleva a cabo un análisis más atento suele detectarse que las fases tempranas de la demencia ya se estaban desarrollando antes de que la persona se jubilara y que esta demencia temprana y no identificada podría haber sido uno de los factores involucrados en la decisión de jubilarse.

Muchas personas también se preguntan si continuar haciendo ejercicio después de que empiece a desarrollarse la enfermedad de Alzheimer retrasará la evolución de la enfermedad o si les ayudará a mantenerse activos durante más tiempo. Aunque no existen pruebas científicas que apoyen esta idea, creemos que el sentido común apoya el hecho de mantenerse activo dentro de unos límites realistas (véanse las págs. 122-125).

EL EFECTO DE LAS ENFERMEDADES AGUDAS SOBRE LA DEMENCIA

A veces parece que las personas desarrollen una demencia después de una enfermedad grave, de una hospitalización o de una intervención quirúrgica. De nuevo, por lo que sabemos, estas situaciones no afectan ni alteran el curso de la enfermedad de Alzheimer. Cuando se analiza con detalle, a menudo queda claro que la demencia había empezado antes de que el paciente fuera intervenido o hubiera padecido la otra enfermedad. El estrés producto por la enfermedad aguda y la tendencia de las personas con demencia a presentar delirio hacen que empeore el pensamiento del enfermo, de modo que su demencia se puede observar por primera vez.

Entonces, su alteración cerebral dificultará su adaptación tras la enfermedad aguda; esto hará que la demencia sea todavía más evidente.

INVESTIGACIÓN SOBRE LA PRESTACIÓN DE SERVICIOS

Actualmente, los científicos se centran en la enfermedad de Alzheimer, la demencia multiinfarto y el derrame cerebral. Pero la investigación no se limita a buscar tratamientos y curaciones. También son importantes los estudios que nos explican cómo ayudar a vivir cómodamente a las personas que padecen estas enfermedades, a tener una vida satisfactoria a pesar de su enfermedad; también hay estudios que nos indican cómo ayudar a los familiares que les atienden. Nadie sabe cuánto tiempo nos tomará encontrar la curación, pero muchos expertos sospechan que todavía puede tardar un poco. Por tanto, esta línea de investigación es importante para ayudar a los familiares y a los pacientes.

Ya sabemos cómo modificar la calidad de vida de algunas personas con demencia: podemos hacer cambios que les ayuden a continuar desempeñándose tan bien como sea posible, podemos reducir su ansiedad y su temor, y podemos hacer posible que, a veces, disfruten de las cosas. Los científicos están estudiando los tipos de vivienda que son mejores para las personas con demencia ingresadas en residencias y están buscando maneras de ayudar a desempeñarse de la mejor manera posible a los que viven en su casa. Éste es un campo estimulante y gratificante. Los investigadores han observado cómo algunas personas que anteriormente deambulaban, gritaban y golpeaban, se relajan y empiezan a participar y a disfrutar de algunas actividades. Incluso aunque no podamos curar estas enfermedades, podemos tratar algunos síntomas y, a veces, reducir el sufrimiento.

Sabemos que los familiares necesitan ayuda: los centros de día, la atención domiciliaria para el descanso de los cuidadores, los grupos de apoyo y otro tipo de asistencia. Los científicos están estudiando la mejor manera de llegar a los familiares, qué necesitan más, cómo animarles a utilizar los servicios de descanso y la manera más efectiva para proporcionar estos momentos de descanso. Aunque pueda parecer que las respuestas a estas cuestiones son obvias, cada tipo de familia tiene una necesidad determinada y las personas no siempre hacen lo que los científicos predicen que van a hacer. Los estudios detallados evitarán que las personas continúen gastando dinero en servicios innecesarios y que no se utilicen algunos servicios porque los familiares los desconocen.

FACTORES PROTECTORES

Algunos estudios sugieren que los estrógenos, los antiinflamatorios no esteroideos (como la aspirina o el ibuprofeno) e incluso la nicotina podrían proteger o retrasar la enfermedad de Alzheimer. Estas investigaciones se encuentran en fases muy precoces y todavía no es posible hablar extensamente sobre cuestiones como la prevención, el tratamiento o el retraso de la enfermedad.

Lecturas adicionales

Existen muchos buenos libros, revistas y artículos de periódicos sobre la demencia y la enfermedad de Alzheimer; también hay mucha información disponible en Internet.

PARA NO EXPERTOS

LIBROS

Experiencia personal

Hay muchas descripciones de experiencias personales emotivas. En la asociación de Alzheimer local pueden informarnos sobre más títulos.

Doernberg, M., *Stolen mind: The slow disappearance of Ray Doernberg*, Chapel Hill, N.C., Algonquin Books, 1989. La historia de una esposa.

Honel, R. W., *Journey with grandpa: our family's struggle with Alzheimer's disease*, Baltimore, Johns Hopkins University Press, 1988. Explicado por una nuera; las tareas domésticas con niños.

Zabbia, K. H., *Painted diaries: a mother and daughter's experience through Alzheimer's*, Minneapolis, Fairview Press, 1996.

Para la persona con demencia:

Davies, H. D. y M. P. Jensen, *Alzheimer's: the answers you need,* Forest Knolls, California, Elder Books, 1998. Una descripción clara de las cuestiones que preocupan a muchas personas, basada en la experiencia del autor con personas con demencia.

Atención

Alzheimer's Association, *Residential care: a guide for choosing a new home,* Chicago, Alzheimer's Association, 1998.

Gwyther, L. P., *Care of Alzheimer's patients: a manual for nursing home staff,* Washington, D.C., American Health Care Association; Chicago, Alzheimer's Disease and Related Disorders Association, 1985. Aunque está escrito por personal de residencias, este libro, que explica comportamientos habituales, también es útil para personas que no son profesionales sanitarios.

Robinson, A., B. Spencer y L. White, *Understanding difficult behaviors: some practical suggestions for coping with Alzheimer's disease and related disorders,* Ypsilanti, Michigan, Geriatric Education Center of Michigan, Michigan State University, 1988.

General

Aronson, M. K. (comp.), *Understanding Alzheimer's disease: what it is, how to cope with it, future directions,* Nueva York, Scribner's, 1988.

Cohen, D. y C. Eisdorfer, *The loss of self: a family resource for the care of Alzheimer's disease and related disorders,* Nueva York, Norton, 1986.

Kushner, H. S., *When bad things happen to good people,* Nueva York, Schocken, 1981 (trad. cast.: *Cuando a la gente buena le pasan cosas malas,* Madrid, Los Libros del Comienzo, 1996).

Lewis, C. S., *A grief observed,* Nueva York, Harper and Row, 1963 (trad. cast.: *Una pena en observación,* Barcelona, Anagrama, 2002).

(Los libros de Kushner y Lewis están extraídos de las pérdidas personales de los autores y colocan sus experiencias bajo la perspectiva de sus religiones.)

National Institute on Aging, *Alzheimer's disease: unraveling the mystery*, Bethesda, Md. National Institutes of Health, 1995.

Rogers, J., *Candle and darkness: current research in Alzheimer's disease*, Chicago, Bonus Books, 1998. Una discusión sobre la investigación actual escrita para los no expertos.

Warner, M. L., *The complete guide to Alzheimer's proofing your home*, West Lafayette, Ind., Purdue University Press, 1998.

Para niños

Guthrie, D., *Grandpa doesn't know it's me: a family adjusts to Alzheimer's disease*, Nueva York, Human Sciences Press, 1986.

Páginas web

Hay mucha información disponible en Internet (véase también el apéndice 2). Las páginas web que se enumeran a continuación son fiables y útiles.

Alzheimer's Association: http://www.alz.org
Alzheimer's Disease Education and Referral Center: http://www.alzheimers.org

Para profesionales

Existe una extensa lista de referencias sobre demencia en publicaciones sobre medicina, psiquiatría, neurología, geriatría, gerontología, enfermería, asistencia social, políticas públicas, atención a largo plazo y otros temas relacionados. La Alzheimer's Association publica bibliografías por temas. Los profesionales encontrarán que la bibliografía científica internacional también es muy útil.

En caso de ser una persona no experta que está explorando las publicaciones profesionales, lo mejor es empezar con las listas de lecturas actualizadas publicadas por la Benjamin B. Green-Field National Alzheimer's Library and Resource Center. Muchas bibliotecas públicas están conectadas por ordenador con las bibliotecas universitarias cercanas y pueden obtener copias de artículos. Las referencias bibliográficas sobre demencia han crecido enormemente; si utilizamos un programa de búsqueda mediante el ordenador, tendremos que seguir criterios muy concretos.

Brawley, E. C., *Designing for Alzheimer's disease: strategies for creating better care environments*, Nueva York, Wiley, 1997.

Coons, D. H. (comp.), *Specialized dementia care units*, Baltimore, Johns Hopkins University Press, 1991.

Coons, D. y N. Mace, *Quality of life in long-term care*, Nueva York, Haworth Press, 1996.

Cummings, J., y D. F. Benson, *Dementia: a clinical approach*, 2ª ed., Boston, Butterworth-Heinemann, 1992.

Dowling, J. R., *Keeping busy: a handbook of activities for persons with dementia*, Baltimore, Johns Hopkins University Press, 1995.

Hellen, C. R., *Alzheimer's disease: activity-focused care*, Boston, Andover Medical Publishers, 1992.

Lidz, C. W., L. Fisher y R. M. Arnold, *The erosion of autonomy in long-term care*, Nueva York, Oxford University Press, 1992. Una perspectiva excelente sobre la atención.

Lishman, W. A., *Organic psychiatry: the psychological consequences of cerebral disorder*, 3ª ed., Oxford, Blackwell Scientific Publications, 1998.

Mace, N. L. (comp.), *Dementia care: patient, family, and community*, Baltimore, Johns Hopkins University Press, 1990. Libro multidisciplinar sobre la atención clínica.

Rader, J., *Individualized dementia care: creative, compassionate approaches*, Nueva York, Springer Publising, 1995.

Terry, R. D., R. Katzman, K. L. Bick y S. Sisodia (comps.), *Alzheimer disease*, 2ª ed., Nueva York, Raven Press, 1999.

Volicer, L., K. J. Fabiszewski, Y. L. Rheaume y K. E. Lasch (comps.), *Clinical management of Alzheimer's disease*, Rockville, Md., Aspen Publishers, 1988.

Whitehouse, P. J. (comp.), *Dementia*, Filadelfia, F. A. Davis, 1993.

Zgola, J. M., *Doing things: a guide to programming activities for persons with Alzheimer's disease and related disorders,* Baltimore, Johns Hopkins University Press, 1987.

—, *Care that works: a relationship approach to persons with dementia,* Baltimore, Johns Hopkins University Press, 1999.

Organizaciones

Alzheimer's Association, 919 N. Michigan Ave., Suite 1000, Chicago, Ill. 60611-1676; tel. 800-272-3900. Página web: http://www.alz. org. Llamar o escribir para saber más sobre los servicios, programas y publicaciones, o para encontrar la oficina más cercana.

AGENCIAS INTERNACIONALES

Alzheimer Europe, 145 Route de Thionville, L-2611 Luxemburgo; tel. 352-29.79.70, fax: 352-29.79.72. Página web: http://www. alzheimer-europe.org. Organización dedicada a alertar sobre todos los tipos de demencia mediante la coordinación y la cooperación entre organizaciones de Alzheimer de toda Europa. También organiza apoyo para personas con enfermedad de Alzheimer y sus cuidadores.

Alzheimer's Disease International. 45/46 Lower Marsh, Londres SE1 7RG, Reino Unido; tel. 44-17.16.20.30.11, fax: 44-17.14. 01.73.51. Página web: http://www.alzdisint.demon.co.uk. Organización internacional de asociaciones dedicadas a las demencias. Proporciona las direcciones de las organizaciones que son miembros.

También se puede consultar: http://www.thirdage.com/freestuff/ yellow/i_chap19.html para obtener una lista de organizaciones que pueden ser de interés.

ALGUNAS ASOCIACIONES DE FAMILIARES DE ENFERMOS DE ALZHEIMER EN ESPAÑA

Andalucía

C/ Alcalde Muñoz, 9, 8°; 04004 Almería; Tel. 95 023 11 69
Ayuntamiento de Cádiz; C/ Zaragoza, 1; 11003 Cádiz;
    Tel. 95 622 21 01
Ctra. Antigua de Málaga, 59, 2° B; 18015 Granada;
    Tel. 95 820 71 65
Llano de la Trinidad, 5; 29007 Málaga; Tel. 95 239 09 02
C/ Virgen de Robledo, 6; 41010 Sevilla; Tel. 95 427 54 21

Aragón

Monasterio de Samos, 8; 50013 Zaragoza; Tel. 97 641 29 11 / 27 50
C/ Castellón de la Plana, 7, 1° B; 50007 Zaragoza;
    Tel. 97 637 79 69

Asturias

Avda. Constitución, 10, 5° F; 33207 Gijón; Tel. 98 534 37 30

Cantabria

C/ Sta. Bárbara, 625; Puente de San Miguel; Tel. 94 282 01 99
Centro Social de la Marga, s/n; 39011 Santander;
    Tel. 94 232 32 82

Castilla-La Mancha

Antonio Machado, 31; 02203 Albacete; Tel. 96 750 05 45

Castilla y León

Plaza Calvo Sotelo, 9; 09004 Burgos; Tel. 94 727 18 55
C/ Fernando González Regueral, 7; 24003 León;
    Tel. 98 722 03 56
Hospital Provincial; Avda de San Telmo, s/n; 34004 Palencia;
    Tel. 97 971 38 38

C/ Ayala, 22, bajos; 37004 Salamanca; Tel. 92 323 55 42
Plaza Carmen Ferreiro, s/n; 47011 Valladolid; Tel. 98 325 66 14

Cataluña

Via Laietana, 45, Esc. B., 1° 1ª; 08003 Barcelona;
Tel. 93 412 57 46 / 76 69

Comunidad Valenciana

C/ Empecinado, 4 entr.; 03004 Alicante; Tel. 96 520 98 71
Can Senabre; Llanera Ranes, 30; 46017 Valencia; Tel. 96 357 08 59

Galicia

C/ Pastor Díez, 40-1° D; 27001 Lugo; Tel. 98 222 19 10

Islas Baleares

C/ Bellavista, 37, bajos, 1°; 07701 Mahón (Menorca);
Tel. 97 136 78 94
C/ San Miguel, 30, 4-A; 07002 Palma de Mallorca (Mallorca);
Tel. 97 172 43 24

Islas Canarias

Juan Quesada, s/n; 35500 Arrecife de Lanzarote;
Tel. 92 281 00 00
C/ Alejandro Hidalgo, 3; Las Palmas de Gran Canaria;
Tel. 92 823 31 44 Extensión 269 de 16.30 a 20 h.
Plaza Ana Bautista, Local 1, 38320 Santa Cruz de Tenerife;
Tel. 92 266 08 81

La Rioja

C/ Vélez de Guevara, 27 bajos; 26005 Logroño; Tel. 94 121 19 79

Madrid

C/ Eugenio Salazar, 2; Edificio COCEMFE; 28002 Madrid;
Tel. 91 413 82 20 / 70 10 / 80 01

Navarra

C/ Pintor Maeztu, 2, bajos; 31008 Pamplona; Tel. 94 827 52 52

País Vasco

C/ Padre Lojendio, 5, 1° dcha. Dpto. 6; 48008 Bilbao (Vizcaya); Tel: 94 416 76 17; Fax: 94 416 95 96
C/ Santa Catalina, 3, bajos; 20001 San Sebastián (Guipúzcoa); Tel. 94 342 81 84
Paseo Zarategui, 100 Txara 1; 20015 San Sebastián (Guipúzcoa); Tel. 94 348 26 07
C/ Manuel Iradier, 22, pral.; 01006 Vitoria (Álava); Tel. 94 514 69 48

ALGUNAS ASOCIACIONES DE LUCHA CONTRA EL ALZHEIMER EN LATINOAMÉRICA

Argentina

ALMA
Asociación de Lucha contra el Mal de Alzheimer
Lacarra n° 78
1407 Capital Federal, Buenos Aires
Tel. 00 54 11 4671 11 87
e-mail: alma@satlink.com
página web: www.alma-aizheimer.org.ar

Brasil

FEBRAZ
Federaçao Brasileira de Associaçoes de Alzheimer
Rua Tamandré, 649
Sao Paulo 01425-001
Tel./Fax 00 55 11 270 87 91
e-mail: abraz@abraz.com.br
página web: www.abraz.com.br

Chile

Corporación Chilena de la Enfermedad de Alzheimer y Afecciones Similares
Desiderio Lemus, 0143
Recoleta
Santiago de Chile
Tel. 00 56 2732 15 32
Fax 00 56 2777 74 31
e-mail: alzchile@mi.terra.cl

Colombia

Asociación Colombiana de Alzheimer y Desórdenes Relacionados
Calle 69 A n° 10-16
Santa Fe de Bogotá, D.C.
Tel.00 57 1348 49 97
Fax 00 57 1321 76 91

Costa Rica

Asociación de Alzheimer de Costa Rica
Apartado 4755
San José 1000
Tel. 00 50 6290 28 44
Fax 00 50 6222 53 97
e-mail: ximajica@sol.racsa.co.cr

Ecuador

Asociación de Alzheimer de Ecuador
Avenida de la Prensa n° 5204
y Avenida de Maestro Quito
Tel./Fax 00 59 3259 49 97
e-mail: alzheime@uio.satnet.net

El Salvador

Asociación de Familiares de Alzheimer de El Salvador
Asilo Sara Zaldívar
Colonia Costa Rica, Avenida Irazu
San Salvador
Tel. 00 50 3237 07 87
e-mail: ricardolopez@vianet.com.sv

Guatemala

Asociación Grupo Ermita
10ª Calle 11-63
Zona 1, Apto. B
P.O. Box 2978
01901 Guatemala
Tel. 00 50 2238 11 22
e-mail: alzguate@quetzal.net

México

AMAES
Asociación Mexicana de Alzheimer y Enfermedades Similares
Insurgentes Sur n° 594-402
Col. Del Valle, México 12
D.F. 03100 México
Tel./Fax 00 52 5523 15 26
e-mail: amaes@data.net.mx
página web: www.amaes.org.mx/famaes.html

Panamá

AFAPADEA
Asociación de Apoyo de Familiares de Pacientes con Alzheimer
Vía España 111/2 Río Abajo
(Estación Delta)
6102 El Dorado, Panamá
Tel./Fax 222 0337

Perú

Asociación Peruana de Enfermedad de Alzheimer y Otras Demencias
Trinitarias, 205 Surco
Lima
Tel. 00 51 1 40 7374
Fax 00 51 1 275 80 33
e-mail: magasc@terra.com.pe

Puerto Rico

Asociación de Alzheimer de Puerto Rico
Apartado 362026
San Juan
Puerto Rico 00936-2026
Tel. 00 1 787 727 4151
Fax 00 7 787 727 4890
e-mail: alzheimerpr@alzheimerpr.org
página web: www. alzheimerpr.org

República Dominicana

Asociación Dominicana de Alzheimer y Trastornos Relacionados
Apartado postal 3321
Santo Domingo
Tel. 00 1 809 544 1711
Fax 00 1 809 562 4690
e-mail: dr.pedro@codetel.net.do

Uruguay

Asociación Uruguaya de Alzheimer y Similares
Casilla de Correo 5092
Montevideo, Uruguay
Tel./Fax 00 598 2 400 8797
e-mail: audasur@adinet.com.uy

Venezuela

Fundación de Alzheimer de Venezuela
Av. El Limón, Qta. Mi Muñe - El Cafetal
Caracas
Tel: 00 58 2 98 59546
Fax: 00 58 2 69 01123
e-mail: alzven@cantv.net
página web: www.mujereslegendarias.org.ve/alzheimer.htm

PÁGINAS WEB

AgeNet: http://www.agenet.com
Red de información y referencia diseñada para comunicar información sobre productos y servicios que son importantes para mejorar la calidad de vida de los ancianos y sus familias.
SeniorNet: http://www.senior.org
Organización nacional norteamericana sin ánimo de lucro cuya misión consiste en construir una comunidad de ancianos usuarios de Internet.
http://www.uam.es/centros/psicologia/paginas/cuidadores/index.html
Página para cuidadores familiares y profesionales.
http://www.alzheimer-europe.org/spanish/index.html
Asociación de Alzheimer de Europa. ONG cuyo objetivo es la coordinación y cooperación entre las organizaciones Europeas dedicadas a la EA, y la organización del apoyo a los que padecen la enfermedad y a sus cuidadores.
http://www.geocities.com/HotSprings/Spa/7712/
Asociación de Alzheimer de Monterrey. Ofrece material para familiares, cuidadores y personas interesadas.
http://wwwl.lacaixa.es:8090/webflc/wpr0pres.nsf/wurl/alma001_esp?OpenDocument
Informa del Programa de voluntarios para ayudar a los enfermos de Alzheimer del ayuntamiento de Barcelona, de los programas de los talleres de estimulación de los enfermos, así como de las becas dedicadas a la investigación de enfermedades neurodegenerativas de esta entidad.

Índice analítico y de nombres